AMARKOŚA

अमरकोषः

संक्षिप्तमाहेश्वर्या टीकया समेतः

पणशीकरोपाह्वलक्ष्मणशर्मतनुजवासुदेवशर्मणा

पूर्वसंस्कृतस्यास्य

संशोधकः

श्रीमदिन्दिराकान्तचरणान्तेवासिना

नारायण राम आचार्य "काव्यतीर्थ"

इत्यनेन संशोधितः।

BKP

BHARATIYA KALA PRAKASHAN

DELHI (INDIA)

Edition : 2004

Published by **C.P. Gautam**
BHARATIYA KALA PRAKASHAN
3421-A, IInd Floor, Narang Colony, Tri Nagar,
Delhi-110035. Phone : (O) 27393083, 30967505, (R) 27522129

ISBN : 81-8090-065-7

Laser Type Setting by
A-ONE GRAPHICS
JD-18C, IInd Floor, Pitampura, Delhi
Phone : 55640278, Mob.: 9811167357

Printed By
BDH Printer at Salasar Imaging Systems, Delhi.
Phone : 31045804

अमरकोषः

AMARKOŚA

संक्षिप्तमाहेश्वर्या टीकया समेतः

पणशीकरोपाह्वलक्ष्मणशर्मतनुजवासुदेवशर्मणा
पूर्वसंस्कृतस्यास्य
संशोधकः
श्रीमदिन्दिराकान्तचरणान्तेवासिना
नारायण राम आचार्य "काव्यतीर्थ"
इत्यनेन संशोधितः।

BKP

भारतीय कला प्रकाशन

दिल्ली (भारत)

संस्करण : २००४

प्रकाशक : **सी०पी० गौतम**

भारतीय कला प्रकाशन

3421-ए, नारंग कलोनी, त्रीनगर, दिल्ली-110035

फोन : (O) 30967505, 27393083; (R) 27522129

ISBN : 81-8090-065-7

लेजर टाईप सेटिंग :

ए-वन ग्राफिक्स

जे०डी०-18सी, द्वितीय तल, पीतमपुरा, दिल्ली-88

फोन : 55640278, मो०: 9811167357

मुद्रक : बीडीएच प्रिंटर्स द्वारा सलासर इमेजिंग सिस्टम, दिल्ली-35

वर्गानुक्रमणिका

वर्गाङ्का वर्गनामानि | *पृष्ठाङ्काः*

॥ श्रीः॥

नामलिङ्गानुशासनं नाम

अमरकोषः

संक्षिप्तमाहेश्वर्या टीकाया समेतः

प्रथमं काण्डम्

१. मङ्गलाचरणम्

यस्य ज्ञानदयासिन्धोरगाधस्यानघा गुणाः १
सेव्यतामक्षयो धीराः स श्रिये चामृताय च २

२. प्रस्तावना।

समाहृत्यान्यतन्त्राणि संक्षिप्तैः प्रतिसंस्कृतैः ३
सम्पूर्णमुच्यते वर्गैर्नामलिङ्गानुशासनम् ४

३. परिभाषा।

प्रायशो रूपभेदेन साहचर्याच्च कुत्रचित् ५
स्त्रीपुंनपुंसकं ज्ञेयं तद्विशेषविधेः क्वचित् ६

१-२. भो धीराः, अगाधस्यातिगम्भीरस्य ज्ञानदयासिन्धोर्ज्ञानकरुणयोः समुद्रस्य यस्यानघ निर्मला गुणाः क्षान्त्यादयः सन्ति, सोऽक्षयः श्रिये संपत्तयेऽमृताय मोक्षार्थ च भवद्भिः सेव्यतामाराध्यताम्॥

३-४. अन्येषां तन्त्राणि शास्त्रान्तराणि समाहृत्यैकत्र कृत्वा संक्षिप्तैरल्पविस्तरबह्वर्थैः प्रतिसंस्कृतैः प्रतिपदं प्रकृतिप्रत्ययविचारेण कृतसंस्कारैर्वर्गैः साजातीनाम् मूहैः संपूर्ण साङ्गोपाङ्गं नाम्नां स्वरित्यादीनां लिङ्गानां च स्त्रीपुंनपुंसका- ख्यानामनुशासनं व्युत्पादकं शास्त्रं मयोच्यते॥

५-१०. अत्र प्रायशो बाहुल्येन रूपभेदेनाकारविशेषेण स्त्रीपुंनपुंसकं

भेदाख्यानाय न द्वन्द्वो नैकशेषो न संकरः ७
कृतोऽत्र भिन्नलिङ्गानामनुक्तानां क्रमादृते ८
त्रिलिङ्ग्यां त्रिष्विति पदं मिथुने तु द्वयोरिति ९
निषिद्धलिङ्गं शेषार्थं त्वन्ताथादि न पूर्वभाक् १०

४. स्वर्गवर्गः।

स्वरव्ययं स्वर्गनाकत्रिदिवत्रिदशालयाः ११
सुरलोको द्योदिवौ द्वे स्त्रियां क्लीबे त्रिविष्टपम् १२
अमरा निर्जरा देवास्त्रिदशा विबुधाः सुराः १३

ज्ञेयम्। यथा–'लक्ष्मीः पद्मालया पद्मा'(५४), 'पिनाकोऽजगवं धनुः' (६१) तथा कुत्रचित्साहचर्याच्छब्दान्तरसांनिध्याल्लिङ्गं ज्ञेयम्। यथा–'अश्वयुगश्विनी' (१८७) 'ब्रह्मात्मभूः सुरज्येष्ठः' (३१) 'वियद्विष्णुपदम्' (१४५)। अत्र संदिग्धानि 'अश्वयुग्ब्रह्मवियन्ति' 'अश्विन्यात्मभूविष्णुपदं' साहचर्यात्स्त्रीपुंनपुंसकलिङ्गानि। तथा क्वचित्तद्विशेषविधेर्लिङ्गविशेषोक्तेः। यथा–'भेरी स्त्री दुन्दुभिः पुमान्' (३७३), 'क्लीबे त्रिविष्टपम्' (१२)। अत्रास्मिन्ग्रन्थेऽनुक्तानामव्युत्पादितानां भिन्नलिङ्गानामसमानलिङ्गानां नाम्नां भेदाख्यानाय लिङ्गभेदं समाख्यातुं द्वन्द्वो न कृतः। यथा–'कुलिशं भिदुरं पविः' (९३)। न तु 'कुलिशभिदुरपवयः' इति। तथैकशेषोऽपि न कृतः। यथा–'नभः खं श्रावणो नभाः'(२८८१)। न तु 'खश्रावणौ तु नभसी' इति। तथा क्रमादृते क्रमं विना संकरोऽपि भिन्न-लिङ्गानां मिश्रीभावोऽपि न कृतः। किं तु स्त्रीपुंनपुंसकानि क्रमेण पठितानि। यथा–'स्तवः स्तोत्रं नुतिः स्तुतिः' (३३३) इति, न तु 'स्तुतिःस्तोत्रं स्तवो नुतिः' इति त्रिलिङ्ग्यां लिङ्गत्रयसमाहारे 'त्रिषु' इति पदमुक्तम्। यथा–'त्रिषु स्फुलिङ्गोऽग्निकणः' (११४)। 'स्फुलिङ्ग' शब्दो लिङ्गत्रयेऽपि वर्तत इत्यर्थः। तथा मिथुने स्त्रीपुंसयोस्तु 'द्वयोः' इति पदम्। यथा–'वह्नेर्द्वयोर्ज्वालकीलौ' (११३)। तथा निषिद्धलिङ्ग शेषार्थम्। यत्र लिङ्गं निषिद्धं तत्र तदवशिष्टं लिङ्गं ज्ञेयम्। यथा–'व्योमयानं विमानोऽस्त्री' (९५) इत्यत्र स्त्रीलिङ्गे निषिद्धे विमानस्य पुंनपुंसकविधिः। तथा 'तु' शब्दोऽन्ते यस्य तत् 'त्वन्तम्'। 'अथ' शब्द आदिर्यस्य तत् 'अथादि'। इदं द्वयं पूर्वभाङ् न भवति पूर्वेण न संबध्यते। यथा–'पुलोमजा

सुपर्वाणः सुमनसस्त्रिदिवेशा दिवौकसः १४
आदितेया दिविषदो लेखा अदितिनन्दनाः १५
आदित्या ऋभवोऽस्वप्ना अमर्त्या अमृतान्धसः १६
बर्हिर्मुखाः क्रतुभुजो गीर्वाणा दानवारयः १७
वृन्दारका दैवतानि पुंसि वा देवताः स्त्रियाम् १८
आदित्यविश्ववसवस्तुषिताऽऽभास्वरानिलाः १९
महाराजिकसाध्याश्च रुद्राश्च गणदेवताः २०
विद्याधराप्सरोयक्षरक्षोगन्धर्वकिन्नराः २१
पिशाचो गुह्यकः सिद्धो भूतोऽमी देवयोनयः २२
असुरा दैत्यदैतेयदनुजेन्द्रारिदानवाः २३
शुक्रशिष्या दितिसुताः पूर्वदेवाः सुरद्विषः २४
सर्वज्ञः सुगतो बुद्धो धर्मराजस्तथागतः २५
समन्तभद्रो भगवान्मारजिल्लोकजिज्जिनः २६

शचान्द्राणी नगरी त्वमरावती' (८९) इत्यत्र 'नगरी' इति त्वन्तं पदमिन्द्राण्या न संबध्यते, किं त्वमरावत्या संबद्धम्। तथा 'नित्यानवरताजस्रमप्यथातिशयो भरः' (१३१) इत्यथादिपदं न पूर्वभाक्। किं तु भरस्य पर्यायः कृतः॥

११-१४२. खः, स्वर्गः, नाकः, त्रिदिवः, त्रिदशालयः, सुरलोकः, द्योः, द्यौः, त्रिविष्टपम्, इति ९ नामानि **स्वर्गस्य**। तत्र 'स्वर्' इत्यव्ययम्। लिङ्गसंख्याकारकाभाववदित्यर्थः। 'द्योदिवौ' द्वे स्त्रीलिङ्गे। 'त्रिविष्टपम्' क्लीबे नपुंसक एव॥-अमराः, निर्जराः, देवाः, त्रिदशाः, विबुधाः, सुराः, सुपर्वाणः, सुमनसः, त्रिदिवेशाः, दिवौकसः, आदितेयाः, दिविषदः, लेखाः, अदितिनन्दनाः, आदित्याः, ऋभवः, अस्वप्नाः, अमर्त्याः, अमृतान्धसः, बर्हिर्मुखाः, क्रतुभुजः, गीर्वाणाः, दानवारयः, वृन्दारकाः, दैवतानि, देवताः, इति २६ **देवानाम्**। व्यक्तिबाहुल्याद्बहुवचनप्रयोगः। विकल्पेन, 'देवत' शब्दः पुंसि। यथा- 'दैवतमिदम्' दैवतोऽयम्' इति। 'देवताः' स्त्रियाम्॥-आदित्याः, विश्वे, वसवः, तुषिताः, आभाखराः, अनिलाः, महाराजिकाः, साध्याः, रुद्राः, एता ९ **गणदेवताः**॥-विद्याधराः, अप्सरसः, यक्षाः, रक्षांसि, गन्धर्वाः, किंनराः,

षडभिज्ञो दशबलोऽद्वयवादी विनायकः २७
मुनीन्द्रः श्रीघनः शास्ता मुनिः शाक्यमुनिस्तु यः २८
स शाक्यसिंहः सर्वार्थसिद्धः शौद्धोदनिश्च सः २९
गौतमश्चार्कबन्धुश्च मायादेवीसुतश्च सः ३०
ब्रह्माऽऽत्मभूः सुरज्येष्ठः परमेष्ठी पितामहः ३१
हिरण्यगर्भो लोकेशः स्वयंभूश्चतुराननः ३२
धाताब्जयोनिर्द्रुहिणो विरिञ्चिः कमलासनः ३३
स्रष्टा प्रजापतिर्वेधा विधाता विश्वसृड्विधिः ३४
नाभिजन्माण्डजः पूर्वो निधनः कमलोद्भवः **
सदानन्दो रजोमूर्तिः सत्यको हंसवाहनः **
विष्णुर्नारायणः कृष्णो वैकुण्ठो विष्टरश्रवाः ३५
दामोदरो हृषीकेशः केशवो माधवः स्वभूः ३६
दैत्यारिः पुण्डरीकाक्षो गोविन्दो गरुडध्वजः ३७
पीताम्बरोऽच्युतः शार्ङ्गी विष्वक्सेनो जनार्दनः ३८
उपेन्द्र इन्द्रावरजश्चक्रपाणिश्चतुर्भुजः ३९
पद्मनाभो मधुरिपुर्वासुदेवस्त्रिविक्रमः ४०

पिशाचाः, गुह्यकाः, सिद्धाः, भूताः, एता १० **देवयोनयः**। जातावैकवचनानि॥-असुराः, देत्याः, दैतेयाः, दनुजाः, इन्द्रारयः, दानवाः, शुक्रशिष्याः, दितिसुताः पूर्वदेवाः, सुरद्विषः, इति १० **असुराणाम्**॥-सर्वज्ञः, सुगतः, बुद्धः, धर्मराजः, तथागतः, समन्तभद्रः, भगवान्, मारजित्, लोकजित्, लोकजित्, जिनः, षडभिज्ञः, दशबलः, अद्वयवादी, विनायकः, मुनीन्द्रः, श्रीघना, शास्ता, मुनिः, इति १८ **बुद्धस्य**॥-शाक्यमुनिः, शाक्यसिंहः, सवार्थसिद्धः, शौद्धोदनिः, गौतमः,अर्कबन्धुः, मायादेवीसुतः, इति ७ बुद्धावान्तरभेदस्य **शाक्यमुनेः**॥-ब्रह्मा, आत्मभूः, सुरज्येष्ठः, परमेष्ठी, पितामहः, हिरण्यगर्भः, लोकेशः, स्वयंभूः, चतुराननः, धाता, अब्जयोनिः, दुहिणः, विरिञ्चिः, कमलासनः, स्रष्टा, प्रजापतिः, वेधाः, विधाता, विश्वसृट्, विधिः, इति २० **ब्रह्मणः**॥-विष्णुः, नारायणः, कृष्णः, वैकुण्ठः, विष्ठरश्रवाः, दामोदरः, हषीकेशः, केशवः,

देवकीनन्दनः शौरिः श्रीपतिः पुरुषोत्तमः ४१
वनमाली बलिध्वंसी कंसारातिरधोक्षजः ४२
विश्वम्भरः कैटभजिद्विधुः श्रीवत्सलाञ्छनः ४३
'पुराणपुरुषो यज्ञपुरुषो नरकान्तकः **
जलशायी विश्वरूपो मुकुन्दो मुरमर्दनः' **
वसुदेवोऽस्य जनकः स एवानकदुन्दुभिः ४४
बलभद्रः प्रलम्बघ्नो बलदेवोऽच्युताग्रजः ४५
रेवतीरमणो रामः कामपालो हलायुधः ४६
नीलाम्बरो रौहिणेयस्तालाङ्को मुसली हली ४७
संकर्षणः सीरपाणिः कालिन्दीभेदनो बलः ४८
मदनो मन्मथो मारः प्रद्युम्नो मीनकेतनः ४९
कन्दर्पो दर्पकोऽनङ्गः कामः पञ्चशरः स्मरः ५०
शम्बरारिर्मनसिजः कुसुमेषुरनन्यजः ५१
पुष्पधन्वा रतिपतिर्मकरध्वज आत्मभूः ५२

माधवः, स्वभूः, दैत्यारिः, पुण्डरीकाक्षः, गोविन्दः, गरुडध्वजः, पीताम्बरः, अच्युतः, शाङ्र्गी, विष्वक्सेनः, जनार्दनः, उपेन्द्रः, इन्द्रावरजः, चक्रपाणिः, चतुर्भुजः, पद्मनाभः, मधुरिपुः, वासुदेवः, त्रिविक्रमः, देवकीनन्दनः, शौरिः, श्रीपतिः, पुरुषोत्तमः, वनमाली, बलिध्वंसी, कंसारातिः, अधोक्षजः, विश्वंभरः, कैटभजित्, विधुः, श्रीवत्सलाञ्छनः, इति ३९ **विष्णोः**।।–अस्य कृष्णस्य जनकः पिता वसुदेवः। वसुदेव एवानकदुन्दुभिः। २ **कृष्णपितुः**।।–बलभद्रः, प्रलम्बघ्नः, बलदेवः, अच्युताग्रजः, रेवतीरमणः, रामः, कामपालः, हलायुधः, नीलाम्बर, रोहिणेयः, तालाङ्कः मुसली, हाली, संकर्षणः, सीरपाणिः, कालिन्दीभेदनः, बलः, इति १७ **बलरामस्य**।।–मदनः, मन्मथः, मारः, प्रद्युम्नः, मीनकेतनः, कंदर्पः, दर्पकः, अनङ्गः, कामः, पञ्चशरः, स्मरः, शम्बरारिः, मनसिजः, कुसुमेषुः, अनन्यजः, पुष्पधन्वा, रतिपतिः, मकरध्वजः, आत्मभूः, इति १९ **मदनस्य**।।–ब्रह्मसूः, विश्वकेतुः, अनिरुद्धः, उषापतिः, इति ४ **प्रद्युम्नसूनोः**।।–लक्ष्मीः, पद्मालया, पद्मा, कमला, श्रीः, हरिप्रिया, इति ६

'अरविन्दमशोकं च चूतं च नवमल्लिका **
नीलोत्पलं च पञ्चैते पञ्चबाणस्य सायकाः **
उन्मादनस्तापनश्च शोषणः स्तम्भनस्तथा **
संमोहनश्च कामस्य पञ्च बाणाः प्रकीर्तिताः' **
ब्रह्मसूर्विश्वकेतुः स्यादनिरुद्ध उषापतिः ५३
लक्ष्मीः पद्मालया पद्मा कमला श्रीर्हरिप्रिया ५४
'इन्दिरा लोकमाता मा क्षीरोदतनया रमा **
भार्गवी लोकजननी क्षीरसागरकन्यका' **
शङ्खो लक्ष्मीपतेः पाञ्चजन्यश्चक्रं सुदर्शनः ५५
कौमोदकी गदा खड्गो नन्दकः कौस्तुभो मणिः ५६
'चापः शार्ङ्गं मुरारेस्तु श्रीवत्सो लाञ्छनं स्मृतम् **
अश्वाश्च शैव्यसुग्रीवमेघपुष्पबलाहकाः **
सारथिर्दारुको मन्त्री ह्युद्धवश्चानुजो गदः' **
गरुत्मान् गरुडस्तार्क्ष्यो वैनतेयः खगेश्वरः ५७
नागान्तको विष्णुरथः सुपर्णः पन्नगाशनः ५८
शम्भुरीशः पशुपतिः शिवः शूली महेश्वरः ५९
ईश्वरः शर्व ईशानः शङ्करश्चन्द्रशेखरः ६०
भूतेशः खण्डपरशुर्गिरीशो गिरिशो मृडः ६१
मृत्युञ्जयः कृत्तिवासाः पिनाकी प्रमथाधिपः ६२

लक्ष्म्याः॥–लक्ष्मीपतेर्विष्णोः शङ्खः **पाञ्चजन्यः**। तस्य चक्रं **सुदर्शनः**। तस्य गदा **कौमोदकी**। तस्य खड्गो **नन्दकः**। तस्य मणिः **कौस्तुभः**॥–गरुत्मान्, गरुडः, तार्क्ष्यः, वैनतेयः, खगेश्वरः, नागान्तकः, विष्णुरथः, सुपर्णः, पन्नगाशनः, इति ९ **गरुडस्य**॥–शंभुः, ईशः, पशुपतिः, शिवः, शूली, महेश्वरः, ईश्वरः, शर्वः, ईशानः, शंकरः, चन्द्रशेखरः, भूतेशः, खण्डपरशुः, गिरिशः, गिरिशः, मृडः, मृत्युंजयः, कृत्तिवासाः, पिनाकी, प्रमथाधिपः, उग्रः, कपर्दी, श्रीकण्ठः, शितिकण्ठः, कपालभृत्, वामदेवः, महादेवः, विरूपाक्षः, त्रिलोचनः, कृशानुरेताः,

उग्रः कपर्दी श्रीकण्ठः शितिकण्ठः कपालभृत् ६३
वामदेवो महादेवो विरूपाक्षस्त्रिलोचनः ६४
कृशानुरेताः सर्वज्ञो धूर्जटिर्नीललोहितः ६५
हरः स्मरहरो भर्गस्त्र्यम्बकस्त्रिपुरान्तकः ६६
गङ्गाधरोऽन्धकरिपुः क्रतुध्वंशी वृषध्वजः ६७
व्योमकेशो भवो भीमः स्थाणू रुद्र उमापतिः ६८
'अहिर्बुध्न्योऽष्टमूर्तिश्च गजारिश्च महानटः **
कपर्दोऽस्य जटाजूटः पिनाकोऽजगवं धनुः ६९
प्रमथाः स्युः पारिषदा ब्राह्मीत्याद्यास्तु मातरः ७०
ब्राह्मी माहेश्वरी चैव कौमारी वैष्णवी तथा **
वाराही च तथेन्द्राणी चामुण्डा सप्त मातरः' **
विभूतिर्भूतिरैश्वर्यमणिमादिकमष्टधा ७१
'अणिमा महिमा चैव गरिमा लघिमा तथा **
प्राप्तिः प्राकाम्यमीशित्वं वशित्वं चाष्ट सिद्धयः **
उमा कात्यायनी गौरी काली हैमवतीश्वरा ७२
शिवा भवानी रुद्राणी शर्वाणी सर्वमङ्गला ७३
अपर्णा पार्वती दुर्गा मृडानी चण्डिकाऽम्बिका ७४
'आर्या दाक्षायणी चैव गिरिजा मेनकात्मजा **

सर्वज्ञः, धूर्जटिः, नीललोहितः, हरः, स्मरहरः, भर्गः, त्र्यम्बकः, त्रिपुरान्तकः, गङ्गाधरः, अन्धकरिपुः, क्रतुध्वंसी, वृषध्वजः, व्योमकेशः, भवः, स्थाणुः, रुद्रः, उमापतिः, इति ४८ **शिवस्य**।।-अस्य शंभोर्जटाजूटः **कपर्दः**। अस्य धनुः **अजगवम्**। तदेव **पिनाक** इत्यपि। अस्य पारिषदाः परिषदि साधवः **प्रमथाः**। ब्राह्मीत्याद्या **मातरः**,।।-विभूतिः, भूतिः, ऐश्वर्यम्, इति ३ **ऐश्वर्यस्य**। तत्तु 'अणिमा' इत्यादिमेदैरष्टविधम्।।-उमा, कात्यायनी, गौरी, काली, हैमवती, ईश्वरा, शिवा, भवानी, रुद्राणी, शर्वाणी, सर्वमङ्गला, अपर्णा, पार्वती, दुर्गा, मृडानी, चण्डिका, अम्बिका, इति १७ **पार्वत्याः**।।-

कर्ममोटी तु चामुण्डा चर्ममुण्डा तु चर्चिका' **
विनायको विघ्नराजद्वैमातुरगणाधिपाः ७५
अप्येकदन्तहेरम्बलम्बोदरगजाननाः ७६
कार्तिकेयो महासेनः शरजन्मा षडाननः ७७
पार्वतीनन्दनः स्कन्दः सेनानीरग्निभूर्गुहः ७८
बाहुलेयस्तारकजिद्विशाखः शिखिवाहनः ७९
षाण्मातुरः शक्तिधरः कुमारः क्रौञ्चदारणः ८०
'शृङ्गी भृङ्गी रिटिस्तुण्डी नन्दिको नन्दिकेश्वरः **
इन्द्रो मरुत्वान् मघवा बिडौजाः पाकशासनः ८१
वृद्धश्रवाः सुनासीरः पुरुहूतः पुरन्दरः ८२
जिष्णुर्लेखर्षभः शक्रः शतमन्युर्दिवस्पतिः ८३
सुत्रामा गोत्रभिद्वज्री वासवो वृत्रहा वृषा ८४
वास्तोष्पतिः सुरपतिर्बलारातिः शचीपतिः ८५
जम्भभेदी हरिहयः स्वाराण्नमुचिसूदनः ८६
संक्रन्दनो दुश्च्यवनस्तुराषाण्मेघवाहनः ८७

विनायकः, विघ्नराजः, द्वैमातुरः, गणाधिपः, एकदन्तः, हेरम्बः, लम्बोदरः, गजाननः, इति ८ **गणेशस्य**।। -कार्तिकेयः, महासेनः, शरजन्मा, षडाननः, पार्वतीनन्दनः, स्कन्दः, सेनानीः, अग्निभूः, गुहः, बाहुलेयः, तारकजित्, विशाखः, शिखिवाहनः, षाण्मातुरः, शक्तिधरः, कुमारः, क्रौञ्चदारणः, इति १७ **स्कन्दस्य** शृंगी, भृंगी रिटिः, तुंडि, नन्दिकः, नन्दिकेश्वर, इति **नन्दिनः**।।-इन्द्रः, मरुत्वान् मघवा, बिडौजाः, पाकशासनः, वृद्धश्रवाः, सुनासीरः, पुरुहूतः, पुरंदरः, जिष्णुः, लेखर्षभः, शक्रः, शतमन्युः, दिवस्पतिः, सुत्रामा, गोत्रजित्, वज्री, वासवः, वृत्रहा, वृषा, वास्तोष्पतिः, सुरपतिः, बलारातिः शचीपतिः, जम्भभेदी, हरिहयः, खाराट्, नमुचिसूदनः, संक्रन्दनः, दुश्च्यवनः। तुराषट्, मेघवाहनः, आखण्डलः, सहस्राक्षः, ऋभुक्षाः, इति ३५ **इन्द्रसु**।।-तस्येन्द्रस्य प्रिया तु पुलोमजेत्युत्तरेण संबन्धः पुलोमजा, शची, इन्द्राणी इति ३ **इन्द्रपियायाः**। इन्द्रज्ञस्य नगरी तु **अमरावती**। तस्य हयोऽस्ति **उच्चैःश्रवाः**।

आखण्डलः सहस्राक्ष ऋभुक्षास्तस्य तु प्रिया ८८
पुलोमजा शचीन्द्राणी नगरी त्वमरावती ८९
हय उच्चैःश्रवा सूतो मातलिर्नन्दनं वनम् ९०
स्यात्प्रासादो वैजयन्तो जयन्तः पाकशासनिः ९१
ऐरावतोऽभ्रमातङ्गैरावणाभ्रमुवल्लभाः ९२
ह्लादिनी वज्रमस्त्री स्यात्कुलिशं भिदुरं पविः ९३
शतकोटिः स्वरुः शम्बो दम्भोलिरशनिर्द्वयोः ९४
व्योमयानं विमानोऽस्त्री नारदाद्याः सुरर्षयः ९५
स्यात्सुधर्मा देवसभा पीयूषममृतं सुधा ९६
मन्दाकिनी वियद्गङ्गा स्वर्णदी सुरदीर्घिका ९७
मेरुः सुमेरुर्हेमाद्री रत्नसानुः सुरालयः ९८
पञ्चैते देवतरवोः मन्दारः पारिजातकः ९९
सन्तानः कल्पवृक्षश्च पुंसि वा हरिचन्दनम् १००
सनत्कुमारो वैधात्रः स्वर्वैद्यावश्विनीसुतौ १०१

तस्य सूतः सारथिः **मातलिः**। तस्य वनमुपवनं **नन्दनर** दुर्ग। तस्य प्रासादो गृहविशेषो **वग्जयन्तः**॥–जयन्तः, पाकशासनिः, इति २ **इन्द्ररा पुत्रस्य**॥–ऐरावतः, अभ्रमातङ्गः, ऐरावणः, अभ्रमुवल्लभः, इति ४ **ऐरावतस्य**॥–ह्लादिनी, अज्रम्, कुलिशम्, भिदुरम्, पविः, शतकोटिः, स्वरुः, :-शम्बः, दम्भोलिः, अशनिः, इति १० **वज्रस्य**। तत्र 'ह्लादिनी' स्त्री। वज्रम् अस्त्री पुंनपुंसकलिङ्गम्। 'वव्यादयः' पुंसि। 'अशिनिः' द्वयो स्त्रीपुंसयोः॥ व्योमयानम्, विमानः, इति २ **विमानस्य**। तत्र 'विमानः' पुंसि क्लीबे च॥–नारद्राद्याः **सुरर्षयः**। 'आदि' शब्देन तुम्बुरु-भरत-पर्वत-देवलादयः॥–सुधर्मा, सभा, इति २ **देवसभायाः**॥–पीयूषम्, अमृतम्, सुधा, इति ३ **अमृतस्य**॥–मन्दाकिनी, वियद्रङ्गा, स्वर्णदी, सुरदीर्घिका, इति ४ **मन्दाकिन्याः**॥–मेरुः, सुमेरुः, हेमाद्रिः, रत्नसानुः, सुरालयः, इति ५ **कनकाचलस्य**॥–मन्दारः, पारिजातकः, संतानः, कल्पवृक्षः, हरिचन्दनम्, एते ५ **देव**- तत्र 'हरिचन्दनम्' क्लीबपुंसोः॥– सनत्कुमारः, वैधात्रः, इति २ **सनकादेः**॥–स्वर्वैद्यौ,

नासत्यावश्विनौ दस्त्रावाश्विनेयौ च तावुभौ १०२
स्त्रियां बहुष्वप्सरसः स्वर्वेश्या उर्वशीमुखाः १०३
'घृताची मेनका रम्भा उर्वशी च तिलोत्तमा **
सुकेशी मञ्जुघोषाद्याः कथ्यन्तेऽप्सरसो बुधैः **
हाहा हूहूश्चैवमाद्या गन्धर्वास्त्रिदिवौकसाम् १०४
अग्निर्वैश्वानरो वह्निर्वीतिहोत्रो धनञ्जयः १०५
कृपीटयोनिर्ज्वलनो जातवेदास्तनूनपात् १०६
बर्हिः शुष्मा कृष्णवर्त्मा शोचिष्केश उषर्बुधः १०७
आश्रयाशो बृहद्भानुः कृशानुः पावकोऽनलः १०८
रोहिताश्वो वायुसखः शिखावानाशुशुक्षणिः १०९
हिरण्यरेता हुतभुग्दहनो हव्यवाहनः ११०
सप्तार्चिर्दमुनाः शुक्रश्चित्रभानुर्विभावसुः १११
शुचिरप्पित्तमौर्वस्तु वाडवो वडवानलः ११२

अश्विनीसुतौ, नासत्यौ, अश्विनौ, दस्त्रौ, आश्विनेयौ, ६ **अश्विनीकुमारयोः**। तावुभौ यमलौ, अत एव द्विवचनम्॥-उर्वशीमुखा 'उर्वशी' इत्याद्या **अप्सरसः**, स्वर्वेश्याः, इति चोच्यन्ते। अत्र 'अप्सरसः' एकस्यामपि व्यक्तौ बहुवचनान्तः स्त्रीलिङ्गः॥-हाहाः, हूहूः, एवमाद्यौ ते तथा त्रिदिवौकसां **देवानां गन्धर्वा** गायनाः। 'आद्य' शब्दात्तुम्बरु-विश्वा वसु-चित्ररथप्रभृतयाः॥-अग्निः, वैश्वानरः, वह्निः, वीतिहोत्रः, धनंजयः, कृपी-टयोनिः, ज्वलनः, जातवेदाः, तनूनपात्, बर्हिः, शुष्मा, कृष्णवर्त्मा, शोचिष्केशः, उषर्बुधः, आश्रयाशः, बृहद्भानुः, कृशानुः, पावकः, अनलः, रोहिताश्वः, वायुसखः, शिखावान् आशुशुक्षणिः, हिरण्यरेताः, हुतभुक्, दहनः, हव्यवाहनः, सप्तार्चिः, दमुनाः,शुक्रः, चित्रभानुः, विभावसुः, शुचिः, अप्पित्तम्, इति ३४ **अग्नेः**॥ और्वः, वाडवः, वडवानलः, इति ३ **वाडवाग्नेः**॥-ज्वालः, कीलः, अर्चिः, हेतिः, शिखा, इति ५ **वह्नेरर्चिषः**। तत्र 'ज्वालकीलौ' स्त्रीपुंसयोः, 'अचिः' स्त्रीनपुंसकयो, 'हेतिशिखे' स्त्रियाम्-॥

वह्नेर्द्वयोर्ज्वालकीलावर्चिर्हेतिः शिखा स्त्रियाम् १ १ ३
त्रिषु स्फुलिङ्गोऽग्निकणः सन्तापः संज्वरः समौ १ १ ४
'उल्का स्यान्निर्गतज्वाला भूतिर्भसितभस्मनी **
क्षारो रक्षा च दावस्तु दवो वनहुताशनः' **
धर्मराजः पितृपतिः समवर्ती परेतराट् ११५
कृतान्तो यमुनाभ्राता शमनो यमराड्यमः ११६
कालो दण्डधरः श्राद्धदेवो वैवस्वतोऽन्तकः ११७
राक्षसः कौणपः क्रव्यात्क्रव्यादोऽस्त्रप आशरः ११८
रात्रिंचरो रात्रिचरः कर्बुरो निकषात्मजः ११९
यातुधानः पुण्यजनो नैर्ऋतो यातुरक्षसी १२०
प्रचेता वरुणः पाशी यादसांपतिरप्पतिः १२१
श्वसनः स्पर्शनो वायुर्मातरिश्वा सदागतिः १२२
पृषदश्वो गन्धवहो गन्धवाहानिलाशुगाः १२३
समीरमारुतमरुज्जगत्प्राणसमीरणाः १२४
नभस्वद्वातपवनपवमानप्रभञ्जनाः १२५
'प्रकम्पनो महावातो झञ्झावातः सवृष्टिकः' **

स्फुलिङ्ग अग्निकणः, इति २ अग्नेः **कणिकायाम्। त्रिषु लिङ्गत्रये**।।–संतापः, संज्वरः, इति २ **अग्नेः संतापे**।।–धर्मराजः, पितृपतिः, समवर्ती, परेतराट्, कृतान्तः, यमुनाभ्राता, शमनः, यमराट्, यमः, कालः दण्डधरः, श्राद्धदेवः, वैवस्वतः, अन्तकः, इति १४ **यमस्य**।।–राक्षसः, कौणपः, क्रव्यात् क्रव्यादः अस्त्रपः, आशरः, रात्रिंचरः, रात्रिचर कर्बुरः, निकषात्मजः, यातुधानः, पुण्यजनः, नैर्ऋतः, यातु, रक्षः, इति १५ **राक्षसस्य**। तत्र 'यातुरक्षसी' नपुंसके।।–प्रचेताः, वरुणः, पाशी, यादसांपतिः, अप्पतिः, इति ५ **वरुणस्य**।।–श्वसन, स्पर्शनः, वायुः, मातरिश्वा, सदागतिः, पृषदश्वः, गन्धवाहः, गन्धवाहः, अनिलः, आशुगः, समीरः, मारुतः, मरुत्, जगत्प्राणः, समीरणः, नभस्वान्, वातः, पवनः,

प्राणोऽपानः समानश्चोदानव्यानौ च वायवः १२६
'हृदि प्राणो गुदेऽपानः समानो नाभिमण्डले **
उदानः कण्ठदेशे स्याद्व्यानः सर्वशरीरगः **
शरीरस्था इमे रंहस्तरसी तु रयः स्यदः १२७
जवोऽथ शीघ्रं त्वरितं लघु क्षिप्रमरं द्रुतम् १२८
सत्वरं चपलं तूर्णमविलम्बितमाशु च १२९
सततानारताश्रान्तसंततविरतानिशम् १३०
नित्यानवरताजस्रमप्यथातिशयो भरः १३१
अतिवेलभृशात्यर्थातिमात्रोद्गाढनिर्भरम् १३२
तीव्रैकान्तनितान्तानि गाढबाढदृढानि च १३३
क्लीबे शीघ्राद्यसत्त्वे स्यात्त्रिष्वेषां सत्त्वगामि यत् १३४
कुबेरस्त्र्यम्बकसखो यक्षराड्गुह्यकेश्वरः १३५
मनुष्यधर्मा धनदो राजराजो धनाधिपः १३६

पवमानः, प्रभञ्जनः, इति २० **वायोः**।।-प्राणः, अपानः, समानः, उदानः, व्यानः, इमे ५ **शरीरस्था वायुभेदाः**।।-रहः, तरः, रयः, स्यदः, जवः, इति ५ **वेगस्य**।।-शीघ्रम्, त्वरितम्, लघु, क्षिप्रम्, अरम्, द्रुतम्, सत्वरम्, चपलम्, तूर्णम्, अविलम्बितम्, आशु, इति ११ **त्वरितस्य**-सततम्, अनारतम्, अश्रान्तम् संततम्, अविरतम्, अनिशम्, नित्यम्, अनवरतम्, अर्जस्रम्, इति ९ **नित्यस्य**।।-अतिशयः, भरः, अतिवेलम्, भृशम्, अत्यर्थम्, अतिमात्रम्, उद्गढम्, निर्भरम्, तीव्रम्, एकान्तम्, नितान्तम्, गाढम्, वाढम्, दृढम्, इति १४ **अतिशयस्य**।।-शीघ्रादि 'शीघ्रं त्वरितम्', (१२६) इत्यारभ्य 'दृढ' शब्द (१३३) पर्यन्तं क्लीबे नपुंसकलिङ्गे यदुक्तम्, तत्त्वसत्त्वे द्रव्यवृत्तित्वाभाव एव ज्ञेयम्। यथा-'शीघ्रं कृतवान्', 'भृशं मूर्खः' 'भृशं याति'। एषां शीघ्रादीनां मध्ये यत्सत्त्वगामि द्रव्यवृत्ति, तत्त्रिषु। तस्य द्रव्यस्य यल्लिङ्गं तदेवास्येत्यर्थः। यथा-'शीघ्रा धेनुः' 'शीघ्रो वृषः' 'शीघ्रं गमनम्' शीघ्रं गमनम्'। भरातिशययोः सत्त्वगामित्वं नास्ति। नित्यं पुंस्त्वम्।।-कुबेरः, त्र्यम्बकसखः, यक्षराट् गुह्यकेश्वरः, मनुष्यधर्मा, धनदः, राजराजः, धनाधिपः, किंनरेशः, वैश्रवणः, पौलस्त्यः,

किन्नरेशो वैश्रवणः पौलस्त्यो नरवाहनः १३७
यक्षैकपिङ्गैलविलश्रीदपुण्यजनेश्वराः १३८
अस्योद्यानं चैत्ररथं पुत्रस्तु नलकूबरः १३९
कैलासः स्थानमलका पूर्विमानं तु पुष्पकम् १४०
स्यात्किन्नरः किंपुरुषस्तुरङ्गवदनो मयुः १४१
निधिर्ना शेवधिर्भेदाः पद्मशङ्खादयो निधेः १४२
'महापद्मश्च पद्मश्च शङ्खो मकरकच्छपौ **
मुकुन्दकुन्दनीलाश्च खर्वश्च निधयो नव' **

५. व्योमवर्गः

द्योदिवौ द्वे स्त्रियामभ्रं व्योम पुष्करमम्बरम् १४३
नभोऽन्तरिक्षं गगनमनन्तं सुरवर्त्म खम् १४४
वियद्विष्णुपदं वा तु पुंस्याकाशविहायसी १४५
'विहायसोऽपि नाकोऽपि द्युरपि स्यात्तदव्ययम् **
तारापथोऽन्तरिक्षं च मेघाध्वा च महाबिलम् **
विहायाः शकुने पुंसि गगने पुन्नपुंसकम्' **

नर वाहनः, यक्षः, एकपिङ्गः, रोलविल श्रीदः, पुण्यजनेश्वरः, इति १७ **कुबेरस्य**।।- अस्य कुबेरस्योद्यानं **चैत्ररथम्**। अस्य पुत्रो **नलकूबरः**। अस्य स्थानं **कैलासः**। अस्य पूर्नगरम् **अलका**। अस्य विमानं पुष्पकम्।।-किंनरः, किंपुरुषः, तुरंगवदनः, मयुः, इति ४ **किंनरमात्रस्य**।। निधिः, शेवधिः, इति २ **सामान्यनिधेः**।ना पुंलिङ्गः। काकाक्षिवदुभयत्रास्य संबन्धः।।-पद्मः, शङ्खः, इत्यादयो **निधेर्भेदाः**।।

१४३-१४५. द्यौः, द्यौः, अभ्रम्, व्योम, पुष्करम्, अम्वरम् नभः, अन्तरिक्षम्, गगनम्, अनन्तम्, सुरवर्त्म, खम् वियत्। विष्णुपदम्, आकाशम्, विहायः, इति १६ **आकाशस्य**। तत्र 'द्योदिवौ' स्त्रीलिङ्गे। 'आकाशविहायसी' क्लीबपुंसोः। शेषं क्लीबे।।

६. दिग्वर्गः।

दिशस्तु ककुभः काष्ठा आशाश्च हरितश्च ताः १४६
प्राच्यवाचीप्रतीच्यस्ताः पूर्वदक्षिणपश्चिमाः १४७
उत्तरा दिगुदीची स्याद्दिश्यं तु त्रिषु दिग्भवे १४८
'अवाग्भवमवाचीनमुदीचीनमुदग्भवम् **
प्रत्यग्भवं प्रतीचीनं प्राचीनं प्राग्भवं त्रिषु' **
इन्द्रो वह्निः पितृपतिर्नैर्ऋतो वरुणो मरुत् १४९
कुबेर ईशः पतयः पूर्वादीनां दिशां क्रमात् १५०
'रविः शुक्रो महीसूनुः स्वर्भानुर्भानुजो विधुः **
बुधो बृहस्पतिश्चेति दिशां चैव तथा ग्रहाः **
ऐरावतः पुण्डरीको वामनः कुमुदोऽञ्जनः १५१
पुष्पदन्तः सार्वभौमः सुप्रतीकश्च दिग्गजाः १५२
करिण्योऽभ्रमुकपिलापिङ्गलानुपमाः क्रमात् १५३
ताम्रकर्णी शुभ्रदन्ती चाङ्गना चाञ्जनावती १५४
क्लीबाव्ययं त्वपदिशं दिशोर्मध्ये विदिक् स्त्रियाम् १५५
अभ्यन्तरं त्वन्तरालं चक्रवालं तु मण्डलम् १५६

१४६-२१५, दिशः, ककुभः, काष्ठाः, आशाः, हरितः, इति ५ **दिशाम्।** ताः पूर्वदक्षिणपश्चिमाः क्रमेण **प्राची-अवाची-प्रतीच्यः** स्युः। यथा-पूर्वा दिक् प्राची। दक्षिणा दिक् अवाची। पश्चिमा दिक् प्रतीची। उत्तरा दिक् **उदीची**॥-दिश्यमिति दिग्भवे। तत्त्रिषु वाच्यलिङ्गम्। यथा-'दिशोहस्ती', 'दिश्या हस्तिनी' इत्यादि॥-इन्द्रः, वह्निः, पितृपतिः, नैर्ऋतः, वरुणः, मरुत, कुबेरः, ईशः, इति ८ क्रमात्पूर्वादीनां **दिशां पतयः**॥-ऐरावतः, पुण्डरीकः, वामनः, कुमुदः, अञ्जनः, पुष्पदन्तः, सार्वभौमः, सुप्रतीकः, इति ८ क्रमात् **दिग्गजाः**। पूर्वादिदिशां धारका गजा इत्यर्थः॥ अभ्रमुः कपिला, पिङ्गला, अनुपमा, ताम्रकर्णी, शुभ्रदन्ती, अङ्गना, अञ्जनावती, एताः ८ क्रमात् **करिण्यः**। दिग्गजानां स्त्रिय इत्यर्थः॥-अपदिशम्, विदिक्, इति २ दिशोर्मध्ये **दिग्द्वय-**

अभ्रं मेघो वारिवाहः स्तनयित्नुर्बलाहकः १५७
धाराधरो जलधरस्तडित्वानन्वारिदोऽम्बुभृत् १५८
घनजीमूतमुदिरजलमुग्धूमयोनयः १५९
कादम्बिनी मेघमाला त्रिषु मेघभवेऽभ्रियम् १६०
स्तनितं गर्जितं मेघनिर्घोषे रसितादि च १६१
शंपाशतह्रदाह्लादिन्यैरावत्यः क्षणप्रभा १६२
तडित्सौदामनी विद्युच्चञ्चला चपला अपि १६३
स्फूर्जथुर्वज्रनिर्घोषो मेघज्योतिरिरंमदः १६४
इन्द्रायुधं शक्रधनुस्तदेव ऋजुरोहितम् १६५
वृष्टिवर्षं तद्विघातेऽवग्राहावग्रहौ समौ १६६
धारासंपात आसारः शीकरोऽम्बुकणाः स्मृताः १६७
वर्षोपलस्तु करका मेघच्छन्नेऽह्नि दुर्दिनम् १६८
अन्तर्धा व्यवधा पुंसि त्वन्तर्धिरपवारणम् १६९

मध्यभागे। तत्र 'अपदिशम्' क्लीबाव्ययम्। नपुंसकमव्ययं चेत्यर्थः। 'विदिक्' स्त्रियाम्।। अभ्यन्तरम्, अन्तरालम्, इति २ **अन्तरवकाशस्य।।** चक्रवालम्, मण्डलम्, इति २ **मण्डलस्य।।**-अभ्रम्, मेघः, वारिवाहः, स्तनयित्नुः, बलाहकः, धाराधरः, जलधरः, तडित्वान्, वारिदः, अम्बुभृत्, घनः, जीमूतः, मुदिरः, जनमुक्, धूमयोनिः, इति १५ **मेघस्य।।**-कादम्बिनी, मेघमाला, इति २ **मेघवृन्दस्य।।**-अभ्रियमिति **मेघभवे। तत्त्रिषु। यथा**-'अभ्रिया आपः', 'अभ्रिया आसारः', 'अभ्रियं जलम्'।।-स्तनितम्, गर्जितम्, रसितम्, इति ३ **मेघनिर्घोषे।** आदिशब्दाद्ध्वनितादि।।-शंपा, शतहदा, ह्लादिनी, ऐरावती, क्षणप्रभा, तडित्, सौदामनी, विद्युत्, चञ्चला, चपला, इति १० **विद्युल्लतायाः।।** स्फूर्जथुः, वज्रनिर्घोषः, इति २ **अशनिनिर्घोषस्य।।** मेघज्योतिः, इरंमदः, इति २ **मेघज्योतिषः।।**-इन्द्रायुधम्, शक्रधनुः, ऋजुरोहितम्, इति ३ **मेघप्रतिफलिता रवि रश्मयो धनुराकारेण भान्ति तस्य धनुष ः।।**-वृष्टिः, वर्षम्, इति २ **मेघवर्षणस्य।।**-अवग्राहः, अवग्रहः, इति २ तद्विघाते **वर्षनिरोधे।।**-धारासंपातः, आसारः, इति २ **मेघधाराणां निरन्तरपतनस्य।।**-शीकर इति १ **सृतानां**

अपिधानतिरोधानपिधानाच्छादनानि च १७०
हिमांशुश्चन्द्रमाश्चन्द्र इन्दुः कुमुदबान्धवः १७१
विधुः सुधांशुः शुभ्रांशुरोषधीशो निशापतिः १७२
अब्जो जैवातृकः सोमो ग्लौमृगाङ्कः कलानिधिः १७३
द्विजराजः शशधरो नक्षत्रेशः क्षपाकरः १७४
कला तु षोडशो भागो बिम्बोऽस्त्री मण्डलं त्रिषु १७५
भित्तं शकलखण्डे वा पुंस्यर्धोऽर्धं समेंऽशके १७६
चन्द्रिका कौमुदी ज्योत्स्ना प्रसादस्तु प्रसन्नता १७७
कलङ्काङ्कौ लाञ्छनं च चिह्नं लक्ष्म च लक्षणम् १७८
सुषमा परमा शोभा शोभा कान्तिर्द्युतिश्छविः १७९
अवश्यायस्तु नीहारस्तुषारस्तुहिनं हिमम् १८०

वायुनेतस्ततः प्रेरितानामम्बुकणानाम्।। वर्षोपलः, करका, इति २ **यत्प्रथमवृष्टौ मेघोदकं कठिनं सदुपलवत् पतति तस्य**।।-दुर्दिनमिति १ **मेघच्छन्नेऽह्नि**।।-अन्तर्धा, व्यवधा, अन्तर्धिः, अपवारणम्, अपिधानम् तिरोधानम् पिधानम्, आच्छादनम्, इति ८ **आच्छादनस्य**। तत्र 'अन्तर्धाव्यवधे' स्त्रियाम्। **'अन्तर्धिः'** पुंसि।।-हिमांसुः, चन्द्रमाः, चन्द्रः, इन्दुः, कुमुदबान्धवः, विधुः, सुधांशुः, शुभ्रांशुः, ओषधीशः, निशापतिः, अब्जः, जैवातृकः, सोमः, ग्लौः, मृगाङ्कः, कलानिधिः, द्विजराजः, शशधरः, नक्षत्रेशः, क्षपाकरः, इति २० **चन्द्रस्य**।।-चन्द्रमण्डलस्य षोडशो भागः **कलासंज्ञः**।।-बिम्बः, मण्डलम्, इति २ **बिम्बस्य**।।-भित्तम्, शकलम्, खण्डम्, अर्धम्, इति ४ **शकलस्य**।। तत्र 'भित्तम्' नपुंसकम्। तत्र 'शकलखण्डे' क्लीबपुंसोः। 'अर्धः' पुंस्येव। यथा-कम्बलस्यार्धः। खण्ड इत्यर्थः। वाच्यलिङ्गोऽपि। यथा-'अर्धा शाटी', 'अर्धः पटः', 'अर्ध वस्त्रम्'।।-अर्धमिति **समेंऽशके** विभागे। तन्नपुंसकमेव।।-चन्द्रिका, कौमुदी, ज्योत्स्ना, इति ३ चन्द्रप्रभायाः।।-प्रसादः, प्रसन्नता, इति २ **नैर्मल्यस्य**।।-कलङ्कः, अङ्कः, लाञ्छनम्, चिह्नम्, लक्ष्म, लक्षणम् इति ६ **चिह्नस्य**।।-सुषमेति १ **परमायाः शोभायाः**।।-शोभा, कान्ति, द्युतिः, छविः, इति ४ **शोभामात्रस्य**।।-अवश्यायः, नीहारः, तुषारः, तुहिनम्,

प्रालेयं मिहिका चाथ हिमानी हिमसंहतिः १८१
शीतं गुणे तद्वदर्थाः सुषीमः शिशिरो जडः १८२
तुषारः शीतलः शीतो हिमः सप्तान्यलिङ्गकाः १८३
ध्रुव औत्तानपादिः स्यादगस्त्यः कुम्भसम्भवः १८४
मैत्रावरुणिरस्यैव लोपामुद्रा सधर्मिणी १८५
नक्षत्रमृक्षं भं तारा तारकाप्युडु वा स्त्रियाम् १८६
दाक्षायण्योऽश्विनीत्यादितारा अश्वयुगश्विनी १८७
राधा विशाखा पुष्ये तु सिध्यतिष्यौ श्रविष्ठया १८८
समा धनिष्ठाः स्युः प्रोष्ठपदा भाद्रपदाः स्त्रियः १८९
मृगशीर्षं मृगशिरस्तस्मिन्नेवाग्रहायणी १९०

हिमम्, प्रालेयम्, मिहिका, इति। **हिमस्य**॥–हिमानी, हिमसंहतिः, इति २ **महतो हिमस्य**।।–नपुंसकलिङ्गः 'शीत' शब्दश्च **गुणे** स्पर्शविशेष एव, न तु गुणिनि।।–सुषीमः, शिशिरः, जडः, तुषारः, शीतलः, शीतलः, शीतः, हिमः, हिमः, एते ७ तद्वदर्था स्तद्वान् शीतगुणवानर्थो येषां ते तथा। ते चान्यलिङ्गका विशेष्यनिघ्नाः। 'तुषार-हिमशीत' शब्दा निरूढलक्षणया गुणिन्यपि वर्तन्त इत्युभयत्र पठिताः।।–ध्रुवः, औत्तानपादिः, इति २ **उत्तानपादपुत्रस्य**।।अगस्त्यः, कुम्भसंभवः, मैत्रा वरुणिः, इति ३ **अगस्त्यस्य**॥ अत्यागस्त्यस्य सधर्मिणी पत्नी **लोपामुद्रा**।।–नक्षत्रम्, ऋक्षम्, भम्, तारा, ताराका, उडु, इति ६ **नक्षत्रमात्रस्य**। 'उडु' स्त्रीनपुंसकयोः। 'अपि' शब्दात्तारकापि तथा।।–अश्विनीत्यादितारा अश्विन्यादि, (अश्विनी, भरणी, कृतिका, रोहिणी, मृगशीर्षम्, आर्द्रा, पुनर्वसुः, पुष्यः, आश्लेषा, मघा, पूर्वा, उत्तरा, हस्तः, चित्रा, स्वाती, विशाखा, अनुराधा, ज्येष्ठा, मूलम्, पूर्वाषाढा, उत्तराषाढा, श्रवणः, धनिष्ठा, शततारका, पूर्वाभाद्रपदा, उत्तराभाद्रपदा, रेवती, इति) २७ नक्षत्राणि **दाक्षायणी**सञ्ज्ञकानि।।–अश्वयुक्, अश्विनी, इति २ **अश्विन्याः**।।–राधा, विशाखा, इति २ **विशाखायाः**।।–पुष्यः, सिध्यः, तिष्यः, इति ३ **पुष्यस्य**।।–श्रविष्ठा, धनिष्ठा, इति २ **धनिष्ठाया** :।। श्रविष्ठया समा श्रविष्ठा-तुल्येत्यर्थः।।–प्रोष्ठपदाः, भाद्रपदा इति २ **पूर्वाभाद्रपदोत्तराभाद्रपदासु**।।

इल्वलास्तच्छिरोदेशे तारका निवसन्ति याः १९१
बृहस्पतिः सुराचार्यो गीर्पतिर्धिषणो गुरुः १९२
जीव आङ्गिरसो वाचस्पतिश्चित्रशिखण्डिजः १९३
शुक्रो दैत्यगुरुः काव्य उशना भार्गवः कविः १९४
अङ्गारकः कुजो भौमो लोहिताङ्गो महीसुतः १९५
रोहिणेयो बुधः सौम्यः समौ सौरिशनैश्चरौ १९६
तमस्तु राहुः स्वर्भानुः सैंहिकेयो विधुन्तुदः १९७
सप्तर्षयो मरीच्यत्रिमुखाश्चित्रशिखण्डिनः १९८
राशीनामुदयो लग्नं ते तु मेषवृषादयः १९९
सुरसूर्यार्यमादित्यद्वादशात्मदिवाकराः २००
भास्कराहस्करब्रध्नप्रभाकरविभाकराः २०१
भास्वद्विवस्वत्सप्ताश्वहरिदश्वोष्णरश्मयः २०२
विकर्तनार्कमार्तण्डमिहिरारुणपूषणः २०३

पूर्वे प्रोष्ठपदे द्वे, उत्तरे च द्वे। एवं चतुः संख्याकत्वाद्बहुवचनम्। स्त्रियः **स्त्रीलिङ्गाःस्युः**।।-मृगशीर्षम्, मृगशिरः, आग्रहायणी, इति ३ **मृगशीर्षस्य**।।-तस्य मृगशीर्षस्य शिरोदेशे याः पञ्च तारकास्तारा निवसन्ति ता **इल्वलाः**।।-बृहस्पतिः, सुराचार्यः, गीर्पतिः, धिषणः,गुरुः, जीवः, आङ्गिरसः, वाचस्पतिः, चित्रशिखण्डिजः, इति ९ **बृहस्पतेः**।।-शुक्रः, दैत्यगुरुः, काव्यः, उशना, भार्गवः, कविः, इति ६ **शुक्रस्य**।। उशनेति सान्तम्।।-अङ्गारकः, कुजः, भौमः, लोहिताङ्ग महीसुतः, इति ५ **मङ्गलस्य**।-रौहिणेयः, बुधः, सौम्यः, इति ३ **बुधस्य**।। सौरिः, शनैश्चरः, इति २ **शनेः**।।-तमः, राहुः, स्वर्भानुः, सैंहिकेयः, विधुंतुदः, इति ५ **राहोः**। तमः सान्तं क्लीबे पुंसि च क्वचित्।।-मरीच्यत्रिमुखाः सप्तर्षयः **चित्रशिखण्डि** संज्ञाः। मुखशब्दात् पुलस्त्यादयः। ('मरीचिरङ्गिरा अत्रिः पुलस्त्यः पुलहः क्रतुः। वसिष्ठश्चेति सप्तैते ज्ञेयाश्चित्रशिखण्डिनः')।।-राशीनामुदयो **लग्नम्** इत्युच्यते।।-मेषवृषादयो **राशयः स्युः**। आदिना मिथुनकर्कटकादयः। ('मेषो, वृषोऽथ मिथुनं कर्कटः सिंहकन्यके। तुला च वृश्चिको धन्वी मकरः कुम्भमीनकौ')।।-सूरः, सूर्यः, अर्यमा,

द्युमणिस्तरणिर्मित्रश्चित्रभानुर्विरोचनः २०४
विभावसुर्ग्रहपतिस्त्विषांपतिरहर्पतिः २०५
भानुर्हंसः सहस्रांशुस्तपनः सविता रविः २०६
'पद्माक्षस्तेजसां राशिश्छायानाथस्तमिस्रहा **
कर्मसाक्षी जगच्चक्षुर्लोकबन्धुस्त्रयीतनुः **
प्रद्योतनो दिनमणिः खद्योतो लोकबान्धवः **
इनो भगो धामनिधिश्चांशुमाल्यब्जिनीपतिः' **
माठराः पिङ्गलो दण्डश्चण्डांशोः पारिपार्श्विकाः २०७
सूरसूतोऽरुणोनूरुः काश्यपिर्गरुडाग्रजः २०८
परिवेषस्तु परिधिरूपसूर्यकमण्डले २०९
किरणोस्रमयूखांशुगभस्तिघृणिपृश्नयः २१०
भानुःकरो मरीचिः स्त्रीपुंस्योर्दीधितिः स्त्रियाम् २११
स्युः प्रभारुग्रुचिस्त्विड्भाभाश्छविद्युतिदीप्तयः २१२

आदित्यः, द्वादशात्मा, दिवाकरः, भास्करः, अहस्करः, बघ्नः, प्रभाकरः, विभाकरः, भास्वान्, विवस्वान् सप्ताश्वः, हरिदश्वः, उष्णरश्मिः, विकर्तनः, अर्कः, मार्तण्डः, मिहिरः, अरुणः, पूषा, द्युमणिः, तरणिः, मित्रः, चित्रभानुः, विरोचनः, विभावसुः, ग्रहपतिः, त्विषांपतिः, अहर्पतिः, भानुः, हंसः, सहस्रांशुः, तपनः, सविता, रविः, इति ३७ **सूर्यस्य**।।-माठरः, पिङ्गलः, दण्डः, इति ३ **चण्डांशोः पारिपार्श्विकाः**=परितः पार्श्वे विद्यमानाः। ('शक्रोऽस्य वामपार्श्वे तु दण्डनायकः। वह्निस्तु दक्षिणे पार्श्वे पिङ्गलो वामभागतः। यमोऽपि दक्षिणे पार्श्वे भवेन्माठरसंज्ञया'))।।-सूरसूतः, अरुणः, अनूरुः, कोयपिः, गरुडाग्रजः, इति ५ **अरुणस्य**।।-परिवेषः, परिधिः, उपसूर्यकम्, मण्डलम् इति ४ **परिवेषस्य**।। सूर्यमभितः कदाचिद्दृश्यमानस्य कुण्डलाकारतेजोविशेषस्य। 'परिवेष' साहचर्यात् 'परिधिः' पुंसि ज्ञेयः।।- किरणः, उस्रः, मयूखः, अंशुः, गभस्तिः, घृणिः, पृश्निः, भानुः, करः, मरीचिः, दीधितिः, इति ११ **किरणस्य**।।मरीचिः स्त्रीपुंसयोः। 'दीधितिः' स्त्रियाम्। स्त्रियाम्' इत्यस्य काकाक्षिगोलकन्यायेनोत्तरश्लोकेऽप्यन्वयः।।-प्रभा, रुक्, रुचिः, त्विट्, भा, भाः, छविः, द्युतिः, दीप्तिः, रोचिः, इति ११ **प्रभा**

रोचिः शोचिरुभे क्लीबे प्रकाशो द्योत आतपः २१३
कोष्णं कवोष्णं मन्दोष्णं कदुष्णं त्रिषु तद्वति २१४
तिग्मं तीक्ष्णं खरं तद्वन्मृगतृष्णा मरीचिका २१५

७. कालवर्गः।

कालो दिष्टोऽप्यनेहापि समयोऽप्यथ पक्षतिः २१६
प्रतिपद्द्वे इमे स्त्रीत्वे तदाद्यास्तिथयो द्वयोः २१७
घस्रो दिनाहनी वा तु क्लीबे दिवसवासरौ २१८
प्रत्यूषोऽहर्मुखं कल्यमुषः प्रत्युषसी अपि २१९
'व्युष्टं विभातं द्वे क्लीबे पुंसि गोसर्ग इष्यते' **
प्रभातं च दिनान्ते तु सायं सन्ध्या पितृप्रसूः २२०
प्राह्णापराह्णमध्याह्नास्त्रिसन्ध्यमथ शर्वरी २२१
निशा निशीथिनी रात्रिस्त्रियामा क्षणदा क्षपा २२२

मात्रस्य तत्र दीप्त्यन्तानि स्त्रियां स्युः। 'रोचिः', 'शोचिः' सान्ते क्लीबे। 'भाः' सान्तः॥–प्रकाशः, द्योतः, आतपः, इति ३ **सूर्यप्रभायाः**॥–कोष्णम्, कवोष्णम्, मन्दोष्णम्, कदुष्णम्, **इति ईषदुष्णे**। इदं धर्ममात्रे रूपभेदात्क्लीबे तद्वति, धर्मिणि त्रिषु वाच्यलिङ्गमित्यर्थः॥–तिग्मम्, तीक्ष्णम्, खरम्, इति ३ **अत्युष्णस्य**। तद्वत् कोष्णवत्। धर्मे क्लीबम्। धर्मिणि त्रिषु॥–मृगतृष्णा, मरीचिका, इति २ **मृगजलस्य** =मरुदेशादौ सिकतासु प्रतिच्छुरिताः सूर्यकिरणा जलाकारेण भान्ति तस्य। जलाभासस्येत्यर्थः॥–

२१६-२७७. कालः, दिष्ट अनेहा, समयः, इति ४ **कालस्य**। अनेहा सान्ताः॥–पक्षतिः, प्रतिपत् इमे २ **प्रथमतिथेः**॥–तदाद्याः प्रतिपदाद्याः तिथय इत्युच्यन्ते। 'तिथि' शब्दो द्वयोः स्त्रीपुंसयोः॥–घस्रोः, दिनम्, अहः, दिवसः, वासरः, इति ५ **दिवसस्य**। तत्र 'दिवसवासरौ' क्लीबपुंसोः॥–प्रत्यूषः, अहर्मुखम्, कल्यम्, उषः, प्रत्युषः, प्रभातम् इति ६ **प्रभातस्यः**। तत्र प्रत्युषः, अदन्तः पुंसि क्लीबे च॥–दिनांन्तः, सायं, संध्या, पितृप्रसूः, इति ४ **दिनान्ते**। तत्र सायमित्वव्ययं नपुंसकलिङ्गं वा। प्राह्णः, अपहराह्णः, मध्याह्नः, इति समाहृताः **त्रिसंध्यं** ज्ञेयम्॥ शर्वरी, निशीथिनी निशा, रात्रिः, त्रियाभा,

विभावरीतमस्विन्यौ रजनी यामिनी तमी २२३
तमिस्रा तामसी रात्रिर्ज्यौत्स्नी चन्द्रिकयाऽन्विता २२४
आगामिवर्तमानाहर्युक्तायां निशि पक्षिणी २२५
गणरात्रं निशा बह्व्यः प्रदोषो रजनीमुखम् २२६
अर्धरात्रनिशीथौ द्वौ द्वौ यामप्रहरौ समौ २२७
स पर्वसन्धिः प्रतिपत्पञ्चदश्योर्यदन्तरम् २२८
पक्षान्तौ पञ्चदश्यौ द्वे पौर्णमासी तु पूर्णिमा २२९
कलाहीने सानुमतिः पूर्णे राका निशाकरे २३०
अमावास्या त्वमावस्या दर्शः सूर्येन्दुसंगमः २३१
सा दृष्टेन्दुः सिनीवाली सा नष्टेन्दुकला कुहूः २३२
उपरागो ग्रहो राहुग्रस्ते त्विन्दौ च पूष्णि च २३३
सोपप्लवोपरक्तौ द्वावग्न्युत्पात उपाहितः २३४
एकयोक्त्या पुष्पवन्तौ दिवाकरनिशाकरौ २३५

क्षणदा, क्षपा, विभावरी, तमस्विनी, रजनी यामिनी, तमी, इति १२ **निशायाः**॥–या तामसी तमोयुक्ता रात्रिः सा **तमिस्रा**॥–या चन्द्रिकया चन्द्रप्रकाशेनान्विता युक्ता रात्रिः सा **ज्यौत्स्नी**॥–आगामिवर्तमानाहर्युक्तायां पूर्वापरदिनाभ्यां युक्तायां निशि रात्रौ **पक्षिणी**॥ बह्वो निशाः **गणरात्रं** स्यात्। १ रात्रिसमुदायस्य॥–प्रदोषः, रजनीमुखम्, इति २ **रात्रेः पूर्वभागस्य**॥–अर्धरात्रः, निशीथः, इति २ **रात्रिमध्यसमयस्य**॥–यामः, प्रहरः, इति २ **अहोरात्राष्टमाशस्य**॥– प्रतिपत्पञ्चदश्योर्यदन्तरं स संधिः पर्वेत्यन्वयः॥–द्वे अमापूर्णिमे। पक्षान्तौ, पञ्चदश्यौ, इति २ पक्ष्जान्त तिथ्योः॥ द्वित्वात् द्विवचमम् नतु नित्यम् न तु नित्यम्॥ पौर्णामासी, पूर्णिमा, इति २ **शुक्लपक्षान्त्यतिथो**॥–सा पूर्णिमा कलाहीने चन्द्रे सति **अनुमति**-रित्युच्यते॥–सैवे पूर्णिमा पूर्णे निशाकरे सति **राका**॥–अमावास्या, अमावस्या, दर्शः, सूर्येन्दुसंगमः, इति ४ कृष्ण-**पक्षान्त्यतिथेः**॥–सा अमावास्या दृष्टेन्दुश्चेत् दृष्ट इन्दुर्यस्यां सा **सिनीवाली**॥–सैव नेष्टेन्दुकला नष्टा इन्दुकला यस्यां सा **कुहूः**॥–उपरागः, ग्रहः, इति २ राहुणेन्द्रौ चन्द्रे पूष्णि सूर्ये च ग्रस्ते

अष्टादश निमेषास्तु काष्ठा त्रिंशत्तु ताः कला २३६
तास्तु त्रिंशत्क्षणस्ते तु मुहूर्तो द्वादशास्त्रियाम् २३७
ते तु त्रिंशदहोरात्रः पक्षस्ते दश पञ्च च २३८
पक्षौ पूर्वापरौ शुक्लकृष्णौ मासस्तु तावुभौ २३९
द्वौ द्वौ मार्गादिमासौ स्यादृतुस्तैरयनं त्रिभिः २४०
अयने द्वे गतिरुदग्दक्षिणार्कस्य वत्सरः २४१
समरात्रिन्दिवे काले विषुवद्विषुवं च तत् २४२
'पुष्ययुक्ता पौर्णमासी पौषी मासे तु यत्र सा **
नाम्ना स पौषो माघाद्याश्चैवमेकादशापरे' **
मार्गशीर्षे सहा मार्ग आग्रहायणिकश्च सः २४३
पौषे तैषसहस्यौ द्वौ तपा माघेऽथ फाल्गुने २४४
स्यात्तपस्यः फाल्गुनिकः स्याच्चैत्रे चैत्रिको मधुः २४५

सति तस्य **ग्रासस्य** नामनी।।-सोपप्लवः, उपरक्तः, इति २ **राहुग्रस्तस्येन्दोः सूर्यस्य** वा।। अग्न्युत्पातः, उपाहितः, इति २ **वह्निकृतोपसर्गस्य**।।-एकयोक्त्याऽपृथग्वचनेन **पुष्पवन्तौ** इत्युक्तौ दिवाकरनिशाकरौ सूर्याचन्द्रमसौ ज्ञेयौ।।-निमेषाऽक्षिस्पन्दकालः। अष्टादश निमेषा मिलित्वैका **काष्ठा** भवति। त्रिंशत्काष्ठा मिलित्वैका कला। ताः कलास्त्रिंशन्मिलित्वैकः **क्षणः**। ते क्षण द्वादश मिलित्वैको **मुहूर्तः**। अस्त्रियां क्लीबपुंसोः। ते त्रिंशन्मुहूर्ता एकः **अहोरात्रः** =अह्ना सहिता रात्रिः। तेऽहोरात्राः पञ्चदशसंख्याका एकः **पक्षः**। पक्षो द्विविधः-शुक्लःकृष्णश्चेति। तत्र मासस्य **पूर्वः शुक्लः**, **कृष्ण**स्त्वपरः। तावुभौ पक्षावेको **मासः**। मार्गादि द्वौ द्वौ मासौ **ऋतुः** एकः। स च हेमन्तादिसंज्ञ :। तै ऋतुभिस्त्रिभिरेकम् **अयनम्**। सूर्यगतिभेदात् तद्विधा-अर्कस्योदग्गतिः **उत्तरायणम्**। दक्षिणागतिस्तु दक्षिणायनम्। एवं द्वे अयनै एको वत्सरः।।-विषुवत्, विषुवम् इति २ **समं रात्रिंदिवं यस्मिंस्तस्मिन्काले**। तुलासंक्रान्तौ मेषसंक्रान्तौ च दिनरात्री समे भवतस्यस्य कालस्येत्यर्थः।।-मार्गशीर्षः, सहाः, मार्गः, आग्रहायणिकः, इति ४ **मार्गशीर्षस्य**।।-पौषः, तैषः, सहस्यः, इति ३ **पौषस्य**।।-तपाः, माघः, इति। **माघस्य**।।-२ फाल्गुनः, तपस्यः, फाल्गुनिकः, इति ३ **फाल्गुनस्य**।-चैत्रः, चैत्रिक :, मधुः, इति ३

वैशाखे माधवो राधो ज्येष्ठे शुक्रः शुचिस्त्वयम् २४६
आषाढे श्रावणे तु स्यान्नभाः श्रावणिकश्च सः २४७
स्युर्नभस्यप्रौष्ठपदभाद्रभाद्रपदाः समाः २४८
स्यादाश्विन इषोऽप्याश्वयुजोऽपि स्यात्तु कार्तिके २४९
बाहुलोर्जौ कार्तिकिको हेमन्तः शिशिरोऽस्त्रियाम् २५०
वसन्ते पुष्पसमयः सुरभिर्ग्रीष्म उष्मकः २५१
निदाघ उष्णोपगम उष्ण ऊष्मागमस्तपः २५२
स्त्रियां प्रावृट् स्त्रियां भूम्नि वर्षा अथ शरत्स्त्रियाम् २५३
षडमी ऋतवः पुंसि मार्गादीनां युगैः क्रमात् २५४
संवत्सरो वत्सरोऽब्दो हायनोऽस्त्री शरत्समाः २५५
मासेन स्यादहोरात्रः पैत्रो वर्षेण दैवतः २५६

चैत्रस्य।।-वैशाखः, माधवः, राधःइति ३ **वैशाखस्य**।।-ज्येष्ठः, शुक्रः, इति २ **ज्येष्ठस्य**।। शुचिः, आषाढः, इति २ **आषाढस्य**।।-श्रावणः, नभाः श्रावणिकः, इति ३ **श्रावणस्य**। तत्र नभाः सान्तः।।-नभस्यः, प्रौष्ठपदः, भाद्रः, भाद्रपदः, इति ४ **भाद्रपदस्य**।।-आश्विनः, इषः, आश्वयुजः, इति ३ **आश्विनस्य**।। कार्तिकः, बाहुलः, **ऊर्जः**, कार्तिकिकः, इति ४ **कार्तिकस्य**।।-हेमन्त इत्येक ऋतुः।।-**शिशिर** इत्यपर ऋतुः। स च पुंनपुंसकलिङ्गः।।- वसन्तः, पुष्पसमयः, सुरभिः, इति ३ **वसन्तस्य**।।-ग्रीष्मः, उष्मकः, निदाघः, उष्णोपगमः, उष्णः, ऊष्मागमः, तपः,इति ७ **ग्रीष्मस्य**। 'तप' अकारान्तः पुंसि।।-प्रावृट, वर्षाः, इति २ **वर्षर्तोः**। तत्र 'प्रावृट्' शब्दः षान्तः स्त्रियाम्। 'वर्षा' शब्दस्तु स्त्रीलिङ्गो भूम्नि नित्यं बहुवचनान्त इत्यर्थः।।-**शरत्** इत्येक ऋतुः, स स्त्रीलिङ्गो दकारान्तः।।-अमी हेमन्तादयः षडपि ऋतवः। 'ऋतु' शब्दः पुंलिङ्गः। ते च हेमन्तादयो मार्ग शीर्षादिमासानां षड्भिर्युगैर्युग्मैः क्रमाद्भवन्ति।।- संवत्सरः, वत्सरः, अब्दः, हायनः, शरत्, समाः, इति ६ **वर्षस्य**। तत्र हायनान्ता अस्त्रियाम्। 'समाः' स्त्रियां बहुत्वे च।।-मानुषेण मासेनैकः **पैत्रोऽहोरात्रः**।।-तथा मानुषेण वर्षेण दैवतो **देवानामहोरात्रः**।।-मानुषाणां यत्कृतादि युगचतुष्टयं तद्दैवं युगं ज्ञेयम्। एवं

दैवे युगसहस्रे द्वे ब्राह्मः कल्पौ तु तौ नृणाम् २५७
मन्वन्तरं तु दिव्यानां युगानामेकसप्ततिः २५८
संवर्तः प्रलयः कल्पः क्षयः कल्पान्त इत्यपि २५९
अस्त्री पङ्कं पुमान् पाप्मा पापं किल्बिषकल्मषम् २६०
कलुषं वृजिनैनोऽघमंहो दुरितदुष्कृतम् २६१
स्याद्धर्ममस्त्रियां पुण्यश्रेयसी सुकृतं वृषः २६२
मुत्प्रीतिः प्रमदो हर्षः प्रमोदामोदसंमदाः २६३
स्यादानन्दथुरानन्दः शर्मशातसुखानि च २६४
श्वःश्रेयसं शिवं भद्रं कल्याणं मङ्गलं शुभम् २६५
भावुकं भविकं भव्यं कुशलं क्षेममस्त्रियाम् २६६
शस्तं चाथ त्रिषु द्रव्ये पापं पुण्यं सुखादि च २६७
मतल्लिका मचर्चिका प्रकाण्डमुद्धतल्लजौ २६८

दैवे द्वे युगसहस्रे **ब्राह्मोऽहोरात्रः**–ये द्वे दैवे युगसहस्रे तौ नृणां कल्पौ। स्थिति-प्रलयकालावित्यर्थः।। दिव्यानां युगानां या एक सप्तति- रेकाधिका सप्ततिस्तत् **मन्वन्तरम्**।।–संवर्तः, प्रलयः, कल्पः, क्षयः, कल्पान्तः, इति ५ **प्रलयस्य**।।–पङ्कम्, पाप्मा, पापम्, किल्बिषम्, कल्मषम्, **कलुषम्**, वृजिनम्, एनः, अघम् अंहः, दुरितम्, दुष्कृतम्, इति १२ **पापस्य**। तत्र 'पङ्कम्' अस्त्री क्लीबपुंसोः। 'पाप्मा' नकारान्तः पुंसि। शेषं क्लीबे।।– धर्मम्, पुण्यम्, श्रेयः, सुकृतम्, वृषः, इति ५ **सुकृतस्य**। तत्र 'धर्मः' अस्त्रियां क्लीबपुंसोः। वृषः पुंसि।।–मुत्, प्रीतिः, प्रमदः, हर्षः, प्रमोदः, आमोदः, संमदः, आनन्दथुः, आनन्दः, शर्म, सातम्, सुखम्, इति १२ **हर्षस्य**। तत्र प्रीति साहचर्यान्मुदपि स्त्रियां दकारान्तः।।–श्वःश्रेयसम्, शिवम्, भद्रम्, कल्याणम्, मङ्गलम्, शुभम्, भावुकम्, भविकम् भव्यम्, क्षेमम्, कुशलम् शस्तम्, इति १२ **कल्याणमात्रस्य**। तत्र, 'क्षेमम्' 'शस्तम्' च पुंनपुंसकयोः। पापपुण्य शब्दौ तथा सुखादिशब्दाः श्वः, श्रेयः, शिवभद्रादयः शस्तान्ता द्रव्ये विशेष्ये वर्तमानास्त्रिषु। विशेष्यलिङ्गा इत्यर्थः। यथा–'पापा स्त्री', 'पापः पुमान्' 'पापं कुलम्' इत्यादि।। मतल्लिका, मचर्चिका, प्रकाण्डम्, उद्धः,

प्रशस्तवाचकान्यमून्ययः शुभावहो विधिः २६९
दैवं दिष्टं भागधेयं भाग्यं स्त्री नियतिर्विधिः २७०
हेतुर्ना कारणं बीजं निदानं त्वादिकारणम् २७१
क्षेत्रज्ञ आत्मा पुरुषः प्रधानं प्रकृतिः स्त्रियाम् २७२
विशेषः कालिकोऽवस्था गुणाः सत्त्वं रजस्तमः २७३
जनुर्जननजन्मानि जनिरुत्पत्तिरुद्भवः २७४
प्राणी तु चेतनो जन्मी जन्तुजन्युशरीरिणः २७५
जातिर्जातं च सामान्यं व्यक्तिस्तु पृथगात्मता २७६
चित्तं तु चेतो हृदयं स्वान्तं हृन्मानसं मनः २७७

तल्लजः, अमूनि ५ **प्रशस्तवाचकानि**। एते तु पञ्च नित्यं द्रव्य एव लिङ्गान्तरेण सामानाधिकरण्येऽपि स्वलिङ्गं न जहति। यथा-प्रशस्तौ ब्राह्मणो ब्राह्मणमतल्लिका, प्रशस्ता गौर्गोमचर्चिका, गोप्रकाण्डम्, ब्राह्मणोद्धः, कुमारीतल्लजः, ।।-**आयः शुभावहो** विधिः। शुभोत्पादकं दैवं सोऽय उच्यते।।-दैवम्, दिष्टम्, भागधेयम्, भागयम्, नियतिः, विधिः, इति ६ **प्राक्तनकर्मणः**। 'नियतिः' स्त्री। 'विधिः' पुंसि।।-हेतुः, कारणम्ः, बीजम्, इति ३ **हेतुमात्रस्य**। 'हेतुः' ना पुंसि।।-यदादिकारणं तन्निदानम्। १ **उपादानकारणस्य**।।-क्षेत्रज्ञः, आत्मा, पुरुषः, इति ३ **शरीराधिदैवतस्य**।। -प्रधानम्, प्रकृतिः, इति २ **सत्त्वादिगुणसाम्यावस्थायाः**।।-यः कालिको विशेषः कालकृतो देहादेर्विशेषो यौवनादिः सा **अवस्थोच्यते**।।-सत्त्वम् रजः, तमः, एते **गुणाः** प्रकृतेर्धर्माः। तत्र रजस्तमसी सान्ते।।-जनुः, जननम्, जन्म, जनिः, उत्पत्तिः, उद्भवः, इति ६ **जन्मनः**।। - प्राणी, चेतनः, जन्मी, जन्तुः, जन्यु शरीरी, इति ६ **प्राणिनः**।।-जातिः, जातम्, सामान्यम्, इति ३ **घटत्वादिजाते** :।। व्यक्तिः, पृथगात्मता, इति २ **घटादिव्यक्तेः**।। -चित्तम्, चेतः, हृदयम्, स्वान्तम्, हृत्, मानसम्, मनः, इति ७ **चित्तस्य**।।

८. धीवर्गः।

बुद्धिर्मनीषा धिषणा धीः प्रज्ञा शेमुषी मतिः २७८
प्रेक्षोपलब्धिश्चित्संवित्प्रतिपज्ज्ञप्ति चेतनाः २७९
धीर्धारणावती मेधा संकल्पः कर्म मानसम् २८०
'अवधानं समाधानं प्रणिधानं तथैव च' **
चित्ताभोगो मनस्कारश्चर्चा संख्या विचारणा २८१
'विमर्शो भावना चैव वासना तु निगद्यते' **
अध्याहारस्तर्क ऊहो विचिकित्सा तु संशयः २८२
सन्देहद्वापरौ चाथ समौ निर्णयनिश्चयौ २८३
मिथ्यादृष्टिर्नास्तिकता व्यापादो द्रोहचिन्तनम् २८४
समौ सिद्धान्तराद्धान्तौ भ्रान्तिर्मिथ्यामतिर्भ्रमः २८५
संविदागूः प्रतिज्ञानं नियमाश्रवसंश्रवाः २८६
अङ्गीकाराभ्युपगमप्रतिश्रवसमाधयः २८७

२७८-३११, बुद्धिः, मनीषा, धिषणा, धीः, प्रज्ञा, शेमुषी, मतिः, प्रेक्षा, उपलब्धिः, चित्, संवित्, प्रतिपत्, ज्ञप्तिः, चेतना, इति १४ **बुद्धेः**।।-या धारणावती धीः सा **मेधा**।।-यन्मानसं कर्म मनोव्यापारः स **संकल्पः**।। -चित्ताभोगः, मनस्कारः, इति २ **मनसःसुखादौ तत्परतायाः**।।-चर्चा, संख्या, विचारणा, इति ३ **प्रमाणैरर्थपरीक्षणस्य**।।-अध्याहारः, तर्कः, ऊहः, इति ३ **तर्कस्य**।।-विचिकित्सा, संशयः, संदेह द्वापरः, इति ४ **संशयज्ञानस्य**।। -निर्णयः, निश्चयः, इति २ **निश्चयज्ञानस्य**।।-मिथ्यादृष्टिः, नास्तिकता, इति २ **परलोकाभाववादिज्ञानस्य**।।-व्यापादः द्रोहचिन्तम्, इति २ **परद्रोहचिन्तनस्य**।।-सिद्धान्तः, राद्धान्तः, इति २ **सिद्धान्तस्य**।।-भ्रान्तिः, मिथ्यामतिः, भ्रम, इति ३ **अयथार्थज्ञानस्य**।। संवित्, आगूः, प्रतिज्ञानम् नियमः, आश्रवः, संश्रवः, अङ्गीकारः, अभ्युपगमः, प्रतिश्रवः, समाधिः, इति १० **अङ्गीकारस्य**। आगूर्वधूवत्।।-मोक्षविषये या धीर्वुद्धिस्त**ज्ज्ञानम्**।।-मोक्षशास्त्रदन्यत्र शास्त्रे शिल्पे चित्रादौ च **धीर्विज्ञान** मुच्यते।।-मुक्तिः, कैवल्यम्, निर्वाणम्, श्रेयः, निःश्रेयसम् अमृतम्, मोक्षः, अपवर्गः, इति ८

मोक्षे धीर्ज्ञानमन्यत्र विज्ञानं शिल्पशास्त्रयोः २८८
मुक्तिः कैवल्यनिर्वाणश्रेयोनिःश्रेयसामृतम् २८९
मोक्षोऽपवर्गोऽथाज्ञानमविद्याहंमतिः स्त्रियाम् २९०
रूपं शब्दो गन्धरसस्पर्शाश्च विषया अमी २९१
गोचरा इन्द्रियार्थाश्च हृषीकं विषयीन्द्रियम् २९२
कर्मेन्द्रियं तु पाय्वादि मनोनेत्रादि धीन्द्रियम् २९३
तुवरस्तु कषायोऽस्त्री मधुरो लवणः कटुः २९४
तिक्तोऽम्लश्च रसा पुंसि तद्वत्सु षडमी त्रिषु २९५
विमर्दोत्थे परिमलो गन्धे जनमनोहरे २९६
आमोदः सोऽतिनिर्हारी वाच्यलिङ्गत्वमागुणात् २९७
समाकर्षी तु निर्हारी सुरभिर्घ्राणतर्पणः २९८

मोक्षस्य॥–अज्ञानम् अविद्या, अहंमतिः, इति ३ **अज्ञानस्य**॥ रूपम्, शब्दः, गन्धः, रसः, स्पर्शः, एते ५ **विषया** इति **गोचरा** इति **इन्द्रियार्था** इति चोच्यन्ते॥–हृषीकम्, विषयि, इन्द्रियम् इति ३ **चक्षुरादेरिन्द्रियस्य**॥ –पाय्वादि पायूपस्थादि **कर्मेन्द्रियमु**च्यते। आदिना वागादि। ('पायूपस्थं पाणिपादौ वाक्चेतीन्द्रियसंग्रहः। उत्सर्ग आनन्दादानगत्यालापाश्च तत्क्रियाः')॥–मनोनेत्रादि **धीन्द्रियमुच्यते** आदिना श्रोत्रादि। ('मनो कर्णस्तथा नेत्रं रसना च त्वचा सह। नासिका चेति षट् तानि धीन्द्रियाणि प्रचक्षते')॥ –तुवरः, कषायः, इति २ **तुवरस्य**। मधुरः, लवणः, कटुः, तिक्तः, अम्लः, एते तुवराद्याःषडपि **रसा** उच्यन्ते। अमी तुवराद्याः षडपि रसमात्रे वर्तमानाः पुंसि। तद्वत्सु रसवत्सु वर्तमानास्त्रिषु। वाच्यलिङ्गा इत्यर्थः॥–विमर्दोत्थे संघर्षणा-दिनोत्पन्ने जनमनोहरे गन्धे **परिमल** इति॥–योऽतिनिर्हार्यत्यन्तसमाकर्षी स गन्ध आमोद उच्यते॥–इतः परम् आ गुणात् 'गुणे शुक्लादयः' (३११) इति वक्ष्वमाणा-दुशब्दात्प्राग्वाच्यलिङ्गत्वमभिधेयानुसारेण त्रिलिङ्गत्वम्॥– समाकर्षी निर्हारी, इति २ **दूरनिपातिनो गन्धद्रव्यस्य**॥–सुरभिः, घ्राणतर्पणः, इष्टगन्धः, **सुगन्धिः**, इति ४ **शोभनगन्धयुक्तस्य**॥–आमोदी, मुखवासनः, इति २ **यन्मुखं वासयति तस्य ताम्बूलादेः**॥–पूतिगन्धिः, दुर्गन्धः, इति २ **अनिष्टगन्धयुक्तस्य**॥–

इष्टगन्धः सुगन्धिः स्यादामोदी मुखवासनः २९९

पूतिगन्धिस्तु दुर्गन्धो विस्रं स्यादामगन्धि यत् ३००

शुक्लशुभ्रशुचिश्वेतविशदश्येतपाण्डराः ३०१

अवदातः सितो गौरो वलक्षो धवलोऽर्जुनः ३०२

हरिणः पाण्डुरः पाण्डुरीषत्पाण्डुस्तु धूसरः ३०३

कृष्णो नीलासितश्यामकालश्यामलमेचकाः ३०४

पीतो गौरो हरिद्राभः पालाशो हरितो हरित् ३०५

लोहितो रोहितो रक्तः शोणः कोकनदच्छविः ३०६

अव्यक्तरागस्त्वरुणः श्वेतरक्तस्तु पाटलः ३०७

श्यावः स्यात्कपिशो धूम्रधूमलो कृष्णलोहिते ३०८

कडारः कपिलः पिङ्गपिशङ्गौ कद्रुपिङ्गलौ ३०९

वदामगन्धि तद्विस्रम्। अपक्वमांसादिगन्धस्य।।-शुक्लः, शुभ्रः, शुचिः, श्वेतः, विशदः, श्येतः, पाण्डरः, अवदातः, सितः, गौरः, [अवलक्षः] वलक्षः, धवलः, अर्जुनः हरिणः, पाण्डुरः, पाण्डुः, इति १६ **शुक्लस्य**।।-ईषत्पाण्डुः, धूसरः इति २ **ईषद्धवलस्य**।।-कृष्णः, नीलः, असितः, श्यामः, कालः, श्यामलः, मेचकः, इति ७ **नील्यादिगत- वर्णस्य**।।-पीतः, गौरः, हरिद्राभः, इति ३ **पीतस्य**।।-पालाशः, हरितः, हरित् इति ३ **शिरीषादिपत्रगतवर्णस्य**।।-लोहितः, रोहितः, रक्तः, इति ३ **रक्तस्य**।।-यः कोकनदच्छवी रक्तोत्पलाभः स **शोण** इति।।-योऽव्यक्तराग ईषद्रक्तः **सोऽरुणः**।।- यः श्वेतमिश्रो रक्तः स **पाटल** इति।।-श्यावः, कपिशः, इति २ **धूसरारुणवर्णस्य**।।धूम्रः, धूमलः, कृष्णलोहितः, इति ३ **कृष्णमिश्रलोहितवर्णस्य**।।-कडारः, कपिलः, पिङ्गः, पिशङ्गः, कद्रुः, पिङ्गल इति ६ **पिङ्गलवर्णस्य**।।-चित्रम्, किर्मीरः, कल्माषः, शबलः, एतः, कर्बुरः, इति ६ **कर्बुरस्य।** विचित्रवर्णस्येत्यर्थः।।-शुक्लादयो गुणे गुणमात्रे वर्तमानाः पुंसि, यथा–'अस्य पटस्य शुक्लं रूपम्।' तद्वति गुणवति वस्तुनि वर्तमाना गुणिलिङ्गा अभिधेयलिङ्गाः। यथा–'शुक्ला शाटी', शुक्लः

चित्रं किर्मीरकल्माषशबलैताश्च कर्बुरे　३१०
गुणे शुक्लादयः पुंसि गुणिलिङ्गास्तु तद्वति　३११

९. शब्दादिवर्गः।

ब्राह्मी तु भारती भाषा गीर्वाग्वाणी सरस्वती　३१२
व्याहार उक्तिर्लपितं भाषितं वचनं वचः　३१३
अपभ्रंशोऽपशब्दः स्याच्छास्त्रे शब्दस्तु वाचकः　३१७
तिङ्सुबन्तचयो वाक्यं क्रिया वा कारकान्विता　३१५
श्रुतिः स्त्री वेद आम्नायस्त्रयी धर्मस्तु तद्विधिः　३१६
स्त्रियामृक्सामयजुषी इति वेदास्त्रयस्त्रयी　३१७
शिक्षेत्यादि श्रुतेरङ्गमोङ्कारप्रणवौ समौ　३१८
इतिहासः पुरावृत्तमुदात्ताद्यास्त्रयः स्वराः　३१९

पटः' 'शुक्लं वस्त्रम्'। रोहितादीनां स्त्रीत्वे तु 'श्येनी श्येता, रोहिणी रोहिता, लोहिनी लोहिता इत्यादि।।

३१२-३६२. ब्राह्मी, भारती, भाषा, गीः, वाक्, वाणी, सरस्वती, व्याहारः, उक्तिः, लपितम्ः, भाषितम्, वचनम् वचः, इति १३ **वचनस्य**।।-अपभ्रष्ट शब्दः 'गावी, गोणी' इत्याद्यपशब्दः सोऽ**पभ्रंश** इत्युच्यते।। शास्त्रे —व्याकरणादौ यो वाचकः स **शब्द** इत्युच्यते, यथा-ओतप्रोततन्तूनां वाचकः पटः इति।।-तिङ्सुबन्तचयः तिङन्तसुबन्तपदसमूहो **वाक्यम्।** तिङन्तचयो यथा- 'पचतिभवति'। पाको भवतीत्यर्थः। सुबन्तचयो यथा-'प्रकृतिसिद्धमिदं हि महात्मनाम्'-कारकान्विता कारकैः संबद्धा **क्रिया** वाक्यमुच्यते। यथा-'देवदत्त, गामभिरक्ष शुक्लदण्डेन'।। श्रुतिः, वेदः, आम्नायः, त्रयी, इति ४ **वेदस्य**।।-तद्विधिर्वैदिको विधिर्यागादिर्**धर्म** इत्युच्यते।।-ऋक्, साम, यजुः, इति त्रयो वेदा मिलिता**स्त्रयी** ज्ञेया। तत्र 'ऋक्'शब्दः स्त्रीलिङ्गः।।-शिक्षेत्यादि श्रुते**र्वेदस्याङ्गं** ज्ञेयम्। 'शिक्षा कल्पो व्याकरणं निरुक्तं ज्योतिषां गतिः। छन्दोविचितिरित्येष षडङ्गो वेद उच्यते'।।-**ओंकारः**, प्रणवः, इति २ समौ।।-इतिहासः, पुरावृत्तम्, इति २ **पूर्वचरितस्य** महा-

आन्वीक्षिकी दण्डनीतिस्तर्कविद्यार्थशास्त्रयोः ३२०
आख्यायिकोपलब्धार्था पुराणं पञ्चलक्षणम् ३२१
प्रबन्धकल्पना कथा प्रवह्लिका प्रहेलिका ३२२
स्मृतिस्तु धर्मसंहिता समाहृतिस्तु संग्रहः ३२३
समस्या तु समासार्था किंवदन्ती जनश्रुतिः ३२४
वार्ता प्रवृत्तिर्वृत्तान्त उदन्तः स्यादथाह्वयः ३२५
आख्याह्वे अभिधानं च नामधेयं च नाम च ३२६
हुतिराकारणाह्वानं संहूतिर्बहुभिः कृता ३२७
विवादो व्यवहारः स्यादुपन्यासस्तु वाङ्मुखम् ३२८

भारतादेः।।-उदात्ताद्यास्त्रयः **स्वरा** उच्यन्ते। ('उदात्तश्चानुदात्तश्च स्वरितश्च स्वरास्त्रयः')।।-आन्वीक्षिकी इति १ **तर्कविद्यायां** गौतमादिप्रणीतायाम्। दण्डनीतिः इति।। **अर्थशास्त्रे** बृहस्पत्यादिप्रणीतेः।। आख्यायिका, उपलब्धार्था, इति २ **अनुभूतार्थप्रति पादकस्य** वासवदत्तादेः।।-यत्पञ्चलक्षणं तत्पुराणमुच्यते। ('सर्गश्च प्रतिसर्गश्च वंशो मन्वन्तराणि च। वंश्यानुचरितं चैव पुराणं पञ्चलक्षणम्')।।- प्रबन्धस्य वाक्यविस्तरस्य या कल्पना रचना सा **कथा** नाटकरामायणादेः।।-प्रवह्लिका, प्रहेलिका, इति २ **यथा परैः संदिह्यते तादृशगुप्ताभिधानस्य।** यथा-'पानीयं पातुमिच्छामि त्वत्तः कमललोचने। यदि चास्यसि नेच्छामि नो दास्यसि पिबाम्यहम्।।' [दास्यसि=दातुमिच्छसि इति व्यक्तोऽर्थः, दास्यसि=दासी+असि इतिगूढोऽर्थः] इति।।-या मन्वादिभिः प्रणीता धर्मसंहिता धर्मबोधार्थ रचिता संहिता सा **स्मृतिः**।।-समाहृतिः, संग्रहः, इति २ **संग्रहग्रन्थस्य**।।-या समासार्था पूरणीयार्था सा **समस्या।** यथा-'शतचन्द्रं नभस्थलम्'। तत्पूरणं यथा-'दामोदरकराघातविह्वलीकृतचेतसा। दृष्टं चाणूरमल्लेन' इति।। किंवदन्ती, जनश्रुतिः, इति **लोकप्रवादस्य**।।-वार्ता, प्रवृत्तिः, वृतान्तः, उदन्तः, इति ४ **यथास्थितलोकवृत्तकथनस्य**।।-आह्वयः, आख्या, आह्वा, अभिधानम्, नाम, इति ६ **नाम्नः**।।-हूतिः, आकारणा, आह्वानम्, इति ३ **आह्वानस्य**।।-या बहुभिः कृता हूतिः, सा **संहूतिः**- विवादः, व्यवहारः, इति २ **ऋणदानादिनिमित्तविविधवादस्य**।। उपन्यासः,

उपोद्घात उदाहारः शपनं शपथः पुमान् ३२९
प्रश्नोऽनुयोगः पृच्छा च प्रतिवाक्योत्तरे समे ३३०
मिथ्याभियोगोऽभ्याख्यानमथ मिथ्याभिशंसनम् ३३१
अभिशापः प्रणादस्तु शब्दः स्यादनुरागजः ३३२
यशः कीर्तिः समज्या च स्तवः स्तोत्रं स्तुतिर्नुतिः ३३३
आम्रेडितं द्विस्त्रिरुक्तमुच्चैर्घुष्टं तु घोषणा ३३४
काकुः स्त्रियां विकारो यः शोकभीत्यादिभिर्ध्वनेः ३३५
अवर्णाऽऽक्षेपनिर्वादपरीवादापवादवत् ३३६
उपक्रोशो जुगुप्सा च कुत्सा निन्दा च गर्हणे ३३७
पारुष्यमतिवादः स्याद्भर्त्सनं त्वपकारगीः ३३८
यः सनिन्द उपालम्भस्तत्र स्यात्परिभाषणम् ३३९
तत्र त्वाक्षारणा यः स्यादाक्रोशो मैथुनं प्रति ३४०

वाऽङमुखम्, इति २ **वचनारम्भस्य**।। उपोद्धातः, उदाहारः, इति २ **प्रकृतसिद्ध्यर्थचिन्तनस्य**।।-शपनम्, शपथः, इति २ **शपथस्य**।।-प्रश्नः, अनुयोगः, पृच्छा, इति ३ **प्रश्नस्य**।।-प्रतिवाक्यम्, उत्तरम्, इति २ **प्रति वचनस्य**।। मिथ्याभियोगः, अभ्याख्यानम्, इति २ 'शतं मे धारयसि' इत्याद्यसत्याक्षेपस्य।।–मिथ्याभिशंसनम् अभिशापः, इति २ **सुरापानादि-मिथ्यापापोद्भावनस्य**।।–अनुरागजो गुणानुरागोत्थः शब्दः **प्रणाद** इत्युच्यते।।–यशः, कीर्तिः, समज्या, इति ३ **कीर्तेः**।।–स्तवः, स्तोत्रं, नुतिः, स्तुतिः, इति ४ **स्तुतेः**।।–द्विर्द्विवारं त्रिस्त्रिवारं चोक्त**माम्रेडित**मुच्यते। यथा–सर्पः सर्प इति।।–उच्चेर्घुष्टम्, घोषणा, इति २ **उच्चैर्घोषस्य**।।–शोकभीतिकामादिभिर्ध्वनेयो विकारः सा **काकुः**।।–अवर्णः, आक्षेपः, निर्वादः, परीवादः, अपवादः, उपक्रोशः, जुगुप्सा, कुत्साः, विन्दाः, गर्हणम्, इति १० **निन्दायाः**। 'अपवादवत् इति वत्प्रत्ययेनावर्णदीनामुपक्रोशस्य चैकलिङ्गत्वं ज्ञापितम्। उपक्रोशान्ता अवर्णादयः पुंसीति **तात्पर्यम्**।।–पारुष्यम्, अतिवाद, इति २ **निष्ठुरभाषणस्य**।।–अपकारगीरपकारार्थकं भाषणं तद् **भर्त्सन**मुच्यते।।–यः सनिन्दो निन्दायुक्त उपालम्भः क्रोधपूर्वकं दोषप्रतिपादनं तत्र **परिभाषण**मिति।।–मैथुनं प्रति

स्यादाभाषणमालापः प्रलापोऽनर्थकं वचः ३४१
अनुलापो मुहुर्भाषा विलापः परिदेवनम् ३४२
विप्रलापो विरोधोक्तिः संलापो भाषणं मिथः ३४३
सुप्रलापः सुवचनमपलापस्तु निह्नवः ३४४
'चोद्यमाक्षेपाभियोगौ शापाक्रोशौ दुरेषणा **
अस्त्री चाटु चटु श्लाघा प्रेम्णा मिथ्या विकत्थनम्' **
सन्देशवाग्वाचिकं स्याद्वाग्भेदास्तु त्रिषूत्तरे ३४५
रुशती वागकल्याणी स्यात्कल्या तु शुभात्मिका ३४६
अत्यर्थमधुरं सान्त्वं सङ्गतं हृदयङ्गमम् ३४७
निष्ठुरं परुषं ग्राम्यमश्लीलं सूनृतं प्रिये ३४८
सत्येऽथ सङ्कुलक्लिष्टे परस्परपराहते ३४९
लुप्तवर्णपदं ग्रस्तं निरस्तं त्वरितोदितम् ३५०
अम्बूकृतं सनिष्ठीवमबद्धं स्यादनर्थकम् ३५१

परस्त्रीपुरुषसंयोगेन निमित्तेन य आक्रोशस्तत्र **आक्षारणेति**।।- आभाषणम्, आलापः, इति २ **अन्योन्यसबोधनपूर्वकभाषणस्य**।।-यदनर्थकं वचः स **प्रलाप** इति।।-अनुलापः, मुहुर्भाषा, इति २ **बहुशो भाषण- स्य**।।-विलापः, परिदेवनम् इति २ **रोदनपूर्वकभाषणस्य**।।-विप्रलापः, विरोधोक्तिः, इति २ **अन्योन्यविरुद्धभाषणस्य**।।-मिथःपरस्परमुक्तिप्रत्युक्तियुक्तं यद्भाषणं स **संलापः**।।-सुप्रलापः, सुवचनम्, इति २ **सुभाषितस्य**।।-अपलापः, निह्नवः, इति २ **गोपनकारिवचनस्य**।।-संदेशवाक्, वाचिकम्, इति २ **दूतादिमुखेन संदिश्यमानवचनस्य**।।-उत्तरेऽतः परं वक्ष्यमाणा **वाग्भेदाः** सम्यगन्तास्त्रिषु त्रिलिङ्गाः। यथा- रुशन् शब्दः, रुशद्वचनम्। या अकल्याणी वाक् सा **रुशती**।।-या शुभात्मिका वाक् सा **कल्या**।।-यदत्यर्थमतिशयेन मधुरं **तत्सान्त्वम्**।।-संगतम्, हृदयंगमम्, इति २ **संबद्धवचनस्य**।।-निष्ठुरम्, परुषम्, इति २ **कर्कशवचनस्य**।।-ग्राम्यम्, अश्लीलम् इति २ **शिथिल-वचसः**।।-यत्प्रियं सत्यं वचनं तत्र **सूनृतमिति**।।-यत्परस्परेण 'माता मे

अनक्षरमवाच्यं स्यादाहतं तुः मृषार्थकम् ३५२
'सोल्लुण्ठनं तु सोत्प्रासं भणितं रतिकूजितम् **
श्राव्यं हृद्यं मनोहारि विस्पष्टं प्रकटोदितम्' **
अथ म्लिष्टमविस्पष्टं वितथं त्वनृतं वचः ३५३
सत्यं तथ्यमृतं सम्यगमूनि त्रिषु तद्वति ३५४
शब्दे निनादनिनदध्वनिध्वानरवस्वनाः ३५५
स्वाननिर्घोषनिर्ह्रादनादनिस्वाननिस्वनाः ३५६
आरवारावसंरावविरावा अथ मर्मरः ३५७
स्वनिते वस्त्रपर्णानां भूषणानां तु शिञ्जितम् ३५८
निक्वाणो निक्वणः क्वाणः क्वणः क्वणनमित्यपि॥ ३५९
वीणायाः क्वणिते प्रादेः प्रक्वाणप्रक्वणादयः ३६०

वन्ध्येतिवत्' पूर्वापरविरुद्धं तत्र **संकुलम्, क्लिष्टम्**, इति नामद्वयम्। यथा-'पश्यत्यचक्षुः स श्रृणोत्यकर्णः'॥-यल्लुप्तवर्णपदमसंपूर्णोच्चारितं वचस्तद्ध्वस्तमिति॥-यत्त्वरितोदितं तन्निरस्तम्॥-सनिष्ठीवं लालायुक्तं तत् **अम्बुकृतमुच्यते**॥-यदनर्थकमर्थशून्यं **तदबद्धं** स्यात्॥-अनक्षरम्, अवाच्यम्, इति २ **वक्तुमनर्हस्य वचसः**॥-मृषार्थकमत्यन्ताभूतार्थकं तत् **आहतं** ज्ञेयम्। यथा-'एष बन्ध्यासुतो याति खपुष्पकृतशेखरः। मृगतृष्णाम्भसि स्नातः शशशृङ्गधनुर्धरः॥' इति॥-म्लिष्टम्, अविस्पष्टम्, इति २ **अव्यक्त-वचनस्य**॥-यदनृतं वचः **तद्वितथ**मित्युच्यते। सत्यम्, तथ्यम्, ऋतम्, सम्यक्, इति ४ **सत्यस्य।** अमूनि तद्वति सत्यवति **त्रिषु**। यथा-सत्यः शब्दः, सत्या वाक्, सत्यं वचनम् इति॥-शब्दः, निनादः, निनदः, ध्वनिः, ध्वानः, रवः, स्वनः, स्वानः, निर्घोषः, निर्ह्रादः, नादः, निस्वानः, निस्वनः, आरवः, आरावः, संरावः, विरावः, इति १७ **शब्दमात्रस्य**॥-वस्त्रपर्णानां खनिते शब्दे **मर्मर** इति॥-भूषणानां नूपुरादीनां खनिते **शिञ्जित**मिति॥-निक्वाणः, निक्वणः, क्वणः, क्वणनम्, इति ५ **वीणादिस्वनितस्य**॥ प्रादेरुपसर्गात् ये

कोलाहलः कलकलस्तिरश्चां वाशितं रुतम् ३६१
स्त्री प्रतिश्रुत्प्रतिध्वाने गीतं गानमिमे समे ३६२

१०. नाट्यवर्गः।

निषादर्षभगान्धारषड्जमध्यमधैवताः ३६३
पञ्चमश्चेत्यमी सप्त तन्त्रीकण्ठोत्थिताःस्वराः ३६४
काकली तु कले सूक्ष्मे ध्वनौ तु मधुरास्फुटे ३६५
कलो मन्द्रस्तु गम्भीरे तारोऽत्युच्चैस्त्रयस्त्रिषु ३६६
'नृणामुरसि मध्यस्थो द्वाविंशतिविधो ध्वनिः **
स मन्द्रः कण्ठमध्यस्थस्तारः शिरसि गीयते' **
समन्वितलयस्त्वेकतालो वीणा तु वल्लकी ३६७
विपञ्ची सा तु तन्त्रीभिः सप्तभिः परिवादिनी ३६८
ततं वीणादिकं वाद्यमानद्धं मुरजादिकम् ३६९
वंशादिकं तु सुषिरं कांस्यतालादिकं घनम् ३७०

प्रक्वणः, प्रक्वाणः, इत्यादयस्य वीणाया एव क्वणिते नान्यत्र।।-कोलाहलः, कलकलः, इति २ **बहुभिः कृतस्य स्पष्ट शब्दस्य**।।-तिरश्चां पक्षिणां रुतं शब्दः **वाशितम्**।।-प्रतिश्रुत, प्रतिध्वानः, इति २ **प्रतिशब्दस्य**।।गीतम्, गानम्, इति २ **गायनस्य**।।

३६३-४३८, निषादः, ऋषभः, गान्धारः, षड्जः, मध्यमः, धैवतः, पञ्चमः, इत्यमी तन्त्रीभ्यः कण्ठेभ्यश्चोत्थिताः सप्त स्वरा ज्ञेयाः। [तत्र निषादं नर्दन्ति गजाः, ऋषभं गावः, गान्धारं अजादयः षड्जं मयूराः, मध्यमं क्रौञ्चाः, धैवतमश्वाः, पञ्चमं कोकिलाः इति।]।।-सूक्ष्मे कले **काकली**ति।।- मधुरःश्रुतिसुखः स चासावस्फुटोऽव्यक्ताक्षर एतादृशे ध्वनौ **कल** इति। गम्भीरे ध्वनौ मन्द्र इति। अत्युद्यौर्ध्वनौ **तार** इति। त्रयः कलमन्द्रतारास्त्रिषु।।- यःसमन्वितलयः सम्यगन्वितोऽनुगतो लयो गीतादिसाम्यं यत्र स **एकताल** उच्यते।।-वीणा, वल्लकी, विपञ्ची, इति ३ **वीणायाः**।।-सा वीणा तु सत्तभिस्तीभिरुपलक्षिता परिवादिनी।।-यद्वीणादिकं तत्ततमुच्यते। आदिना सैरन्ध्रीरावणप्रहस्तकिंनर्यादि।।-यन्मुरजादिकं मृदङ्गादिकं आदिना पटहादि तदानद्धमुच्यते।।-वंशादिकम्। आदिना शङ्खादि **तत्सुषिरं** ज्ञेयम्।।-

चतुर्विधमिदं वाद्यं वादित्रातोद्यनामकम् ३७१
मृदङ्गा मुरजा भेदास्तवङ्क्यालिङ्ग्योर्ध्वकास्त्रयः ३७२
स्याद्यशःपटहो ढक्का भेरी स्त्री दुन्दुभिः पुमान् ३७३
आनकः पटहोऽस्त्री स्यात्कोणो वीणादिवादनम् ३७४
वीणादण्डः प्रवालः स्यात्ककुभस्तु प्रसेवकः ३७५
कोलम्बकस्तु कायोऽस्या उपनाहो निबन्धनम् ३७६
वाद्यप्रभेदा डमरुमड्डुडिण्डिमझर्झराः ३७७
मर्दलः पणवोऽन्ये च नर्तकीलासिके समे ३७८
विलम्बितं द्रुतं मध्यं तत्त्वमोघो घनं क्रमात् ३७९
तालः कालक्रियामानं लयः साम्यमथास्त्रियाम् ३८०
ताण्डवं नटनं नाट्यं लास्यं नृत्यं च नर्तने ३८१
तौर्यत्रिकं नृत्यगीतवाद्यं नाट्यमिदं त्रयम् ३८२

यत्कांस्यमयतालादिकं, आदिना घण्टाझल्लर्यादि **तद्घनं ज्ञेयम्**।।-इदं ततादिकं चतुर्विधं वाद्यं **वादित्रातोद्य**नामकं वादित्रमातोद्यं च नाम यस्य तत्।।-मृदङ्गाः, मुरजाः, इति २ **मृदङ्गस्य**। बहुवित्वाद्बहुवचनम्।।-अङ्क्यः, आलिङ्ग्यः, ऊर्ध्वकः, एते ३ **मृदङ्गस्य भेदाः**।।-यशसे य आदौ पटहो वाद्यते स यशःपटहः स एव ढक्केत्युच्यते। इति २ **ढक्कायाः**।।-भेरी, दुन्दुभिः, इति २ **दुन्दुभेः**।।-आनकः, पटहः, इति २ **पटहस्य**।।-वीणादि वाद्यते येन तद्धनुराकृति काष्ठं **कोण** उच्यते।।-वीणाया दण्डः **प्रवालः**।।-ककुभः, प्रसेवकः, इति २ **वीणादण्डादधो दारुमयं भाण्डं शब्दगाम्भीर्यार्थं यच्चर्मणाच्छाद्यते तस्य**।।-अस्या वीणायाः, कायस्तन्त्रीरहितो दण्डादिसमुदायः **कोलम्बक** इत्युच्यते।।-यत्र वीणाप्रान्ते तन्त्र्यो निबध्यन्ते तन्निबन्धनम् **उपनाह** इत्युच्यते।।-डमरुः, मड्डूः, डिण्डिमः, झर्झरः, **मर्दलः**, पणवः, एते **वाद्यप्रभेदा** वाद्यविशेषा ज्ञेयाः। अन्ये च हुड्डुकगोमुखादय सन्ति।।-नर्तकी, लासिका, इति २ **नर्तक्याः**।।-करचरणादिभिर्यद्वि- लम्बितं नृत्यादिकं **तत्तत्त्व**मित्युच्यते।।-यद्द्रुतं शीघ्रं नृत्यादिकं तत् **ओघ** इत्युच्यते।।-यन्मध्यं न विलम्बितं नापि द्रुतं तत् **घन**मित्युच्यते।। कालक्रिययोर्मानं नियमहेतु**स्ताल** इत्युच्यते।।-गीतवाद्यपादादिन्यासानां

भ्रकुंसश्च भ्रकुंसश्च भ्रकुंसश्चेति नर्तकः ३८३
स्त्रीवेषधारी पुरुषो नाट्योक्तौ गणिकाज्जुका ३८४
भगिनीपतिरावुत्तो भावो विद्वानथावुकः ३८५
जनको युवराजस्तु कुमारो भर्तृदारकः ३८६
राजा भट्टारको देवस्तत्सुता भर्तृदारिका ३८७
देवी कृताभिषेकायामितरासु तु भट्टिनी ३८८
अब्रह्मण्यमवध्योक्तौ राजश्यालस्तु राष्ट्रियः ३८९
अम्बा माताथ बाला स्याद्वासूरार्यस्तु मारिषः ३९०
अत्तिका भगिनी ज्येष्ठा निष्ठानिर्वहणे समे ३९१
हण्डे हञ्जे हलाह्वानं नीचां चेटीं सखीं प्रति ३९२
अङ्गहारोऽङ्गविक्षेपो व्यञ्जकाभिनयौ समौ ३९३
निर्वृत्ते त्वङ्गसत्त्वाभ्यां द्वे त्रिष्वाङ्गिकसात्त्विके ३९४
शृङ्गारवीरकरुणाद्भुतहास्यभयानकाः ३९५

क्रियाकालयोः साम्यं **लय इत्युच्यते**।।-ताण्डवम् नटनम्, नाट्यम्, लास्यम्, नृत्यम् नर्तनम्, इति ६ **नृत्यस्य**।।-नृत्यगीतवाद्यमितीदं त्रयं मिलिए **तौर्यत्रिक**मिति चोच्यते।।-यः स्त्रीवेषधारी नर्तकः पुरुषस्तत्र भ्रकुंसः, भ्रूकुंसः, इति ३ नामानि।। नाटयोक्तै नाट्यप्रकरणे। नाव्यादन्यत्र प्रयोगो नास्तीत्यर्थः। या गणिका सा **अज्जुका**।।-भगिन्याः**पतिरावुत्त** इत्युच्यते।।-यो विद्वान्स **भाव** इत्युच्यते।।- जनकस्तु **आवुक** इत्युच्यते।।-**युवराजस्तु** कुमारः, भर्तृदारकः, इति २।।-भट्टारकः, देवः, इति २ **राज्ञः**।।-तस्य राज्ञः सुता **भर्तृदारिका**।।-कृतोऽभिषेको यस्यास्तस्यां राज्यां **देवी**ति।।-इतरासु राज्ञीषु **भट्टिनी**ति।।-अवध्यस्य वधानर्हस्य ब्राह्मणादेरुक्तौ दोषोक्तिकरणे **अब्रह्मण्य**मिति।।-राज्ञः श्यालो **राष्ट्रिय** उच्यते।।-अम्बा,माता, इति २ **मातायाः**।।-बला, वासूः, इति २ **कुमार्याः**।।-आर्यः, **मारिषः**, इति २ **आर्यस्य**।।-या **ज्येष्ठा** भगिनी सा **अत्तिका**।।-निष्ठा, निर्वहणम्, इति २ समे इति समानार्थे। न तु समानलिङ्गे।।-नीचां प्रत्याह्वाने **हण्डे** इति। चेटीं प्रत्याह्वाने **हञ्जे इति**। सखीं प्रत्याह्वाने **हला** इति। अमूनि त्रीण्यव्ययानि।।-

बीभत्सरौद्रौ च रसाःश्रृङ्गारः शुचिरुज्ज्वलः ३९६
उत्साहवर्धनो वीरः कारुण्यं करुणा घृणा ३९७
कृपा दयाऽनुकम्पा स्यादनुक्रोशोऽप्यथो हसः ३९८
हासो हास्यं च बीभत्सं विकृतं त्रिष्विदं द्वयम् ३९९
विस्मयोद्भुतमाश्चर्यं चित्रमप्यथ भैरवम् ४००
दारुणं भीषणं भीष्मं घोरं भीमं भयानकम् ४०१
भयङ्करं प्रतिभयं रौद्रं तूग्रममी त्रिषु ४०२
चतुर्दश दरस्त्रासो भीतिर्भीः साध्वसं भयम् ४०३
विकारो मानसो भावोऽनुभावो भावबोधकः ४०४
गर्वोऽभिमानोऽहङ्कारो मानश्चित्तसमुन्नतिः ४०५
'दर्पोऽवलेपोऽवष्टम्भश्चित्तोद्रेकः स्मयो मदः' **
अनादरः परिभवः परीभावस्तिरस्क्रिया ४०६
रीढावमाननावज्ञावहेलनमसूर्क्षणम् ४०७
मन्दाक्षं ह्रीस्त्रपा व्रीडा लज्जा सापत्रपान्यतः ४०८

अङ्गहारः, अङ्गविक्षेपः, इति २ **नृत्यविशेषस्य**।।-व्यञ्जकः, अभिनयः, इति २ **हस्तादिभिर्मनोगतार्थप्रकाशनस्य**।।-अङ्गेन निर्वृत्ते निष्पन्ने कर्मणि **आङ्गिकम्**। सत्त्वेनान्तःकरणेन निर्वृत्ते **सात्त्विकम्**। इमे द्वे अपि त्रिषु।।-शृङ्गारः, वीरः, करुणः, अद्भु, हास्यः, भयानकः, बीभत्सः, रौद्रः, एते ८ **रसा** ज्ञेयाः।।-शृङ्गारः, शुचिः, उज्ज्वलः, इति ३ **शृङ्गारस्य**।।-उत्साहवर्धनः, वीरः, इति २ **वीरस्य**।।-कारुण्यम्, करुण, घृणा, कृपा, दया, अनुकम्पा, अनुक्रोशः, इति ७ **करुणस्य**।। हसः, हासः, हास्यम्, इति ३ **हासस्य**।।-वीभत्सम्, विकृतम्, इति २ **बीभत्सस्य**। इदं द्वयं रसे पुंसि। तद्वति त्रिषु।।-विस्मयः, अद्भुतम् आश्चर्यम्, चित्रम्, इति ४ **अद्भुतस्य** ।।-भैरवम्, दारुणम्, भीषणम्, भीष्मम्, घोरम्, भीमम्, भयानकम्, भयंकरम्, प्रतिभयम्, इति ९ **भयानकस्य**।।-रौद्रम् उग्रम्, इति २ **रौद्रस्य**। अमी अद्भुतादय उग्रान्ताश्चतुर्दश शब्दाः रसे पुंसि। तद्वति तु त्रिषु वाच्यलिङ्गाः।।-दरः, त्रासः, भीतिः, भीः, साध्वसम्, भयम्, इति ६ भयस्य।।-मानसः, मनःसंबन्धी विकारो **भाव**

क्षान्तिस्तितिक्षाऽभिध्या तु परस्य विषये स्पृहा ४०९
अक्षान्तिरीर्ष्याऽसूया तु दोषारोपो गुणेष्वपि ४१०
वैरं विरोधो विद्वेषो मन्युशोकौ तु शुक् स्त्रियाम् ४११
पश्चात्तापोऽनुतापश्च विप्रतीसार इत्यपि ४१२
कोपक्रोधामर्षरोषप्रतिघा रुट्क्रुधौ स्त्रियौ ४१३
शुचौ तु चरिते शीलमुन्मादश्चित्तविभ्रमः ४१४
प्रेमा ना प्रियता हार्दं प्रेम स्नेहोऽथ दोहदम् ४१५
इच्छा काङ्क्षा स्पृहेहा तृड्वाञ्छा लिप्सा मनोरथः ४१६
कामोऽभिलाषस्तर्षश्च सोऽत्यर्थं लालसा द्वयोः ४१७
उपाधिर्ना धर्मचिन्ता पुंस्याधिर्मानसी व्यथा ४१८
स्याच्चिन्ता स्मृतिराध्यानमुत्कण्ठोत्कलिके समे ४१९
उत्साहोऽध्यवसायः स्यात्स वीर्यमतिशक्तिभाक् ४२०

उच्यते।।-यो बोधकश्चित्त भाव कारस्य प्रकाशकः कटाक्षादिः **सोऽनुभाव** इत्युच्यते।।-गर्वः, अभिमानः, अहंकारः, इति ३ **गर्वस्य**।।-चित्तस्य समुन्नतिः परस्मादुत्कर्षचिन्तनेनौन्नत्यं **मान** उच्यते।।-अनादरः, परिभवः, परीभावः, तिरस्क्रिया, रीढा, आवमानना, अवज्ञा, अवहेलनम्, असूर्क्षणम्, इति ९ **अनादरस्य**।।-मन्दाक्षम्, ह्रीः, त्रपा, व्रीडा, लज्जा, इति ५ **लज्जायाः**।।-सा लज्जा अन्यतःपरस्माच्चेत् **अपत्रपा**।।-क्षान्तिः, तितिक्षा, इति २ **पराभ्युदयसहनस्य**।।-परस्य विषये परकीयधने स्पृहा **अभिध्या**।।-अक्षान्तिः, ईर्ष्या, इति २ **पराभ्युदयासहनस्य**।।-गुणेष्वपि दोषारोपोऽ**सूया**।।-**वैरम्**, विरोधः, विद्वेषः, इति ३ **वैरस्य**।।-मन्युः, शोकः, शुक्, इति ३ **शोकस्य**।।-पश्चात्तापः, अनुतापः, विप्रतीसारः, इति ३ **पश्चात्तापस्य**।।-कोपः, क्रोधः, अमर्षः, रोषः, प्रतिघः, रुट्, क्रुध् इति ७ **क्रोधस्य**।। रुट्क्रुधौ स्त्रियौ स्त्रीलिङ्गे।।-शुचौ शुद्धै चरित आचरणे **शीलम्**।।-उन्मादः, चित्तविभ्रमः, इति २ **चेतसोऽनवस्थितेः**।।- प्रेमा, प्रियता, हार्दम्, प्रेम स्नेहः, इति ५ **प्रेम्णः**।। तत्र 'प्रेमा' ना पुमान्, **स्नेहश्च**।।-दोहदम् , इच्छा, काङ्क्षा, स्पृहा, ईहा, तृट्, वाञ्छा, लिप्सा, मनोरथः, कामः, अभिलाषः, तर्षः, इति १२ **स्पृहायाः**।।-स तर्षो **महांश्चेल्लालसा**। द्वयोः स्त्रीपुंसयोः।।-उपाधिः, धर्मचिन्ता,

कपटोऽस्त्री व्याजदम्भोपधयश्छद्मकैतवे ४२१
कुसृतिर्निकृतिः शाठ्यं प्रमादोऽनवधानता ४२२
कौतूहलं कौतुकं च कुतुकं च कुतूहलम् ४२३
स्त्रीणां विलासबिब्बोकविभ्रमा ललितं तथा ४२४
हेला लीलेत्यमी हावाः क्रियाःशृङ्गारभावजाः ४२५
द्रवकेलिपरीहासाः क्रीडा लीला च नर्म च ४२६
व्याजोऽपदेशो लक्ष्यं च क्रीडा खेला च कूर्दनम् ४२७
घर्मो निदाघः स्वेदः स्यात्प्रलयो नष्टचेष्टता ४२८
अवहित्थाकारगुप्तिः समौ संवेगसंभ्रमौ ४२९
स्यादाच्छुरितकं हासःसोत्प्रासःस मनाक् स्मितम् ४३०
मध्यमः स्याद्विहसितं रोमाञ्चो रोमहर्षणम् ४३१

इति २ **धर्मचिन्तनस्य**। तत्र 'उपाधिः' पुंसि।।-आधिः, मानसी व्यथा, इति ३ **मनःपीडायाः**। आधिः उच्यते पुंसि।।-चिन्ता, स्मृतिः, आध्यानम्, इति ३ **स्मरणस्य**।।-उत्कण्ठा, उत्कलिका, इति २ **उत्कण्ठायाः**।।-उत्साहः, अध्यवसायः, इति २ **उत्साहस्य** ।।-येन कृत्वा असाध्यसाधनेऽप्युद्यतो भवति। स उत्साहोऽति शक्तिभाक् सातिशक्तिश्चेद्वी**र्यम्**उच्यते।।-कपटः, त्यजः, दम्भः, उपधिः, छद्म, कैतवम्, कुसृतिः, निकृतिः, शाठ्यम्, इति ९ **शाठ्यस्य**।।-प्रमादः, अनवधानता, इति २ **कर्तव्यासनवधानस्य**।।-कौतूहलम्, कौतुकम्, कुतुकम्, कुतूहलम्, इति ४ **कौतुकस्य**।।-विलासः, विब्बोकः, [विव्वोकः] विभ्रमः, ललितम्, हेला, लीला, इति ६ स्त्रीणां शृङ्गारभावजाः, श्रृङ्गार रससमुद्भूताः क्रियाः चेष्टाः **हावा** उच्यते।।-द्रवः,केलिः,परीहासः, क्रीडा, लीला, नर्म, इति ६ **क्रीडामात्रस्य**।।-व्याजः, अपदेशः, लक्ष्यम् इति ३ **स्वरूपाच्छादनस्य**।।-क्रीडा, खेला, कूर्दनम्, इति ३ **बाललीलायाः**।।-घर्मः, निदाघः, स्वेदः, इति ३ **स्वेदस्य**।।-प्रलयः, नष्टचेष्टता, इति २ **परिस्पन्द नाशस्य** ।।-अवहित्था, आकारगुप्तिः, इति २ **आकारगोपनस्य**।। संवेगः, संभ्रसः, इति २ **हर्षादिना कर्मसु त्वरणस्य**।।-सोत्प्रासः साभिप्रायो हास **आच्छुरितक**मुच्यते।।-स हासो मनागीषच्चेत् **स्मिम**मुच्यते।।-सहासो मध्यमश्चेदनल्पाधिकस्तर्हि **विहसितं** स्यात्।।-रोमाञ्चः, रोमहर्षणम्, इति २

क्रन्दितं रुदितं क्रुष्टं जृम्भस्तु त्रिषु जृम्भणम् ४३२
विप्रलम्भो विसंवादो रिङ्गणं स्खलनं समे ४३३
स्यान्निद्रा शयनं स्वापः स्वप्नः संवेश इत्यपि ४३४
तन्द्रा प्रमीला भ्रकुटिर्भ्रुकुटिर्भ्रूकुटिः स्त्रियाम् ४३५
अदृष्टिः स्यादसौम्येऽक्षिण संसिद्धिप्रकृती त्विमे ४३६
स्वरूपं च स्वभावश्च निसर्गश्चाथ वेपथुः ४३७
कम्पोऽथ क्षण उद्धर्षो मह उद्धव उत्सवः ४३८

११. पातालभोगिवर्गः।

अधोभुवनपातालं बलिसद्म रसातलम् ४३९
नागलोकोऽथ कुहरं सुषिरं विवरं बिलम् ४४०
छिद्रं निर्व्यथनं रोकं रन्ध्रं श्वभ्रं वपा शुषिः ४४१
गर्तावटौ भुवि श्वभ्रे सरन्ध्रे शुषिरं त्रिषु ४४२
अन्धकारोऽस्त्रियां ध्वान्तं तमिस्त्रं तिमिरं तमः ४४३

रोमोद्गमस्य।।-क्रन्दितम्, रुदितम्, क्रुष्टम्, इति ३ **रुदितस्य**।। जृम्भः, जृम्भणम् इति २ **जृम्भिकायाः**।।-विप्रलम्भः, विसंवादः, इति २ **वञ्चनायुक्त-भाषणस्य**।।-रिङ्गणम्, स्खलनम्, इति २ **स्वधर्मादिश्चलनस्य**।।-निद्रा, शयनम्, स्वापः, स्वप्नः, संवेशः, इति ५ **निद्रायाः**।।-तन्द्री, प्रमीला, इति २ **निद्राया आदावन्ते च यदालस्यं तस्य** ।।-भ्रकुटिः, भ्रुकुटिः, भ्रूकुटिः, इति ३ **क्रोधा- दिजनितभ्रूवक्रतायाः**।।-असौम्येऽक्षिण सरोषे चक्षुषि **अदृष्टिरिति** ।।-संसिद्धिः, प्रकृतिः, स्वरूपम्, स्वभावः, निसर्गः, इति ५ **स्वभावस्य** ।।-वेपथुः, कम्पः, इति २ **कम्पस्य**।।-क्षणः, उद्धर्षः, महः, उद्धवः, उत्सवः, इति ५ **उत्सवस्य**। महोऽदन्तः।।

४३९-४६०, अधोभुवनम्, पातालम्, बलिसद्म, रसातलम्, नागलोकः, इति ५ **पातालस्य**।।-कुहरम्, शुषिरम्, विवरम्, बिलम्, छिद्रम्, निर्व्यथनम्, रोकम्, रन्ध्रम्, श्वभ्रम्, वपा, शुषिः, इति ११ **छिद्रमात्रस्य**।।-गर्तः, अवटः, इति २ **भुवि यच्छ्वभ्रं तत्र**।। शुषिरमिति **सरन्ध्रे**-रन्ध्रयुक्ते वस्तुति, तन्त्रिषु,

ध्वान्ते गाढेऽन्धतमसं क्षीणेऽवतमसं तमः ४४४
विष्वक्संतमसं नागाः काद्रवेयास्तदीश्वरः ४४५
शेषोऽनन्तो वासुकिस्तु सर्पराजोऽथ गोनसे ४४६
तिलित्सः स्यादजगरे शयुर्वाहस इत्युभौ ४४७
अलगर्दो जलव्यालः समौ राजिलडुण्डुभौ ४४८
मालुधानो मातुलाहिर्निर्मुक्तो मुक्तकञ्चुकः ४४९
सर्पः पृदाकुर्भुजगो भुजङ्गोऽहिर्भुजङ्गमः ४५०
आशीविषो विषधरश्चक्री व्यालः सरीसृपः ४५१
कुण्डली गूढपाच्चक्षुःश्रवाः काकोदरः फणी ४५२
दर्वीकरो दीर्घपृष्ठो दन्दशूको बिलेशयः ४५३
उरगः पन्नगो भोगी जिह्मगः पवनाशनः ४५४
'लेलिहानो द्विरसनो गोकर्णः कञ्चुकी तथा **
कुम्भीनसः फणधरो हरिर्भोगधरस्तथा **
अहेः शरीरं भोगः स्यादाशीरप्यहिदंष्ट्रिका' **
त्रिष्वाहेयं विषास्थ्यादि स्फटायां तु फणा द्वयोः ४५५

वाच्यलिङ्गम्।।-अन्धकारः, ध्वान्तम्, तमिस्रम्, तिमिरम्, तमः, इति ५ **अन्धकारस्य।** तत्र 'अंधकारः' **क्लीबपुंसोः।।**-गसवे तान्ते सातिशये तमसि **अन्धतमस**मिति।।-क्षीणे ध्वान्ते **अवतमस**मिति।।-विष्वक् तमः सर्वव्यापि ध्वान्तं **संतमस**मुच्यते।।-नागाः, काद्रवेयाः, इति **नागानाम्**।।-तदीश्वरो नागानामीशः, शेषः, अनन्तः, इति चोच्यते।।-वासुकिः, सर्पराजः, इति २ **नागराजस्य**।।-गोनसः, तिलित्सः, इति २ **गोनसस्य**।।-अजगरः, शयुः, वाहसः, इति ३ **अजगरस्य**।।-अलगर्दः, जलव्यालः, इति २ **जलसर्पस्य** ।।-राजिलः, डुण्डुभः, इति २ **निर्विषस्य द्विमुखसर्पस्य** ।।-मालुधानः, मातुलाहिः, इति२ **खट्वाकारचित्रसर्पस्य** ।।-निर्मुक्तः मुक्तकञ्चुकः, इति २ **त्यक्तकञ्चुकस्य** ।।-सर्पः, पृदाकुः, भुजगः, भुजंगः, अहिः, भुजङ्गमः, आशीविषः, विषधरः, चक्री, व्यालः, सरीसृपः, कुण्डली, गूढपात्, चक्षुःश्रवाः, काकोदरः, फणी, दर्वीकरः, दीर्घपृष्ठः, दन्दशुकः, विलेशयः, उरगः,

समौ कञ्चुकनिर्मोकौ क्ष्वेडस्तु गरलं विषम् ४५६
पुंसि क्लीबे च काकोलकालकूटहलाहलाः ४५७
सौराष्ट्रिकः शौक्लिकेयो ब्रह्मपुत्रः प्रदीपनः ४५८
दारदो वत्सनाभश्च विषभेदा अमी नव ४५९
विषवैद्यो जाङ्गुलिको व्यालग्राह्यहितुण्डिकः ४६०

१२. नरकवर्गः।

स्यान्नारकस्तु नरको निरयो दुर्गतिः स्त्रियाम् ४६१
तद्भेदास्तपनावीचिमहारौरवरौरवाः ४६२
संघातः कालसूत्रं चेत्याद्याः सत्त्वास्तु नारकाः ४६३
प्रेता वैतरणी सिन्धुः स्यादलक्ष्मीस्तु निर्ऋतिः ४६४
विष्टिराजूः कारणा तु यातना तीव्रवेदना ४६५
पीडा बाधा व्यथा दुःखमामनस्यं प्रसूतिजम् ४६६

पन्नगः, भोगी, जिह्मगः, पवनाशनः, इति २५ **सर्पस्य**॥-यद्विषास्थ्यादि अहिभवं तत् **आहेयमु**च्यते ॥-स्फटा, फणा, इति २ **फणायाः**। द्वे अपि स्त्रीपुंसयोः ॥-कञ्चुकः, निर्मोकः, इति २ **सर्पत्वचः** ॥-क्ष्वेडः, गरलम्, विषम् इति ३ **विषमात्रस्य**॥-काकोलः, कालकूटः, हलाहलः, सौराष्ट्रिकः, शौक्लिकेयः, ब्रह्मपुत्रः, प्रदीपनः, दारदः, वत्सनाभः, इति ९ **स्थावरविषभेदाः**॥-विषवैद्यः, जाङ्गुलिकः, इति २ **विषहरवैद्यस्य**॥ -व्यालग्राही, अहितुण्डिकः, इति २ **सर्पग्राहिणः**॥

४६१-४६७. नारकः, नरकः, निरयः, दुर्गतिः, इति ४ **नरकस्य**॥-तपनः, अवीचिः, महारौरवः, संघातः, कालसूत्रम्, इत्याद्या **नरकभेदाः**। आद्यशब्दात् तामिस्रकुम्भीपाकादयः॥-नारका नरके भवाः सत्त्वाः प्राणिनः **प्रेता** उच्यन्ते॥-नारकी सिन्धुर्नदी **वैतरणी** ज्ञेया॥-नारक्यलक्ष्मीरशोभा **निर्ऋतिरुच्यते**॥-विष्टिः, आजूः, इति २ **नरके हठात्प्रक्षेपस्य**॥-कारणा, यातना, तीव्रवेदना, इति ३ **नरकपीडायाः**॥-पीडा, बाधा, व्यथा, दुःखम्, आमनस्यम्, प्रसूतिजम्, कष्टम्, कृच्छ्रम् आभीलम्, इति ९ **दुःखस्य**। एषां

स्यात्कष्टं कृच्छ्रमाभीलं त्रिष्वेषां भेद्यगामि यत् ४६७

१३. वारिवर्गः।

समुद्रोऽब्धिरकूपारः पारावारः सरित्पतिः ४६८
उदन्वानुदधिः सिन्धुः सरस्यान्सागरोऽर्णवः ४६९
रत्नाकरो जलनिधिर्यादःपतिरपांपतिः ४७०
तस्य प्रभेदाः क्षीरोदो लवणोदस्तथापरे ४७१
आपःस्त्री भूम्नि वार्वारि सलिलं कमलं जलम् ४७२
पयः कीलालममृतं जीवनं भुवनं वनम् ४७३
कबन्धमुदकं पाथः पुष्करं सर्वतोमुखम् ४७४
अम्भोऽर्णस्तोयपानीयनीरक्षीराम्बुशंबरम् ४७५
मेघपुष्पं धनरसस्त्रिषु द्वे आप्यमम्मयम् ४७६
भङ्गस्तरङ्ग ऊर्मिर्वा स्त्रियां वीचिरथोर्मिषु ४७७
महत्सूल्लोलकल्लोलौ स्यादावर्तोऽम्भसां भ्रमः ४७८
पृषन्तिबिन्दुपृषताः पुमांसो विप्रुषः स्त्रियाम् ४७९

मध्ये यद्दुःखादिकं भेद्यगामि विशेष्यवृति तत्त्रिषु। यथा–'सेयं सेवा दुःखा च बहुरूपा', 'सोऽयं दुःखं सतोऽगुणः', 'सर्व दुःखं विवेकिनः' इति।।

४६८–५५३. समुद्रः, अब्धिः, अकूपारः, पारावारः, सरित्पतिः, उदन्वान्, उदधिः, सिन्धुः, सरस्वान्, सागरः, रत्नाकर, जलनिधिः, यादःपतिः, अपांपतिः, इति १५ **समुद्रमात्रस्य**।।–तस्य समुद्रस्य प्रभेदास्तु–क्षीरोदः, लवणोदः, तथापरे दध्युद–घृतोद–सुरोद–इक्षूद–स्वादूदाः।।–आपः, वाः, वारि, सलिलम्, कमलम् जलम्, पयः, कीलालम्, अमृतम्, जीवनम्, भुवनम्, वनम्, कबन्धम्, उदकम्, पाथः, पुष्करम्, सर्वतोमुखम्, अम्भः, अर्णः, तोयम्, पानीयम्, नीरम्, अम्बु, शम्बरम्, मेघपुष्पम्, घनरसः, इति २७ **जलस्य**। तत्र 'आपः' स्त्रियां बहुत्वे च नित्यम्।।–आप्यम्, अम्मयम्, इति २ **जलविकारस्य**। त्रिषु।।–भङ्गः, तरङ्गः, ऊर्मिः, वीचिः, इति ४ **लहर्याः**–उल्लोलः, कल्लोलः, इति २ **महत्सूर्मिषु**।।–अम्भसां भ्रमो मण्डलाकारेण भ्रमण**मावर्तः**स्यात्।।–पृषन्ति, बिन्दवः, पृषतः, विप्रुष इति ४ **जलबिन्दूनाम्**।

चक्राणि पुटभेदाः स्युर्भ्रमाश्च जलनिर्गमाः ४८०
कूलं रोधश्च तीरं च प्रतीरं च तटं त्रिषु ४८१
पारावारे परार्वाची तीरे पात्रं तदन्तरम् ४८२
द्वीपोऽस्त्रियामन्तरीपं यदन्तर्वारिणस्तटम् ४८३
तोयोत्थितं तत्पुलिनं सैकतं सिकतामयम् ४८४
निषद्वरस्तु जम्बालः पङ्कोऽस्त्री शादकर्दमौ ४८५
जलौच्छ्वासाः परीवाहाः कूपकास्तु विदारकाः ४८६
नाव्यं त्रिलिङ्गं नौतार्ये स्त्रियां नौस्तरणिस्तरिः ४८७
उडुपं तु प्लवः कोलः स्रोतोऽम्बुसरणं स्वतः ४८८
आतरस्तरपण्यं स्याद् द्रोणी काष्ठाम्बुवाहिनी ४८९
सांयात्रिकः पोतवणिक्कर्णधारस्तु नाविकः ४९०

तत्र 'पृषत्' क्लीबे, 'बिन्दुपृषतौ' पुंसि, 'विप्रुघ्रुट्' स्त्री।।-चक्राणि, पुटभेदाः, भ्रमाः, जलनिर्गमाः, इति ४ **यानि चक्राकारेण जलान्यधो यान्ति तेषाम्।** कूलम्, रोधः, तीरम्, प्रतीरम्, तटम्, इति ५ **तीरस्य।** 'तट' त्रिलिङ्गम्।।-परं च अर्वाक् च परार्वाची तीरे क्रमेण **पारावारे** उच्येते। नद्याः परतीरं पारम्, अर्वाक् तीरमावारमित्यर्थ :।।-तयोः पारावारयोरन्तरं मध्यं **पात्र**मुच्यते।।-वारिणोऽन्तर्मध्ये यत्तटं तत् **द्वीप** इति अन्तरीपमिति चोच्यते।।-तोयोत्थितं तोयक्रमेणोत्थं तत् **पुलिन**मुच्यते।।-सैकतम्, सिकतामयम्, इति २ **वालुकाप्रचुरस्थानस्य**।।-निषद्वरः, जम्बालः, पङ्कः, शादः, कर्दमः, इति ५ **कर्दमस्य।** तत्र 'पङ्क' पुंनपुंसकयोः।।-जलोच्छ्वासाः, परीवाहाः, इति २ **निर्गममार्गैःप्रवृध्दं जलं परिवहति तेषाम्**।।-कूपकाः, विदारकाः, इति २ **शुष्कनद्यादौ हि जलार्थे गर्ताः क्रियन्ते तेषाम्**।।-नौतार्ये नावा तारितुमर्हे जलादौ **नाव्यम्।** तत्त्रिषु।।-नौः, तरणिः, तरिः, इति ३ **नौकायाः**।।-उडुपम्, धुवः, कोलः, इति ३ **अल्पनौकायाः।।**-स्वतो यदम्बुसरणं जलगमन तत्स्रोत उच्यते।।-आतरः, तरपण्यम्, इति २ **नद्यादितरणे देयमूल्यस्य** ।।-काष्ठाम्बुवाहिनी काष्ठमयी जलवाहिनी सा **द्रोणी** उच्यते।। सांयात्रिकः, पोतवणिक्, इति २ **नौकया वाणिज्यकारिणः।।**-कर्णधारः, नाविकः, इति

नियामकाः पोतवाहाः कूपको गुणवृक्षकः ४९१
नौकादण्डः क्षेपणी स्यादरित्रं केनिपातकः ४९२
अभ्रिः स्त्री काष्ठकुद्दालः सेकपात्रं तु सेचनम् ४९३
क्लीबेऽर्धनावं नावोऽर्धेऽतीतनौकेऽतिनु त्रिषु ४९४
त्रिष्वागाधात्प्रसन्नोऽच्छः कलुषोऽनच्छ आविलः ४९५
निम्नं गभीरं गम्भीरमुत्तानं तद्विपर्यये ४९६
अगाधमतलस्पर्शे कैवर्ते दाशधीवरौ ४९७
आनायः पुंसि जालं स्याच्छणसूत्रं पवित्रकम् ४९८
मत्स्याधानी कुवेणी स्याद्बडिशं मत्स्यवेधनम् ४९९
पृथुरोमा झषो मत्स्यो मीनो वैसारिणोऽण्डजः ५००
विसारः शकुली चाथ गडकः शकुलार्भकः ५०१
सहस्त्रदंष्ट्रः पाठीन ऊलूपी शिशुकः समौ ५०२
नलमीनश्चिलिचिमः प्रोष्ठी तु शफरी द्वयोः ५०३
क्षुद्राण्डमत्स्यसंघातः पोताधानमथो झषाः ५०४

---

२ **अरित्रं धृत्वा यस्तारयति तस्य**।।-नियामकाः, पोतवाहाः, इति २ **पोतमध्यस्थितकाष्ठाग्रे दुष्टजन्त्वा दिशानाय स्थित्वा ये नियन्तं शक्तास्तेषाम्**।।-कूपकः, गुणवृक्षकः, इति २ **रज्ज्वाद्याधारमध्यस्तम्भस्य** ।।-नौकादण्डः, क्षेपणी, इति २ **नौकावाहकदण्डस्य**।।-अरित्रम् केनिपातकः, इति २ **कर्णस्य**।।-अभ्रिः, काष्ठकुद्दालः, इति २ **पोतादेर्मलापनयनार्थं काष्ठकुछालस्य**।।-सेकपात्रम्, सेचनम्, इति २ **चर्मादिरचितस्य जलोत्सर्जनपात्रस्य**।।-नावोऽर्धे **अर्धवनावम्**। तत्क्लीबे।।-अतीतनौके नौकामतीत्य वर्तमाने मनुष्यादौ **अतिनु**। त्रिलिङ्गम्। क्षतः परमागाधात् 'अगाध'शब्दमाभिव्याप्य त्रिषु वाच्यलिङ्गा इत्यर्थः।।-प्रसन्नः, अच्छः, इति २ **निर्मलस्य**।।-कलुषः, अनच्छः, आविलः, इति ३ **मलमिश्रस्य**।।-निम्नम्, गभीरम्, गम्भीरम्, इति ३ **गम्भीरस्य**।।-तद्विपर्यये गम्भीरादितरस्मिन् **उत्तानमिति**।। अगाधम्, अतलस्पर्शम्, इति २ **अत्यन्तगम्भीरस्य**।।-कैवर्तः, दाशः, धीवरः, इति ३ **कैवर्तस्य**।। आनायाः, जालम्, इति **जालस्य**।।-

रोहितो मद्गुरः शालो राजीवः शकुलस्तिमिः ५०५
तिमिङ्गिलादयश्चाथ यादांसि जलजन्तवः ५०६
तद्भेदाः शिशुमारोद्रशङ्कवो मकरादयः ५०७
स्यात्कुलीरः कर्कटकः कूर्मे कमठकच्छपौ ५०८
ग्राहोऽवहारो नक्रस्तु कुम्भीरोऽथ महीलता ५०९
गण्डूपदः किंचुलको निहाका गोधिका समे ५१०
रक्तपा तु जलौकायां स्त्रियां भूम्नि जलौकसः ५११
मुक्तास्फोटः स्त्रियां शुक्तिः शङ्खः स्यात्कम्बुरस्त्रियौ ५१२
क्षुद्रशङ्खाः शङ्खनखाः शम्बूका जलशुक्तयः ५१३
भेके मण्डूकवर्षाभूशालूरप्लवदर्दुराः ५१४

शणसूत्रम्, पवित्रकम्, इति २ **शणसूत्रजालस्य**।।-मत्स्याधानी, कुवेणी,, इति २ **मत्स्यबन्धनकरण्डिकायाः** ॥-यब डिशम्, मत्स्यवेधनम्, इति २ **मत्स्यवेधनस्य**॥-पृथुरोमा, झषः, मत्स्यः, मीनः, वैसारिणः, अण्डजः, विसारः, शकुली, इति ८ **मत्स्यस्य**।।-गडकः, शकुलार्भक इति २ **मत्स्यविशेषस्य**।।-सहस्र दंष्ट्र पाठीनः, इति २ **बहुदंष्ट्रस्य मत्स्यविशेषस्य**।। -उलूपी, शिशुकः, इति २ **शिशुमाराकारमत्स्यस्य**।।-नलमीनः, चिलिचिमः, इति २ **जलतृणचारिमत्स्यविशेषस्य**।।-प्रोष्ठी, शफरी, इति २ **शुभ्रमत्स्यविशेषस्य**।।-क्षुद्राश्च तै अण्डमत्स्याश्च तेषां संघातः **पोताधान**मुच्यते।।-अर्थो झषा मत्स्यविशेषाः मक्ष्यन्ते, नतु पर्यायाः-रोहितः, मद्गुरः, शालः, राजीवः, शकुलः, तिमिः, तिमिंगिलः, आदिशब्दान्नन्द्याव-र्तादयोऽन्ये।।-यादांसि, जलजन्तवः, इति २ **जलचरमात्रस्य**।।-तद्भेदा जलजन्तूनां विशेषाः-शिशुमारः, उद्रः, शङ्कुः, मकरः। आदिशब्दाज्जल-हस्त्यादयः।।-कुलीरः, कर्कटकः, इति २ **कर्कटस्य**।।-कूर्मः,कमठः, कच्छपः, इति ३ **कूर्मस्य**।।-ग्राहः, अवहारः, इति २ **ग्राहस्य**।।-नक्रः, कुम्भीरः, इति २ **नक्रस्य**।।-महीलता, गण्डूपदः, किंचुलकः, इति ३ **जलचरभेदस्य**।।-निहाका, गोधिका, इति २ **जलगोधिकायाः**।।-रक्तपा, जलौका, जलौकसः, इति ३ **जलौकायाः**।।-मुक्तास्फोटः, शुक्तिः, इति २ **शुक्तिकायाः**।।-शङ्खः,

शिली गण्डूपदी भेकी वर्षाभ्वी कमठी डुलिः ५१५
मद्गुरस्य प्रियाशृङ्गी दुर्नामा दीर्घकोशिका ५१६
जलाशयो जलाधारस्तत्रागाधजलो ह्रदः ५१७
आहावस्तु निपानं स्यादुपकूपजलाशये ५१८
पुंस्येवान्धुः प्रहिः कूप उदपानं तु पुंसि वा ५१९
नेमीस्त्रिकास्य वीनाहो मुखबन्धनमस्य यत् ५२०
पुष्करिण्यां तु खातं स्यादखातं देवखातकम् ५२१
पद्माकरस्तडागोऽस्त्री कासारः सरसी सरः ५२२
वेशन्तः पल्वलं चाल्पसरो वापी तु दीर्घिका ५२३
खेयं तु परिखाधारस्त्वम्भसां यत्र धारणम् ५२४
स्यादालवालमावालमावापोऽथ नदी सरित् ५२५

कम्बुः, इति २ **शङ्खस्य**।।-क्षुद्रशङ्खाः, शङ्खनखाः, इति २ **सूक्ष्मशङ्खानाम्**।।-जलशुक्तयो जलमात्रजाः शुक्तयः **शम्बूका** उच्यन्ते।। भेकः, मण्डूकः, वर्षाभूः, शालूरः, प्लवः, दर्दुरः, इति ६ **भेकस्य**।।-शिली, गण्डूपदी इति २ **स्वल्पगण्डूपदजातेः** ।।-भेकी, वर्षाभ्वी, इति २ **क्षुद्रभेकजातेः**।।-कमठी, डुलिः, इति २ **कूर्म्याः**।।-मद्गुराख्यस्य मत्स्यविशेषस्य प्रिया स्त्री **शृङ्गीत्यु**-च्यते।।-दुर्नामा, दीर्घकोशिका, इति २ **जलूकाकारस्य जलचरविशेषय**।। -जलाशयः, जलाधारः, इति २ **तडागादीनाम्**।।-अगाधमतलस्पर्शं जलं यस्य स जलाशयो **ह्रद** उच्यते।।-उपकूपजलाशये **कूपसमीपे यो जलाशयः**कूपोद्धताम्वुस्थापनीयशिलादिरचितो गर्तः, यत्रत्यं जलं सुखेन गावः पिबन्ति, तत्र आहावः, निपानम्, इति।।-अन्धुः, प्रहिः,कूपः, उदपानम्, इति ४ **कूपस्य**। तत्र 'उदपानं' पुंसि वा।।-अस्य कूपस्य नेमिरन्ते रज्जवादिधारणार्थं दारुयन्त्रं सा **त्रिकर**।।-अस्य कूपस्य पाषाणादिभिर्यन्मुख-निबन्धनं स **वीनाह** उच्यते।।-पुष्करिणीः, खातम् इति २ **पुष्करिण्याः**।।-अखातम्, देवखातकम्, इति २ **अकृत्रिमखातस्य**।।-पटनाकरः, तडागः, कासारः, सरसी, सरः, इति ५ **तडागस्य**।।-वेशन्तः,पल्वलम्, अल्पसरः, इति ३ **स्वल्पसरसः**।।-वापी, दीर्घिका, इति २ **वाप्याः**।।-खेयम्, परिखा,

तरङ्गिणी शैवलिनी तटिनी ह्रादिनी धुनी ५२६
स्त्रोतस्वती द्वीपवती स्त्रवन्ती निम्नगापगा ५२७
'कूलंकषा निर्झरिणी रोधोवक्रा सरस्वती' **
गङ्गा विष्णुपदी जह्नुतनया सुरनिम्नगा ५२८
भागीरथी त्रिपथगा त्रिस्त्रोता भीष्मसूरपि ५२९
कालिन्दी सूर्यतनया यमुना शमनस्वसा ५३०
रेवा तु नर्मदा सोमोद्भवा मेकलकन्यका ५३१
करतोया सदानीरा बाहुदा सैतवाहिनी ५३२
शतद्रुस्तु शुतुद्रिः स्याद्विपाशा तु विपाट् स्त्रियाम् ५३३
शोणो हिरण्यवाहःस्यात्कुल्याऽल्पा कृत्रिमा सरित् ५३४
शरावती वेत्रवती चन्द्रभागा सरस्वती ५३५
कावेरी सरितोऽन्याश्च संभेदः सिन्धुसंगमः ५३६
द्वयोः प्रणाली पयसः पदव्यां त्रिषु तूत्तरौ ५३७

इति २ **दुर्गाद्बहिर्यत्परितः खातं क्रियते तस्य**।।-यत्र अम्भसां धारणं क्षेत्रादिसेकार्थं जलाना संग्रहणं स **आधार उच्यते**।।-आलवालम्, आबालम्, आवापः, इति ३ **वृक्षादिमूले समन्ततोऽम्भसो धारणार्थे यद्वेष्टनं तस्य**।।-नदी, सरित्, तरङ्गिणी, शैवलिनी, तटिनी, हादिनी, धुनी, स्त्रोतस्वती, द्वीपवती, स्त्रवन्ती, निम्नगा, आपगा, इति १२ **नद्याः**।।-**गङ्गा**, विष्णुपदी, जह्नुतनया, सुरनिम्नगा, भागीरथी, त्रिपथगा, त्रिस्त्रोताः, भीष्मसूः, इति ८ **भागीरथ्याः**।।-कालिन्दी, सूर्यतनया, यमुना, शमनखसा, इति ४ **यमुनायाः**।।-रेवा, नर्मदा, सोमोद्भवा, मेकलकन्यका, इति ४ **नर्मदायाः**। करतोया, सदानीरा, इति २ **गौरीविवाहे कन्यादानोदकाज्जातायाः**।।-बाहुदा, सैतवाहिनी, इति २ **कार्तवीर्यार्जुनेन या अवतारिता तस्याः**।।-शतद्रुः, शुतुद्रिः इति २ **शतद्राः**।। विपाशा, विपाट्, इति २ **पाशमोचिन्याः**।।-शोणः, हिरण्यवाहः, इति २ **नदविशेषस्य**।।-या अल्पा कृत्रिमा सरित् सा **कुल्या**।।-शरावती, वेत्रवती, चन्द्रभागा, सरस्वती, कावेरी, इति ५ **सरिद्विशेषाः**।। अन्याश्च सरितः कौशिकी-गण्डकी-चर्मण्वती-गोदा-वेण्याद्याः सन्तीति शेषः।।-संभेदः, सिन्धुसंगमः, इति २ **नदीमेलकस्य नदीसंगमस्य**।।-पयसो जलस्य पदव्यां

देविकायां सरय्वां च भवे दाविकसारवौ ५३८
सौगन्धिकं तु कह्लारं हल्लकं रक्तसंध्यकम् ५३९
स्यादुत्पलं कुवलयमथ नीलाम्बुजन्म च ५४०
इन्दीवरं च नीलेऽस्मिन् सिते कुमुदकैरवे ५४१
शालूकमेषां कन्दः स्याद्वारिपर्णी तु कुम्भिका ५४२
जलनीली तु शेवालं शैवलोऽथ कुमुद्वती ५४३
कुमुदिन्यां नलिन्यां तु विसिनीपद्मिनीमुखाः ५४४
वा पुंसि पद्मं नलिनमरविन्दं महोत्पलम् ५४५
सहस्रपत्रं कमलं शतपत्रं कुशेशयम् ५४६
पङ्केरुहं तामरसं सारसं सरसीरुहम् ५४७
बिसप्रसूनराजीवपुष्कराम्भोरुहाणि च ५४८
पुण्डरीकं सिताम्भोजमथ रक्तसरोरुहे ५४९
रक्तोत्पलं कोकनदं नालो नालमथास्त्रियाम् ५५०
मृणालं विसमब्जादिकदम्बे षण्डमस्त्रियाम् ५५१

निर्गमनमार्गे मकरमुखादिरूपा **प्रणाली** इति। तद्द्वयोः। पुंसि तु 'प्रणालः'।।-उत्तरौ दाविकसारवौ त्रिषु। देविकायां नद्यां भवं **दाविकम्।** सरय्वां नद्यां भवं **सारवम्।।**-सौगन्धिकम्, कह्लारम्, इति २ **संध्याविकासिनः शुक्लसरोजस्य।।**-हल्लकम्, रक्तसंध्यकम्, इति २ **रक्तकह्लारस्य।।**-उत्पलम्, कुवलयम्, इति २ **कुमुदस्य।।**-नीलाम्बुजन्म, इन्दीवरम्, इति २ **नीलेऽस्मिन्नुत्पले।।**-कुमुदम्, कैरवम्, इति २ **सिते शुभेऽस्मिन्नुत्पले।।** एषामुत्पलविशेषाणां कन्दः **शालमकं** स्यात्।।-वारिपर्णी।, कुम्भिका, इति २ **जलकुम्भिकायाः।।** -जलनीली, शेवालम्, शैवलः, इति ३ **शैवालस्य।।** कुमुद्वती, कुमुदिनी, इति २ **कुमुदिन्याः।।**-नलिना, बिसिनी, पद्मिनी, इति ३ **कमलिन्याः।** 'मुख' शब्दात् सरोजिनीप्रभृतयः।।-पद्मम्, नलिनम्, अरविन्दम्, महोत्पलम्, सहस्र पत्रम्, कमलम्, शतपत्रम्, कुशेशयम् पङ्केरुहम् तामरसम्, सारसम्, सरसीरुहम्, विसप्रसूनम्, राजीवम्, पुष्करम्, अम्भोरुहम्, इति १६ **कमलस्य।** 'वा पुंसि' इति षोडशभिरपि संबध्यते।।-तत्र पुण्डरीकम्, सिताम्भोजम्, इति २ **सितकमलस्य।।**-रक्तसरोरुहम्, रक्तोत्पलम्, कोकनदम्, इति ३ **रक्तक-**

करहाटः शिफाकन्दः किंजल्कः केसरोस्त्रियाम् ५५२
संवर्तिका नवदलं बीजकोशो वराटकः ५५३

१४. काण्डसमाप्तिः।

उक्तं स्वर्व्योमदिक्कालधीशब्दादि सनाट्यकम् ५५४
पातालभोगि नरकं वारि चैषां च सङ्गतम् ५५५
इत्यमरसिंहकृतौ नामलिङ्गानुशासने ५५६
स्वरादिकाण्डः प्रथमः साङ्ग एव समर्थितः ५५७

। इत्यमरसिंहविरचितेऽमरकोषे प्रथमं काण्डम्।

मलस्य।।-नालः, नालम्, इति २ **पद्मादिदण्डस्य**।।-मृणालम्, बिसम्, इति २ **मृणालस्य।** अस्त्रियां क्लीबपुंसोः।।-अब्जादिकदम्बे कमलादीनां समूहे **षण्डमिति**।।-करहाटः, शिफाकन्दः, इति २ **पद्ममूलस्य**।। किंजल्क, केसर, इति २ **केसरस्य**।।-संवर्तिका, नवदलम्, इति २ **पद्मादीनां नवपत्रस्य**।।-बीजकोशः, वराटकः, इति २ **बीजकोशस्य**।।

५५४-५५७. मया स्वर् व्योम-दिक्-काल-धी-शब्द-नाट्य-पातालभोगि-नरकवारि उक्तम्। शब्दादीति रसगन्धादिग्रहणार्थमादिशब्दः। एषां स्वर्गादीनां संगत संबन्धवशात्प्राप्तं देवासुरमेघादिकं तच्चोक्तम्।।-एवममरसिंहस्य कृतौ नाम्नां लिङ्गानां चानुशासने स्वरादिशब्दानां काण्डः समूहः साङ्गोऽङ्गोपाङ्गसहितः प्रथमः कथितः।।

समाप्तं प्रथमं काण्डम्।।

अथ द्वितीयं काण्डम्

१. वर्गभेदाः।

वर्गाः पृथ्वीपुरक्ष्माभृद्वनौषधिमृगादिभिः ५५८
नृब्रह्मक्षत्रविट्शूद्रैः साङ्गोपाङ्गैरिहोदिताः ५५९

२. भूमिवर्गः।

भूर्भूमिरचलानन्ता रसा विश्वम्भरा स्थिरा ५६०
धराधरित्री धरणिः क्षोणिर्ज्या काश्यपी क्षितिः ५६१
सर्वंसहा वसुमती वसुधोर्वी वसुन्धरा ५६२
गोत्रा कुः पृथिवी पृथ्वी क्ष्मावनिर्मेदिनी मही ५६३
'विपुला गह्वरी धात्री गौरिला कुम्भिनी क्षमा **
भूतधात्री रत्नगर्भा जगती सागराम्बरा' **

५५८-५५९. इह वक्ष्यमाणेऽस्मिन्काण्डेऽङ्गैर्मृच्छाखानगरादिभिः, उपाङ्गैर्मृत्स्नावेशादिदिभिः सहिते पृथ्वी-पुर-क्ष्माभृत्-वनौषधि-मृग-नृ-ब्रह्म-क्षत्र-विट्-शूद्र-शब्दैर्वर्गा उदिता वक्तुमारब्धाः। तत्र क्ष्माभृच्छैलः। 'मृगादिभिः' इत्यादिशब्देन पक्षिणां संग्रहः।।

५६०-५९३. भूः, भूमिः, अचला, अनन्ता, रसा, विश्वंभरा, स्थिरा, धरा, धरित्री, धरणि, क्षोणिः, ज्या, काश्यपी, क्षितिः, सर्वसहा, वसुमती, वसुधा, उर्वी, वसुंधरा, गोत्रा, कुः, पृथिवी, क्ष्मा, अवनिः, मेदिनी, मही, इति २७ नामानि **भूमेः**।।-मृत्, मृत्तिका, इति २ **मृदः**।।-मृत्सा, मृत्स्ना, इति २ **प्रशस्तमृदः**। प्रशस्ता मृत्तिका त्वित्यन्वयः।।-सर्वैः सस्यैराढ्या मृत्तिका **उर्वरे**त्युच्यते।।-ऊषः, क्षारमृत्तिका, इति २ **क्षारमृत्तिकायाः**।।-ऊषवान्

मृन्मृत्तिका प्रशस्ता तु मृत्सा मृत्स्ना च मृत्तिका ५६४
उर्वरा सर्वसस्याढ्या स्यादूषः क्षारमृत्तिका ५६५
ऊषवानूषरो द्वावप्यन्यलिङ्गौ स्थलं स्थली ५६६
समानौ मरुधन्वानौ द्वे खिलाप्रहते समे ५६७
त्रिष्वथो जगती लोको विष्टपं भुवनं जगत् ५६८
लोकोऽयं भारतं वर्षंशरावत्यास्तु योऽवधेः ५६९
देशः प्राग्दक्षिणः प्राच्यः उदीच्यः पश्चिमोत्तरः ५७०
प्रत्यन्तो म्लेच्छदेशः स्यात् मध्यदेशस्तु मध्यमः ५७१
आर्यावर्तः पुण्यभूमिर्मध्यं विन्ध्यहिमालयोः ५७२
नीवृज्जनपदो देशविषयौ तूपवर्तनम् ५७३
त्रिष्वागोष्ठान्नडप्राये नड्वान्नड्वल इत्यपि ५७४
कुमुद्वान्कुमुदप्राये वेतस्वान्बहुवेतसे ५७५
शाद्वलः शादहरिते सजम्बाले तु पङ्किलः ५७६

ऊषरः, इति २ **क्षारमृद्विशिष्टस्य**। द्वावप्यन्यलिङ्गौ।।-स्थलम्, स्थली, इति २ **अकृतित्रमस्थानस्य**।।-मरुः, धन्वा, इति २ **मरुदेशस्य**।।-खिलम्, अप्रहतम्, इति २ **अकृष्टस्य क्षेत्रादेः**।।-जगती , लोकः, विष्टपम्, भुवनम्, जगत् इति ५ **भूतलस्य**।।-अयं जम्बुद्वीपवर्ती दृश्यमानो लोकः, **भारत**नामकं वर्ष ज्ञेयम्।।-शरावत्या अवधेर्यःप्राग्दक्षिणः प्राक्सहितो दक्षिणो देशः स **प्राच्य** इति।।-शरावत्या अवधेर्य पश्चिमोत्तरः पश्चिमसहित उत्तरो देशः स **उदीच्य** इति।। प्रत्यन्तः, म्लेक्ष्छदेशः, इति २ **शिष्टाचाररहितस्य कामरूपादेः**।।-मध्यदेशः, मध्यमः, इति २ **मध्यदेशस्य**।।-आर्यावर्तः, पुण्यभूमिः, इति **विन्ध्यहिमाचलयोरन्तरस्य**।।-नीवृत्, जनपदः, इति २ **जनैर्वास्य-मानराष्ट्रस्य मगधादेः**।।-देशः, विषयः, उपवर्तनम्, इति ३ **ग्रामसमुदाय-लक्षणस्य देशमात्रस्य**।।अथ गोष्ठशब्दमभिव्याप्य वक्ष्यमाणास्त्रिषु। लिङ्गेषु। नड्वान्, नड्वलः इति २ **नडबहुले देश**।।-कुमुद्वान, इति १ **कुमुदप्राये**।।-वेतस्वान् इति १ **बहुवेतसे**।।-शादैर्बालतृणैर्हरिते देशे, **शाद्वल** इति।।-सजम्बाले कर्दमयुक्ते देशे **पङ्किल** इति।।-जलप्रायम्, अनूपम्, इति २ **जलबहुलदेशस्य**।।-

जलप्रायमनूपं स्यात्पुंसि कच्छस्तथाविधः ५७७
स्त्री शर्करा शर्करिलः शार्करः शर्करावति ५७८
देश एवादिमावेवमुन्नेनयाः सिकतावति ५७९
देशो नद्यम्बुवृष्ट्यम्बुसम्पन्नव्रीहिपालितः ५८०
स्यान्नदीमातृको देवमातृकश्च यथाक्रमम् ५८१
सुराज्ञि देशे राजन्वान्स्यात्ततोऽन्यत्र राजवान् ५८२
गोष्ठं गोस्थानकं तत्तु गौष्ठीनं भूतपूर्वकम् ५८३
पर्यन्तभूः परिसरः सेतुरालौ स्त्रियां पुमान् ५८४
वामलूरश्च नाकुश्च वल्मीकं पुन्नपुंसकम् ५८५
अयनं वर्त्म मार्गाध्वपन्थानः पदवी सृतिः ५८६

अनुगता आपोऽत्र अनूपं, तथाविधः अनूपसदृशः कश्चिन्नद्यादेरुपान्तदेशः **कच्छ** इत्युच्यते।।-शर्करां, शर्करिलः, इति २ **वालुकायुक्तदेशे।।**-शार्करः, शर्करावान् इति २ **वालुकायुक्तस्यदेशादेः।** आदिमौ शर्कराशर्करिलौ देशे एव। एवं सिकतावत्युन्नेया ऊहनीयाः। सिकताः, सिकतिल इति २ **सिकतायुक्तस्य देशस्य।** सैकतः, सिकताबान्, इति २ **वालुकायुक्तस्य देशादेः**।।-नद्यम्बु- भिर्वृष्ट्यम्बुभिश्च संपन्नै व्रीहिभिः पालितो देशः क्रमेण **नदीमातृको देवमातृकश्च स्यात्**।।-धर्मशीलः शोभनो राजा यत्र स **सुराजा,** तस्मिन्देशे **राजन्वान्** इति। ततोऽन्यत्र राजमात्रयुक्ते देशे **राजवान्** इति।।-गोष्ठम्, गोस्थानकम्, इति २ **गवां स्थानस्य**।।-तद्गोष्ठं भूतपूर्वकं चेत् **गौष्ठीन**मित्युच्यते।। -पर्यन्तभूः, परिसरः, इति २ **नदीपर्वतादीनामुपान्तभुवः।।** सेंतुः, आलिः, इति २ **सेतोः**।।-वामलूरः नाकुः, वल्मीकम् इति ३ **वल्मीकस्य**।।-अयनम्, वर्त्म, मार्गः, अध्वा, पन्थाः, पदवी, सृतिः, सरणिः, पद्धतिः, पद्या, वर्तनी, एकपदी, इति १२ **मार्गस्य**।।-अतिपन्थाः, सुपन्थाः, सत्पथः, इति ३ **अर्चितेऽध्वनि** शोभने मार्गे।।-व्यध्वः, दुरध्वः, विपथः, कदध्वा, कापथः, इति ५ **दुर्मार्गस्य**। तत्र कदध्वा नान्तः।। अपन्थाः, अपथम्, इति २ **अमार्गस्य**।। शृङ्गाटकम्, चतुष्पथम्, इति २ **चतुष्पथस्य**।।-दूरश्चासौ शून्यश्च दूरशून्यः, छायाजलादिवजतो दूरस्थोऽध्वा मार्गः **प्रान्तर**मित्युच्यते।।-यद्दुर्गमं

सरणिः पद्धतिः पद्या वर्तन्येकपदीति च ५८७
अतिपन्थाः सुपन्थाश्च सत्पथश्चार्चितेऽध्वनि ५८८
व्यध्वो दुरध्वो विपथः कदध्वा कापथः समाः ५८९
अपन्थास्त्वपथं तुल्ये शृङ्गाटकचतुष्पथे ५९०
प्रान्तरं दूरशून्योऽध्वा कान्तारं वर्त्म दुर्गमम् ५९१
गव्यूतिः स्त्री क्रोशयुगं नल्वः किष्कुचतुःशतम् ५९२
घण्टापथः संसरणं तत्पुरस्योपनिष्करम् ५९३
'द्यावापृथिव्यौ रोदस्यौ द्यावाभूमी च रोदसी **
दिवस्पृथिव्यौ गञ्जा तु रुमा स्याल्लवणाकरः' **

३. पुरवर्गः।

पूः स्त्री पुरीनगर्यौ वा पत्तनं पुटभेदनम् ५९४
स्थानीयं निगमोऽन्यत्तु यन्मूलनगरात्पुरम् ५९५
तच्छाखानगरं देशो वेश्याजनसमाश्रयः ५९६
आपणस्तु निषद्यायां विपणिः पण्यवीथिका ५९७

चोरकण्टकाद्युपद्रवयुक्तं वर्त्म मार्गः **कान्तार**मित्युच्यते।।-क्रोशयुगं **गव्यूति**रित्युच्यते।।-किष्कूणां हस्तानां चतुःशतं **नल्व** इत्युच्यते।।-घण्टापथः, संसरणम्, इति २ **राज पथमात्रस्य**।।-तत्संसरणं पुरस्य नगरस्य चेत् **उपनिष्कर**मिति।।

५९४-६३३. पूः, पुरी, पत्तनम्, पुटभेदनम्, स्थानीयम, निगमः, इति ७ **नगरस्य**।।-यत्प्राकारादिवेष्टितं विस्तीर्णं पुरं तत् **स्थानीया**दिनामकमिति। यन्मूलनगरादन्यत्पुरं **तच्छाखानगर**मित्यन्वयः।।-वेश्याजनस्य समाश्रयो निवेशस्थानं **वेश** इत्युच्यते।।-आपणः, निषद्या, इति २ **क्रय्यवस्तुशालायाः**।। -विपणिः, पण्यवीथिका, इति २ **क्रय्यवस्तुशालापङ्क्तेः**।।-रथ्या, प्रतोली, विशिखा, इति ३ **ग्रामाभ्यन्तरमार्गस्य**।।-यचः, वप्रम्, इति २ **परिखोद्धृत-मृत्तिकाकूटस्य**।।-प्राकारः, वरणः, सालः, इति ३ **यष्टिकाकण्टकादिरचि-**

रथ्या प्रतोली विशिखा स्याच्चयो वप्रमस्त्रियाम् ५९८
प्राकारो वरणः सालः प्राचीनं प्रान्ततो वृतिः ५९९
भित्तिः स्त्री कुड्यमेडूकं यदन्तर्न्यस्तकीकसम् ६००
गृहं गेहोदवसितं वेश्म सद्म निकेतनम् ६०१
निशान्तपस्त्यसदनं भवनागारमन्दिरम् ६०२
गृहाः पुंसि च भूम्न्येव निकाय्यनिलयालयाः ६०३
वासः कुटी द्वयोः शाला सभा संञ्जवनं त्विदम् ६०४
चतुःशालं मुनीनां तु पर्णशालोटजोऽस्त्रियाम् ६०५
चैत्यमायतनं तुल्ये वाजिशाला तु मन्दुरा ६०६
आवेशनं शिल्पिशाला प्रपा पानीयशालिका ६०७
मठश्छात्रादिनिलयो गञ्जा तु मदिरागृहम् ६०८
गर्भागारं वासगृहमरिष्टं सूतिकागृहम् ६०९

तवेष्टनस्य।।-नगरादैः प्रान्तभागे या वृतिर्वेष्टनं वेणुकण्टकादीनां तत्**प्राचीन**-मित्युच्यते।।-भित्तिः, कुड्यम्, इति २ **भित्तेः**।।-तत्कुड्यम् अन्तर्न्यस्तकीकसं चेत् एडूकसंज्ञम्।।-गृहम्, गेहम्, उदवसितम्, वेश्म, सद्म, निकेतनम्, निशान्तम्, पस्त्यम्, सदनम्, भवनम्, अगारम्, मन्दिरम्, गृहाः, निकाय्यः, निलयः, आलयः, इति १६ **गृहस्य**।।-वासः, कुटी, शाला, सभा, इति ४ **सभागृहस्य**।।-संजवनम्, चतुःशालम्, इति २ **अन्योन्याभि-मुखशालाचतुष्कस्य**।।-पर्णशाला, उटजः, इति २ **मुनिगृहस्य**।।-चैत्यम्, आयतनम्, इति २ **यज्ञायतनभेदस्य**।।-वाजिलशाला, मन्दुरा, इति २ **अश्वशालायाः**।।-आवेशनम्, शिल्पिशाला, इति २ **स्वर्णकारा दीनां शालायाः**।।-प्रपा, पानीयशालिका, इति २ **जलशालायाः**।।- छात्रादि-निलयः शिष्यादीनां गृहं **मठ** इत्युच्यते। आदिना कापालादिसंग्रहः।।- गञ्जा, मदिरागृहम्, इति २ **मद्यस्थानस्य** गर्भागारम्, वासगृहम्, इति २ **गृहमध्यभागस्य**।। अरिष्टम्, सूतिकागृहम्, इति २ **प्रसवस्थानस्य**।।- **वातायनम्**, गवाक्षः, इति २ **गवाक्षस्य**।।-मण्डपः, जनाश्रयः, इति २ **मण्डपस्य**। तत्र 'मण्डपः' क्लीबपुंसोः।।-धनिनां धनवतां वासो गृहं तत् **हर्म्यादि**।।-देवानां राज्ञां च

'कुट्टिमोऽस्त्री निबद्धा भूश्चन्द्रशाला शिरोगृहम्' **
वातायनं गवाक्षोऽथ मण्डपोऽस्त्री जनाश्रयः ६१०
हर्म्यादि धनिनां वासः प्रासादो देवभूभुजाम् ६११
सौधोऽस्त्री राजसदनमुपकार्योपकारिका ६१२
स्वस्तिकः सर्वतोभद्रो नन्द्यावर्तादयोऽपि च ६१३
विच्छन्दकः प्रभेदा हि भवन्तीश्वरसद्मनाम् ६१४
स्त्र्यगारं भूभुजामन्तःपुरं स्यादवरोधनम् ६१५
शुद्धान्तश्चावरोधश्च स्यादट्टः क्षौममस्त्रियाम् ६१६
प्रघाणप्रघणालिन्दा बहिर्द्वारप्रकोष्ठके ६१७
गृहावग्रहणी देहल्यङ्गणं चत्वराजिरे ६१८
अधस्ताद्दारुणि शिला नासा दारूपरि स्थितम् ६१९
प्रच्छन्नमन्तर्द्वारं स्यात्पक्षद्वारं तु पक्षकम् ६२०
वलीकनीध्रे पटलप्रान्तेऽथ पटलं छदिः ६२१

गृहं **प्रासाद** इति।।-सौधः, राजसदनम्, उपकार्या, उपकारिका इति ४ **राजगृहस्य**।।- स्वस्तिकादय ईश्वरसद्मनां राजगृहाणां प्रभेदाः स्युः। तत्र चतुर्द्वारतोरणः **स्वस्तिकः**, उपर्युपरिगृहं **सर्वतोभद्रः**, वर्तुलाकृतिर्**नन्द्यावर्तः**, विस्तीर्णः सुन्दरो **विच्छन्दकः**।।-भूभुजां राज्ञां स्त्र्यगारं **स्त्रीगृहं** तत् अन्तःपुरम्, अवरोधनम्, शुद्धान्तः, अवरोधः, इति ४।।-अट्टाः, क्षौमम्, इति २ **हर्म्यादिपृष्ठस्य**।। प्रघाणः, प्रघणः, अलिन्दः, इति ३ **द्वाराद्बहिर्यः प्रकोष्ठकस्तस्य**।।-गृहावग्रहणी, देहली, इति २ **गृहद्वाराधोभागस्य**।।-अङ्गणम्, चत्वरम्, अजिरम्, इति ३ **प्राङ्गणस्य**।।-शिला इति १ **द्वारस्तम्भाधः स्थितकाष्ठस्य**।।-नासा इति १ **द्वारस्तम्भोपरि स्थितस्य दारुणः**।।-प्रच्छन्नम्, अन्तर्द्वारम्, इति २ **गुप्तद्वारस्य**।।-पक्षद्वारम्, पक्षकम्, इति २ **पार्श्वद्वारस्य**।।-वलीकम्, नीध्रम्, इति २ **पटलप्रान्ते गृहच्छादनस्य**।।-पटलम्, छदिः, इति २ छादनस्य। **छदिः सान्तं स्त्रियाम्**।।-गोपानसी, वलभी, इति **छादनार्थेयद्वक्रदारु** तत्र।।-कपोतपालिका, विटङ्कम्, इति २ **सौधादौ काष्ठादिरचित-**

गोपानसी तु वलभी छादने वक्रदारुणि ६२२
कपोतपालिकायां तु विटङ्कं पुन्नपुंसकम् ६२३
स्त्री द्वार्द्वारं प्रतीहारः स्याद्वितर्दिस्तु वेदिका ६२४
तोरणोऽस्त्री बहिर्द्वारं पुरद्वारं तु गोपुरम् ६२५
कूटं पूर्द्वारि यद्धस्तिनखस्तस्मिन्नथ त्रिषु ६२६
कपाटमररं तुल्ये तद्विष्कम्भोऽर्गलं न ना ६२७
आरोहणं स्यात्सोपानं निश्रेणिस्त्वधिरोहिणी ६२८
संमार्जनी शोधनी स्यात्संकरोऽवकरस्तया ६२९
क्षिप्ते मुखं निःसरणं सन्निवेशो निकर्षणम् ६३०
समौ संवसथग्रामौ वेशमभूर्वास्तुरस्त्रियाम् ६३१
ग्रामान्त उपशल्यं स्यात्सीमसीमे स्त्रियामुभे ६३२
घोष आभीरपल्ली स्यात्पक्वणः शबरालयः ६३३

पक्षिगृहस्य।।-द्वाः, द्वारम्, प्रतीहारः, इति ३ **द्वारस्य**। तत्र 'द्वाः' स्त्रियाम्।।-वितादः, वेदिका, इति २ **वेद्याः**। 'वितर्दिः' स्त्री।।-तोरणः, बहिर्द्वारम्, इति २ **तोरणस्य**।।-पुरद्वारम्, गोपुरम्, इति २ **नगरद्वारस्य**।।-पूद्वारि नगरद्वारे मुखेनावतारणार्थ क्रमनिम्नं यन्मृत्कूटं क्रियते तत्र **हस्तिनख** इति।।-कपाटम्, अररम्, इति २ **कपाटस्य**। ते त्रिषु।।-तद्विष्कम्भस्तस्य कपाटस्यावष्टम्भकं यन्मुसलं तदर्गलमित्युच्यते।।-आरोहणम्, सोपानम्, इति २ **सोपानस्य**।।-निश्रेणिः, अधिरोहिणी, इति २ **काष्ठादिकृतारोहणसाधनस्य**।।-संमार्जनी, शोधनी, इति २ **'केरसुणी'** इति ख्यातस्य।।-संकरः, अवकरः इति २ तया संमार्जन्यापसारितस्य 'केर' इति (व्यातस्य) मुखम्, निःसरणम्ः इति २। इति २ **गृहादेर्मुखभूतस्य द्वारप्रदेशस्य**।।-संनिवेशः, निकर्षणम् इति २ **समीचीनवासस्थानस्य**।।-संवसथः, ग्रामः, इति २ **ग्रामस्य**।।-वेशमभूः, वास्तुः, इति २ **गृहभूमेः**।।-ग्रामान्ते ग्रामस्य समीपप्रदेशे **उपशल्य**मिति।।-सीम, सीमा, इति २ **ग्रामादेर्मर्यादायाम्**।।-घोषः, आभीरपल्ली, इति २ **गोपालग्रामस्य**।।-पक्कणः, शबरालयः, इति २ **भिल्लग्रामस्य**।।

४. शैलवर्गः।

महीध्रे शिखरिक्ष्माभृदहार्यधरपर्वताः ६३४
अद्रिगोत्रगिरिग्रावाचलशैलशिलोच्चयाः ६३५
लोकालोकश्चक्रवालस्त्रिकूटस्त्रिककुत्समौ ६३६
अस्तस्तु चरमक्ष्माभृदुदयः पूर्वपर्वतः ६३७
हिमवान्निषधो विन्ध्यो माल्यवान्पारियात्रकः ६३८
गन्धमादनमन्ये च हेमकूटादयो नगाः ६३९
पाषाणप्रस्तरग्रावोपलाश्मानः शिला दृषत् ६४०
कूटोऽस्त्री शिखरं शृङ्गं प्रपातस्त्वतटो भृगुः ६४१
कटकोऽस्त्री नितम्बोऽद्रेः स्नुः प्रस्थः सानुरस्त्रियाम् ६४२
उत्सः प्रस्त्रवणं वारिप्रवाहो निर्झरो झरः ६४३
दरी तु कंदरो वा स्त्री देवखातबिले गुहा ६४४
गह्वरं गण्डशैलास्तु च्युताः स्थूलोपला गिरेः ६४५

६३४-३४९. महीध्रः,शिखरी, क्ष्माभृत, अहार्यः, धरः, पर्वतः, अद्रिः, गोत्रः, गिरिः, ग्रावा, अचलः, शैलः, शिलोच्चयः, इति १३ **पर्वतसामान्यस्य**।।-लोकालोकः, चक्रवालः, इति २ **सप्तद्वीपवत्या भूमेःप्रकारभूतेगिरौ**।।-त्रिकूटः, त्रिककुत्, इति २ **त्रिकूटाचलस्य**।।-अस्तः,चरमक्ष्माभृत इति २ **अस्ताचलस्य**।। -उदयः, पूर्वपर्वतः, इति २ **उदयाचलस्य**।।-हिमवान्, निषधः, विन्ध्यः, माल्यवान्, पारियात्रकः, गन्धमादनः, हेमकूटः, इति **पर्वतविशेषाः**। आदिना मलयचित्रकूटमन्दरादयः।।-पाषाणः, प्रस्तरः, ग्रावा, उपलः, अश्मा, शिला, दृषत्, इति ७ **पाषाणस्य**। 'शिलादृषदौ' स्त्रियाम्।।-कूटः, शिखरम्,शृङ्गम्, इति ३ पुंनपुंसकलिङ्गं **पर्वताग्रस्य**।।-प्रपातः, अतटः, भृगुः, इति ३ **पर्वतात्पतनस्थानस्य**।।-अद्रेर्नितम्बो मध्यभागाः **कटक** इत्युच्यते।।-सुः, प्रस्थः, सानुः, इति ३ पुंनपुंसकलिङ्गानि **समभूभागे पर्वतैकदेशे**।।-उत्सः, प्रस्त्रवणम्, इति २ **यत्र पानीयं निपत्य बहुलीभवति तस्य स्थानस्य**।।-वारिप्रवाहः, निर्झरः, झरः, इति ३ **निर्झरस्य**।।-दरी, कंदरः, इति २ **पर्वतस्य गृहाकारकृत्रिमविवरस्य**।।-गुहा, गह्वरम्, इति २ **देवखाते** अकृत्रिमे बिले बिलविषये।।-गिरेः सकाशाच्च्युताः, पतिता ये स्थूलपाषाणास्ते **गण्डशैला** इत्युच्यन्ते।।-खनिः,आकारः, इति २ **रत्नाद्युत्पत्तिस्थानस्य**।।-पादाः,

'दन्तकास्तु बहिस्तिर्यक्प्रदेशान्निर्गता गिरेः' **
खनिः स्त्रियामाकरः स्यात्पादाः प्रत्यन्तपर्वताः ६४६
उपत्यकाद्रेरासन्ना भूमिरूर्ध्वमधित्यका ६४७
धातुर्मनःशिलाद्यद्रेर्गैरिकं तु विशेषतः ६४८
निकुञ्जकुञ्जौ वा क्लीबे लतादिपिहितोदरे ६४९

५. वनौषधिवर्गः।

अटव्यरण्यं विपिनं गहनं काननं वनम् ६५०
महारण्यमरण्यानी गृहारामास्तु निष्कुटाः ६५१
आरामः स्यादुपवनं कृत्रिमं वनमेव यत् ६५२
अमात्यगणिकागेहोपवने वृक्षवाटिका ६५३
पुमानाक्रीड उद्यानं राज्ञः साधारणं वनम् ६५४

प्रत्यन्तपर्वताः, इति २ **पर्वतसमीपस्थाल्पपर्वतानाम्**।।-अद्रेरधः संनिहिता भूमि**रुपत्यके**त्युच्यते।।-अद्रेरूर्ध्वा या भूमिः **साऽधित्यका** इति।।-अद्रेर्यन्मनःशिलादि स **धातु**रित्युच्यते। आदिना हरितालस्वर्णताम्रादिग्रहः। **गौरिकं** विशेषतो धातुः।।-निकुञ्जः, कुञ्जः, इति ३ **लतादिपिहितोदरे** लताद्याच्छादितगर्भे **स्थाने**।।

६५०-९४९. अटवी, अरण्यम्, विपिनम्, गहनम्, काननम्, वनम्, इति ६ **अरण्यस्य।** तत्राटवी स्त्रियाम्।।-महारण्यम्, अरण्यानी, इति २ **महतो वनस्य**। अरण्यानी स्त्रियाम्।।- गृहारामाः, निष्कुटाः, इति २ **गृहसमीप कृत्रिमवनेषु**।।-**यत्कृत्रिमं** कृत्या निर्वृत्तं **वनं** तत्र आरामः, उपवनम्, **वृक्षवाटिके**त्येकम् अमात्यानां वेश्यानां च यद्गृहोपवनं तत्र।।-**यद्राज्ञःसाधारणं** प्रमदाभिरन्यैर्वा सह क्रीडाद्यर्थं **वनं** तत्र आक्रीडः, उद्यानम्, इति २।।-अत उद्यानं अन्तःपुरोचितं राज्ञीनामेव क्रीडायामुचितं चेत् **प्रमदवनं** स्यात्।।-वीथी, आलिः, आवलिः, पङ्क्तिः, श्रेणी, इति ५ **पङ्क्तेः**।।-लेखाः, राजयः, इति २ **लेखानाम्**।।-वनानां समूहे **वन्ये**त्येकम्।। अभिनवोद्भिदि नूतनप्ररोहे **अङ्कुर** इत्येकम्-वृक्षः, महीरुहः, शाखी, विटपी, पादपः, तरुः, अनोकहः,

स्यादेतदेव प्रमदवनमन्तः पुरोचितम् ६५५
वीथ्यालिरावलिः पंक्तिः श्रेणी लेखास्तु राजयः ६५६
वन्या वनसमूहे स्यादङ्कुरोऽभिनवोद्भिदि ६५७
वृक्षो महीरुहः शाखी विटपी पादपस्तरुः ६५८
अनोकहः कुटः शालः पलाशी द्रुद्रुमाऽगमाः ६५९
वानस्पत्यः फलैः पुष्पात्तैरपुष्पाद्वनस्पतिः ६६०
ओषध्यः फलपाकान्ताः स्युरवन्ध्यः फलेग्रहिः ६६१
वन्ध्योऽफलोऽवकेशी च फलवान्फलिनः फली ६६२
प्रफुल्लोत्फुल्लसम्फुल्लव्याकोशविकचस्फुटाः ६६३
फुल्लश्चैते विकसिते स्युरवन्ध्यादयस्त्रिषु ६६४
स्थाणुर्वा ना ध्रुवः शङ्कुर्ह्रस्वशाखाशिफः क्षुपः ६६५
अप्रकाण्डे स्तम्बगुल्मौ वल्ली तु व्रततिर्लता ६६६
लता प्रतानिनी वीरुद्गुल्मिन्युलप इत्यपि ६६७

कुटः, शालः, पलाशी, द्रुः, द्रुमः, अगमः, इति १३ **वृक्षस्य**। पुष्पाज्जातैः फलैरुपलक्षितो वृक्षो **वानस्पत्यः** आम्रादेः। अपुष्पात्पुष्पं बिना जातैः फलैरुपलक्षितो वृक्षो **वानस्पतिः** एकं पनसोदुम्बरादेः। फलपाक एवान्तो यासां ता **ओषध्यः स्युः**, एकं व्रीहियवादेः।।-अवन्ध्यः, फलेग्रहिः, इति २ **यथाकालं फलधरस्य**।। **बन्धयः**, अफलः, अवकेशीः, इति ३ **ऋतावपि फलरहितस्य**।।-फलवान्, फलिनः, फली, इति ३ **सफलस्य**। फलिनोऽदन्तः।।-प्रफुल्लः, उत्फुल्लः, संफुल्लः, व्याकोशः, विकचः, स्फुटः, फुल्लः, इति ७ **विकसिते पुष्पिते** स्युः। अवन्ध्यादयः अवन्ध्योऽफल इत्यादयो विकसितान्ताः त्रिषु त्रिलिङ्ग्यां स्युः।।-स्थाणुः, ध्रुवः, शङ्कुः, इति ३ **छिन्नविटपस्य**। प्रकाण्डे वा ना, स्थाणुशब्दो विकल्पेन पुंसीत्यर्थः।।-शाखा प्रसिद्धा। शिफा वृक्षमूलम्। ह्रस्वे शाखाशिफे यस्य स **क्षुप** इत्युच्यते।।-न विद्यते **प्रकाण्डो** यस्म तस्मिन् स्तम्बः, गुल्मः, इति २।।-वल्ली, व्रततिः, लता, इति ३ **लतायाः**।।-वीरुत्, गुल्मिनी, उलपः, इति ३ **या प्रतानिनी शाखादिभिर्विस्तृता लता तत्रेत्यर्थः**। तत्र वीरुत् धान्तः।। नगाद्यारोहो

नगाद्यारोह उच्छ्राय उत्सेधश्चोच्छ्रयश्च सः ६६८
अस्त्री प्रकाण्डः स्कन्धः स्यान्मूलाच्छाखावधिस्तरोः ६६९
समे शाखालते स्कन्धशाखाशाले शिफाजटे ६७०
शाखाशिफाऽवरोहः स्यान्मूलाच्चाग्रं गता लता ६७१
शिरोऽग्रं शिखरं वा ना मूलं बुध्नोऽङ्घ्रिनामकः ६७२
सारो मज्जा नरित्वक्स्त्री वल्कं वल्कलमस्त्रियाम् ६७३
काष्ठं दार्विन्धनं त्वेध इध्ममेधः समित्स्त्रियाम् ६७४
निष्कुहः कोटरं वा ना वल्लरिर्मञ्जरिः स्त्रियौ ६७५
पत्रं पलाशं छदनं दलं पर्णं छदः पुमान् ६७६
पल्लवोऽस्त्री किसलयं विस्तारो विटपोऽस्त्रियाम् ६७७
वृक्षादीनां फलं सस्यं वृन्तं प्रसवबन्धनम् ६७८
आमे फले शलाटुः स्याच्छुष्के वानमुभे त्रिषु ६७९

वृक्षादीनामुच्चत्वं तत्र उच्छ्रायः, उत्सेधः, उच्छ्रयः, इति ३।।-प्रकाण्डः, स्कन्धः, इति २ **तरोर्मूलमारभ्य शाखापर्यन्तो यो भागस्तत्र**।।-शाखा, लता, इति २ **शाखायां**:।। स्कन्धशाखा, शाला, इति २ **प्रधानशाखायाः**।। शिफा, जटा, इति २ **तरुमूलस्य**।।-शिखायाः शिफा मूलं **अवरोह** इत्युच्यते। मूलाद्वृक्षमूलामारभ्याग्रपर्यन्तं गता लता गुडूच्यादिरप्यवरोह इत्युच्यते। शिरसोऽग्रं शिरोऽग्रं तत् **शिखरमित्युच्यते**।।- मूलम्, बुध्नः, अङ्घ्रिनामकः, इति ३ **वृक्षादेर्मूलस्य**।। सारः, मज्जा, इति २ **वृक्षादेः स्थिरांशे**। तत्र मज्जा नान्तः। नरि पुंसि।। त्वक्, वल्कम्, वल्कलम्, इति ३ **त्वचः**। तत्र वल्कादिद्वयं क्लीबपुंसोः।।-काष्ठम्, दारु, इति २ **काष्ठमात्रस्य**।।-इन्धनम्, एधः, इध्मम्, एधः, समित्, इति ५ **शुष्कस्य तृणकाष्ठमात्रस्य**। तत्र आद्य एधःशब्दः सान्तः क्लीबे। अन्यस्त्वदन्तः पुंसि। समित् धानतः स्त्रियाम्।।-निष्कुहः, कोटरम्, इति **वृक्षगतविवरस्य**। कोटरं वा ना पक्षे पुमान्।।-वल्लरिः, मञ्जरिः इति २ **तुलस्यादेरभिनवोद्भिदि**।।-पत्रम्, पलाशम्, छदनम्, दलम्, पर्णम्, छदः, इति ६ **पत्रस्य**। तत्र छदोऽदन्तःपुंसि।।-पल्लवः, किसलयम्, इति २ **पत्रादियुक्ते शाखायाः पर्वणि**। तत्र किसलयं पुंसि क्लीबे

क्षारको जालकं क्लीबे कलिका कोरकः पुमान् ६८०
स्याद्गुच्छकस्तु स्तबकः कुड्मलो मुकुलोऽस्त्रियाम् ६८१
स्त्रियः सुमनसः पुष्पं प्रसूनं कुसुमं सुमम् ६८२
मकरन्दः पुष्परसः परागः सुमनोरजः ६८३
द्विहीनं प्रसवे सर्वं हरीतक्यादयः स्त्रियाम् ६८४
आश्वत्थवैणवप्लाक्षनैयग्रोधैङ्गुदं फले ६८५
बार्हतं च फले जम्ब्वा जम्बूः स्त्री जम्बू जाम्बवम् ६८६
पुष्पे जातीप्रभृतयः स्वलिङ्गा व्रीहयः फले ६८७
विदार्याद्यास्तु मूलेऽपि पुष्पे क्लीबेऽपि पाटला ६८८
बोधिद्रुमश्चलदलः पिप्पलः कुञ्जराशनः ६८९
अश्वत्थेऽथ कपित्थे स्युर्दधित्थग्राहिमन्मथाः ६९०
तस्मिन्दधिफलः पुष्पफलदन्तशठावपि ६९१

च।।-विस्तारः शाखापल्लवसमुदायलक्षण आभोगः **विटप** उच्यते।।-वृक्षादीनां फलं **सस्य**मित्युच्यते। प्रसवः पुष्पादिः बध्यते येन तत् **वृन्त**मुच्यते। आमेऽपक्कै फले **शलाटु**रित्येकम्। शुष्के फले **वानमित्येकम्। उमे** शलाटुर्वानं च त्रिषु त्रिलिङ्ग्याम्।। क्षारकः, जालकम्, इति २ **नूतनकलिकायाः**। तत्र जालकं क्लीबे एव।।-कलिका, कोरकः, इति,२ अस्फुटितपुष्पस्य।।-गुच्छकः, स्तबकः, इति २ **कलिकादिभिराकीर्णस्य पल्लवग्रन्थेः**। पुष्पादिस्तबके **गुच्छ** इति।।-कुड्मलः, मुकुलः, इति २ **ईषद्विकसितकलिकायाम्**।।-सुमनसः, पुष्पम्, प्रसूनम्, कुसुमम्, सुमम्, इति ५ **पुष्पस्य**।।-मकरन्दः, पुष्परसः, इति २ **पुष्पमधुनि**।।- परागः, सुमनोरजः, इति २ **पुष्परेणोः**। अश्वत्थकपित्थदीनामभिधानं प्रसवे पुष्पे फले मूले च वर्तमानं तत् **द्विहीनं** ज्ञेयम्। हरीतक्याः फलं **हरीतकी**। आदिना कोशातकी, कर्कटी, द्राक्षेत्यादि। अश्वत्थस्य फलं **आश्वत्थम्**। वेणोः फलं **वैणवम्**। प्लक्षस्य फलं **प्लाक्षम्**। ग्रोधस्य फलं **नैयग्रोधम्**। इङ्गद्याः फलं **ऐङ्गुदम्**। बृहत्याः फलं **बार्हतम्**।।-जम्बूः, जम्बु, जाम्बवम्, इति ३ **जम्ब्वाः फले**। जम्बूः स्त्री।।-जातीयूथिकामल्लिकेत्यादयः पुष्पे वर्तमाना खलिङ्गा एव स्युः,

उदुम्बरो जन्तुफलो यज्ञाङ्गो हेमदुग्धकः ६९२
कोविदारे चमरिकः कुद्दालो युगपत्रकः ६९३
सप्तपर्णो विशालत्वक्शारदो विषमच्छदः ६९४
आरग्वधे राजवृक्षशम्पाकचतुरङ्गुलाः ६९५
आरेवतव्याधिघातकृतमालसुवर्णकाः ६९६
स्युर्जम्बीरे दन्तशठजम्भजम्भीरजम्भलाः ६९७
वरुणो वरणः सेतुस्तिक्तशाकः कुमारकः ६९८
पुन्नागे पुरुषस्तुङ्गः केसरो देववल्लभः ६९९
पारिभद्रे निम्बतरुर्मन्दारः पारिजातकः ७००
तिनिशे स्यन्दनो नेमी रथद्रुरतिमुक्तकः ७०१
वञ्जुलश्चित्रकृच्चाथ द्वौ पीतनकपीतनौ ७०२
आम्रातके मधूके तु गुडपुष्पमधुद्रुमौ ७०३
वानप्रस्थमधुष्ठीलौ जलजेऽत्र मधूलकः ७०४

न तु क्लीबे। व्रीहयः फले स्वलिङ्गा :, विदारी बृहत्यंशुमतीत्याद्या मूलेऽपि स्वलिङ्गाः। अपिशब्दात्पुष्पेऽपि स्वलिङ्गाः। पाटला पुष्पे वर्तमाना क्लीबे।।-बोधिद्रुमः, चलदलः, पिप्पलः कुञ्जराशनः, अश्वत्थः, इति ५ **पिप्पलवृक्षस्य**।।-कपित्थः, दधित्थः, ग्राही, मन्मथः, दधिफलः, पुष्पफलः, दन्तशठः, इति ७ **कपित्थस्य**।।-उदुम्बरः, जन्तुफलः, यज्ञाङ्गः, हेमदुग्धकः, इति ४ **उदुम्बरस्य**।।-कोविदारः, चमरिकः, कुद्दालः, युगपत्रकः, इति ४ **कोविदारस्य**।।-सप्तपर्णः, विशालत्वक्, शारदः, विषमच्छदः, इति ४ **सप्तपर्णस्य**।।-आरग्वधः, राजवृक्षः, शम्पाकः, चतुरङ्गुलः, आरेवतः, व्याधिघातः, कृतमालः, सुवर्णकः, इति ८ **कृतमालस्य**।।-जम्बीरः, दन्तशठः, जम्भः, जम्भीरः जम्भलः, इति ५ **जम्बीरस्य**।।-वरुणः, सेतुः, तिक्तशाकः, कुमारकः, इति ५ **वरणस्य**।।-पुन्नागः, पुरुषः, तुङ्गः, केसरः, देववल्लभः, इति ५ **पुंनागस्य**।।-पारिभद्रः, निम्बतरुः, मन्दारः, पारिजातकः, इति ४ **निम्बतरोः**।।-तिनिशः, स्यन्दनः, नेमी, रथद्रु, अतिमुक्तकः, वञ्जुलः, चित्रकृत् इति ७ **तिनिशस्य**।।-पीतनः, कपीतनः, आम्रातकः, इति ३

पीलौ गुडफलः स्त्रंसी तस्मिंस्तु गिरिसंभवे ७०५
अक्षोटकन्दरालौ द्वावङ्कोटे तु निकोचकः ७०६
पलाशे किंशुकः पर्णो वातपोथोऽथ वेतसे ७०७
रथाभ्रपुष्पविदुरशीतवानीरवञ्जुलाः ७०८
द्वौ परिव्याधविदुलौ नादेयी चाम्बुवेतसे ७०९
शोभाञ्जने शिग्रुतीक्ष्णगन्धकाक्षीवमोचकाः ७१०
रक्तोऽसौ मधुशिग्रुः स्यादरिष्टः फेनिलः समौ ७११
बिल्वे शाण्डिल्यशैलूषौ मालूरश्रीफलावपि ७१२
प्लक्षो जटी पर्कटी स्यान्न्यग्रोधो बहुपाद्वटः ७१३
गालवः शाबरो लोध्रस्तिरीटस्तिल्वमार्जनौ ७१४
आम्रश्चूतो रसालोऽसौ सहकारोऽतिसौरभः ७१५
कुम्भोलूखलकं क्लीबे कौशिको गुग्गुलुः पुरः ७१६

आम्रातकस्य।।-मधूकः, गुडपुष्पः, मधुद्रुमः, वानप्रस्थः, मधुष्ठीलः, इति ५ **मधूकस्य**।।-जलजेऽत्र मधूके मधूलक इत्येकम्।।-पीलुः, गुड फलः, स्त्रंसी, इति ३ **पीलुवृक्षस्य**।। अक्षोटः, कन्दरालः, इति २ **पर्वतपीलोः**,।।-अङ्कोटः, निकोचकः, इति २ **अङ्कोटस्य**।। **पलाशः**, किंशुकः, पर्णः, वातपोथः, इति ४ **पलाशस्य**।।-वेतसः, रथः, अभ्रपुष्पः, विदुरः, शीतः, वानीरः, वञ्जलः, इति ७ **वेतसस्य**।।-परिव्याधः, विदुलः, नादेयी, अम्बुवेतसः, इति ४ **जलवेतसस्य**। नादेयी स्त्री।।-शोभाञ्जनः, शिग्रुः, तीक्ष्णगन्धकः, अक्षीवः, मोचकः, इति ५ **शिग्रोः**।।-असौ शोभाञ्जनो रक्तो रक्तपुष्प **श्चेन्मधुशिग्रुरित्युच्यते**।।-अरिष्टः, फेनिलः, इति २ **अरिष्टस्य**।।- बिल्वः, शाण्डिल्यः, शैलूष :, मालूरः, श्रीफलः, इति ५ **बिल्वस्य**।।-प्लक्षः, जटी, पर्कटी, इति ३ **प्लक्षस्य**।।-न्यग्रोधः, बहुपात्, वटः, इति ३ घटस्य।।-गालवः, शाबरः, लोध्रः, तिरीटः, तिल्वः, मार्जनः, इति ६ **लोध्रस्य**।।-आम्रः, चूतः, रसालः, इति ३ **आम्रस्य**। असौ आम्रोऽतिसौरभश्चेत् **सहकार** इत्येकम्।।-कुम्भः, उलूखलकम्, कौशिकः, गुग्गुलुः, पुरः, इति ५ **गुग्गुलुवृक्षस्य**।।-शेलुः, श्लेष्मातकः, शीतः, उद्दालः, बहुवारकः, इति ५

शेलुः श्लेष्मातकः शीत उद्दालो बहुवारकः ७१७
राजादनं प्रियालः स्यात्सन्नकद्रुर्धनुः पटः ७१८
गम्भारी सर्वतोभद्रा काश्मरी मधुपर्णिका ७१९
श्रीपर्णी भद्रपर्णी च काश्मर्यश्चाप्यथ द्वयोः ७२०
कर्कन्धूर्बदरी कोलिः कोलं कुवलफेनिले ७२१
सौवीरं बदरं घोण्टाऽप्यथ स्यात्स्वादुकण्टकः ७२२
विकङ्कतः स्रुवावृक्षो ग्रन्थिलो व्याघ्रपादपि ७२३
ऐरावतो नागरङ्गो नादेयी भूमिजम्बुका ७२४
तिन्दुकः स्फूर्जकः कालस्कन्धश्च शितिसारके ७२५
काकेन्दुः कुलकः काकतिन्दुकः काकपीलुके ७२६
गोलीढो झाटलो घण्टापाटलिर्मोक्षमुष्ककौ ७२७
तिलकः क्षुरकः श्रीमान्समौ पिचुलझावुकौ ७२८
श्रीपर्णिका कुमुदिका कुम्भी कैडर्यकट्फलौ ७२९
क्रमुकः पट्टिकाख्यः स्यात्पट्टी लाक्षाप्रसादनः ७३०

उद्दालकास्य॥ राजादनम्, प्रियालः, सन्नकद्रुः, धनुःपटः, इति ४ **प्रियालस्य।** धनुः पटः इति व्यस्तमपि।।-गम्भारी, सर्वतोभद्रा, काश्मरी, मधुपर्णिका, श्रीपर्णी, भद्रपण, काश्मर्यः, इति ७ **काश्मर्याः**।।-कर्कन्धूः, बदरी, कोलिः, इति ३ **बदर्याः॥** कोलम्, कुबलम्, फेनिलम्, सौवीरम्, बदरम्, घोण्टा, इति ६ **बदरीफलस्य**।।-स्वादुकण्टकः, विकङ्कतः, स्रुवावृक्षः, ग्रन्थिलः, व्याघ्रपात्, इति ५ **विकङ्कतस्य**।।-ऐरावतः, नागरङ्गः, नादेयी, भूमिजम्बुका, इति ४ **नागरङ्गस्य**।।-तिन्दुकः, स्फूर्जकः, कालस्कन्धः, शितिसारकः, इति ४ **तिन्दुकस्य**।।-काकेन्दुः, कुलकः, काकतिन्दुकः, काकपीलुकः, इति ४ **काकतिन्दुकस्य॥**-गोलीढः, झाटलः, घटापाटलिः, मोक्षः, मुष्ककः, इति ५ **घण्टापाटले**ः।।तिलकः, क्षुरकः, श्रीमान्, इति ३ **तिलकस्य**।।-पिचुलः, झावुकः, इति २ **झावुकस्य**।।-श्रीपमुर्णिका, कुमुदिका, कुम्भी, कैडर्यः, कट्फलः, इति ५ **कुम्भ्याः**।।-क्रमुकः, पट्टिकाख्यः, पट्टी, लाक्षाप्रसादनः, इति ४ **लोहितलोध्रस्य**।।-तूदः, यूपः, क्रमुकः, ब्रह्मण्यः, ब्रह्मदारुः,

तूदस्तु यूपः क्रमुको ब्रह्मण्यो ब्रह्मदारु च ७३१
तूलं च नीपप्रियककदम्बास्तु हलिप्रियः ७३२
वीरवृक्षोऽरुष्करोऽग्निमुखी भल्लातकी त्रिषु ७३३
गर्दभाण्डे कन्दरालकपीतनसुपार्श्वकाः ७३४
प्लक्षश्च तिन्तिडी चिञ्चाम्लिकाऽथो पीतसारके ७३५
सर्जकाशनबन्धूकपुष्पप्रियकजीवकाः ७३६
साले तु सर्जकार्श्याश्वकर्णकाः सस्यसम्बरः ७३७
नदीसर्जो वीरतरुरिन्द्रद्रुः ककुभोऽर्जुनः ७३८
राजादनः फलाध्यक्षः क्षीरिकायामथ द्वयोः ७३९
इङ्गुदी तापसतरुर्भूर्जे चर्मिमृदुत्वचौ ७४०
पिच्छिला पूरणी मोचा स्थिरायुः शाल्मलिर्द्वयोः ७४१
पिच्छा तु शाल्मलीवेष्टे रोचनः कूटशाल्मलिः ७४२
चिरबिल्वो नक्तमालः करजश्च करञ्जके ७४३
प्रकीर्यः पूतिकरजः पूतिकः कलिमारकः ७४४

तूलम्, इति ६ **अश्वत्थाकारे वृक्षभेदे**।।-नीपः, प्रियकः, कदम्बः, हलिप्रियः, इति ४ **कदम्बस्य**।।-वीरवृक्षः, अरुष्करः, अग्निमुखी, भल्लातकी, इति ४ **भल्लातक्याः**। त्रिषु स्त्रीपुंनपुंसकेषु।।-गर्दभाण्डः, कन्दरालः, कपीतनः, सुपार्श्वकः, प्लक्षः, इति ५ **प्लक्षस्य**।।-तिन्तिडी, चिञ्चा, अम्लिका, इति ३ **चिञ्चायाः**।।-पीतसारकः, सर्जकः, असनः, बन्धूकपुष्पः, प्रियकः, जीवकः, इति ६ **जीवकस्य**।।-सालः, सर्जः, कार्श्यः, अश्वकर्णकः, सस्यसम्बरः, इति ५ **शालवृक्षस्य**।।-नदीसर्जः, वीरतरुः, इन्द्रद्रुः, ककुभः, अर्जुनः, इति ५ **अर्जुन वृक्षस्य**।।-राजादनः, फलाध्यक्षः, क्षीरिका, इति ३ **क्षीरिकायाः**।।-इङ्गुदी, तापसतरुः, इति २ **इङ्गुद्याः**।।-भूर्जः, चर्मी, मृदुत्वक्, इति ३ **भूर्ज वृक्षस्य**।।-पिच्छिला, पूरणी, मोचा, स्थिरायुः, शाल्मलिः, इति ५ **शाल्मल्याः**। द्वयो : स्त्रीपुंसयोः।।-शालमल्या वेष्टे निर्यासे **प्रिच्छेत्येकम्**।।- रोंचनः, कूटशाल्मलिः, इति २ **कूटशाल्मल्याः**।।-चिरबिल्वः, नक्तमालः, करजः, करञ्जकः, इति ४ **करञ्जवृक्षस्य**।।-प्रकीर्यः, पूतिकरजः, पूतिकः,

करञ्जभेदाः षड्ग्रन्थो मर्कट्यङ्गारवल्लरी ७४५
रोही रोहितकःप्लीहशत्रुर्दाडिमपुष्पकः ७४६
गायत्री बालतनयः खदिरो दन्तधावनः ७४७
अरिमेदो विट्खदिरे कदरः खदिरे सिते ७४८
सोमवल्कोऽप्यथ व्याघ्रपुच्छगन्धर्वहस्तकौ ७४९
एरण्ड उरुबूकश्च रुचकश्चित्रकश्च सः ७५०
चञ्चुः पञ्चाङ्गुलो मण्डवर्धमानव्यडम्बकाः ७५१
अल्पा शमी शमीरःस्याच्छमी सक्तुफला शिवा ७५२
पिण्डीतको मरुबकः श्वसनः करहाटकः ७५३
शल्यश्च मदने शक्रपादपः पारिभद्रकः ७५४
भद्रदारु द्रुकिलिमं पीतदारु च दारु च ७५५

कलिकारकः, इति ४ **पूतिकस्य**।।-षड्ग्रन्थः, मर्कटी, अङ्गारवल्लरी, ऐते ३ **करञ्जभेदाः**।।-रोही, रोहितकः, प्लीहशत्रुः, दाडिमपुष्पकः, इति ४ **रोहितकस्य**।।-गायत्री, बालतनयः, खदिरः, दन्तधावनः, इति ४ **खदिरस्य**। अरिमेदः, विट्खदिरः, इति २ **दुर्गन्धिखदिरस्य**।।-**सिते** शुक्लसारे **खदिरे** कदरः, सोमवल्कः, इति २।।-व्याघ्रपुच्छः, गन्धर्वहस्तकः, एरण्डः, उरुवूकः, रुचकः, चित्रकः, चञ्चुः,-पञ्चाङ्गुलः, मण्डः, वर्धमान व्यडम्बकः, इति ११ **एरण्डस्य**।।-या अल्पा स्वल्पाकारा शमी **शमीर** इत्येकम्।।-शमी, सक्तुफला, शिवा, इति ३ **शम्याः**।।-पिण्डीतकः, मरुबकः, श्वसनः, करहाटकः, शल्यः, मदनः, इति ६ **मदनस्य**।।-शक्रपादपः, पारिभद्रकः, भद्रदारु, द्रुकिलिमम्, पीतदारु, दारु, पूतिकाष्ठम्, इति ७ **देवदारुणि**।।- पाटलिः, पाटला, अमोघा, काचस्थाली, फलेरुहा, कृष्णवृन्ता, कुबेराक्षी, इति ७ **पाटलायाः**।।-तत्र पाटलिर्द्वयोः स्त्रीपुंसयोः।।-श्यामा, महिलाह्वया, लता, गोवन्दनी, गुन्द्रा, प्रियङ्गुः, फलिनी, फली, विष्वक्सेना, गन्धफली, कारम्भा, प्रियकः, इति १२ **प्रियङ्गुवृक्षे**। तत्र प्रियकः पुंसि। शेषं स्त्रियाम्।।- मण्डूकपर्णः, पत्रोर्णः, नटः, कट्वङ्गः, स्योनाकः, शुकनासः, ऋक्षः, दीर्घवृन्तः, कुटन्नटः, शोणकः, अरलुः, इति १२ **शोणकस्य**।।-तिष्यफला, आमलकी,

पूतिकाष्ठं च सप्त स्युर्देवदारुण्यथ द्वयोः ७५६
पाटलिः पाटलाऽमोघा काचस्थाली फलेरुहा ७५७
कृष्णवृन्ता कुबेराक्षी श्यामा तु महिलाह्वया ७५८
लता गोवन्दनी गुन्द्रा प्रियङ्गु फलिनी फली ७५९
विष्वक्सेना गन्धफली कारम्भा प्रियकश्च सा ७६०
मण्डूकपर्णपत्रोर्णनटकट्वङ्गटुण्टुकाः ७६१
स्योनाकशुकनासर्क्षदीर्घवृन्तकुटन्नटाः ७६२
शोणकश्चारलौ तिष्यफला त्वामलकी त्रिषु ७६३
अमृता च वयस्था च त्रिलिङ्गस्तु बिभीतकः ७६४
नाक्षस्तुषः कर्षफलो भूतावासः कलिद्रुमः ७६५
अभया त्वव्यथा पथ्या कायस्था पूतनामृता ७६६
हरीतकी हैमवती चेतकी श्रेयसी शिवा ७६७
पीतद्रुः सरलः पूतिकाष्ठं चाथ द्रुमोत्पलः ७६८
कर्णिकारः परिव्याधो लकुचो लिकुचो डहुः ७६९
पनसः कण्टकिफलो निचुलो हिज्जलोऽम्बुजः ७७०
काकोदुम्बरिका फल्गुर्मलयूर्जघनेफला ७७१

अमृता, वयस्था, इति ४ **आमलक्याः**। त्रिष्वित्युक्तेः आमलकः आमलकम्॥-विभीतकः, अक्षः, तुषः, कर्षफलः, भूतावासः, कलिद्रुमः, इति ६ **बिभीतकस्य**॥ त्रिलिङ्गत्वाद्बिभीतकी बिभीतकमिति च॥-अभया, अव्यथा, पथ्या, कायस्था, पूतना, अमृता, हरीतकी, हैमवती, चेतकी, श्रेयसी, शिवा, इति ११ **हरीतक्याः**॥-पीतद्रुः, सरलः, पूतिकाष्ठम्, इति ३ **सरलस्य**॥-द्रुमोत्पलः, कर्णिकारः, परिव्याधः, इति ३ **कर्णिकारस्य**॥-लकुचः, लिकुचः डहुः, इति ३ **लिकुचस्य**॥-पनसः, कण्टकिफलः, इति २ **पनसस्य**॥-निचुलः, हिज्जलः, अम्बुजः, इति ३ **जलवेतसभेदस्य**॥-काकोदुम्बरिका, फल्गुः, मलयूः, जघनेफला, इति ४ **मलयोः**॥-अरिष्टः, सर्वतोभद्रः, हिङ्गुनिर्यासः, मालकः, पिचुमन्दः, निम्बः, इति ६ **निम्बस्य**॥-पिच्छिला, अगुरुशिंशपा, कपिला, भस्मगर्भा, इति ४ **कपिलायाः**। अगुरु

अरिष्टः सर्वतोभद्रहिङ्गुनिर्यासमालकाः ७७२
पिचुमन्दश्च निम्बेऽथ पिच्छिलाऽगुरुशिंशपाः ७७३
कपिला भस्मगर्भा सा शिरीषस्तु कपीतनः ७७४
भण्डिलोऽप्यथ चाम्पेयश्चम्पको हेमपुष्पकः ७७५
एतस्य कलिका गन्धफली स्यादथ केसरे ७७६
बकुलो वञ्जुलोऽशोके समौ करकदाडिमौ ७७७
चाम्पेयः केसरो नागकेसरः काञ्चनाह्वयः ७७८
जया जयन्ती तर्कारी नादेयी वैजयन्तिका ७७९
श्रीपर्णमग्निमन्थः स्यात्कणिका गणिकारिका ७८०
जयोऽथ कुटजः शक्रो वत्सको गिरिमल्लिका ७८१
एतस्यैव कलिङ्गेन्द्रयवभद्रयवं फले ७८२
कृष्णपाकफलाविग्नसुषेणाः करमर्दके ७८३
कालस्कन्धस्तमालः स्यात्तापिच्छोऽप्यथ सिन्दुके ७८४
सिन्दुवारेन्द्रसुरसौ निर्गुण्डीन्द्राणिकेत्यपि ७८५
वेणी खरा गरी देवताडो जीमूत इत्यपि ७८६

इति पृथक् पदं वा।।-शिरीषः, कपीतनः, भण्डिलः, इति ३ **शिरीषस्य**।।-चाम्पेयः, चम्पकः, हेमपुष्पकः, इति ३ **चम्पकस्य**।।-एतस्य चम्पकस्य कलिका **गन्धफलीत्येकम्**।।-केसरः, बकुलः, इति २ बकुलस्य।।-वञ्जुलः, अशोकः, इति २ **अशोकस्य**।।-करकः, दाडिमः, इति २ **दाडिमस्य**।।-चाम्पेय, केसरः, नागकेसरः, काञ्चनाह्वयः, इति **चाम्पेयस्य**।।-जया, जयन्ती, तर्कारी, नादेयी, वैजयन्तिका, इति ५ **वैजयन्तिकायाः**।।-श्रीपणम्, अग्निमन्थः, कणिका, गणिकारिका, जयः, इति ५ **कणिकायाः**।।-कुटजः, शक्रः, वत्सकः, गिरिमल्लिका, इति ४ **कुटजस्य**।।-एतस्यैव कुटजस्य फले **कलिङ्गम्, इन्द्रयवम्, भद्रयवम्**, इति ३।।-कृष्णपाकफलः, अविग्नः, सुषेणः, करमर्दकः, इति ४ **करमर्दकस्य**।।-कालस्कन्धः, तमालः, तापिच्छः, इति ३ **तमालस्य**।।- सिन्दुकः, सिन्दुवारः, इन्द्रसुरसः, निर्गुण्डी, इन्द्राणिका, इति ५ **सिन्दुवारस्य**।। वेणी, खरा, गरी, देवताडः, जीमूतः, इति ५

श्रीहस्तिनी तु भूरुण्डी तृणशून्यं तु मल्लिका ७८७
भूपदी शीतभीरुश्च सैवास्फोटा वनोद्भवा ७८८
शेफालिका तु सुवहा निर्गुण्डी नीलिका च सा ७८९
सितासौ श्वेतसुरसा भूतवेश्यथ मागधी ७९०
गणिका यूथिकाम्बष्ठा सा पीता हेमपुष्पिका ७९१
अतिमुक्तः पुण्ड्रकः स्याद्वासन्ती माधवी लता ७९२
सुमना मालती जातिः सप्तला नवमालिका ७९३
माध्यं कुन्दं रक्तकस्तु बन्धूको बन्धुजीवकः ७९४
सहा कुमारी तरणिरम्लानस्तु महासहा ७९५
तत्र शोणे कुरबकस्तत्र पीते कुरण्टकः ७९६
नीली झिण्टी द्वयोर्बाणा दासी चार्तगलश्च सा ७९७

देवतालस्य।।-श्रीहस्तिनी, भूरुण्डी, इति २ **हस्तिकर्णाभपत्रस्य शाकभेदस्य**।।-तृणशून्यम्, मल्लिका, भूपदी, शीतभीरुः, इति ४ **मल्लिकायाः**।।-सैव मल्लिका वनोद्भवा **आकोटेत्युच्यते**।।-शेफालिका, सुवहा, निर्गुण्डी, नीलिका, इति ४ **कृष्णपुष्पायानिर्गुण्ड्याः**।।-असौ निर्गुणी, **सिता, श्वेतसुरसा, भूतवेशी, इति** चोच्यते।।-मागधी, गणिका, यूथिका, अम्बष्ठा, इति ४ **यूथिकायाः**।। सा यूथिका पीता पीतपुष्पा चेत् **हेमपुष्पिका** स्यात्।।-अतिमुक्तः, पुण्ड्रकः, वासन्ती, माधवी, लता, इति ५ **कुन्दभेदस्य**।।- सुमनाः, मालती, जातिः, इति ३ **जातेः**। तत्र सुमनाः सान्तः।।-सप्तला, नवमालिका इति २ **नवमालिकायाः**।। माध्यम्, कुन्दम्, इति २ **कुन्दस्य**।।- रक्तकः, बन्धूकः बन्धुजीवकः, इति ३ **बन्धूकस्य**।।-सहा, कुमारी, तरणिः, इति ३ **कुमार्याः**।।-अम्लानः, महासहा, इति २ **महासहायाः**।।- तत्राम्लाने शोणे रक्ते **कुरबक** इत्येकम्।।-तत्राम्लाने पीतवर्णे **कुरण्टक** इत्येकम्।।-नीली नीलवर्णा या झिण्टी तत्र **बाणा, दासी, आर्तगलः**, इति ३।। द्वयोरित्युक्तेर्बाण इत्यपि।।-सैरेयकः, झिण्टी, इति २ **झिण्टीमात्रस्य**।। तस्मिन्सैरेयकेऽरुणे रक्तवर्णे **कुरबक** इत्येकम्।।-या पीतपुष्पा झिण्टी सा **कुरण्टक** इत्युच्यते। तस्मिन्कुरण्टके **सहचरी**त्यपि। द्वयोरित्युक्तेः **सहचर** इत्यपि।।- ओण्ड्रपुष्पम्,

सैरेयकस्तु झिण्टी स्यात्तस्मिन्कुरबकोऽरुणे ७९८
पीता कुरण्टको झिण्टी तस्मिन्सहचरी द्वयोः ७९९
ओण्ड्रपुष्पं जपापुष्पं वज्रपुष्पं तिलस्य यत् ८००
प्रतिहासशतप्रासचण्डातहयमारकाः ८०१
करवीरे करीरे तु क्रकरग्रन्थिलावुभौ ८०२
उन्मत्तः कितवो धूर्तो धत्तूरः कनकाह्वयः ८०३
मातुलो मदनश्चास्य फले मातुलपुत्रकः ८०४
फलपूरो बीजपूरो रुचको मातुलुङ्गके ८०५
समीरणो मरुबकः प्रस्थपुष्पः फणिज्जकः ८०६
जम्बीरोऽप्यथ पर्णासे कठिञ्जर कुठेरकौ ८०७
सितेऽर्जकोऽत्र पाठी तु चित्रको वह्निसंज्ञकः ८०८
अर्काह्ववसुकास्फोटगणरूपविकीरणाः ८०९
मन्दारश्चार्कपर्णोऽत्र शुक्लेऽलर्कप्रतापसौ ८१०
शिवमल्ली पाशुपत एकाष्ठीलो बुको वसुः ८११
वन्दा वृक्षादनी वृक्षरुहा जीवन्तिकेत्यपि ८१२

पुष्पम्, इति २ **जपापुष्पस्य**।।-यत्तिलस्य पुष्पं **तद्वज्रपुष्पसंज्ञकमेकम्**।।-प्रतिहासः, शतप्रासः, चण्डातः, हयमारकः, करवीरः, इति ५ **करवीरस्य**।।-करीरः, क्रकरः, ग्रन्थिलः, इति ३ **करीरस्य**।।-उन्मत्तः, कितवः, धूर्तः, धत्तूरः, कनकाह्वयः, मातुलः, मदनः, इति ७ **धत्तूरस्य।** अस्य धत्तूरस्य फले **मातुलपुत्रक** इत्येकम्।।-फलपूरः, बीजपूरः, रुचकः, मातुलुङ्गकः, इति ४ **मातुलुङ्गस्य**।।-समीरणः, मरुबकः, प्रस्थपुष्पः, फणिज्जकः, जम्बीरः, इति ५ **जम्बीरस्य**।।-पर्णासः, कठिञ्जरः, कुठेरकः, इति ३ **पर्णासस्य**।।-अत्र पर्णासे सिते काण्डपुष्पाभ्यां श्वेते **अर्जक** इत्येकम्।।-पाठी, चित्रकः, वह्निसंज्ञकः, इति ३ **चित्रकस्य**।।-अर्काह्वः, वसुकः, आस्फोटः, गणरूपः, विकीरणः, मन्दारः, अर्कपर्णः, इति ७ **अर्कस्य**।।-अत्रार्कशुक्ले **अलर्कः**, **प्रतापसः**, इति २।।-शिवमल्ली, पाशुपतः, एकाष्ठीलः, बुकः, बसुः, इति ५ **बुकस्य**।।-वन्दा वृक्षादनी, वृक्षारुहा, जीवन्तिका, इति ४

वत्सादनी छिन्नरुहा गुडूची तन्त्रिकामृता ८१३
जीवन्तिका सोमवल्ली विशल्या मधुपर्ण्यपि ८१४
मूर्वा देवी मधुरसा मोरटा तेजनी स्रुवा ८१५
मधूलिका मधुश्रेणी गोकर्णी पीलूपर्ण्यपि ८१६
पाठाम्बष्ठा विद्धकर्णी स्थापनी श्रेयसी रसा ८१७
एकाष्ठीला पापचेली प्राचीना वनतिक्तिका ८१८
कटुः कटम्भराशोकरोहिणी कटुरोहिणी ८१९
मत्स्यपित्ता कृष्णभेदी चक्राङ्गी शकुलादनी ८२०
आत्मगुप्ताजहाव्यण्डा कण्डुरा प्रावृषायणी ८२१
ऋष्यप्रोक्ता शूकशिम्बिः कपिकच्छुश्च मर्कटी ८२२
चित्रोपचित्रा न्यग्रोधी द्रवन्ती शम्बरी वृषा ८२३
प्रत्यक्श्रेणी सुतश्रेणी रण्डा मूषिकपर्ण्यपि ८२४
अपामार्गः शैखरिको धामार्गवमयूरकौ ८२५
प्रत्यक्पर्णी केशपर्णी किणिही खरमञ्जरी ८२६
हञ्जिका ब्राह्मणी पद्मा भार्गी ब्राह्मणयष्टिका ८२७

वृक्षोपरिजातलताविशेषस्य॥–वत्सादनी, छिन्नरुहा, गुडूची, तन्त्रिका, अमृता, जीवन्तिका, सोमवल्ली, विशल्या, मधुपर्णी, इति ९ **गुडूच्याः**॥–मूर्वा, देवी, मधुरसा, मोरटा, तेजनी, स्रुवा, मधूलिका, मधुश्रेणी, गोकर्णी, पीलुपर्णी, इति १० **मूर्वायाः**॥–पाठा, अम्बष्ठा, विद्धकर्णी, स्थापनी, श्रेयसी, रसा, एकाष्ठीला, पापचेली, प्राचीना, वनतिक्तिका, इति १० **पाठायाः**॥ कटुः, कटम्भरा, अशोकरोहिणी, कटुरोहिणी, मत्स्यपित्ता, कृष्णभेदी, चक्राङ्गी, शकुलादनी, इति ८ **कटुरोहिण्याः**॥–आत्मगुप्ता, अजहा, अव्यण्डा, कण्डुरा प्रावृषायणी, ऋष्यप्रोक्ता, शूकशिम्बिः, कपिकच्छुः, मर्कटी, इति ९ **मर्कट्याः**॥–चित्र, उपचित्रा, न्यग्रोधी, द्रवन्ती, शम्बरी, वृषा, प्रत्यक्श्रेणी, सुतश्रेणी रण्डा, मूषिकपर्णी, इति १० **मूषिकपर्ण्याः**॥–अपामार्गः, शैखरिकः, धामार्गवः, मयूरकः, प्रत्यक्पर्णी, केशपर्णी, किणिही, खरमञ्जरी, इति ८ **अपामार्गस्य**॥–हञ्जिका, ब्राह्मणी, पद्मा, भार्गी, ब्राह्मणय ष्टिका, अङ्गारवल्ली, बालेयशाकः,

अङ्गारवल्ली बालेयशाकबर्बरवर्धकाः ८२८
मञ्जिष्ठा विकसा जिङ्गी समङ्गा कालमेषिका ८२९
मण्डूकपर्णी भण्डीरी भण्डी योजनवल्ल्यपि ८३०
यासो यवासो दुःस्पर्शो धन्वयासः कुनाशकः ८३१
रोदनी कच्छुरानन्ता समुद्रान्ता दुरालभा ८३२
पृश्निपर्णी पृथक्पर्णी चित्रपर्ण्यङ्घ्रिवल्लिका ८३३
क्रोष्टुविन्ना सिंहपुच्छी कलशिर्धावनिर्गुहा ८३४
निदिग्धिका स्पृशी व्याघ्री बृहती कण्टकारिका ८३५
प्रचोदनी कुली क्षुद्रा दुःस्पर्शा राष्ट्रिकेत्यपि ८३६
नीली काला क्लीतकिका ग्रामीणा मधुपर्णिका ८३७
रञ्जनी श्रीफली तुत्था द्रोणी दोला च नीलिनी ८३८
अवल्गुजः सोमराजी सुवल्लिः सोमवल्लिका ८३९
कालमेषी कृष्णफला बाकुची पूतिफल्यपि ८४०
कृष्णोपकुल्या वैदेही मागधी चपला कणा ८४१
उषणा पिप्पली शौण्डी कोलाऽथ करिपिप्पली ८४२

बर्बरः, वर्धकः, इति ९ **भार्ग्याः**॥-मञ्जिष्ठा, विकसा, जिङ्गी, समङ्गा, कालमेषिका, मण्डूकपर्णी, भण्डीरी, भण्डी, योजनवल्ली, इति ९ **मञ्जिष्ठायाः**॥-यासः, यवासः, दुःस्पर्शः, धन्वयासः, कुनाशकः, रोदनी, कच्छुरा, अनन्ता, समुद्रान्ता, दुरालभा, इति १० **धन्वयासस्य**॥-पृश्निपर्णी, पृथक्पर्णी, चित्रपर्णी, अङ्घ्रिवल्लिका, क्रोष्टुविन्ना, सिंहपुच्छी, कलशिः, धावनिः, गुहा, इति ९ **सिंहपुच्छयाः**॥-निदिग्धिका, स्पृशी, व्याघ्री, बृहती, कण्टकारिका, प्रचोदनी, कुली, क्षुद्रा, दुःस्पर्शा, राष्ट्रिका, इति १० **कण्टकारिकायाः**॥-नीली, काला, क्लीतकिका, ग्रामीणा, मधुपर्णिका, रजनी, श्रीफली, तुत्था, द्रोणी, दोला, नीलिनी, इति ११ **नील्याः**॥-अवल्गुजः, सोमराजी, सुवल्लिः, सोमवल्लिका, कालमेषी, कृष्णफला, बाकुची, पूतिफली, इति ८ **बाकुच्याः**॥-कृष्णा, उपकुल्या, वैदेही, मागधी, चपला, कणा, उषणा, पिप्पली, शौण्डी, कोला, इति १० **पिप्पल्याः**॥-करिपिप्पली,

कपिवल्ली कोलवल्ली श्रेयसी वशिरः पुमान् ८४३
चव्यं तु चविका काकचिञ्चीगुञ्जे तु कृष्णला ८४४
पलङ्कषा त्विक्षुगन्धा श्वदंष्ट्रा स्वादुकण्टकः ८४५
गोकण्टको गोक्षुरको वनशृङ्गाट इत्यपि ८४६
विश्वा विषा प्रतिविषातिविषोपविषारुणा ८४७
शृङ्गी महौषधं चाथ क्षीरावी दुग्धिका समे ८४८
शतमूली बहुसुताऽभीरुरिन्दीवरी वरी ८४९
ऋष्यप्रोक्ताभीरुपत्रीनारायण्यः शतावरी ८५०
अहेरुरथ पीतद्रुकालीयकहरिद्रवः ८५१
दार्वी पचंपचा दारुहरिद्रा पर्जनीत्यपि ८५२
वचोग्रगन्धा षड्ग्रन्था गोलोमी शतपर्विका ८५३
शुक्ला हैमवती वैद्यमातृसिंह्यौ तु वाशिका ८५४
वृषोऽटरूषः सिंहास्यो वासको वाजिदन्तकः ८५५
आस्फोटागिरिकर्णीस्याद्विष्णुक्रान्ताऽपराजिता ८५६
इक्षुगन्धा तु काण्डेक्षुकोकिलाक्षेक्षुरक्षुराः ८५७
शालेयः स्याच्छीतशिवश्छत्रा मधुरिका मिसिः ८५८

कपिवल्ली, कोलवली श्रेयसी, वशिरः, इति ५ **गजपिप्पल्याः**॥-चव्यम्, चविका, इति २ **चव्यस्य**॥-काकचिञ्ची, गुञ्जा, कृष्णला, इति ३ **गुञ्जायाः**॥ पलंकषा, इक्षुगन्धा, श्वद्रष्ट्रा, स्वादुकण्टकः, गोकण्टकः, गोक्षुरकः, वन शृङ्गाटः, इति ७ **गोक्षुरस्य**॥-विश्वा, विषा, प्रतिविषा, अतिविषा, उपविषा, अरुणा, शृङ्गी, महौषधम्, इति ८ **अतिविषायाः**॥-क्षीरावी, दुग्धिका, इति २ **दुग्धिकायाः**॥-शतमूली, बहुसुता, अभीरुः, इन्दीवरी, वरी, ऋष्यप्रोक्ता, अभीरुपत्री, नारायणी, शतावरी, अहेरुः, इति १० **शतावर्याः**॥-पीतद्रुः, कालीयकः, दार्वी, पचंपचा, दारुहरिद्रा, पर्जनी, इति ७ **पर्जन्याः**॥-वचा, उग्रगन्धा, षड्ग्रन्था, गोलोमी, शतपर्विका, इति ५ **वचायाः**॥-या शुक्ला वचा सा **हैमवती**त्येकम्॥-वैद्यमाता, सिंही, वाशिका, वृषः, अटरूषः, सिंहास्यः, वासकः, वाजिदन्तकः, इति ८ **अटरूषस्य**॥-आस्फोटा, गिरिकर्णी,

मिश्रेयाप्यथ सीहुण्डो वज्रः स्नुक्स्त्री स्नुहीगुडा ८५९
समन्तदुग्धाथो वेल्लममोघा चित्रतण्डुला ८६०
तण्डुलश्च कृमिघ्नश्च विडङ्गं पुंनपुंसकम् ८६१
बला वाट्यालका घण्टारवा तु शणपुष्पिका ८६२
मृद्वीका गोस्तनी द्राक्षा स्वाद्वी मधुरसेति च ८६३
सर्वानुभूतिः सरला त्रिपुटा त्रिवृता त्रिवृत् ८६४
त्रिभण्डी रोचनी श्यामापालिन्द्यौ तु सुषेणिका ८६५
काला मसूरविदलार्धचन्द्रा कालमेषिका ८६६
मधुकं क्लीतकं यष्टिमधुकं मधुयष्टिका ८६७
विदारी क्षीरशुक्लेक्षुगन्धा क्रोष्ट्री तु या सिता ८६८
अन्या क्षीरविदारी स्यान्महाश्वेतर्क्षगन्धिका ८६९
लाङ्गली शारदी तोयपिप्पली शकुलादनी ८७०
खराश्वा कारवी दीप्यो मयूरो लोचमस्तकः ८७१

विष्णुक्रान्ता, अपराजिता, इति ४ **विष्णुक्रान्तायाः**॥-इक्षुगन्धा, काण्डेक्षुः, कोकिलाक्षः, इक्षुरः, क्षुरः, इति ५ **कोकिलाक्षस्य**॥-शालेयः, शीतशिवः, छत्रा, मधुरिका, मिसि, मिश्रेया, इति ६ **मधुरिकायाः**॥-सीहुण्डः, वज्रः, स्नुक्, स्नुही, गुडा, समन्तदुग्धा, इति ६ **वज्रद्रुमस्य**। तत्र स्नुक् स्त्री॥-वेल्लम्, अमोघा, चित्रतण्डुला, तण्डुलः, कृमिघ्नः, विडङ्गम्, इति ६ **विडङ्गस्य**॥-बला, वाट्यालका, इति २ **बलायाः**॥-घण्टारवा, शणपुष्पिका, इति २ **शणपुष्पिकायाः**॥-मृद्वीका, गोस्तनी, द्राक्षा, स्वाद्वी, मधुरसा, इति ५ **द्राक्षायाः**॥-सर्वानुभूतिः, सरलाः, त्रिवृता, त्रिपुटा, त्रिवृत्, त्रिभण्डी, रोचनी, इति ७ **त्रिवृतायाः**॥-श्यामा, पालिन्दी, सुषेणिका, काला, मसूरविदला, अर्धचन्द्रा, कालमेषिका, इति ७ **कृष्णवर्णायास्त्रिवृतायाः**॥-मधुकम्, क्लीतकम्, यष्टिमधुकम्, मधुयष्टिका, इति ४ **यष्टिमधुकस्य**॥-विदारी, क्षीरशुक्ला, इक्षुगन्धा, क्रोष्ट्री, इति ४ इक्षु **गन्धाया**॥-क्षीरविदारी, महाश्वेता, ऋक्षगन्धिका, इति ३ **कृष्णभूमिकूष्माण्डस्य**॥-लाङ्गली, शारदी, तोयपिप्पली, शकुलादनी, इति ४ **शाकभेदस्य**॥-खराश्वा, कारवी, दीप्यः, मयूरः, लोचमस्तकः, इति

गोपी श्यामा शारिवा स्यादनन्तोत्पलशारिवा ८७२
योग्यमृद्धिः सिद्धिलक्ष्म्यौ वृद्धेरप्याह्वया इमे ८७३
कदली वारणबुसा रम्भा मोचांशुमत्फला ८७४
काष्ठीला मुद्गपर्णी तु काकमुद्गा सहेत्यपि ८७५
वार्ताकी हिङ्गुली सिंही भण्टाकी दुष्प्रधर्षिणी ८७६
नाकुली सुरसा रास्ना सुगन्धा गन्धनाकुली ८७७
नकुलेष्टा भुजंगाक्षी छत्राकी सुवहा च सा ८७८
विदारिगन्धांशुमती सालपर्णी स्थिरा ध्रुवा ८७९
तुण्डिकेरी समुद्रान्ता कार्पासी बदरेति च ८८०
भारद्वाजी तु सा वन्या शृङ्गी तु ऋषभो वृषः ८८१
गाङ्गेरुकी नागबला झषा ह्रस्वगवेधुका ८८२
धामार्गवो घोषकः स्यान्महाजाली स पीतकः ८८३
ज्यौत्स्नी पटोलिका जाली नादेयी भूमिजम्बुका ८८४

---

५ **मयूरशिखायाः**॥-गोपी, श्यामा, शारिवा, अनन्ता, उत्पलशारिवा, इति ५ **उत्पल शारिवायाः**॥-योग्यम्, ऋद्धिः, सिद्धिः, लक्ष्मीः, इति ४ **ऋद्धिनामकस्य ओषधिविशेषस्य**॥-कदली, वारणबुसा, रम्भा, मोचा, अंशुमत्फला, काष्ठीला, इति ६ **कदल्याः**॥-मुद्गपर्णी, काकमुद्रा, सहा, इति ३ **काकमुद्गायाः**॥-वार्ताकी, हिङ्गुली, सिंही, भण्टाकी, दुष्प्रधर्षिणी, इति ५ **वार्ताक्याः**॥-नाकुली, सुरसा, रास्ना, सुगन्धा, गन्धनाकुली, नकुलेष्टा, भुजङ्गाक्षी, छत्राकी, सुवहा, इति ९ **रास्नायाः**॥-विदारिगन्धा, अंशुमती, सालपर्णी, स्थिरा, ध्रुवा, इति ५ **सालपर्ण्याः**॥-तुण्डिकेरी, समुद्रान्ता, कार्पासी, बदरा, इति ४ **कार्पास्याः**॥-सा कार्पासी वन्या चेद्भारद्वाजीत्युच्यते॥ शृङ्गी, ऋषभः, वृषः, इति ३ **ऋषभाख्यौषधिविशेषस्य**॥-गाङ्गेरुकी, नागबला, झषा, ह्रस्व-गवेधुका, इति ४ **बलाविशेषस्य**॥-धामार्गवः, घोषकः, इति २ **घोषबल्लयाः**॥-स घोषकः पीतकः पीतपुष्पश्चेत् **महाजालीत्युच्यते**। स्त्रीलिङ्गम्॥-ज्यौत्स्नी, पटोलिका, जाली, इति ३ **पटोलिकाया** ः॥ नादेयी, भूमजम्बुका, इति २ **भूजम्ब्वाः**॥-लाङ्गलिकी, अग्निशिखा, इति २ **लाङ्गल्याः**॥

स्याल्लाङ्गलिक्यग्निशिखा काकाङ्गी काकनासिका ८८५
गोधापदी तु सुवहा मुसली तालमूलिका ८८६
अजशृङ्गी विषाणी स्याद्गोजिह्वादार्विके समे ८८७
ताम्बूलवल्ली ताम्बूली नागवल्ल्यप्यथ द्विजा ८८८
हरेणू रेणुका कौन्ती कपिला भस्मगन्धिनी ८८९
एलावालुकमैलेयं सुगन्धि हरिवालुकम् ८९०
वालुकं चाथ पालङ्क्यां मुकुन्दः कुन्दकुन्दरू ८९१
बालं ह्रीबेरबर्हिष्ठोदीच्यं केशाम्बुनाम च ८९२
कालानुसार्यवृद्धाश्मपुष्पशीतशिवानि तु ८९३
शैलेयं तालपर्णी तु दैत्या गन्धकुटी मुरा ८९४
गन्धिनी गजभक्ष्या तु सुवहा सुरभी रसा ८९५
महेरणा कुन्दुरुकी सल्लकी ह्लादिनीति च ८९६
अग्निज्वालासुभिक्षे तु धातकी धातुपुष्पिका ८९७
पृथ्वीका चन्द्रावालैला निष्कुटिर्बहुलाऽथ सा ८९८

–काकाङ्गी काकनासिका, इति **काकजङ्घाख्यौषधिविशेषस्य**।।–गोधापदी, सुवहा, इति **हंसपादिकायाः**।।–मुसली, तालमूलिका, इति २ **मुसल्याः**।।–अज शृङ्गी, विषाणी, इति २ **अजशृङ्ग्याः**।।–गोजिह्वा, दार्विका, इति २ **गोजिह्वायाः**।।–ताम्बूलवल्ली, ताम्बूली, नागवल्ली, इति ३ **नागवल्ल्याः**।।–द्विजा, हरेणुः, रेणुका, कौन्ती, कपिला, भस्मगन्धिनी, इति ६ **रेणुकाख्यगन्धद्रव्यस्य**।।–एलावालुकम्, ऐलेयम्, सुगन्धि, हरिवालुकम् वालुकम्, इति ५ **वालुकाख्यगन्धद्रव्यस्य**।।–पालङ्की, मुकुन्दः, कुन्दः, कुन्दुरुः, इति ४ **कुन्दस्य**।।–बालम्, ह्रीबेरम्, बर्हिष्ठम्, उदीच्यम्, केशाम्बु नाम, इति ५ **ह्रीबेरस्य**।।–कालानुसार्यम्, वृद्धम्, अश्मपुष्पम्, शीतशिवम्, शैलेयम्, इति ५ **शैलेयस्य**।।–तालपर्णी, दैत्या, गन्धकुटी, मुरा, गन्धिनी, इति ५ **मुरायाः**।।–गजभक्ष्या, सुवहा, सुरभी, रसा, महेरणा, कुन्दुरुकी, सल्लकी, ह्लादिनी, इति ८ **कुन्दुरुक्याः**।।– अग्निज्वाला, सुभिक्षा, धातकी, धातुपुष्पिका, इति ४ **धातक्याः**।।–पृथ्वीका, चन्द्रवाला, एला, निष्कुटिः, बहुला, इति ५

सूक्ष्मोपकुञ्चिका तुत्था कोरङ्गी त्रिपुटा त्रुटिः ८९९
व्याधिः कुष्टं पारिभाव्यं वाप्यं पाकलमुत्पलम् ९००
शङ्खिनी चोरपुष्पी स्यात्केशिन्यथ वितुन्नकः ९०१
झटामलाज्झटा ताली शिवा तामलकीति च ९०२
प्रपौण्डरीकं पौण्डर्यमथ तुन्नः कुबेरकः ९०३
कुणिः कच्छः कान्तलको नन्दिवृक्षोऽथ राक्षसी ९०४
चण्डा धनहरी क्षेमदुष्पत्रगणहासकाः ९०५
व्याडायुधं व्याघ्रनखं करजं चक्रकारकम् ९०६
सुषिरा विद्रुमलता कपोतङ्घ्रिर्नटी नली ९०७
धमन्यञ्जनकेशी च हनुर्हट्टविलासिनी ९०८
शुक्तिः शङ्खः खुरः कोलदलं नखमथाढकी ९०९
काक्षी मृत्स्ना तुवरिका मृत्तालकसुराष्ट्रजे ९१०
कुटन्नटं दाशपुरं वानेयं परिपेलवम् ९११

एलायाः।।–उपकुञ्चिका, तुत्था, कोरङ्गी, त्रिपुटा, इति ५ **सूक्ष्मैलायाः**।।–व्याधिः, कुष्टम्, पारिभाव्यम्, वाप्यम्, पाकलम्, उत्पलम्, इति ६ **कुष्ठस्य**।।–शङ्खिनी, चोरपुष्पी, केशिनी, इति ३ **चोरवल्ल्याः**।।–वितुन्नकः, झटामला, अज्झटा, ताली, शिवा, तामलकी, इति ६ **भूम्यामलक्याः**।।–प्रपौण्डरीकम्, पौण्डर्यम्, इति २ **पौण्डर्यस्य**।।–तुन्नः, कुबेरकः, कणिः, कच्छः, कान्तलकः, नन्दिवृक्षः, इति ६ **नन्दिवृक्षस्य**।।–राक्षसी, चण्डा, धनहरी, क्षेमः, दुष्पत्रः, गणहासकः इति ६ **चोराख्यगन्धद्रव्यस्य**।।–व्याडायुधम्, व्याघ्रनखम्, करजम् चक्रकारकम्, इति ४ **व्याघ्रनखनामकगन्धद्रव्यस्य**।।–सुषिरा, विद्रुमलता, कपोताङ्घ्रि, नटी, नली, धमनी, अञ्जनकेशी, इति ७ **नलीनामकगन्धद्रव्यस्य**।।–**हनुः**, हट्टविलासिनी, शुक्तिः, शङ्खः, खुरः, कोलदलम्, नखम्, इति ७ **नखाख्यगन्धद्रव्यस्य**।। आढकी, काक्षी, मृत्स्ना, तुवरिका, मृत्तालकम् सुराष्ट्रजम्, इति ६ **तुवरिकायाः**।।–कुटन्नटम्, दाशपुरम्, वानेयम्, परिपेलवम्, प्लवम्, गोपुरम्, गोनर्दम्, कैवर्तीमुस्तकम्, इति ८ **कैवर्तीकुस्तकस्य**।। ग्रन्थिपर्णम्, शुकम्, बर्हम्, पुष्पम्, स्थौणेयम्, कुक्कुरम्, इति ६ **ग्रथिपर्णस्य**।।

प्लवगोपुरगोनर्दकैवर्तीमुस्तकानि च ११२
ग्रन्थिपर्णं शुकं बर्हं पुष्पं स्थौणेयकुक्कुरे ११३
मरुन्माला तु पिशुना स्पृक्का देवी लता लघुः ११४
समुद्रान्ता वधूः कोटिवर्षा लङ्कोपिकेत्यपि ११५
तपस्विनी जटामांसी जटिला लोमशा मिसी ११६
त्वक्पत्रमुत्कटं भृङ्गं त्वचं चोचं वराङ्गकम् ११७
कर्चूरको द्राविडकः काल्पको वेधमुख्यकः ११८
ओषध्यो जातिमात्रे स्युरजातौ सर्वमौषधम् ११९
शाकाख्यं पत्रपुष्पादि तण्डुलीयोऽल्पमारिषः १२०
विशल्याग्निशिखानन्ता फलिनी शक्रपुष्पिका १२१
स्यादृक्षगन्धा छगलान्त्र्यावेगी वृद्धदारकः १२२
जुङ्गोब्राह्मी तु मत्स्याक्षी वयस्था सोमवल्लरी १२३
पटुपर्णी हैमवती स्वर्णक्षीरी हिमावती १२४
हयपुच्छी तु काम्बोजी माषपर्णी महासहा १२५
तुण्डिकेरी रक्तफला बिम्बिका पीलुपर्ण्यपि १२६

मरुन्माला, पिशुना, स्पृक्का, देवी, लता, लघुः, समुद्रान्ता, वधूः, कोटिवर्षा, लङ्कोपिका, इति १० **स्पृक्कायाः**॥-तपस्विनी, जटामांसी, जटिला, लोमशा, मिसी, इति ५ **जटामांस्याः**॥ त्वक्पत्रम्, उत्कटम्, भृङ्गम्, त्वचम्, चोचम्, वराङ्गकम्, इति ६ **त्वक्पत्रस्य**॥-कर्चूरकः, द्राविडकः, काल्पकः, वेधमुख्यकः, इति ४ **कर्चूरकस्य**॥-फलपाकान्तानां व्रीह्यादीनां जातावेव **ओषध्यः** स्युः॥-यदा तु ओषधेः रोगहारित्वमात्रं प्रतीयते न त्वन्यत् तदा **औषध**शब्दप्रयोगः॥-यन् पत्रपुष्पादि तच्छाकसंज्ञकम्॥-तण्डुलीयः, अल्पमारिषः, इति २ **तण्डुलीयस्य**॥-विशल्या, अग्निशिखा, अनन्ता, फलिनी, शक्रपुष्पिका, इति ५ **अग्निशिखायाः**॥-ऋक्षगन्धा, छगलान्त्री, आवेगी, वृद्धदारकः, जुङ्गः, इति ५ **वृद्धदारकस्य**॥-ब्राह्मी, मत्स्याक्षी, वयस्था, सोमवल्लरी, इति ४ **सोमलतायाः**॥-पटुपर्णी, हैमवती, स्वर्णक्षारी, हिमावती, इति ४ **स्वर्णक्षीर्याः**॥-हयपुच्छी, काम्बोजी, माषपर्णी, महासहा,

बर्बरा कबरी तुङ्गी खरपुष्पाऽजगन्धिका १२७
एलापर्णी तु सुवहा रास्ना युक्तरसा च सा १२८
चाङ्गेरी चुक्रिका दन्तशठाऽम्बष्ठाम्ललोणिका १२९
सहस्त्रवेधी चुक्रोऽम्लवेतसः शतवेध्यपि १३०
नमस्कारी गण्डकारी समङ्गा खदिरेत्यपि १३१
जीवन्ती जीवनी जीवा जीवनीया मधुस्त्रवा १३२
कूर्चशीर्षो मधुरकःशृङ्गह्रस्वाङ्गजीवकाः १३३
किराततिक्तो भूनिम्बोऽनार्यतिक्तोऽथ सप्तला १३४
विमला सातला भूरिफेना चर्मकषेत्यपि १३५
वायसोली स्वादुरसा वयस्थाथ मकूलकः १३६
निकुम्भो दन्तिका प्रत्यक्श्रेण्युदुम्बरपर्ण्यपि १३७
अजमोदा तूग्रगन्धा ब्रह्मदर्भा यवानिका १३८
मूले पुष्करकाश्मीरपद्मपत्राणि पौष्करे १३९
अव्यथाऽतिचरा पद्मा चारणी पद्मचारिणी १४०

इति ४ **माष-पर्ण्याः**॥-तुण्डिकेरी, रक्तफला, बिम्बिका, पीलुपर्णी, इति **तुण्डिकेर्याः**॥ -बर्बरा, कबरी, तुङ्गी, खरपुष्पा अजगन्धिका, इति ५ **खरपुष्पायाः**॥-एलापर्णी, सुवहा, रास्ना, युक्तरसा, इति ४ **एलापर्ण्याः**॥-चाङ्गेरी, चुक्रिका, दन्तशठा, अम्बष्ठा, अम्ललोणिका, इति ५ **अम्ललोणिकायाः**॥-सहस्त्रवेधी, चुक्रः, अम्लवेतसः, शतवेधी, इति ४ **अम्लवेतसस्य**॥-नमस्कारी, गण्डकारी, समङ्गा, खदिरा, इति ४ **खदिरायाः**॥-जीवन्ती, जीवनी, जीवा, जीवनीया, मधुस्त्रवा, इति ५ **जीवन्त्याः**। कूर्चशीर्षः, मधुरकः, शृङ्गः, हत्वाङ्गः, जीवकः, इति ५ **जीवकस्य**॥-किराततिक्तः, भूनिम्बः, अनार्यतिक्तः, इति ३ **भूनिम्बस्य**॥-सप्तला, विमला, सातला, भूरिफेना, चर्मकषा, इति ५ **सप्तलायाः**॥-वायसोली, स्वादुरसा, वयस्था, इति ३ **वयस्थायाः**॥-मकूलकः, निकुम्भः, दन्तिका, प्रत्यक्श्रेणी, उदुम्बरपर्णी, इति ५ **दन्त्याः**॥-अजमोदा, उग्रगन्धा, ब्रह्मदर्भा, यवानिका, इति ४ **यवान्याः**॥-पुष्करम्, काश्मीरम्, पद्मपत्रम् इति ३ **पौष्करमूले**॥-अव्यथा,

काम्पिल्यः कर्कशश्चन्द्रो रक्ताङ्गो रोचनीत्यपि १४१
प्रपुन्नाडस्त्वेडगजो दद्रुघ्नश्चक्रमर्दकः १४२
पद्माट उरणाख्यश्च पलाण्डुस्तु सुकन्दकः १४३
लतार्कदुद्रुमौ तत्र हरितेऽथ महौषधम् १४४
लशुनं गृञ्जनारिष्टमहाकन्दरसोनकाः १४५
पुनर्नवा तु शोथघ्नी वितुन्नं सुनिषण्णकम् १४६
स्याद्वातकः शीतलोऽपराजिता शणपर्ण्यपि १४७
परावताङ्घ्रिः कटभी पण्या ज्योतिष्मती लता १४८
वार्षिकं त्रायमाणा स्यात्त्रायन्ती बलभद्रिका १४९
विष्वक्सेनप्रिया गृष्टिर्वाराही बदरेत्यपि १५०
मार्कवो भृङ्गराजः स्यात्काकमाची तु वायसी १५१
शतपुष्पा सितच्छत्राऽतिच्छत्रा मधुरा मिसिः १५२

अतिचरा, पद्मा, चारणी, पद्मचारिणी, इति ५ **पद्मचारिण्याः**॥–काम्पिल्यः, कर्कशः, चन्द्रः, रक्ताङ्गः, रोचनी, इति ५ **रोचन्याः**॥–प्रपुन्नाडः, एडगजः, दद्रुहध्नः, चक्रमर्दकः, पद्माटः, उरणाख्यः, इति ६ **पद्माटस्य**॥–पलाण्डुः, सुकन्दकः, इति २ **पलाण्डोः**॥–हरिते **हरिद्वर्णे पलाण्डौ लतार्कः**, **दुर्द्रुमः**, इति २॥–महौषधम्, लशुनम्, गृञ्जनम्, अरिष्टः, महाकन्दः, रसोनकः, इति ६ **लशुनस्य**॥–पुनर्नवा, शोथघ्नी इति २ **पुनर्नवायाः**॥–वितुन्नम्, सुनिषण्णकम्, इति ४ **वितुन्नस्य**॥–वातकः, शीतलः, अपराजिताः, शणपर्णी, इति ४ **शणपर्ण्याः**॥–पारावताङ्घ्रिः, कटभी, पण्या, ज्योतिष्मती, लता, इति ५ **ज्योतिष्मत्याः**॥–वार्षिकम्, त्रायमाणा, त्रायन्ती, बलभद्रिका, इति ४ **त्रायमाणायाः**॥–विष्वक्सेनप्रिया, गृष्टिः, वाराही, बदरा, इति ४ **वाराह्याः**॥–मार्कवः, भृङ्गराजः, इति २ **भृङ्गराजस्य**। अयं सान्तोऽदन्तोऽपि॥–काकमाची, वायसी, इति २ **वायस्याः**॥–शतपुष्पा, सितच्छत्रा, अतिच्छत्रा, मधुरा, मिसिः, अवाक्पुष्पी, कारवी, इति ७ **मधुरायाः**॥–सरणा, प्रसारिणीं, कटंभरा, राजबला, भद्रबला, इति ५ **प्रसारिण्याः**॥–जनी, जतूका, रजनी जतुकृत्, चक्रवर्तिनी, संस्पर्शा, इति ६ **चक्रवर्तिन्याः**॥–शटी, गन्धमूली, षड्ग्रन्थिका,

अवाक्पुष्पी कारवी च सरणा तु प्रसारिणी १५३
तस्यां कटम्भरा राजबला भद्रबलेत्यपि १५४
जनी जतूका रजनी चतुकृच्चक्रवर्तिनी १५५
संस्पर्शाऽथ शटी गन्धमूली षड्ग्रन्थिकेत्यपि १५६
कर्चूरोऽपि पलाशोऽथ कारवेल्लः कठिल्लकः १५७
सुषवी चाथ कुलकं पटोलस्तित्तकः पटुः १५८
कुष्माण्डकस्तु कर्कारुरुर्वारुः कर्कटी स्त्रियौ १५९
इक्ष्वाकुः कटुतुम्बी स्यात्तुम्ब्यलाबूरुभे समे १६०
चित्रा गवाक्षी गोडुम्बा विशाला त्विन्द्रवारुणी १६१
अर्शोघ्नः सूरणः कन्दो गण्डीरस्तु समष्ठिला १६२
कलम्ब्युपोदिका स्त्री तु मूलकं हिलमोचिका १६३
वास्तुकं शाकभेदाः स्युर्दूर्वा तु शतपर्विका १६४

कर्चूरः, पलाशः, इति ५ **शम्याः**।।-कारवेल्लः, कठिल्लक, सुषवी, इति ३ **कारवेल्लस्य**।।-कुलकम्, पटोलः, तित्तकः, पटुः, इति ४ **पटोलस्य**।।-कूष्माण्डकः, कर्कारुः, इति २ **कूष्माण्डस्य**।।-उर्वारुः, कर्कटीः, इति २ **कर्कट्याः**।।-इत्क्ष्वाकुः, कटुतुम्बी, इति २ **कटुतुम्ब्याः**।।-तुम्बी, अलाबूः, इति २ **तुम्ब्याः**।।-चित्रा, गवाक्षी, गोडुम्बा, इति ३ **गोडुम्बायाः**।।-विशाला, इन्द्रवारुणी, इति २ **इन्द्रवारुण्याः**।।- अर्शोघ्नः, सूरणः, कन्दः, इति ३ **सूरणस्य**।।-गण्डीरः, समष्ठिला, इति २ **गण्डीरास्यशाकभेदस्य**।।-कलम्ब्यादयः ५ **शाकभेदाः स्युः, एकैकम्**। कलम्बी, उपोदिका, मूलकम्, हिलमोचिका, वास्तुकम्, इति ५।।-दूर्वा, शतपर्विका, सहस्त्रवीर्या, भार्गवी, रुहा, अनन्ता, इति ६ **दूर्वायाः**।।-सा दूर्वा सिता शुक्ला चेत् तत्र-गोलोमी, शतवीर्या, गण्डाली, शकुलाक्षका, इति ४।।-कुरुविन्दः, मेघनामा, मुस्ता, मुस्तकम्, इति ४ **मुस्तायाः**। मुस्तकं पुंनपुंसकयोः।।-भद्रमुस्तकः, गुन्द्रा इति २ **भद्रमुस्तकस्य**।।-चक्रला, चक्रला, उच्चटा, इति ३ **उच्चटामूलस्य**।।-वंशः, त्वक्सारः, कर्मारः, त्वचिसारः, तृणध्वजः, शतपर्वा, यवफलः, वेणुः, मस्करः, तेजनः, इति १० **वेणोः**।।-ये वेणवः अनिलेन

सहस्त्रवीर्याभार्गव्यौ रुहाऽनन्ताऽथ सा सिता १६५
गोलोमी शतवीर्या च गण्डाली शकुलाक्षका १६६
कुरुविन्दो मेघनामा मुस्ता मुस्तकमस्त्रियाम् १६७
स्याद्भद्रमुस्तको गुन्द्रा चूडाला चक्रलोच्चटा १६८
वंशे त्वक्सारकर्मारत्वचिसारतृणध्वजाः १६९
शतपर्वा यवफलो वेणुमस्करतेजनाः १७०
वेणवः कीचकास्ते स्युर्ये स्वनन्त्यनिलोद्धताः १७१
ग्रन्थिर्ना पर्वपरुषी गुन्द्रस्तेजनकः शरः १७२
नडस्तु धमनः पोटगलोऽथो काशमस्त्रियाम् १७३
इक्षुगन्धा पोटगलः पुंसि भूम्नि तु बल्वजाः १७४
रसाल इक्षुस्तद्भेदाः पुण्ड्रकान्तारकादयः १७५
स्याद्वीरणं वीरतरं मूलेऽस्योशीरमस्त्रियाम् १७६
अभयं नलदं सेव्यममृणालं जलाशयम् १७७

कीटादिकृतरन्ध्रगतवायुनोद्धताः स्वनन्ति ते **कीचका** स्युरित्येकम्।।-ग्रन्थिः, पर्व, परु, इति ३ **वंशादिग्रन्थेः**। ग्रन्थिः पुंसि।।-गुन्द्रः, तेजनकः, शरः, इति **३ शरस्य**।।-नडः, धमनः, पोटगलः, इति ३ **धमनस्य**।।-इक्षुगन्धा, पोटगलः, बल्वजाः, इति ३ **काशस्य**। तत्र बल्वजा इत्येकं पुंल्लिङ्गं बहुवचनान्तम्।।-रसालः, इक्षुः, इति २ **इक्षोः**।।-पुण्ड्रः, कान्तारकः, इति २ **इक्षोर्भेदाः**।। वीरणम्, वीरतरम्, इति २ **तृणभेदस्य**।।-उशीरमन, अभयम्, नलदम्, सेव्यम्, अमृणालम्, जलशयम् लामज्जकम्, लघुलयम्, अवदाहम्, इष्टकापथम्, इति १० **वीरणमूलस्य**।।-**नडादयः** नडकाशादयः, तृणं तृण-जातीया इत्यर्थः। ये च **गर्मुच्छ्यामाक**प्रमुखाः।। कुशम्, कुथः, दर्भः, पवित्रम्, इति ४ **कुशस्य**। तत्र कुशं क्लीबपुंसोः।।-कत्तृणम्, पौरम्, सौगन्धिकम्, ध्यामम्, देवजग्धकम्, रौहिषम् इति ६ **तृणभेदस्य**।।-छात्रा, अतिछत्रः, पालघ्नः, मालातृणकम्, भूस्तृणम्, इति ५ **वचाकृतेर्जलतृणभेदस्य**।।-शष्पम्, बालतृणम्, इति २ **कोमलतृणस्य**।।-घासः, यवसम्, इति २

लामज्जकं लघुलयमवदाहेष्टकापथे १७८
नडादयस्तृणं गर्मुच्छ्यामाकप्रमुखा अपि १७९
अस्त्री कुशं कुथो दर्भः पवित्रमथ कत्तृणम् १८०
पौरसौगन्धिकध्यामदेवजग्धकरौहिषम् १८१
छत्राऽतिच्छत्रपालघ्नौ मालातृणकभूस्तृणे १८२
शष्पं वालतृणं घासो यवसं तृणमर्जुनम् १८३
तृणानां संहतिस्तृण्या नड्या तु नडसंहतिः १८४
तृणराजाह्वयस्तालो नालिकेरस्तु लाङ्गली १८५
घोण्टा तु पूगः क्रमुको गुवाकः खपुरोऽस्य तु १८६
फलमुद्वेगमेते च हिन्तालसहितास्त्रयः १८७
खर्जूरः केतकी ताली खर्जूरी च तृणद्रुमाः १८८

६. सिंहादिवर्गः।

सिंहो मृगेन्द्रः पञ्चास्यो हर्यक्षः केसरी हरिः १८९
'कण्ठीरवो मृगरिपुर्मृगदृष्टिर्मृगाशनः **
पुण्डरीकः पञ्चनखचित्रकायमृगद्विषः' **
शार्दूलद्वीपिनौ व्याघ्रे तरक्षुस्तु मृगादनः १९०

गवादीनां **भक्ष्यतृणस्य**।।-तृणम्, अर्जुनम्, इति २ **तृणमात्रस्य**।।-तृणानां संहतिः समूहस्तृण्यचेत्युच्यते, एकम्।।- नडानां संहतिर्नड्येत्युच्यते, एकम्।। तृणराजः, तालः, इति २ **तालस्य**।।- नालिकेरः, लाङ्गली, इति २ **नालिकेरस्य**।।-घोण्टा, पूगः, क्रमुकः, गुवाकः, खपुरः, इति ५ **पूग वृक्षस्य**।। अस्य फलं **उद्वेगमित्युच्यते** एकम्।।- **हिन्तालस्तालभेदः**।।-खर्जूरः, केतकी, ताली खर्जूरी, इति ४ **तृणद्रुमभेदाः**।।

१८९-१०७४-सिंहः, मृगेन्द्रः, पञ्चास्यः, हर्यक्षः, केसरी, हरिः, इति ६ **सिंहस्य**।।-शार्दूलः, द्वीपी, व्याघ्रः, इति ३ **व्याघ्रस्य**।। तरक्षुः, मृगादनः, इति २ **कुक्कुराकृतेः कृष्णरेखाचित्रितस्य मृगविशेषस्य**।।-वराहः, सूकरः,

वराहः सूकरो घृष्टिः कोलः पोत्री किरिः किटिः ९९१
दंष्ट्री घोणी स्तब्धरोमा क्रोडो भूदार इत्यपि ९९२
कपिप्लवंगप्लवगशाखामृगवलीमुखाः ९९३
मर्कटो वानरः कीशो वनौका अथ भल्लुके ९९४
ऋक्षाच्छभल्लभल्लूका गण्डके खड्गखड्गिनौ ९९५
लुलायो महिषो वाहद्विषत्कासरसैरिभाः ९९६
स्त्रियां शिवा भूरिमायगोमायुमृगधूर्तकाः ९९७
शृगालवञ्चुकक्रोष्टुफेरुफेरवजम्बुकाः ९९८
ओतुर्बिडालो मार्जारो वृषदंशक आखुभुक् ९९९
त्रयो गौधेरगौधारगौधेया गोधिकात्मजे १०००
श्वावित्तु शल्यस्तल्लोम्नि शलली शललं शलम् १००१
वातप्रमीर्वातमृगः कोकस्त्वीहामृगो वृकः १००२
मृगे कुरङ्गवातायुहरिणाजिनयोनयः १००३
ऐणेयमेण्याश्चर्माद्यमेणस्यैणमुभे त्रिषु १००४

घृष्टिः, कोलः, पोत्री, किरिः, किंटिः, दंष्ट्री, घोणी, स्तब्धरोमा, क्रोडः, भूदारः, इति १२ **सूकरस्य**॥–कपिः, प्लवङ्गः, प्लवगः, शाखामृगः, वलीमुखः, मर्कटः, वानरः, कीशः, वनौकाः, इति ९ **वानरस्य**॥–भल्लुकः, ऋक्षः, अच्छभल्लः, भल्लूकः, इति ४ **अच्छभल्लस्य**॥–गण्डकः, खड्ग, खड्गी, इति ३ **गण्डशृङ्गस्य**॥–लुलायः, महिषः, वाहद्विषत्, कासरः, सैरिभः, इति ५ **महिषस्य**॥–शिवा, भूरिमापः, गोमायुः, मृगधूर्तकः, शृगालः, वञ्चकः, क्रोष्टा, फेरुः, फेरवः, जम्बुकः, इति १० **जम्बुकस्य**। शिवाशब्दः स्त्रियामेव॥–ओतुः, विडालः, मार्जारः, वृषदंशकः, आखुभुक्, इति ५ **मार्जारस्य**॥–गौधारः, गौधेरः, गौधेयः, इति ३ **स्थलगोधिकाया अपत्ये**॥–श्वावित् शल्यः, इति २ **शल्यस्य**॥ तस्य शल्यस्य लोम्नि **शलली, शललम्, शलम्**, इति ३॥–वातप्रमीः, वातमृगः, इति **वातमृगस्य**॥–**कोक**ः, ईहामृगः, वृकः, इति ३ **वृकस्य**॥ः, मृगः, कुरङ्गः, वातायुः, हरिणः, अजिनयोनिः, इति ५ **हरिणस्य**॥–एण्या हरिण्याश्चर्माद्यं **ऐणेयमि**त्युच्यते। एणस्य तु चर्माद्यं

कदली कन्दली चीनश्चमूरुप्रियकावपि १००५
समूरुश्चेति हरिणा अमी अजिनयोनयः १००६
कृष्णसाररुरुन्यङ्कुरङ्कुशम्बररौहिषाः १००७
गोकर्णपृषतैणर्श्यरोहिताश्चमरो मृगाः १००८
गन्धर्वः शरभो रामः सृमरो गवयः शशः १००९
इत्यादयो मृगेन्द्राद्याः गवाद्याः पशुजातयः १०१०
'अधोगन्ता तु खनको वृकः पुंध्वज उन्दुरः' **
उन्दुरुर्मूषकोऽप्याखुर्गिरिका बालमूषिका १०११
सरटः कृकलासः स्यान्मुसली गृहगोधिका १०१२
लूता स्त्री तन्तुवायोर्णनाभमर्कटकाः समाः १०१३
नीलङ्गुस्तु कृमिः कर्णजलौकाः शतपद्युभे १०१४
वृश्चिकः शूककीटः स्यादलिद्रुणौ तु वृश्चिके १०१५

ऐणमित्युच्यते। उभे ऐणेयम्, ऐणं च त्रिषु स्पष्टम्।।-कदली, कन्दली, चीनः, चमूरुः, प्रियकः, समूरुः, इति ६ **हरिणभेदाः**।।-अमी ६ हरिणाः, वक्ष्यमाणाः कृष्णसारादयश्च **अजिनयोनय** उच्यन्ते। यत एते चर्मण्युपयुक्ताः।।-कृष्णसारः, रुरुः, न्यङ्कुः, रङ्कुः, शम्बरः, रौहिषः, गोकर्णः, पृषतः, एणः, ऋश्यः, रोहितः, चमरः, इति १२ **मृगा** : मृगभेदाः, एकैकम्। गन्धर्वः, शरभः, रामः, सृमरः, गवयः, शशः, इति ६ **मृगभेदाः**।। मृगेन्द्राद्याः सिंहाद्याश्चमरान्ता ये च वर्गान्तरे वक्ष्यमाणा गवाद्या गोहस्त्यश्वादयः ते सर्वे पशुजातयः पशुशब्दवाच्या इत्यर्थः।।-उन्दुरुः, मूषकः, आखुः, इति ३ **मूषकस्य**।।-गिरिका, बालमूषिका, इति २ **स्वल्पमूषकजातेः**।।- सरटः, कृकलासः, इति २ **सरटस्य**।। मुसलीः, गृहगोधिका, इति २ **गृहगोधयाः**।।-लूता, तन्तुवायः, ऊर्णनाभः, मर्कटकः, इति ४ **ऊर्णनाभस्य**। तत्र लूता नित्यं स्त्री।।-नीलङ्गुः, कृमिः, इति २ **क्षुद्रकीटमात्रस्य**।।-कर्णजलौकाः, शतपदीः, इति २ **कर्णजलौकायाः**।।- वृश्चिकः, शूककीटः, इति २ **शूककीटस्य**।।-अलिः, द्रुणः, वृश्चिकः, इति ३ **वृश्चिकस्य**।।-पारावतः,

पारावतः कलरवः कपोतोऽथ शशादनः १०१६
पत्री श्येन उलूकस्तु वायसारातिपेचकौ १०१७
'दिवान्धःकौशिको घूको दिवाभीतो निशाटनः' **
व्याघ्राटः स्याद्भरद्वाजः खञ्जरीटस्तु खञ्जनः १०१८
लोहपृष्ठस्तु कङ्कः स्यादथ चाषःकिकीदिविः १०१९
कलिङ्गभृङ्गधूम्याटा अथ स्याच्छतपत्रकः १०२०
दार्वाघाटोऽथ सारङ्गस्तोककश्चातकः समाः १०२१
कृकवाकुस्ताम्रचूडः कुक्कुटश्चरणायुधः १०२२
चटकः कलविङ्कः स्यात्तस्य स्त्री चटका तयोः १०२३
पुमपत्ये चाटकैरः स्त्र्यपत्ये चटकैव सा १०२४
कर्करेटुः करेटुः स्यात्कृकणक्रकरौ समौ १०२५
वनप्रियः परभृतः कोकिलः पिक इत्यपि १०२६
काके तु करटारिष्टबलिपुष्टसकृत्प्रजाः १०२७
ध्वाङ्क्षात्मघोषपरभृद्बलिभुग्वायसा अपि १०२८

कलरवः, कपोतः, इति ३ **पारावतस्य**।।-शशादनः, पत्री, श्येनः, इति ३ **श्येनस्य**।।-उलूकः, वायसारातिः, पेचकः, इति ३ **उलूकस्य**।।-व्याघ्राटः, भरद्वाज इति २ **भरद्वाजपक्षिणः**।।-खञ्जरीटः, खञ्जनः, इति २ **खञ्जनस्य**।। -लोहपृष्ठः, कङ्कः, इति २ **बाणोपयो-गिपत्रस्य पक्षिभेदस्य**।।-चाषः, किकीदिविः, इति २ **चाषस्य**।।-कलिङ्गः, भृङ्गः, धूम्याटः, इति ३ **भृङ्गस्य**।।-शतपत्रकः, दार्वाघाटः, इति २ **काष्ठकुट्टस्य**।।-सारङ्गः, तोककः, चातकः, इति ३ **चातकस्य**।।-कृकवाकुः, ताम्रचूडः, कुक्कुटः, चरणायुधः, इति ४ **कुक्कुटस्य**।।-चटकः, कलविङ्कः, इति २ **चटकस्य**। तस्य चटकस्य स्त्री **चटके**त्येकम्। तयोश्चटकस्य चटकायाश्च पुमपत्ये **चाटकैर** इत्येकम्। तयोः स्त्र्यपत्ये स्त्रीरूपेऽपत्ये **चटके**त्येकम्।।-कर्करेटुः, करेटुः, इति २ **अशुभवादिनि पक्षिभेदे**।।-कृकणः, क्रकरः इति २ **करेटुभेदस्य**।।-वनप्रियः, परभृतः, कोकिलः, पिकः, इति ४ **कोकिलस्य** ।।-काकः, करटः, अरिष्टः, बलिपुष्टः, सकृत्प्रजः, ध्वाङ्क्षः, आत्मघोषः, परभृत बलिभुक्, वायसः, इति १० **काकस्य**।।-द्रोणकाकः, काकोलः, इति २ **काकभेदस्य**।।-दात्यूहः, कालकण्ठकः, इति २ **दात्यूहस्य**।।-आतायी, चिल्लः, इति २ **चिल्लस्य**।।-दाक्षाटयः, गृध्रः, इति

'स एव च चिरञ्जीवी चैकदृष्टिश्च मौकुलिः' **

द्रोणकाकस्तु काकोलो दात्यूहः कालकण्ठकः १०२९

आतायिचिल्लौ दाक्षाय्यगृध्रौ कीरशुकौ समौ १०३०

क्रुङ् क्रौञ्चोऽथ बकः कह्वः पुष्कराह्वस्तु सारसः १०३१

कोकश्चक्रश्चक्रवाको रथाङ्गाह्वयनामकः १०३२

कादम्बः कलहंसः स्थादुत्क्रोशकुररौ समौ १०३३

हंसास्तु श्वेतगरुतश्चक्राङ्गा मानसौकसः १०३४

राजहंसास्तु ते चञ्चुचरणैर्लोहितैः सिताः १०३५

मलिनैर्मल्लिकाक्षास्ते धार्तराष्ट्राः सितेतरैः १०३६

शरारिराटिराडिश्च बलाका बिसकण्ठिका १०३७

हंसस्य योषिद्वरटा सारसस्य तु लक्ष्मणा १०३८

जतुकाजिनपत्रा स्यात्परोष्णी तैलपायिका १०३९

वर्वणा मक्षिका नीला सरघा मधुमक्षिका १०४०

---

२ **गृध्रस्य**॥-कीरः, शुकः, इति २ **कीरस्य**॥-कुङ्, क्रौञ्चः, इति २ **क्रौञ्चस्य**॥-वकः, कह्वः, इति २ **वकस्य**॥-पुष्कराह्वः, सारसः, इति २ **सारसस्य**॥-कोकः, चक्रः, चक्रवाकः, रथाङ्गः, इति ४ **चक्रवाकस्य**॥-कादम्बः, कलहंसः, इति २ **कादम्बस्य**॥-उत्क्रोशः, कुररः, इति २ **कुररस्य**॥-हंसः, श्वेतगरुत् चक्राङ्गः, मानसौकाः, इति ४ **हंसस्य**। ये सिता देहेन शुक्लाः, चञ्चुचरणैर्लोहितैरुपलक्षिता हंसास्ते **राजहंसाः** स्युरित्येकम्॥-मलिनैरीषद्धम्रैश्चञ्चुचरणैः सिता हंसास्ते **मल्लिकाक्षा** इत्युच्यन्ते। सितेतरैःकृष्णवर्णैश्चुचरणैरुपलक्षितास्ते **धार्तराष्ट्राः** स्युः॥-शरारिः, आटिः, आडिः, इति ३ **शरार्याः**॥-बलाका, बिसकण्ठिका, इति २ **बलाकायाः**। हंसस्य योषित् स्त्री **वरटा** स्यादित्येकम्। सारसस्य स्त्री तु **लक्ष्मणे**त्युच्यते॥-जतुका, अजिनपत्रा, इति २ **जतुकायाः**॥ परोष्णी, तैलपायिका, इति **पक्षयुक्ते कीटकविशेषे**॥-वर्वणा, मक्षिका, नीला, इति ३ **मक्षिकायाः**॥-सरघा, मधुमक्षिका, इति २ **मधुमक्षिकायाः**॥-पतङ्गिका, पुत्तिका, इति २ **मधुमक्षिकाभेदस्य**॥ -दंशः, वनमक्षिका, इति २ **वनमाक्षिकायाः**। तेषां दंशानां जातिर्या अल्पा सा **दंशीत्युच्यते**॥-गन्धोली,

पतङ्गिका पुत्तिका स्याद्दंशस्तु वनमक्षिका १०४१
दंशी तज्जातिरल्पा स्याद्गन्धोली वरटा द्वयोः १०४२
भृङ्गारी झीरुका चीरी झिल्लिका च समा इमाः १०४३
समौ पतङ्गशलभौ खद्योतो ज्योतिरिङ्गणः १०४४
मधुव्रतो मधुकरो मधुलिण्मधुपालिनः १०४५
द्विरेफपुष्पलिड्भृङ्गषट्पदभ्रमरालयः॥ १०४६
मयूरो बर्हिणो बर्ही नीलकण्ठो भुजंगभुक् १०४७
शिखावलः शिखी केकी मेघनादानुलास्यपि १०४८
केका वाणी मयूरस्य समौ चन्द्रकमेचकौ १०४९
शिखा चूडा शिखण्डस्तु पिच्छबर्हे नपुंसके १०५०
खगे विहंगविहगविहंगमविहायसः १०५१
शकुन्तिपक्षिशकुनिशकुन्तशकुनाद्विजाः १०५२
पतत्रिपत्रिपतगपतत्पत्ररथाण्डजाः १०५३

वरटा, इति २ **वरटायाः**॥-भृङ्गारी, झीरुका, चीरी, झिल्लिका, इति ४ **झिल्लिकायाः**॥- पतङ्गः, शलभः, इति २ **पतङ्गस्य**॥-खद्योतः, ज्योतिरिङ्गणः, इति २ **खद्योतस्य**॥-मधुव्रतः, मधुकरः, मधुलिट्, मधुपः, अलीः, द्विरेफः, पुष्पलिट्, भृङ्गः, षट्पदः, भ्रमरः, अलिः, इति ११ **भ्रमरस्य**॥-मयूरः, बर्हिणः, बर्ही, नीलकण्ठः, भुजंगभुक्, शिखावलः, शिखी, केकी, मेघनादानुलासी, इति ९ **मयूरस्य**। मयूरवाणी **केके**त्युच्यते एकम्॥-चन्द्रकः, मेचकः, इति २ **विच्छस्य नेत्राकारचिह्नस्य**॥-शिखा, चूडा, इति २ **मयूरशिखायाम्**॥- शिखण्डः, पिच्छम्, बर्हम्, इति ३ **मयूरपिच्छस्य**॥-खगः, विहंगः, विहगः, विहंगमः, विहायाः, शकुन्तिः, पक्षी, शकुनिः, शकुन्तः, शकुनः, द्विजः, पतत्री, पत्री, पतगः, पतन्, पत्ररथः, अण्डजः, नगौकाः, वाजी, विकिरः, विः, विष्किरः, पतत्रिः, नीडोद्भवः, गरुत्मान्, पित्सन्, नभसंगमः, इति २७ **पक्षिमात्रस्य**। अथ तेषां विशेषाः-हारीतः, मद्गुः, कारण्डवः, प्लवः, तित्तिरिः, कुक्कुभः, लावः, जीवंजीवः, चकोरकः, कोयष्टिकः, टिट्टिभकः, वर्तक, वर्तिका इति १२॥-गरुत्, पक्षः, छदः,

नगौकोवाजिविकिरविविष्किरपतत्रयः १०५४
नीडोद्भवा गरुत्मन्तः पित्सन्तो नभसंगमाः १०५५
तेषां विशेषा हारीतो मद्गुः कारण्डवः प्लवः १०५६
तित्तिरिः कुक्कुभो लावो जीवंजीवश्चकोरकः १०५७
कोयष्टिकष्टिट्टिभको वर्तको वर्तिकादयः १०५८
गरुत्पक्षच्छदाः पत्रं पतत्रं च तनूरुहम् १०५९
स्त्री पक्षतिः पक्षमूलं चञ्चस्त्रोटिरुभे स्त्रियौ १०६०
प्रडीनोड्डीनसंडीनान्येताः खगगतिक्रियाः १०६१
पेशीकोषो द्विहीनेऽण्डं कुलायो नीडमस्त्रियाम् १०६२
पोतः पाकोऽर्भको डिम्भः पृथुकः शावकः शिशुः १०६३
स्त्रीपुंसौ मिथुनं द्वन्द्वं युग्मं तु युगलं युगम् १०६४
समूहो निवहव्यूहसन्दोहविसरव्रजाः १०६५
स्तोमौघनिकरव्रातवारसङ्घातसंचयाः १०६६
समुदायः समुदयः समवायश्चयो गणः १०६७

पत्रम्, पतत्रम्, तनूरुहम्, इति ६ **पक्षस्य**।।-पक्षस्य मूलं **पक्षतिरित्युच्यते**। पक्षतिः स्त्रियाम्।।-चञ्चुः, त्रोटिः, इति २ **पत्रितुण्डस्य**।। उभे स्त्रियोः।।-प्रडीनम्, उड्डीनम्, संडीनम्, इति ३ **खगानां गतिक्रियासु**।।-प्रेशी, कोषः, अण्डम्, इति ३ **अण्डस्य**। पेशी स्त्री। कोषोऽस्त्रियाम्। अण्डं द्विहीने क्लीबे।।-कुलायः, नीडम्, २ **पक्षिगृहस्य** ।।-पोतः, पाकः, अर्भकः, डिम्भः, पृथुकः, शावकः, **शिशुः**, इति ७ **शिशुमात्रस्य**।।-स्त्रीपुंसौ, मिथुनम्ः, द्वन्द्वम्, इति ३ **स्त्रीपुरुषरूपयुग्मस्य**।।-युग्मम्, युगलम, युगम्, इति ३ **युग्मस्य**।।-समूहः, निवहः, व्यूहः,संदोह ः, व्रजः, स्तोमः, ओघः, निकरः, व्रात, वारः, संघातः, संचयः, समुदायः, समुदयः, समवायः, चयः, गणः, संहतिः, वृन्दम्, निकुरम्बम्, कदम्बकम्, इति २२ **समूहस्य**। संहतिः स्त्रियाम्।।-तत्र वृन्दभेदाः। समैः सजातीयैः प्राणिभिरप्राणिभिर्वा समूहो वर्ग इत्युच्यते। सजातीयैर्विजातीयैरपि जन्तुभिः प्राणिभिरेव समूहः**संघः**, **सार्थः**, इति २। सजातीयैर्जन्तुभिरेव **कुलम्**। तिरश्चामेव सजातीयानां समूहे **यूथम्**, पशूनामेव वृन्दं **समज**

स्त्रियां तु संहतिर्वृन्दं निकुरम्बं कदम्बकम् १०६८
वृन्देभेदाः समैर्वर्गः सङ्घसार्थौ तु जन्तुभिः १०६९
सजातीयैः कुलं यूथं तिरश्चां पुंनपुंसकम् १०७०
पशूनां समजोऽन्येषां समाजोऽथ सधर्मिणाम् १०७१
स्यान्निकायः पुञ्जराशी तूत्करः कूटमस्त्रियाम् १०७२
कापोतशौकमायूरतैत्तिरादीनि तद्‌गणे १०७३
गृहासक्तः पक्षिमृगाश्छेकास्ते गृह्यकाश्च ते १०७४

७. मनुष्य वर्गः।

मनुष्या मानुषा मर्त्या मनुजा मानवा नराः १०७५
स्युः पुमांसः पञ्चजनाः पुरुषाः पूरुषा नरः १०७६
स्त्री योषिदबला योषा नारी सीमन्तिनी वधूः १०७७
प्रतीपदर्शिनी वामा वनिता महिला तथा १०७८

इत्युच्यते एकम्। अन्येषां पश्वतिरिक्तानां वृन्दं **समाजः**। सधर्मिणां एकधर्मवतां समूहो **निकायः**।।-पुञ्जः, राशिः, उत्करः, कूटम्, इति ४ **धान्यादिराशेः**।।-तद्‌गणे तेषां कपोतादीनां समूहे कापोतादीनि स्युः। यथा कपोतानां समूहः **कापोतम्**। शुकानां समूहः **शौकम्**। एवं मयूराणां समूहः **मायूरम्**। तित्तिराणां समूह- **स्तैत्तिरम्**। आदिशब्दात् **काक**मित्यादि।। ये गृहासक्ताः पक्षिमृगास्ते **छेकाः**, **गृह्यकाः**, इति २।।

१०७५-१३५३ मनुष्याः, मानुषाः, मर्त्याः, मनुजाः, मानवाः, नराः, पुमांसः, पञ्चजनाः, पुरुषाः, पूरुषाः, नरः, इति ११ **मनुष्याणाम्**।।-स्त्री, योषित्, अबला, योषा, नारी, सीमन्तिनी, वधूः, प्रतीपदर्शिनी, वामा, वनिता, महिला, इति ११ **स्त्रियाः**।।-विशेषाः स्त्रीणां भेदाः। अङ्गनां, भीरुः, कामिनी, वामलोचना, प्रमदा, मानिनी, कान्ता, ललना, नितम्बिनी, सुन्दरी, रमणी, रामा, इति १२।।-कोपना, भामिनी, इति २ **कोपशीलायाः**।। वरारोहा, मत्तकाशिनी, उत्तमा, वरवर्णिनी, इति ४ **गुणैरुत्कृष्टायाः स्त्रियाः**। या कृताभिषेका नृपस्त्री सा **महिषीत्येकम्**।।-अन्या अकृताभिषेका नृपस्त्रियो

विशेषास्त्वङ्गना भीरुः कामिनी वामलोचना १०७९
प्रमदा मानिनी कान्ता ललना च नितम्बिनी १०८०
सुन्दरी रमणी रामा कोपना सैव भामिनी १०८१
वरारोहा मत्तकाशिन्युत्तमा वरवर्णिनी १०८२
कृताभिषेका महिषी भोगिन्योऽन्या नृपस्त्रियः १०८३
पत्नी पाणिगृहीती च द्वितीया सहधर्मिणी १०८४
भार्या जायाऽथ पुंभूम्नि दाराः स्यात्तु कुटुम्बिनी १०८५
पुरन्ध्री सुचरित्रा तु सती साध्वी पतिव्रता १०८६
कृतसापत्निकाऽध्यूढाऽधिविन्नाथ स्वयंवरा १०८७
पतिंवरा च वर्याथ कुलस्त्री कुलपालिका १०८८
कन्या कुमारी गौरी तु नग्निकाऽनागतार्तवा १०८९

भोगिन्य इत्युच्यन्ते, एकम्॥-पत्नी, पाणिगृहीती, द्वितीया, सहधर्मिणी, भार्या, जाया, दाराः, इति ७ **परिणीतायाः स्त्रियाः**। तत्र दाराशब्दो नित्यं पुंसि बहुवचनान्तश्च॥-कुटुम्बिनी, पुरंध्री, इति **पतिपुत्रादिमत्याः**॥-सुचरित्रा, सती, साध्वी, पतिव्रता, इति ४ **पतिसेवातत्परायाः**॥-कृतसापत्निका, अध्यूढा, अधिविन्ना, इति ३ **कृतानेकविवाहस्य पुंसो या प्रथमोढा स्त्री तस्याः**॥-स्वयंवरा, पतिंवरा, वर्या, इति ३ **स्वेच्छया पतिवरणोद्युक्तायाः**॥-कुलस्त्री, कुलपालिका, इति २ **कुलवत्याः**॥-कन्या, कुमारी, इति २ **प्रभमवयसि वर्तमानायाः**॥-गौरी, नग्निका, अनागतार्तवा, इति ३ **अदृष्टजस्कायाः**॥-मध्यमा, दृष्टरजाः, इति २ **प्रथमप्राप्तरजोयोगायाः**॥ तरुणी, युवतिः, इति २ **मध्यमवयसि वर्तमानायाः**॥-स्नुषा, जनी, वधूः, इति ३ **पुत्रादिभार्यायाः**॥-चिरिण्टी, स्ववासिनी, इति २ **किंचिल्लब्धयौवनायां परिणीतायाम्**॥-इच्छावती, कामुका, इति २ **यभनादीच्छावत्याः**॥-वृषस्यन्ती, कामुकी, इति २ **मैथुनेच्छावत्याम्**॥ या कान्तार्थिनीं भर्तः संकेतस्थानं गच्छति साऽ**भिसारिका**॥-पुंश्चली, धर्षिणी, बन्धकी, असती कुलटा, इत्वरी, स्वैरिणी, पांसुला, इति ८ **स्वैरिण्याः**। या शिशुना रहिता सा **अशिश्वी**

स्यान्मध्यमा दृष्टरजास्तरुणी युवतिः समे १०९०
समाः स्नुषाजनीवध्वश्चिरिण्टी तु सुवासिनी १०९१
इच्छावती कामुका स्याद्वृषस्यन्ती तु कामुकी १०९२
कान्तार्थिनी तु या याति संकेतं साऽभिसारिका १०९३
पुंश्चली धर्षिणी बन्धक्यसती कुलटेत्वरी १०९४
स्वैरिणी पांसुला च स्यादशिश्वी शिशुना विना १०९५
अवीरा निष्पतिसुता विश्वस्ताविधवे समे १०९६
आलिः सखी वयस्याऽथ पतिवत्नी सभर्तृका १०९७
वृद्धा पलिक्नी प्राज्ञी तु प्रज्ञा प्राज्ञा तु धीमती १०९८
शूद्री शूद्रस्य भार्या स्याच्छूद्रा तज्जातिरेव च १०९९
आभीरी तु महाशूद्री जातिपुंयोगयोः समा ११००
अर्याणी स्वयमर्या स्यात्क्षत्रिया क्षत्रियाण्यपि ११०१

एकम्। निष्पतिसुता पतिपुत्ररहिता **अवीरा** एकम्।।-विश्वस्ता, विधवा, इति २ **रण्डायाः**।।-आलिः, सखी, वयस्या, इति ३ **सख्याः**।।-पतिवत्नी, सभर्तृका, इति २ **जीवदभर्तृकायाः**।।-वृद्धा, पलिक्नी, इति २ **पक्वकेश्याः**।।-प्राज्ञी, प्रजा, इति २ **या यत्किमपि स्वयं प्रकर्षेण जानाति तस्याः**।।-प्राज्ञा धीमती, इति २ **बुद्धिमत्याः**। या शूद्रस्य भार्या सा विजातीयाऽपि **शूद्रीत्युच्यते** एकम्। तज्जातिः शूद्राजातिः **शूद्रेत्युच्यते**।।-आभीरी, महाशूद्री, इति २ **गोपालिकायाः**। जातिपुंयोगयो महाशूद्रस्य जातौ महाशूद्रस्य स्त्रीत्येवंरूप, पुंयोगे च समा।।-अर्याणी, अर्या , इति२ **वेश्यजात्युत्पन्नायाः स्त्रियाः**।।-क्षत्रिया, क्षत्रियाणी, इति २ **क्षत्रियजातीयायाः**।।-उपाध्याया, उपाध्यायी, इति २ **स्वयं या अध्यापिका तस्याम्।** तथा स्वतः स्वयं **मन्त्रव्याख्या-कृदाचार्या** स्यात्। पुंयोगे आचार्यस्य स्त्रीत्येवंरूपेऽर्थे **आचार्यानीत्येकम्।** तथा अर्यस्य स्त्रीत्यर्थे **अर्यीत्येकम्।** एवं क्षत्रियस्य स्त्रीत्यर्थे **क्षत्रियी** एकम्। उपाध्यायांनी, उपाध्यायी इति २ **उपाध्यायस्य भार्यायाम्।** स्त्रीपुंसलक्षणा स्तनश्मश्रुरूपेण स्त्रीपुंसचिह्नेन युक्ता **पोटेत्युच्यते**।।-वीरपत्नी वीरभार्या, इति २ **वीरस्य भार्यायाः**।।-वीरमाता वीरसूः, इति २ **वीरस्य मातरि**।।-

उपाध्यायाप्युपाध्यायी स्यादाचार्यापि च स्वतः १९०२
आचार्यानी तु पुंयोगे स्यादर्यी क्षत्रियी तथा १९०३
उपाध्यायान्युपाध्यायी पोटा स्त्रीपुंसलक्षणा १९०४
वीरपत्नी वीरभार्या वीरमाता तु वीरसूः १९०५
जातापत्या प्रजाता च प्रसूता च प्रसूतिका १९०६
स्त्री नग्निका कोटवी स्याद्दूतीसंचारिके समे १९०७
कात्यायन्यर्धवृद्धा या काषायवसनाऽधवा १९०८
सैरन्ध्री परवेश्मस्था स्ववशा शिल्पकारिका १९०९
असिक्नी स्यादवृद्धा या प्रेष्याऽन्तःपुरचारिणी १९१०
वारस्त्री गणिका वेश्या रूपाजीवाऽथ सा जनैः १९११
सत्कृता वारमुख्या स्यात्कुट्टनी शम्भली समे १९१२
विप्रश्निका त्वीक्षणिका दैवज्ञाथ रजस्वला १९१३
स्त्रीधर्मिण्यविरात्रेयी मलिनी पुष्पवत्यपि १९१४

जातापत्या, प्रजाता, प्रसूता, प्रसूतिका, इति ४ **प्रसूतायाः**। या नग्निका नग्ना स्त्री सा **कोटवीत्येकम्**॥-दूती संचारिका, इति २ **दूतिकायाः**। **अर्धवृद्धा काषायवस्त्रा अधवेति विशेषणत्रयविशिष्टा** या सा **कात्यायनीत्युच्यते**, एकम्॥-या परवेश्मस्था स्वतन्त्रा केशप्रसाधनादिशिल्पकारिणी चेति विशेषणत्रयोपेता तस्यां **सैरन्ध्रीति** नामैकम्। अवृद्धा प्रेष्याऽन्तःपुरचारिणीति च विशेषणत्रयोपेता या साऽ**सिक्नी** स्यादित्येकम्॥-वारस्त्री, गणिका, वेश्या, रूपाजीवा, इति ४ **वेश्यायाः**। सा वेश्या गुणवत्त्वाज्जनैः सत्कृता सती **वारमुख्या स्यात्**, एकम्॥-कुट्टनी, शम्भली, इति २ **परनारीं पुंसा योजयित्र्याम्**॥-विप्रश्निका, ईक्षणिका, देवज्ञा, इति ३ **शुभाशुभनिरूपिण्याः**॥ -रजस्वला, स्त्रीधर्मिणी, अविः, आत्रेयी, मलिनी, पुष्पवती, ऋतुमती, उदक्या, इति ८ **रजस्वलायाः**॥-रजः, पुष्पम्, आर्तबम् इति ३ **स्त्रीरजसः**॥ श्रद्धालुः, दोहदवती, इति २ **गर्भवशादन्नादिविशेषाभिलाषिण्याः**॥-निष्कला, विगतार्तवा, इति २ **हीनरजस्कायाः**॥-आपन्नसत्त्वा, गुर्विणी, अन्तर्वत्नी, गर्भिणी, इति ४ **गर्भिण्याः**॥-गणिकानां समूहो **गाणिक्यम्**। गर्भिणीनां

ऋतुमत्यप्युदक्यापि स्याद्रजः पुष्पमार्तवम् १११५
श्रद्धालुर्दोहदवती निष्कला विगतार्तवा १११६
आपन्नसत्त्वा स्याद्गुर्विण्यन्तर्वत्नी च गर्भिणी १११७
गणिकादेस्तु गाणिक्यं गार्भिणं यौवतं गणे १११८
पुनर्भूर्दिधिषूरूढा द्विस्तस्या दिधिषुः पतिः १११९
स तु द्विजोऽग्रेदिधिषूः सैव यस्य कुटुम्बिनी ११२०
कानीनः कन्यकाजातः सुतोऽथ सुभगासुतः ११२१
सौभागिनेयः स्यात्पारस्त्रैणेयस्तु परस्त्रियाः ११२२
पैतृष्वसेयः स्यात्पैतृष्वस्त्रीयश्च पितृष्वसुः ११२३
सुतो मातृष्वसुश्चैवं वैमात्रेयो विमातृजः ११२४
अथ बान्धकिनेयः स्याद्बन्धुलश्चासतीसुतः ११२५
कौलटेरः कौलटेयो भिक्षुकी तु सती यदि ११२६

समूहो **गार्भिणम्।** युवतीनां समूहो **यौवतम्।** या द्विरूढा द्विवारं वृता तत्र **पुनर्भूः, दिधिषूः**, इति २। तस्या द्विरूढायाः पति**र्दिधिषु**रित्युच्यते, एकम्।।–सा पुनर्भूर्यस्य द्विजस्य कुटुम्बिनी कुटुम्बं पुत्रादिपोष्यवर्गस्तद्वती सो**ऽग्रेदिधिषू**-रित्येकम्।।–कन्यकाया अनूढाया जातः सुतः **कानीन** इत्युच्यते।।–सुभगासुतः, सौभागिनेयः, इति २ **सुभगापुत्रस्य।** यः परस्त्रियाःसुतः **पारस्त्रैणेयः** एकम्।।–पितृष्वसुः पितृभगिन्याः सुतः **पैतृष्ववसेयः**, पैतृष्वस्नीयः,इति २।।–मातृष्वसु सुतोऽप्येवं, यथा–**मातृष्वसेयः,मातृष्वस्नीयः**, इति २।।–विमाता मातुः सपत्नी तस्याः, पुत्रो **वैमात्रेय** इत्युच्यते, एकम्।।–बान्धकिनेयः, बन्धुलः, असतीसुतः, कौलटेरः, कौलटेयः, इति ५ **कुलटापुत्रस्य।।**–यदि तु सती भिक्षुकी भिक्षार्थिनी नर्हि तस्या आत्मजः **कौलटिनेयः, कौलटेयः**, इति २।। कुलानि भिक्षार्थं अटति, न तु जारार्थं तस्याः कुलटायाः पुत्रः **कौलटेयः**, इतरस्या **कौलटेर** इति भेदः।।–आत्मजः, तनयः, सूनुः, सुतः, पुत्रः, इति ५ **पुत्रस्य।।**–अमी आत्मजादयः सर्वे स्त्रियां वर्तमान **दुहितरं आहुः।।**–अपत्यम्, तोकम्, इति २ **पुत्रे दुहितरि** च क्लीबलिङ्गे एव।।–औरसः, उरस्यः, इति २ सवर्णाया ऊढायां **स्वस्माज्जाते पुत्रे।।**–तातः, जनकः, पिता, इति ३

तदा कौलटिनेयोऽस्याः कौलटेयोऽपि चात्मजः ११२७
आत्मजस्तनयः सूनुः सुतः पुत्रः स्त्रियां त्वमी ११२८
आहुर्दुहितरं सर्वेऽपत्यं तोकं तयोः समे ११२९
स्वजाते त्वौरसोरस्यौ तातस्तु जनकः पिता ११३०
जनयित्री प्रसूर्माता जननी भगिनी स्वसा ११३१
ननान्दा तु स्वसा पत्युर्नप्त्री पौत्री सुतात्मजा ११३२
भार्यास्तु भ्रातृवर्गस्य यातरः स्युः परस्परम् ११३३
प्रजावती भ्रातृजाया मातुलानी तु मातुली ११३४
पतिपत्न्योः प्रसूः श्वश्रूःश्वशुरस्तु पिता तयोः ११३५
पितुर्भ्राता पितृव्यः स्यान्मातुर्भ्राता तु मातुलः ११३६
श्यालाःस्युर्भ्रातरः पत्न्याः स्वामिनो देवृदेवरौ ११३७
स्वस्त्रीयो भागिनेयः स्याज्जामाता दुहितुः पतिः ११३८
पितामहः पितृपिता तत्पिता प्रपितामहः ११३९

पितुः॥-जनयित्री, प्रसूः, माता, जननी, इति ४ **जनन्याः**॥-भगिनी, स्वसा, इति २ **स्वसुः**। या पत्युः स्वसा सा **ननान्देत्येकम्**॥-नप्त्री, पौत्री, इति २ **सुतस्य सुतायाश्चात्मजायाः**॥-भ्रातृवर्गस्य भार्याः परस्परं यातरः स्युः, एकम्॥-प्रजावती, भ्रातृजाया, इति २ **भ्रातुर्जायायाम्**॥ मातुलानी, मातुली, इति २ **मातुलभार्यायाः**। **पत्युः** पत्न्याश्च प्रसूर्माता **श्वश्रूरित्युच्यते**॥-तयोः पतिपत्न्योः पिता **श्वशुर** इत्युच्यते॥-पितुः भ्राता **पितृव्यः**॥-मातुः भ्राता **मातुल** इत्युच्यते॥-पत्न्याः भ्रातरः **श्याला** इत्येकम्॥ स्वामिनः पत्युर्भ्रातरि कनिष्ठे **देवा, देवरः**, इति २॥-स्वस्त्रीयः, भागिनेयः, इति २ **भगिन्याः-पुत्रे**॥-दुहितुः पतिः **जामाता** स्यात्॥-पितामहः, पितृपिताः, इति २ **पितुः पितरि**। तस्य पितामहस्य पिता **प्रतितामहः** इत्येकम्। एवं मातुः पित्रादौ मातामहादिः, यथा-मातुः पिता **मातामहः** एकम्। सपिण्डाः, सनाभयः, इति २ **सप्तपुरुषावधितिषु**॥-समानोदर्यः, सोदर्यः, सगर्भ्य सहजः, इति ४ **एकोदरस्य भ्रातुः**॥-सगोत्रः, बान्धवः, ज्ञातिः, बन्धुः, स्वः, स्वजनः, इति ६ **सगोत्रस्य**॥-तेषां भावसमूहयोः क्रमातु **ज्ञातेयम्, बन्धुता**, स्यात्॥

मातुर्मातामहाद्येवं सपिण्डास्तु सनाभयः ११४०
समानोदर्यसोदर्यसगर्भ्यसहजाः समाः ११४१
सगोत्रबान्धवज्ञातिबन्धुस्वस्वजनाः समाः ११४२
ज्ञातेयं बन्धुता तेषां क्रमाद्भावसमूहयोः ११४३
धवः प्रियः पतिर्भर्ता जारस्तूपपतिः समौ ११४४
अमृते जारजः कुण्डो मृते भर्तरि गोलकः ११४५
भ्रात्रीयो भ्रातृजो भ्रातृभगिन्यौ भ्रातरावुभौ ११४६
मातापितरौ पितरौ मातरपितरौ प्रसूजनयितारौ ११४७
श्वश्रूश्वशुरौ श्वशुरौ पुत्रौ पुत्रश्च दुहिता च ११४८
दम्पती जम्पती जायापती भार्यापती च तौ ११४९
गर्भाशयो जरायुःस्यादुल्ब च कललोऽस्त्रियाम् ११५०
सूतिमासो वैजननो गर्भो भ्रूण इमौ समौ ११५१
तृतीयाप्रकृतिः षण्ढः क्लीबः पण्डो नपुंसके ११५२

धवः, प्रियः, पतिः, भर्ता, इति ४ **पत्युः**॥-**जारः**, उपपतिः, इति २ **मुख्यादन्यस्य भर्तुः**॥-अमृते भर्तरि जाराज्जातः **कुण्ड** इत्युच्यते॥-मृते भर्तरि जाराज्जातो **गोलक** इत्यकेम्॥-भ्रात्रीयः, भ्रातृजः, इति २ **भ्रातृपुत्रस्य**॥-भ्रातृभगिन्यौ **भ्रातराविति** स्याताम्॥-मातापितरौ, पितरौ, मातरपितरौ, प्रसूजनयितारौ, इति ४ **मातापित्रोः**॥-**श्वश्रूश्वशुरौ** श्वशुरौ, इति २ **सहोक्तयोः श्वश्रूश्वशुरयोः**॥-पुत्रश्च दुहिता च एकशेषे पुजा स्यातम्॥- दंपती, जंपती, जायापती, भार्यापती, इति ४ **दम्पत्योः**॥-गर्भाशयः, जरायुः, उल्बम्, इति ३ **गर्भवेष्टितचर्मणः**॥-कललः, इति १ **शुक्रशोणितसन्नि- पातस्य**। पुंनपुंसकयोः। **उल्बपर्यायः** कलल इति॥-सूतिमासः, वैजननः, इति २ **प्रसवमासस्य**॥-गर्भः, भ्रूणः, इति २ **कुक्षिस्थस्य प्राणिनः**॥ तृतीयाप्रकृतिः, शण्ढः, क्लीबः, पण्डः, नपुंसकः, इति ५ **नपुंसकस्य**॥-शिशुत्वम्, शैशवम्, बाल्यम्, इति ३ **बालत्वे**॥-तारुण्यम्, यौवनम्, इति २ **तारुण्यस्य**॥-स्थाविरम्, वृद्धत्वम्, वार्धकम्, इति ३ **वृद्धत्वे**॥-केशादौ जरसा यत् शौक्ल्यं धवलिमा तत् **पलितमुच्यते**॥-विस्रसा, जरा, इति २ **जरायाः**॥-उत्तानशया,

शिशुत्वं शैशवं बाल्यं तारुण्यं यौवनं समे ११५३
स्यात्स्थाविरं तु वृद्धत्वं वृद्धसंघेऽपि वार्धकम् ११५४
पलितं जरसा शौक्ल्यं केशादौ विस्रसा जरा ११५५
स्यादुत्तानशया डिम्भा स्तनपा च स्तनंधयी ११५६
बालस्तु स्यान्माणवको वयस्यस्तरुणो युवा ११५७
प्रवयाः स्थविरो वृद्धो जीनो जीर्णो जरन्नपि ११५८
वर्षीयान्दशमी ज्यायान्पूर्वजस्त्वग्रियोऽग्रजः ११५९
जघन्यजे स्युः कनिष्ठयवीयोऽवरजानुजाः ११६०
अमांसो दुर्बलश्छातो बलवान्मांसलोंऽसलः ११६१
तुन्दिलस्तुन्दिभस्तुन्दी बृहत्कुक्षिः पिचण्डिलः ११६२
अवटीटोऽवनाटश्चावभ्रटो नतनासिके ११६३
केशवः केशिकः केशी वलिनो वलिभः समौ ११६४
विकलाङ्गस्त्वपोगण्डः खर्वो ह्रस्वश्च वामनः ११६५

डिम्भा, स्तनपा, स्तनंधयी, इति ४ **स्तनंधयस्य**।।-बालः, माणवकः, इति २ **बालस्य**।।-वयस्थः, तरुणः, युवा, इति ३ **यूनः**।। प्रवयाः, स्थविरः, वृद्धः, जीनः, जीर्णः, जरन्, इति ६ **वृद्धस्य**।।-वर्षीयान्, दशमी, ज्यायान्, इति ३ **अतिवृद्धस्य**।।-पूर्वजः, अग्रियः, अग्रजः, इति ३ **ज्येष्ठभ्रातुः**।।-जघन्यजः, कनिष्ठः, यवीयान्, अवरजः अनुजः, इति ५ **कनिष्ठभ्रातुः**।।-अमांसः, दुर्बलः, छातः, इति ३ **अबलस्य**।।- बलवान्, मांसलः, अंसलः, इति ३ **बलवतः**।।-तुन्दिलः, तुन्दिभः, तुन्दी, बृहत्कुक्षिः, पिचण्डिलः, इति ५ **बृहदुदरस्य**।।-अवटीटः, अवनाटः, अवभ्रटः, नतनासिकः, इति ४ **चिपिटनासिकस्य**।।-केशवः, केशिकः, केशी, इति ३ **प्रशस्तकेशस्य**।।-वलिनः, वलिभः, इति २ **जरया श्लथचर्मणः**।।-विकलाङ्गः, अपोगण्डः, इति२ **निसर्गतोन्यूनावयवस्य**।।-खर्वः, ह्रस्वः, वामनः, इति ३ **ह्रस्वस्य**।।-खरणाः, खरणसः, इति २ **तीक्ष्णनासि-कस्य**। खरणाः सान्तः, खरणसः अकारान्तः।।-विग्रः, गतनासिकः, इति २ **गतनासि- कस्य**।।-खुरणाः, खुरणसः, इति २ **विकटनासिकस्य**।।-प्रज्ञुः, प्रगतजानुः, इति २ **यस्य जान्वोर्महदन्तरालं वर्तते तस्य**।।-ऊर्ध्वज्ञुः, ऊर्ध्वजानुः, इति २ **तिष्ठतो यस्य जानुनी ऊर्ध्वे भवतस्तस्य**।।-संज्ञुः,

खरणाः स्यात्खरणसो विग्रस्तु गतनासिकः ११६६
खुरणाः स्यात्खुरणसः प्रज्ञुः प्रगतजानुकः ११६७
ऊर्ध्वज्ञुरूर्ध्वजानुः स्यात्संज्ञुः संहतजानुकः ११६८
स्यादेडे बधिरः कुब्जे गडुलः कुकरे कुणिः ११६९
पृश्निरल्पतनौ श्रोणः पङ्गौ मुण्डस्तु मुण्डिते ११७०
बलिरः केकरे खोडे खञ्जस्त्रिषु जरावराः ११७१
जडुलः कालकः पिप्लुस्तिलकस्तिलकालकः ११७२
अनामयं स्यादारोग्यं चिकित्सा रुक्प्रतिक्रिया ११७३
भेषजौषधभैषज्यान्यगदो जायुरित्यपि ११७४
स्त्री रुग्रुजा चोपतापरोगव्याधिगदामयाः ११७५
क्षयः शोषश्च यक्ष्मा च प्रतिश्यायस्तु पीनसः ११७६

संहतजानुकः, इति २ **संलग्नजानुकस्य**॥-एडः, बधिरः, इति २ **श्रवणेन्द्रियहीनस्य**॥-कुब्जः, गडुल, इति २ कुब्जस्य॥-कुकरः, कणिः, इति २ **रोगादिना दूषितकरस्य**॥-पृश्निः, अल्पतनुः, इति २ **अल्पा तनुर्यस्य तस्य**॥-श्रोणः, पङ्गुः, इति २ **जङ्घाविकलस्य**॥-मुण्डः, मुण्डितः, इति २ **कृतवपनस्य**॥-बलिरः, केकरः, इति २ **नेत्रवियुक्तस्य**॥-खोडः, खजः, इति २ **गतिविकलस्य**॥-जरावराः जराशब्दादवराः अवाक्पठिता उत्तानशयाद्याः खञ्जान्तास्त्रिषु स्त्रीपुंनपुंसकेष्वित्यर्थः ॥-जडुलः, कालकः, पिप्लुः, इति ३ **कृष्णवर्णस्य देहगतचिह्नविशेषस्य**॥-तिलकः, तिलकालकः, इति २ **कृष्णतिलतुल्यरूप देहगतचिह्नस्य**॥ अनामयम्, आरोग्यम् इति २ **रोगाभावस्य**॥-चिकित्सा, रुक्प्रतिक्रिया, इति २ **रोगप्रतीकारस्य**॥-भेषजम्, औषधम्, भैषज्यम्, अगदः, जायुः, इति ५ **औषधस्य**॥-रुक्, रुजा, उपतापः, रोगः, व्याधिः, गदः, आमयः, इति ७ **रोगमात्रस्य**॥ उभे स्त्रियौ॥-क्षयः, शोषः, यक्ष्मा, इति ३ **क्षयरोगस्य**॥-प्रतिश्यायः, पीनसः, इति २ **पीनसरोगस्य**॥-क्षुत्, क्षुतम्, क्षवः, इति ३ **क्षुतः। क्षुत् स्त्रियाम्**॥-कासः, क्षवथुः, इति २ **कासरोगस्य**। उभे पुंसि॥-शोफः, श्वयथुः, शोथः, इति ३ **शोथस्य**॥-पादस्फोटः, विपादिका, इति २ **पादस्फोटस्य**॥-किलासम्, सिध्मम्, इति

स्त्रीक्षुत्क्षुतं क्षवः पुंसि कासस्तु क्षवथुः पुमान् ११७७
शोफस्तु श्वयथुः शोथः पादस्फोटो विपादिका ११७८
किलाससिध्मे कच्छ्वां तु पाम पामा विचर्चिका ११७९
कण्डूः खर्जूश्च कण्डूया विस्फोटः पिटकः स्त्रियाम् ११८०
ब्रणोऽस्त्रियामीर्ममरुः क्लीबे नाडीव्रणः पुमान् ११८१
कोठो मण्डलकं कुष्ठश्वित्रे दुर्नामकार्शसी ११८२
आनाहस्तु निबन्धः स्याद्ग्रहणीरुक्प्रवाहिका ११८३
प्रच्छर्दिका वमिश्च स्त्री पुमांस्तु वमथुः समाः ११८४
व्याधिभेदा विद्रधिः स्त्री ज्वरमेहभगंदराः ११८५
'श्लीपदं पादवल्मीकं केशघ्नस्त्विन्द्रलुप्तकः' **
अश्मरी मूत्रकृच्छ्रं स्यात्पूर्वे शुक्रावधेस्त्रिषु ११८६

---

२ **सिध्मस्य**॥-कच्छूः, पाम, पामा, विचर्चिका, इति ४ **खर्जूविशेषस्य**॥ अत्रपामेत्येकं नान्तम्॥-कण्डूयाः, खर्जूः, कण्डूपा, इति ३ **खर्ज्वाः**। स्त्रीलिङ्गम्॥-विस्फोटः, पिटकः, इति २ **पिटकस्य**। स्त्रियामपि पिटिका॥ व्रणः, ईर्मम्, अरुः, इति ३ **व्रणस्य**। व्रणः पुंनपुंसकयोः। ईर्मं अरुः क्लीबे। यो व्रणःसदा गलति तत्र **नाडीव्रण** इत्युच्यते॥-कोठः, मण्डलकम्, कुष्ठम्, श्वित्रम्, इति ४ **कुष्ठस्य**॥-दुर्नामकम्, अर्शः, इति २ **अर्शोरोगस्य**॥-आनाहः, निबन्धः, इति २ **मलमूत्रनिरोधस्य**॥-ग्रहणीरुक्, प्रवाहिका, इति २ **संग्रहणीरोगस्य**॥-प्रच्छर्दिका, वमिः, वमथुः, इति ३ **वमनरोगस्य**। तत्राद्यं द्वयं स्त्रियाम्। वमथुः पुंसि। अथ व्याधिभेदा वक्ष्यन्ते-विद्रधिः, ज्वरः, मेदः, भगंदरः, इति ४॥-अश्मरी, मूत्रकृच्छ्रम्, इति २ **अश्मर्याः**॥-इतः परं शुक्रावधेर्वक्ष्यमाणाच्छुक्रशब्दात्पूर्वे मूर्च्छितान्तास्त्रिषु वाच्यलिङ्गाः॥-रोगहारी, अंगदकारः, भिषक्, वैद्यः, चिकित्सकः, इति ५ **वैद्यस्य**॥-वार्तः, निरामयः, कल्य इति ३ **रोगरहितस्य**॥-**उल्लाघ इत्येकं** रोगान्मुक्तस्य॥ ग्लानः, ग्लास्नुः, इति २ **रोगादिवशाद्धर्षरहितस्य**॥-आमयावी, विकृतः, व्याधितः, अपटुः, आतुरः, अभ्यमितः, अभ्यान्तः, इति ७ **रोगिणः**॥-पामनः, कच्छुरः, इति २ **पामायुक्तस्य**॥-दद्रुणः, ददुरोगी, इति २ **दद्रुयुक्तस्य**॥-अर्शोरोगेण युतः **अर्शस** इत्युच्यते। **वातकी** वातोऽतिशयितोऽस्य॥-सातिसारः,

रोगहार्यगदङ्कारो भिषग्वैद्यौ चिकित्सके १११८७
वार्तो निरामयः कल्प उल्लाघो निर्गतो गदात् १११८८
ग्लानग्लास्नू आमयावी विकृतो व्याधितोऽपटुः १११८९
आतुरोऽभ्यमितोऽभ्यान्तः समौ पामनकच्छुरौ १११९०
दद्रुणो दद्रुरोगी स्यादर्शोरोगयुतोऽर्शसः ११११
वातकी वातरोगी स्यात्सातिसारोऽतिसारकी १११९२
स्युःक्लिन्नाक्षे चुल्लचिल्लपिल्लाःक्लिन्नेऽक्षिण चाप्यमी १११९३
उन्मत्त उन्मादवति श्लेष्मलः श्लेष्मणः कफी १११९४
न्युब्जो भुग्ने रुजा वृद्धनाभौ तुन्दिलतुन्दिभौ १११९५
किलासी सिध्मलोऽन्धोऽदृङ्मूर्च्छाले मूर्तमूर्च्छितौ १११९६

अतिसारकी, इति २ **अतिसारयुक्तस्य**।।-क्लिन्नाक्षः, चिल्लः, चिल्लः, पिल्लः, इति ४ **क्लेदयुक्तक्षास्य**।।-अमी चुल्लचिल्लपिल्लास्त्रयः क्लिन्नेऽक्षिण च क्लेदयुक्ते नेत्रेऽपि वर्तन्ते।।-उन्मत्तः, उन्मादवान्ः, इति २ **उन्मादयुक्तस्य**।।-श्लेष्मलः, श्लेष्मणः, कफी, इति ३ **कफयुक्तस्य**।।-रुजा रोगेण भुग्नो वक्रपृष्ठोऽधोमुखस्तत्र **न्युब्ज** इत्येकम्। वृद्धनाभिः, तुन्दिलः, तुन्दिभः, इति ३ **वातादिनोन्नतनाभेः**।।- किलासी, सिध्मलः, इति २ **सिध्मयुक्तस्य**।।-अन्धः, अदृक्, इति २ **दृष्टिहीनस्य**।।-मूर्च्छालः, मूर्तः, मूर्च्छितः, इति ३ **मूर्च्छायुक्तस्य**।।-शुक्रम्, तेजः, रेतः, बीजम्ः, वीर्यम्, इन्द्रियम्, इति ६ **रेतसः**।।-मायुः, पित्तम्, इति २ **पित्तस्य**।।-कफः, श्लेष्मा, इति २ **कफस्य**।।-त्वक्, असृग्धरा, इति २ **चर्मणः**।।-पिशितम्, तरसम्, मांसम्, पललम्, क्रव्यम्, आमिषम्, इति ६ **मांसस्य**।।-उत्तप्तम्, शुष्कमांसम्, वल्लरम्, इति ३ **शुष्कमांसस्य**।।-तत्र वल्लूरं त्रिषु।।-रुधिरम्, असृक्, लोहितम्, अस्त्रम्, रक्तम्, क्षतजम्, शोणितम्, इति ७ **रक्तस्या**।।- बुक्का, अग्रमां सम्, इति २ **हृदयान्तर्गतपद्माकारमांसभेदस्य**।।-हृदयम्, हृत्, इति २ **हृदयाख्यनिम्नदेशस्य**।।-मेदः, वपा, वसा, इति ३ **मांसजन्यस्नेहस्य**।।-या पश्चात्स्थिता ग्रीवाशिरा सा **मन्ये**त्युच्यते।।-नाडी, धमनिः, शिरा, इति ३ **शिरायाः**।।-तिलकम् क्लोम, इति २ मांसपिण्डविशेषस्य। क्लोमं इत्यदन्तमपि।।-मस्तिवकम्, गोर्दम, इति २ **मस्तकसंभूतघृताकारस्नेहस्य**।।-किट्टम्, मलः, इति २

शुक्रं तेजोरेतसी च बीजवीर्येन्द्रियाणि च ११९७
मायुः पित्तं कफः श्लेष्मा स्त्रियां तु त्वगसृग्धरा ११९८
पिशितं तरसं मांसं पललं क्रव्यमामिषम् ११९९
उत्तप्तं शुष्कमांसं स्यात्तद्वल्लूरं त्रिलिङ्गकम् १२००
रुधिरेऽसृग्लोहितास्त्ररक्तक्षतजशोणितम् १२०१
बुक्काग्रमांसं हृदयं हृन्मेदस्तु वपा वसा १२०२
पश्चाद्ग्रीवाशिरा मन्या नाडी तु धमनिः शिरा १२०३
तिलकं क्लोम मस्तिष्कं गोर्दं किट्टं मलोऽस्त्रियाम् १२०४
अन्त्रं पुरीतद्गुल्मस्तु प्लीहा पुंस्यथ वस्नसा १२०५
स्नायुः स्त्रियां कालखण्डयकृती तु समे इमे १२०६
सृणिका स्यन्दिनी लाला दूषिका नेत्रयोर्मलम् १२०७
'नासामलं तु सिंघाणं पिञ्जूषः कर्णयोर्मलम्' **
मूत्रं प्रस्त्राव उच्चारावस्करौ शमलं शकृत् १२०८
पुरीषं गूथवर्चस्कमस्त्री विष्ठाविशौ स्त्रियौ। १२०९

कर्णादिगतमलस्य।।-अन्त्रम्, पुरीतत्, इति २ **अन्त्रस्य**।।-गुल्मः, प्लीहा, इति २ **वामकुक्षिस्थमांसपिण्डविशेषस्य**।।-वस्नसा, स्नायुः इति २ **अङ्गप्रत्यङ्गसंधिबन्धनरूपायाः स्नायोः**।।-कालखण्डम्, यकृत्,:, इति २ **दक्षिणकुक्षिगतमांसपिण्डस्या**।।-सृणिका, स्यन्दिनी, लाला, इति ३ **लालायाः**।।-दूषिकेत्येकं नेत्रयोर्मलस्य।।-मूत्रम्, प्रस्त्रावः, इति २ **मूत्रस्य**।। उच्चारः, उवस्करः, शमलम्, शकृत्, पुरीषम्, गूथम्, वर्चस्कम्, विष्ठा, विट्, इति ९ **विष्ठायाः**। गूथं वर्चस्कं पुंसि क्लीबे च।।-कर्परः, कपालः, इति २ **शिरोऽस्थिखण्डस्य**।-कपालमस्त्रियाम्।।-कीकसम्, कुल्यम्, अस्थि, इति ३ **अस्थिमात्रस्य**।।-कङ्काल इत्येकं शरीरगता १२४-स्थिपञ्जरस्य **कशेरुकेत्येकं** पृष्ठमध्यगतास्थिदण्डस्य। **करोटिरित्येकं** शिरोगतास्थिसङ्घस्य। **पर्शुकेत्येकं** पार्श्वगतास्थनि।।-अङ्गम्, प्रतीकः, अवयवः, अपघनः, इति ४ **देहावयवस्य**।।-कलवरम्, गात्रम्, वपुः, संहननम्, शरीरम्, वर्ष्म, विग्रहः, कायः, देहः, मूर्तिः, तनुः, तनूः इति १२ **देहस्य**।।-पादाग्रम्ः, प्रपदम् इति

स्यात्कर्परः कपालोऽस्त्री कीकसं कुल्यमस्थि च १२१०
स्याच्छरीरास्थ्नि कंकालः पृष्ठास्थ्नि तु कशेरुका १२११
शिरोऽस्थनि करोटिः स्त्री पार्श्वास्थनि तु पर्शुका १२१२
अङ्गं प्रतीकोऽवयवोऽपघनोऽथ कलेवरम् १२१३
गात्रं वपुः संहननं शरीरं वर्ष्म विग्रहः १२१४
कायोदेहः क्लीबपुंसोः स्त्रियां मूर्तिस्तनुस्तनूः १२१५
पादाग्रं प्रपदं पादः पदङ्घ्रिश्चरणोऽस्त्रियाम् १२१६
तद्ग्रन्थी घुटिके गुल्फौ पुमान्पार्ष्णिस्तयोरधः १२१७
जङ्घा तु प्रसृता जानूरुपर्वाऽष्ठीवदस्त्रियाम् १२१८
सक्थि क्लीबे पुमानूरुस्तत्संधिः पुंसि वङ्क्षणः १२१९
गुदं त्वपानं पायुर्ना बस्तिर्नाभेरधो द्वयोः १२२०
कटो ना श्रोणिफलकं कटिः श्रोणिः ककुद्मती १२२१

---

२ **पादाग्रस्य**।।-पादः, पत्, अङ्घ्रिः, चरणः, इति ४ **चरणस्य**। चरणं पुंनपुंसाकायोः।।-तद्गन्थी पादस्य पार्श्वस्थौ ग्रन्थिविशेषौ **घुटिके, गुल्फौ,** इति २। घुटिके स्त्रियाम्।।-तयोः गुल्फयोरधः प्रदेशः **पार्ष्णिरि**त्येकम्।।-जङ्घा, प्रसृता, इति २ **जङ्घायाः**।।- जानु, ऊरुपर्व, अष्ठीवत्, इति ३ **जानूरुसंधेः**।। तत्र अष्ठीवदस्त्रियाम्।।-सक्थि, उरुः, इति २ **जानूपरिभागस्य**।। तत्र सक्थि क्लीबे। ऊरुः पुमान्। तस्योरोः संधि**र्वङ्क्षणः** पुंसि।।-गुदम्, अपानम्, पायुः, इति ३ **विष्ठानिर्गमद्वारस्य** पायुः ना पुमान्।।-**बस्ति**रित्येकं स्त्रीपुंसलिङ्गं नाभेरधो मूत्राशयस्य।।-श्रोणिः कटिस्तस्याः फलकं **कट** इत्युच्यते स पुमान्।।-कटिः, श्रोणिः, ककुद्मती, इति ३ **कट्याः**।।-स्त्रियाः कटिपश्चाद्भागो **नितम्ब** इत्येकम्। **जघन**मित्येकं स्त्रीकट्याः पुरोभागे। नितम्बस्थौ पृष्ठवंशादधोभागे विद्यमानौ **कूपकौ, गर्तौ, कुकुन्दरे** स्याताम्। द्वयहीने क्लीबे।।-स्फिचौ, कटिप्रोथौ, इति २ **कटिस्थमांसपिण्डयोः**।। वक्ष्यमाणयोर्भगे शिश्ने च **उपस्थ** इत्येकम्।।-भगम्, योनिः, इति २ **स्त्रीणामुपस्थस्य**। द्वयोरित्यस्य योनि नान्वयः।।-शिश्नः, मेढ्रः, मेहनम्, शेफः, इति ४ **शिश्नस्य**।।-मुष्कः, अण्डकोशः, वृषणः, इति ३ **अण्डकोशस्य**। पृष्ठवंशाधरे त्रिभिरस्थिभिर्घटितं

पश्चान्नितम्बः स्त्रीकट्याः क्लीबे तु जघनं पुरः १२२२
कूपकौ तु नितम्बस्थौ द्वयहीने कुकुन्दरे १२२३
स्त्रियां स्फिचौ कटिप्रोथावुपस्थो वक्ष्यमाणयोः १२२४
भगं योनिर्द्वयोः शिश्नो मेढ्रो मेहनशेफसी १२२५
मुष्कोऽण्डकोशो वृषणः पृष्ठवंशाधरे त्रिकम् १२२६
पिचण्डकुक्षी जठरोदरं तुन्दं स्तनौ कुचौ १२२७
चूचुकं तु कुचाग्रं स्यान्न ना क्रोडं भुजान्तरम् १२२८
उरो वत्सं च वक्षश्च पृष्ठं तु चरमं तनोः १२२९
स्कन्धो भुजशिरोऽसोऽस्त्री संधी तस्यैव जत्रुणी १२३०
बाहुमूले उभे कक्षौ पार्श्वमस्त्री तयोरधः १२३१
मध्यमं चावलग्नं च मध्योऽस्त्री द्वौ परौ द्वयोः १२३२
भुजबाहू प्रवेष्टो दोः स्यात्कफोणिस्तु कूर्परः १२३३

स्थानं **त्रिकमित्येकम्**।।-पिचण्डः, कुक्षिः, उदरम्, जठरम्, तुन्दम्, इति ५ **जठरस्य**।।-स्तनः, कुचः, इति २ **वक्षोजस्य**।।- चूचुकम्, कुचाग्रम्, इति २ **स्तनाग्रस्य**।। क्रोडम्, भुजान्तरम्, उरः, वत्सम्, वक्षः, इति ५ **वक्षसि**। तत्र क्रोडं न ना किंतु स्त्रीनपुंसकयोः। तनोः शरीरस्य चरमं पश्चाद्भागः **पृष्ठमित्येकम्**।।-स्कन्धः, भुजशिरः, अंसः, इति ३ **भुजशिरसः**। तस्य स्कन्धस्य संधी **जत्रुशब्दवाच्यौ** एकम्।।-बाहुमूलम्, कक्षः, इति २ **कक्षस्य**। तयोरधोभागः **पार्श्वमित्येकम्**।।-मध्यमम्, अवलग्नम्, मध्यः, इति ३ **तनु मध्यस्य**।।-अस्त्रीति मध्यमादिशब्दत्रयेऽप्यन्वेति।।-परौ द्वौ भुजबाहुशब्दौ स्त्रीपुंसयोः।।-भुजः, बाहुः, प्रवेष्टः, दोः इति ४ **भुजस्य**।।-कफोणिः, कूर्परः, इति २ **कूर्परस्य**। अस्य कूर्परस्योपरिभागे **प्रगण्ड** इत्येकम्। तस्य कूर्परस्याधोभागे **प्रकोष्ठ** इत्येकम्। **मणिबन्धमारभ्य** कनिष्ठापर्यन्तं करस्य मांसलो बहिर्भागः **करभ** इत्युच्यते।।-पञ्चशाखः, शयः, पाणिः, इति ३ **करस्य**।।-तर्जनी, प्रदेशिनी, इति २ **अङ्गुष्ठसमीपाङ्गुल्याः**।।-अङ्गुलीः, करशाखा, इति २ **अङ्गुलीमात्रस्य**। ता **अङ्गुल्यः**, कम्रण-अङ्गुष्ठः, प्रदेशिनी, मध्यमा, अनामिका, कनिष्ठिका, इति ५। तत्राङ्गुष्ठः पुंसि।।-पुनर्भवः,

अस्योपरि प्रगण्डः स्यात्प्रकोष्ठस्तस्य चाप्यधः १२३४
मणिबन्धादाकनिष्ठं करस्य करभो बहिः १२३५
पञ्चशाखः शयः पाणिस्तर्जनी स्यात्प्रदेशिनी १२३६
अङ्गुल्यः करशाखाः स्युः पुंस्यङ्गुष्ठः प्रदेशिनी १२३७
मध्यमाऽनामिका चापि कनिष्ठा चेति ताः क्रमात् १२३८
पुनर्भवः कररुहो नखोऽस्त्री नखरोऽस्त्रियाम् १२३९
प्रादेशतालगोकर्णास्तर्जन्यादियुते तते १२४०
अङ्गुष्ठे सकनिष्ठे स्याद्वितस्तिर्द्वादशाङ्गुलः १२४१
पाणौ चपेटप्रतलप्रहस्ता विस्तृताङ्गुलौ १२४२
द्वौ संहतौ संहतलप्रतलौ वामदक्षिणौ १२४३
पाणिर्निकुब्जः प्रसूतिस्तौ युतावञ्जलिः पुमान् १२४४
प्रकोष्ठे विस्तृतकरे हस्तो मुष्ट्या तु बद्धया १२४५
स रत्निः स्यादरत्निस्तु निष्कनिष्ठेन मुष्टिना १२४६

कररुहः, नखः, नखर, इति ४ **नखस्य**॥-नखरो, नखः, द्वौ पुंसि क्लीबे च॥-तर्जनीसहिताङ्गुष्ठे विस्तृते **प्रादेशः**। मध्यमासहिताङ्गुष्ठविस्तारे **तालः**। अनामिकायुतेऽङ्गुष्ठे **गोकर्णः**। कनिष्ठासहितेऽङ्गुष्ठे विस्तृते **वितस्तिः** द्वादशाङ्गुलः॥-चपेटः, प्रतलः, प्रहस्तः, इति ३ **विस्तृताङ्गुलिके पाणौ**। वामदक्षिणौ द्वौ प्रतलौ संहतौ **चेत्संहतलः** स्यात्। निकुब्जो निःशेषेण कुब्जीकृतः पाणिः **प्रसृतिः** स्यात्। द्वौ द्वौ प्रसृती संहतौ चेदञ्जलिरित्येकं पुंसि। विस्तृतः करो यत्र तादृशे प्रकोष्ठे कूर्पराधोभागे **हस्त** इत्येकम्। स तु बद्धया मुष्ट्योपलक्षितः **रत्निरि**त्येकम्। निष्कनिष्ठेन विस्तृतकनिष्ठेन मुष्टिनोपलक्षितो हस्तः **अरत्निरि**त्येकम्। तिर्यक् ततयोर्विस्तृतयोः करसहित-योर्बाह्वोरन्तरं **व्यामः**। ऊर्ध्वविस्तृतदोषौ। भुजौप्राणी च येन तस्य नुः पुंसो यन्मानं तत्र **पौरुषमिति**। त्रिषु॥-कण्ठः, गलः, इति२ **ग्रीवाग्रभागस्य**॥-ग्रीवा, शिरोधिः, कंधरा, इति ३ **कंधरायाः**, सा ग्रीवा तिसृभी रेखाभिर्विशिष्टा **कम्बुग्रीवा** स्यादित्येकम्॥-अवटुः, घाटाग कृकाटिका, इति ३ **ग्रीवाशिरः संधेःपश्चाद्भागस्य**। वक्त्रम्, आस्यम्, वदनम्, तुण्डम्, आननम्, लपनम्,

व्यामो बाह्वोः सकरयोस्तततयोस्तिर्यगन्तरम् १२४७

ऊर्ध्वविस्तृतदोः पाणिनृमाने पौरुषं त्रिषु १२४८

कण्ठो गलोऽथ ग्रीवायां शिरोधिः कन्धरेत्यपि १२४९

कम्बुग्रीवा त्रिरेखा साऽवटुर्घाटा कृकाटिका १२५०

वक्त्रास्ये वदनं तुण्डमाननं लपनं मुखम् १२५१

क्लीबे घ्राणं गन्धवहा घोणा नासा च नासिका १२५२

ओष्ठाधरौ तु रदनच्छदौ दशनवाससी १२५३

अधस्ताच्चिबुकं गण्डौ कपोलौ तत्परा हनुः १२५४

रदना दशना दन्ता रदास्तालु तु काकुदम् १२५५

रसज्ञा रसना जिह्वा प्रान्तावोष्ठस्य सृक्विणी १२५६

ललाटमलिकं गोधिरूर्ध्वे दृग्भ्यां भ्रुवौ स्त्रियौ १२५७

कूर्चमस्त्री भ्रुवोर्मध्यं तारकाऽक्ष्णः कनीनिका १२५८

मुखम् इति ७ **मुखस्य**॥-घ्राणम्, गन्धवहा, घोणा, नासा, नासिका, इति ५ **नासिकायाः**॥-ओष्ठः, अधरः, रदनच्छदः, दशनवासः, इति ४ **ओष्ठस्य**॥-**चिबुक**मित्येकं अधस्तात् अधराधोभागे॥-गण्डः, कपोलः, इति २ **कपोलस्य**॥-ताभ्यां कपोलाभ्यां परा चिबुकस्याधो **हनु**रित्येकम्। रदनः, दशनः, दन्तः, रदः, इति ४ **दन्तस्य**॥-तालु, काकुदम् इति २ **तालुनः**॥-रसज्ञा, रसना, जिह्वा, इति ३ **जिह्वायाः** प्रान्तावित्योष्ठद्वयस्य वामदक्षिणौ प्रान्तौ **सृक्विणी** स्याताम्॥-ललाटम् अलिकम्, गोधिः, इति ३ **भालस्य**॥-दृग्भ्यामूर्ध्वभागौ **भ्रुवौ** एकम्। नासोपरि भ्रुवोर्मध्ये **कूर्च** इत्येकम्। अक्ष्णः कनीनिकामध्यगतकृष्णमण्डलं **तारके**त्युच्यते एकम्॥-लोचनम्, नयनम्, नेत्रम्, ईक्षणम्, चक्षुः, अक्षि, दृक्, दृष्टिः, इति ८ **नेत्रस्य**॥-अस्रु, नेत्राम्बु, रोदनम्, अस्त्रम्, अश्रु, इति ५ **नेत्रोदकस्य**-नेत्रयोरन्तौ **अपाङ्गौ** एकम्। अपाङ्गेन दर्शने चेष्टायां **कटाक्ष** इत्युच्यते। कर्णः, शब्दग्रहः, श्रोत्रम्ः, श्रुतिः, श्रवणम्, श्रवः, इति ६ **कर्णस्य**। तत्र श्रुतिः स्त्रियाम्॥-उत्तमाङ्गम्, शिरः, शीर्षम्, मूर्धा, शीर्षम्, मूर्धा, मस्तकः, इति ५ **शिरसः** मूर्धा ना पुमान्। मस्तकः, पुंसि क्लीबे च॥-चिकुरः, कुन्तलः, वालः, कचः, केशः,

लोचनं नयनं नेत्रमीक्षणं चक्षुरक्षिणी १२५९
दृग्दृष्टी चास्त्रु नेत्राम्बु रोदनं चास्त्रमश्रु च १२६०
अपाङ्गौ नेत्रयोरन्तौ कटाक्षोऽपाङ्गदर्शने १२६१
कर्णशब्दग्रहौ श्रोत्रं श्रुतिः स्त्री श्रवणं श्रवः १२६२
उत्तमाङ्गं शिरः शीर्षं मूर्धा ना मस्तकोऽस्त्रियाम् १२६३
चिकुरः कुन्तलो वालः कचः केशः शिरोरुहः १२६४
तद्वृन्दे कैशिकं कैश्यमलकाश्चूर्णकुन्तलाः १२६५
ते ललाटे भ्रमरकाः काकपक्षः शिखण्डकः १२६६
कबरी केशवेशोऽथ धम्मिल्लः संयताः कचाः १२६७
शिखा चूडा केशपाशी व्रतिनस्तु सटा जटा १२६८
वेणिः प्रवेणी शीर्षण्यशिरस्यौ विशदे कचे १२६९
पाशः पक्षश्च हस्तश्च कलापार्थाः कचात्परे १२७०

शिरोरुहः, इति ६ **केशस्य**।।-कैशिकम्, कैश्यम्, इति २ **केशानां समूहे**।।-अलकाः, चूर्णकुन्तलाः, इति २ **कुटिलकेशानाम्**। ते अलकाः ललाटे लम्बमाना **भ्रमरकाः** स्युः।।-काकपक्षः, शिखण्डकः, इति २ **कुमारचूडायाः**।।-कबरी, केशवेशः, इति २ **केशबन्धरचनायाः**। कबरी स्त्री। संयता बद्धाः कचाः केशसमूहो **धम्मिल्ल** इत्येकम्।।-शिखा, चूडा, केशपाशी, इति ३ **शिखायाः**।।-सटा, जटा, इति २ **व्रतिनः शिखायाम्**।।-वेणिः, प्रवेणी, इति २ **सर्पाकाररचितकेशवेशस्य**।।-शीर्षण्यः, शिरस्यः, इति २ **विशदे निर्मले केशे**।।-तेन कचपर्यायात्परे पाशादशस्त्रयः कलापार्थाः केशसमूहवाचिनः-कचपाशः, केशपक्षः, कुन्तलहस्तः, इति।।-तनूरुहम्, रोम, लोम, इति ३ **रोम्णः**।।-पुंमुखे पुंसो वक्रे तस्य रोम्यो वृद्धौ सत्यां तद्रोम **श्मश्रु** स्यात्।।-आकल्पः, वेषः, नेपथ्यम्, प्रतिकर्म, प्रसाधनम्, इति ५ **अलंकृतस्य शोभायाम्**। प्रतिकर्मादिद्वयमलंकरणस्य। एते अलंकर्त्रादयःवक्ष्यमाणा दश शब्दास्त्रिषु वाच्यलिङ्गाः।।-अलंकर्ता, अलंकरिष्णुः, इति २ **अलंकर्तरि**।।-मण्डितः, प्रसाधितः, अलंकृतः, भूषितः, परिष्कृतः, इति ५ **अलंकृतस्य**।।-विभ्राट्, भ्राजिष्णुः, रोचिष्णुः, इति ३

तनूरुहं रोम लोम तद्वृद्धौ श्मश्रु पुंमुखे १२७१
आकल्पवेषौ नेपथ्यं प्रतिकर्म प्रसाधनम् १२७२
दशैते त्रिष्वलंकर्ताऽलंकरिष्णुश्च मण्डितः १२७३
प्रसाधितोऽलंकृतश्च भूषितश्च परिष्कृतः १२७४
विभ्राड् भ्राजिष्णुरोचिष्णू भूषणं स्यादलंक्रिया १२७५
अलंकारस्त्वाभरणं परिष्कारो विभूषणम् १२७६
मण्डनं चाथ मुकुटं किरीटं पुंनपुंसकम् १२७७
चूडामणिः शिरोरत्नं तरलो हारमध्यगः १२७८
वालपाश्या पारितथ्या पत्रपाश्या ललाटिका १२७९
कर्णिका तालपत्रं स्याकुंडलं कर्णवेष्टनम् १२८०
ग्रैवेयकं कण्ठभूषा लम्बनं स्याल्ललन्तिका १२८१

अतिशयेन शोभमानस्य।।-भूषणम्, अलंक्रिया, इति २ **भूषणक्रियायाः**।।-अलंकारः, आभरणम्, परिष्कारः, विभूषणम्, मण्डनम्, इति ५ **अलंकारस्य**।।-मुकुटम्, किरीटम्, इति २ **किरीटस्य**।।-किरीटं पुंसि क्लीबे च।।-चूडामणिः, शिरोत्नम्, इति २ **शिरोमणेः**।। हारमध्यगः हारमध्यगतो नायकमणिः **तरलः** स्यात्।।-वालपाश्या, पारितथ्या, इति २ **सीमन्तभूषणस्य**।। पत्रपाश्या, ललाटिका, इति २ **ललाटभूषणस्य**।।-कर्णिका, तालपत्रम्, इति २ **ताटङ्कस्य**।।-कुण्डलम्, कर्णवेष्टनम्, इति २ **कुण्डलस्य**।।-ग्रैवेयकम्, कण्ठभूषा, इति २ **ग्रीवाभरणस्य**।।-लम्बनम्, ललन्तिका, इति २ **आनाभिलम्बित-कण्ठिकायाम्**। सैव ललन्तिका स्वर्णैः कृता **प्रालम्बिका** स्यात्, एकम्। सैव ललन्तिका मौक्तिकै रचिता चेद**उरःसूत्रिके**त्येकम्।।-हारः, मुक्तावली, इति २ **मुक्ताहारस्य**। असौ मुक्तावली शतपष्टिका, शतलतिका चेत् **देवच्छन्दः**, एकम्। यष्टिभेदाल्लतानां भेदात् गुच्छादयो हारभेदाःस्युः।।-गुच्छः, गुच्छार्धः, गोस्तनः, अर्धहारः, माणवकः, एकावली, इति ६ **एकावल्याः**।।- एकावली सप्तविंशतिमौक्तिकैः कृता **नक्षत्रमाला** स्यात्।।-आवापकः, पारिहार्यः, कटकः, वलयः, इति ४ **प्रकोष्ठाभरणस्य**।।-केयूरम्, अङ्गदम्, इति २ **प्रगण्ड-भूषणस्य**।। अङ्गुलीयकम्, ऊर्मिका, इति २ **अङ्गुल्याभरणस्य**। ऊर्मिकैव

स्वर्णैः प्रालम्बिकाऽथोरःसूत्रिकामौक्तिकैः कृता १२८२
हारो मुक्तावली दैवच्छन्दोऽसौ शतयष्टिका १२८३
हारभेदा यष्टिभेदाद्गुच्छगुच्छार्धगोस्तनाः १२८४
अर्धहारो माणवक एकावल्येकयष्टिका १२८५
सैव नक्षत्रमाला स्यात्सप्तविंशतिमौक्तिकैः १२८६
आवापकः पारिहार्यः कटको वलयोऽस्त्रियाम् १२८७
केयूरमङ्गदं तुल्ये अङ्गुलीयकमूर्मिका १२८८
साऽक्षराङ्गुलिमुद्रा स्यात्कङ्कणं करभूषणम् १२८९
स्त्रीकट्यां मेखला काञ्ची सप्तकी रशना तथा १२९०
क्लीबे सारसनं चाथ पुंस्कट्यां शृङ्खलं त्रिषु १२९१
पादाङ्गदं तुलाकोटिर्मञ्जीरो नूपुरोऽस्त्रियाम् १२९२
हंसकः पादकटकः किङ्किणी क्षुद्रघण्टिका १२९३
त्वक्फलकृमिरोमाणि वस्त्रयोनिर्दश त्रिषु १२९४
वाल्कं क्षौमादि फालं तुं कार्पासं बादरं च तत् १२९५
कौशेयं कृमिकोशोत्थं राङ्कवं मृगरोमजम् १२९६

रामनामाद्यक्षरयुता चेदङ्गुलिमुद्रेत्येकम्। कङ्कणम्, करभूषणम्, इति २ **मणिबन्धभूषणस्य**।।–मेखला, काञ्ची, सप्तकी, रशना, सारसनम्, इति ५ **स्त्रीणां कटिभूषणस्य**।।–शृङ्खलमित्येकं पुंसः कटिभूषणस्य। त्रिषु स्त्रीपुंनपुंसकेषु।।–पादाङ्गदम्, तुलाकोटिः, मञ्जीरः, नूपुरः, हंसकः, पादकटकः, इति ६ **नूपुरस्य**। तुलाकोटिः स्त्री। मञ्जीरो न स्त्रियाम्।।–किङ्किणी, क्षुद्रघण्टिका, इति २ **क्षुद्रघण्टिकायाः**।।–त्वक्, फलम्, कृमि, रोम, इति ४ **वस्त्राणां योनिः**।।–वाल्कफालादयो निष्प्रवाण्यन्ताः १० त्रिषु।।–वाल्कम्, क्षौम, फालम्, कार्पासम्, बादरम्, कौशेयम्, राङ्कवम्, इति ७ **वस्त्रस्य**।।–अनाहतम्, निष्प्रवाणि, तन्त्रकम्, नवाम्बरम्, इति ४ **नूतनवस्त्रस्य**। धौतयोर्वस्त्रयोर्युगं यत्तदुद्गमनीयमित्येकम्। यद्धौतं कौशेयं **तत्पत्रोर्णं** एकम्। बहुमूल्यं यद्वस्त्रादिकं **तन्महाधन**मित्येकम्। त्रिलिङ्गम्। क्षौमम्, दुकूलम्, इति २ **पट्टवस्त्रस्य**।।–निवीतम्, प्रावृतम्, इति २ **प्रावृतवस्त्रस्य**।।–वस्त्रस्य द्वयोर्वस्तयोः प्रान्तयोः

अनाहतं निष्प्रवाणि तन्त्रकं च नवाम्बरम् १२९७
तत्स्यादुद्गमनीयं यद्धौतयोर्वस्त्रयोर्युगम् १२९८
पत्रोर्णं धौतकौशेयं बहुमूल्यं महाधनम् १२९९
क्षौमं दुकूलं स्याद्द्वे तु निवीतं प्रावृतं त्रिषु १३००
स्त्रियां बहुत्वे वस्त्रस्य दशाः स्युर्वस्तयोर्द्वयोः १३०१
दैर्घ्यमायाम आरोहः परिणाहो विशालता १३०२
पटच्चरं जीर्णवस्त्रं समौ नक्तककर्पटौ १३०३
वस्त्रमाच्छादनं वासश्चैलं वसनमंशुकम् १३०४
सुचेलकः पटोऽस्त्री स्याद्वराशिः स्थूलशाटकः १३०५
निचोलः प्रच्छदपटः समौ रल्लककम्बलौ १३०६
अन्तरीयोपसंव्यानपरिधानान्यधोंशुके १३०७
द्वौ प्रावारोत्तरासङ्गौ समौ वृहतिका तथा १३०८
संव्यानमुत्तरीयं च चोलः कूर्पासकोऽस्त्रियाम् १३०९

दशाःस्युः। एकं स्त्रीलिङ्गं बहुवचनान्तं च नित्यम्।।-दैर्घ्यम्, आयामः, आरोहः, इति ३ **वस्त्रादेर्दैहर्यस्य**।। परिणाहः, विशालता, इति २ **विस्तारस्य**।।-पटच्चरम्, इति २ **जीर्णवस्त्रस्य**।।-नक्तकः, कर्पटः, इति २ **जीर्णवस्त्र-खण्डस्य**।।-वस्त्रम्, आच्छादनम्, वासः, चैलम्, वानम्, अंशुकम्, इति ६ **वस्त्रस्य**।।-सुचेलकः, पटः, इति २ **शोभनवस्त्रस्य**। तत्र पटोऽस्त्री।।-वराशिः, स्थूलशाटकः, इति २ **स्थूलवाससः**।।-निचोलः, प्रच्छदपटः, इति २ **वीणाडोलिकादिपिधानस्य**।।-रल्लकः, कम्बलः, इति २ **कम्बलस्य**।।-अन्तरीयम्, उपसंव्यानम्, परिधानम्, अधोंशुकम्, इति ४ **परिहिते वाससि**।।-प्रावारः, उत्तरासङ्गः, बृहतिका, संव्यानम्, उत्तरीयम्, इति ५ **वामस्कन्धे धृतोत्तरीयस्य**।।-चोलः, कूर्पासकः, इति २ **स्त्रीणां स्तनादिपिधा-यकस्य**। पुंसि क्लीबे च। हिमानिलयोर्निवारणं यस्मात्तादृशे प्रावरणे **नीशार** इत्येकम्। यद्वरस्त्रीणां अर्धोरुकं अर्धोरुपिधायकं वस्त्रं तत् **चण्डातकं** स्यात्। यत् आप्रपदं पादाग्रपर्यन्तं प्राप्नोति वस्त्रादि तत् **आप्रपदीनम्**। त्रिषु एकम्।।-वितानम्, उल्लोचः, इति २ **आतपाद्यपनयार्थमुपरिबद्धस्य वाससः**।

नीशारः स्यात्प्रावरणे हिमानिलनिवारणे १३१०
अर्धोरुकं वरस्त्रीणां स्याच्चण्डातकमस्त्रियाम् १३११
स्यात्त्रिष्वाप्रपदीनं तत्प्राप्नोत्याप्रपदं हि यत् १३१२
अस्त्री वितानमुल्लोचो दुष्याद्यं वस्त्रवेश्मनि १३१३
प्रतिसीरा जवनिका स्यात्तिरस्करिणी च सा १३१४
परिकर्माङ्गसंस्कारः स्यान्मार्ष्टिर्मार्जना मृजा १३१५
उद्वर्तनोत्सादने द्वे समे आप्लाव आप्लवः १३१६
स्नानं चर्चा तु चार्चिक्यं स्थासकोऽथ प्रबोधनम् १३१७
अनुबोधः पत्रलेखा पत्राङ्गुलिरिमे समे १३१८
तमालपत्रतिलकचित्रकाणि विशेषकम् १३१९
द्वितीयं च तुरीयं च न स्त्रियामथ कुङ्कुमम् १३२०
काश्मीरजन्माग्निशिखं वरं बाह्लीकपीतने १३२१
रक्तसंकोचपिशुनं धीरं लोहितचन्दनम् १३२२

पुंसि वितानः। **दूष्य**मित्यादि वस्त्रवेश्मनि वस्त्ररचितगृहे एकम्। प्रतिसीरा, जवनिका, तिरस्करिणी, इति ३ **जवनिकायाः**॥-परिकर्म, अङ्गसंस्कारः, इति २ **कुङ्कुमादिना शरीरे संस्कारमात्रस्य**॥-उद्वर्तनम्, उत्सादनम्, इति २ **पिष्टादिना शरीर मलापाकरणस्य**॥-आप्लावः, आप्लवः, स्नानम्, इति ३ **स्नानस्य**॥-चर्चा, वार्चिक्यम्, स्थासकः, इति ३ **चन्दनादिना देहविलेपनस्य**॥-प्रबोधनम्,अनुबोधः, इति २ **गतगन्धस्य पुनर्गन्धव्यक्तीकरणे**॥-पत्रलेखा, पत्राङ्गुलि, इति २ **कस्तूरिकाकेशरादिना कपोलादौ रचितपत्रावल्याः**॥-तमालपत्रम् तिलकम्, चित्रकम्, विशेषकम्, इति ४ **ललाटे कस्तूर्यादिना कृततिलकस्य।** अत्र तिलकम्, विशेषम्, इति द्वौ पुंनपुंसकयोः। कुङ्कुमम्, काश्मीरजन्म, अग्निशिखम्, वरम्, बाह्लीकम्, परतनम्, रक्तम्, संकोचनम्, पिशुनम्, धीरम्, लोहितचन्दनम्, इति **११ कुङ्कुमस्य**॥ लाक्षा, राक्षा, जतु, यावः, अलक्तः, द्रुमामयः, इति ६ **लाक्षायाः**॥-लवङ्गम्, देवकुसुमम्, श्रीसंज्ञम्, इति ३ **लवङ्गस्य**॥-जायकम्, कालीयकम्, कालानुसार्यम्, इति ३ **जायकाख्यगंध-द्रव्यस्य।** वंशिकम्, अगुरु, राजार्हम्, लोहम्, कृमिजम्, जोङ्गकम्, कालागुरु,

लाक्षा राक्षा जतु क्लीबे यावोऽलक्तो द्रुमामयः १३२३
लवङ्गं देवकुसुमं श्रीसंज्ञमथ जायकम् १३२४
कालीयकं च कालानुसार्यं चाथ समार्थकम् १३२५
वंशिकागुरुराजार्हलोह कृमिजजोङ्गकम् १३२६
कालागुर्वगुरु स्यात्तु मङ्गल्या मल्लिगन्धि यत् १३२७
यक्षधूपः सर्जरसो रालसर्वरसावपि १३२८
बहुरूपोऽप्यथ वृकधूपकृत्रिमधूपकौ १३२९
तुरुष्कः पिण्डकः सिह्लो यावनोऽप्यथ पायसः १३३०
श्रीवासो वृकधूपोऽपि श्रीवेष्टसरलद्रवौ १३३१
मृगनाभिर्मृगमदः कस्तूरी चाथ कोलकम् १३३२
कङ्कोलकं कोशफलमथ कर्पूरमस्त्रियाम् १३३३
घनसारश्चन्द्रसंज्ञः सिताभ्रो हिमवालुका १३३४
गन्धसारो मलयजो भद्रश्रीश्चन्दनोऽस्त्रियाम् १३३५
तैलपर्णिकगोशीर्षे हरिचन्दनमस्त्रियाम् १३३६

इति ७ **समार्थकम्**। यदगुरु, मल्लिगन्धि सा **मङ्गल्या** स्यादित्येकम्।।–यक्षधूपः, सर्जरसः, रालः, सर्वरसः, बहुरूपः, इति ५ **धूपस्य**।।–वृकधूपः, कृत्रिमधूपकः, इति २ **अनेकपदार्थकृतधूपस्य**।।–तुरुष्कः, पिण्डकः, सिह्लः, यावनः, इति ४ **सिह्लाख्यगन्धद्रव्यस्य**। पायसः, श्रीवासः, वृकधूपः, श्रीवेष्टः, सरलद्रवः, इति ५ **सरलद्रवस्य**।।–मृगनाभिः, मृगमदः, कस्तूरी, इति ३ **कस्तूर्याः**। मृगनाभिः पुंसि।।–कोलकम्, कंकोलम्, कोशफलम्, इति ३ **कंकोलकस्य**।।–कर्पूरम्, घनसारः, चन्द्रः, सिताभ्रः, हिमवालुका, इति ५ **कर्पूरस्य**। पुंसि कर्पूरः।।–गन्धसारः, मलयजः, भद्रश्रीः, चन्दनः, इति ४ **चन्दनस्य**।।–तैलपर्णिकम्, गोशीर्षम्, हरिचन्दनम्, इति ३ **चन्दनभेदस्य**।।–तिलपर्णी, पत्राङ्गम्, रञ्जनम्, रक्तचन्दनम्, कुचन्दनम्, इति ५ **रक्तचन्दनस्य**।। जातीकोषम्, जातीफलम्, इति २ **जातीफलस्य**।।–कर्पूरादिभिः समभागैः पिण्डीकृतो लेपविशेषो **यक्षकर्दम** इत्येकम्।।–गात्रानुलेपनी, वर्तिः, वर्णकम्, विलेपनम्, इति ४ **गात्रलेपन-द्रव्यस्य**।।–चूर्णम्, वासयोगः, इति २ **पटवासादिचूर्णमात्रस्य**।।–भावितम्,

तिलपर्णी तु पत्राङ्गं रञ्जनं रक्तचन्दनम् १३३७
कुचन्दनं चाथ जातीकोषजातीफले समे १३३८
कर्पूरागुरुकस्तूरीकक्कोलैर्यक्षकर्दमः १३३९
गात्रानुलेपनी वर्तिर्वर्णकं स्याद्विलेपनम् १३४०
चूर्णानि वासयोगाः स्युर्भावितं वासितं त्रिषु १३४१
संस्कारो गन्धमाल्याद्यैर्यः स्यात्तदधिवासनम् १३४२
माल्यं मालास्त्रजौ मूर्ध्नि केशमध्ये तु गर्भकः १३४३
प्रभ्रष्टकं शिखालम्बि पुरोन्यस्तं ललामकम् १३४४
प्रालम्बमृजुलम्बिस्यात्कण्ठाद्वैकक्षिकं तु तत् १३४५
यत्तिर्यक्क्षिप्तमुरसि शिखास्वापीडशेखरौ १३४६
रचना स्यात्परिस्यन्द आभोगः परिपूर्णता १३४७
उपधानं तूपबर्हः शय्यायां शयनीयवत् १३४८
शयनं मञ्चपर्यङ्कपल्यङ्काः खट्वया समाः १३४९
गेन्दुकः कन्दुको दीपः प्रदीपः पीठमासनम् १३५०

वासितम् इति २ **गन्धद्रव्येण वासितस्य वस्तुनः** त्रिषु। गन्धमाल्यधूपादिभिर्यः संस्कारः सौरभाधानं **तदधिवासन**मित्युच्यते।।-माल्यम्, माला, स्त्रक्, इति ३ **मूर्हिन धृतायाः कुसुमावलेः**। केशमध्ये धृता माला **गर्भक** इत्युच्यते। यन्माल्यं शिखायां लम्बमानं तत्**प्रभ्रष्टक**मित्येकम्। पुरो न्यस्तं ललाटपर्यन्तं क्षिप्तं **ललामक**मित्येकम्,। यन्माल्यं कण्ठादृजुलम्बि सरलं लम्बमानं तत्**प्रालम्ब**-मित्येकम्। यनमाल्यं तिर्यगुपनीतमनृजु उरसि क्षिप्तं तत् **वैकक्षिक**मित्येकम्।।-आपीडः, शेखरः, इति २ **शिखासु न्यस्तमाल्यमात्रस्य**।।-रचना, परिस्यन्दः, इति २ **माल्यादिरचनायाः**।।-आभोगः, परिपूर्णता, इति २ **सर्वोपचारपरि-पूर्णतायाः॥**-उपधानम्, उपबर्हः, इति २ **उच्छीर्षस्य।** शरया, शयनीयम्, शयनम्, इति ३ **शय्यायाः**।।-मञ्चः, पर्यङ्कः, पल्यङ्कः, खट्वा, इति **खट्वायाः**।।-गेन्दुकः, कन्दुकः, इति २ **कन्दुकस्य**।।-दीपः, प्रदीपः, इति २ **दीपस्य**।।-पीठम्, आसनम्, इति २ **आसनस्य**।।-समुद्गकः, संपुटकः, इति २ **संपुटस्य**।।-प्रतिग्राहः, पतद्ग्रहः, इति २ **पतद्ग्रहस्य**।।-प्रसाधनी, कङ्कतिका, इति २

समुद्गकः संपुटकः प्रतिग्राहः पतद्ग्रहः १३५१
प्रसाधनी कङ्कतिका पिष्टातः पटवासकः १३५२
दर्पणे मुकुरादर्शौ व्यजनं तालवृन्तकम् १३५३

८. ब्रह्मवर्गः।

संततिर्गोत्रजननकुलान्यभिजनान्वयौ १३५४
वंशोऽन्ववायः संतानो वर्णाः स्युर्ब्राह्मणादयः १३५५
विप्रक्षत्रियविट्शूद्राश्चातुर्वर्ण्यमिति स्मृतम् १३५६
राजबीजी राजवंश्यो बीज्यस्तु कुलसम्भवः १३५७
महाकुलकुलीनार्यसभ्यसज्जनसाधवः १३५८
ब्रह्मचारी गृही वानप्रस्थो भिक्षुश्चतुष्टये १३५९
आश्रमोऽस्त्री द्विजात्यग्रजन्मभूदेववाडवाः १३६०
विप्रश्च ब्राह्मणोऽसौ षट्कर्मा यागादिभिर्वृतः १३६१
विद्वान्विपश्चिद्दोषज्ञः सन्सुधीः कोविदो बुधः १३६२

केशमार्जन्याः॥-पिष्टातः, पटवासकः, इति २ **पिष्टातस्य**॥-दर्पणः, मुकुरः, आदर्शः, इति ३ **दर्पणस्य**॥-व्यजनम्, तालवृन्तकम्, इति २ **व्यजनस्य**॥

१३५४-१४६८ सन्ततिः, गोत्रम्, जननम्, कुलम्, अभिजनः, अन्वयः, वंशः, अन्ववायः, संतानः, इति ९ **वंशस्य**। ब्राह्मणादयो **वर्णाः स्युः**। एकम्। ब्राह्मणक्षत्रियवैश्यशूद्रा वर्णा**श्चातुर्वर्ण्य**मित्येकम्॥- राजवीजी, राजवंश्यः, इति २ **राजवंशोत्पन्नस्य**॥-बीज्यः, कुलसंभवः, इति २ **कुलमात्रोत्पन्नस्य**॥-महाकुलः, कुलीनः, आर्जः, सभ्यः, सज्जनः, साधुः, इति ६ सज्जान्नस्य। ब्रह्मचारी, गृही, वानप्रस्थः, भिक्षुः, इति ४ **आश्रम**शब्दवाच्याः॥-द्विजातिः, अग्रजन्मा, भूदेवः, बाडवः, विप्रः, ब्राह्मणः, इति ६ **ब्राह्मणस्य**। असौ ब्राह्मणो यागादिभिर्वृतः **षट्कर्मा** स्यात्॥-विद्वान्, विपश्चित्, दोषज्ञः, सन्, सुधीः, कोविदः, बुधः, धीरः, मनीषी, ज्ञः, प्राज्ञः, संख्यावान्, पण्डित :, कविः, धीमान्, सूरिः, कृती, कृष्टिः, लब्धवर्णः, विचक्षणः, दूरदर्शी, दीर्घदर्शी, इति २२ **पण्डितस्य**॥-श्रोत्रियः, छान्दसः, इति २ **वेदाध्यायिनः**॥-

धीरो मनीषी ज्ञः प्राज्ञः संख्यावान्पण्डितः कविः १३६३
धीमान्सूरिः कृती कृष्टिर्लब्धवर्णो विचक्षणः १३६४
दूरदर्शी दीर्घदर्शी श्रोत्रियच्छान्दसौ समौ १३६५
'मीमांसको जैमिनीये वेदान्ती ब्रह्मवादिनि **
वैशेषिके स्यादौलूक्यः सौगतः शून्यवादिनि **
नैयायिकस्त्वक्षपादः स्यात्स्याद्वादिक आर्हकः **
चार्वाकलौकायतिकौ सत्कार्ये साङ्ख्यकापिलौ' **
उपाध्यायोऽध्यापकोऽथ स्यान्निषेकादिकृद्गुरुः १३६६
मन्त्रव्याख्याकृदाचार्य आदेष्टा त्वध्वरे व्रती १३६७
यष्टा च यजमानश्च स सोमवति दीक्षितः १३६८
इज्याशीलो यायजूको यज्वा तु विधिनेष्टवान् १३६९
सगीष्पतीष्ट्या स्थपतिः सोमपीथी तु सोमपाः १३७०
सर्ववेदाः स येनेष्टो यागः सर्वस्वदक्षिणः १३७१
अनूचानः प्रवचने साङ्गेऽधीती गुरोस्तु यः १३७२
लब्धानुज्ञः समावृत्तः सुत्वा त्वभिषवे कृते १३७३

उपाध्यायः, अध्यापकः, इति २ **उपाध्यायस्य**।।-निषेककर्ता **पित्रादिर्गुरुः**स्यात्। मन्त्रो वेदस्तस्य व्याख्याकृत् **आचार्यः** स्यात्। अध्वरे यागविषये य ऋत्विजामादेष्टा स **व्रती, यष्टा, यजमानः**, इति ३। स यजमानःसोमवति यागे आदेष्टा **दीक्षित** इत्युच्यते, एकम्।।-इज्याशीलः, यायजूकः, इति २ **यजनशीलस्य**। विधिना यागं कृतवान् स **यज्वा** स्यात्। यः गीर्पतीष्ट्या बृहस्पतिसवविधिना इष्टवान् स **स्थपति**रित्युच्यते।।-सोमपीथी, सोमपाः, इति २ **सोमयाजिनः**।। येन सर्वस्वदक्षिणो विश्वजिन्नामा याग इष्टः सः **सर्ववेदाः** स्यात्। साङ्गे प्रवचने वेदे अधीती कृताध्ययनो**ऽनूचान** इत्येकम्। योऽनूचानो गुरोर्लब्धानुज्ञः स **समावृत्तः** स्यात्, एकम्। अभिषवे स्नाने कृते सति **सुत्वा** स्यात्।।-छात्रः, अन्तेवासी, शिष्यः, इति ३ **शिष्यस्य**।।-शैक्षाः, प्राथमकल्पिकाः, इति २ **आरब्धाध्ययनानां षट्नाम्।** एकशाखास्वाध्यायिनो ब्रह्मचारिणस्ते मिथः परस्परं **सब्रह्मचारिण** इच्चुच्यन्ते। एकः समानो गुरुर्येषां ते परस्परं

छात्रान्तेवासिनौ शिष्ये शैक्षाः प्राथमकल्पिकाः १३७४
एकब्रह्मव्रताचारा मिथः सब्रह्मचारिणः १३७५
सतीर्थ्यास्त्वेकगुरवश्चितवानग्निमग्निचित् १३७६
पारम्पर्योपदेशे स्यादैतिह्यमितिहाव्ययम् १३७७
उपज्ञा ज्ञानमाद्यं स्याज्ज्ञात्वारम्भ उपक्रमः १३७८
यज्ञः सवोऽध्वरो यागः सप्ततन्तुर्मखः क्रतुः १३७९
पाठो होमश्चातिथीनां सपर्या तर्पणं बलिः १३८०
एते पञ्चमहायज्ञा ब्रह्मयज्ञादिनामकाः १३८१
समज्या परिषद्गोष्ठी सभासमितिसंसदः १३८२
आस्थानी क्लीबमास्थानं स्त्रीनपुंसकयोः सदः १३८३
प्राग्वंशः प्राग्घविर्गेहात्सदस्या विधिदर्शिनः १३८४
सभासदः सभास्तारा: सभ्याः सामाजिकाश्च ते १३८५
अध्वर्युद्गातृहोतारो यजुःसामर्ग्विदः क्रमात् १३८६
आग्नीध्राद्या धनैर्वार्या ऋत्विजो याजकाश्च ते १३८७

सतीर्थ्याःस्युः। योग्निं चितवान् सोऽग्निचित् इति १ **कृताग्निचयनस्य**।। ऐतिह्यं, इतिह, इति २ पारम्पर्येण य उपदेश स्तस्मिन्। यत्प्रथमं ज्ञानं सा **उपज्ञा** स्यात्। ज्ञात्वा य आरम्भः स **उपक्रमः**।।-यज्ञः, सवः, अध्वरः, यागः, सप्ततन्तुः, मखः, क्रतुः, इति ७ **यज्ञस्य**।।-पाठादयःपञ्च ब्रह्मयज्ञा- दिनामका **महायज्ञाः** स्युः, एकम्।।-पाठः, होमः, अतिथीनां सपर्या, तर्पणम्, बलिः, इति ५ **पञ्चमहायज्ञानाम्**।।-समज्या, परिषत्, गोष्ठी, सभा, समितिः, संसत्, आस्थानी, आस्थानम्, सदः, इति ९ **सभायाः**। सदःसान्तं क्लीबे, स्त्रीत्वे सदाः। आस्थानी क्लीबेऽपि।।-हविर्गेहात्प्राक् सदस्यादीनां यद्गृहं **स प्राग्वंश**, इत्येकम्। यज्ञकर्मणि विधिं वेदोक्तक्रियाकलापं ये पश्यन्ति **ते सदस्याः** एकम्।। सभासदः, सभास्तारा:, सभ्याः, सामाजिकाः, इति ४ **सभ्येषु**। यजुर्विदृत्विक् **अध्वर्युः**, एकम्। सामविदुद्गता एकम्। ऋग्वेदवित् **होता** एकम्। धनैर्वार्याः ये आग्नीध्राद्यास्ते **ऋत्विजः**, **याजकाः**, इति २। परिष्कृता भूमिर्वेदिरित्युच्यते।।-स्थण्डिलम्, चत्वरम्, इति २ **यज्ञार्थं संस्कृतस्य**

वेदिः परिष्कृता भूमिः समे स्थण्डिलचत्वरे १३८८
चषालो यूपकटकः कुम्बा सुगहना वृतिः १३८९
यूपाग्रं तर्म निर्मन्थ्यदारुणि त्वरणिर्द्वयोः १३९०
दक्षिणाग्निर्गार्हपत्याहवनीयौ त्रयोऽग्नयः १३९१
अग्नित्रयमिदं त्रेता प्रणीतः संस्कृतोऽनलः १३९२
समूह्यः परिचाय्योपचाय्यावग्नौ प्रयोगिणः १३९३
यो गार्हपत्यादानीय दक्षिणाग्निः प्रणीयते १३९४
तस्मिन्नानाय्योऽथाग्नायी स्वाहा च हुतभुक्प्रिया १३९५
ऋक्सामिधेनी धाय्या च या स्यादग्निसमिन्धने १३९६
गायत्रीप्रमुखं छन्दो हव्यपाके चरुः पुमान् १३९७
आमिक्षा सा शृतोष्णे या क्षीरे स्याद्दधियोगतः १३९८
धुवित्रं व्यजनं तद्यद्रचितं मृगचर्मणा १३९९
पृषदाज्यं सदध्याज्ये परमान्नं तु पायसम् १४००
हव्यकव्ये दैवपित्र्ये अन्ने पात्रं स्रुवादिकम् १४०१
ध्रुवोपभृज्जुहूर्ना तु स्रुवो भेदाः स्रुचः स्त्रियः १४०२

भूभागस्य। यूपकटकः काष्ठविकारश्चषालः स्यात् एकम्। सुगहना वृतिर्वेष्टनं **कुम्बा** स्यात्, एकं स्त्रियाम्।।–यूपाग्रम्, तर्म, इति २ **यूपाग्रे**। निर्मन्थ्यदारुणि **अरणिरित्येकम्**, स्त्रीपुंसयोः।।–दक्षिणाग्निः, गार्हपत्यः, आहवनीयः, इति ३ **अग्निविशेषाः**। इदमग्नित्रयं **त्रेता** स्यात्, एकम्। मन्त्रादिना संस्कृतोऽग्निः **प्रणीत** इत्येकम्।।–समूह्यः, परिचाप्य उपचाय्यः, इति ३ **अग्नौ प्रयोगिणः**। गार्हपत्यादानीय यो दक्षिणाग्निः प्रणीयते प्रवेश्यते तत्र **आनाय्य** इति।।–अग्नायी, स्वाहा, हुतभुक्प्रिया, इति ३ **अग्निप्रियायाम्**। अग्निसमिन्धने वह्निज्वलने या ऋक् प्रयुज्यते सा **सामिधेनी, धाय्या**, इति २। गायत्र्युष्णिगित्यादि **छन्दः**स्यादेकम्। हव्यपाकेऽग्निमुखे हूयमानेऽन्ने **चरुरित्येकम्**। क्षीरे दधियोगतो या विकृतिः सा **आमिक्षा** स्यात्। मृगचर्मणा रचितं यद्व्यजनं तत् **धुंवित्रमिति**। दधियुक्ते घृते **पृषदाज्यमिति**।।–परमान्नम्, पायसम्, इति २ **क्षीरान्नस्य**। दैवपित्र्येऽन्ने क्रमेण **हव्यकव्ये** स्याताम्। स्रुवचमसादिकं **पात्रं** स्यात्।।

उपाकृतः पशुरसौ योऽभिमन्त्र्य क्रतौ हतः १४०३
परम्पराकं शमनं प्रोक्षणं च वधार्थकम् १४०४
वाच्यलिङ्गाः प्रमीतोपसंपन्नप्रोक्षिता हते १४०५
सान्नाय्यं हविरग्नौ तु हुतं त्रिषु वषट्कृतम् १४०६
दीक्षान्तोऽवभृथो यज्ञे तत्कर्मार्हं तु यज्ञियम् १४०७
त्रिष्वथ क्रतुकर्मेष्टं पूर्तं खातादि कर्म यत् १४०८
अमृतं विघसो यज्ञशेषभोजनशेषयोः १४०९
त्यागो विहापितं दानमुत्सर्जनविसर्जने १४१०
विश्राणनं वितरणं स्पर्शनं प्रतिपादनम् १४११
प्रादेशनं निर्वपणमपवर्जनमंहतिः १४१२
मृतार्थं तदहे दानं त्रिषु स्यादौर्ध्वदेहिकम् १४१३
पितृदानं निवापः स्याच्छ्राद्धं तत्कर्म शास्त्रतः १४१४
अन्वाहार्यं मासिकेऽशोऽष्टमोऽह्नः कुतपोऽस्त्रियाम् १४१५
पर्येषणा परीष्टिश्चान्वेषणा च गवेषणा १४१६

ध्रुवा, उपभृत्, जुहूः, इति ३ **स्रुवो भेदाः**। स्त्रियः। स्रुव इत्येकं पुंसि। क्रतौ यः पशुरभिमन्त्र्य हतः स **उपाकृतः** स्यात्।।–परम्पराकम्, शमनम्, प्रोक्षणम्, इति **वधार्थकम्**।।–प्रमीतः, उपसंपन्न प्रोक्षितः, इति ३ **यागोर्थे हते पशुमात्रे**। हविर्विशेषः **सान्नाय्यं** स्यात्। अग्नौ हुतं याज्यादि **वषट्कृतं** स्यात्। तत्त्रिषु। यज्ञे दीक्षान्तः **अवभृथः**। तत्कर्मार्हं वस्तु **यज्ञियम्** त्रिषुं यत्क्रतुकर्म **तदिष्टं** स्यात्। खातादि यत्कर्म तत् **पूर्तं** स्यात्। यज्ञशेषे पुरोडाशादौ **अमृतमिति**। भोजनशेषे **विघस** इति।।–त्यागः, विहापितम्, उत्सर्जनम्, विसर्जनम्, विश्राणनम्, विश्राणनम्, वितरणम्, स्पर्शनम्, प्रतिपादनम्, प्रादेशनम्, निर्वपणम्, अपवर्जनम्, अंहतिः, इति १३ **दानस्य**। तत्र अंहतिः स्त्रीं। मृतार्थं **तदहे** दानं **और्ध्वदेहिकं** स्यात्। तत्त्रिषु।।–पितृदानम्, निवापः, इति २ **पित्रर्थे दानस्य**। शास्त्रतस्तत्कर्म **श्राद्धं** स्यात्। मासिकेऽन्वाहार्यमिति। अह्नोऽष्टमोऽशः **कुतपः** स्यात्। क्लीबे तु कुतपम्।।–पर्येषणा, परीष्टिः, इति २ **श्राद्धे द्विजभक्तिशुश्रूषायाः**।।–

सनिस्त्वध्येषणा याञ्चाऽभिशस्तिर्याचनार्थना १४१७
षट् तु त्रिष्वर्घ्यमर्घार्थे पाद्यं पादाय वारिणि १४१८
क्रमादातिथ्यातिथेये अतिथ्यर्थेऽत्र साधुनि १४१९
स्युरावेशिक आगन्तुरतिथिर्ना गृहागते १४२०
'प्राघूर्णिकः प्राघुणकश्चाभ्युत्थानं तु गौरवम्' **
पूजा नमस्याऽपचितिः सपर्याऽर्चार्हणाः समाः १४२१
वरिवस्या तु शुश्रूषा परिचर्याप्युपासना १४२२
व्रज्याऽटाट्या पर्यटनं चर्या त्वीर्यापथे स्थितिः १४२३
उपस्पर्शस्त्वाचमनमथ मौनमभाषणम् १४२४
'प्राचेतसश्चादिकविः स्यान्मैत्रावरुणिश्च सः **
वाल्मीकश्चाथ गाधेयो विश्वामित्रश्च कौशिकः **
व्यासो द्वैपायनः पाराशर्यः सत्यवतीसुतः' **
आनुपूर्वी स्त्रियां वावृत्परिपाटी अनुक्रमः १४२५
पर्यायश्चातिपातस्तु स्यात्पर्यय उपात्ययः १४२६
नियमो व्रतमस्त्री तच्चोपवासादि पुण्यकम् १४२७

अन्वेषणा, गवेषणा, इति २ **धर्मादिमार्गणस्य**।।-सनिः, अध्येषणा, इति २ **अध्येषणायाः**।।-याञ्चा, अभिशस्तिः, याचनाः, अर्थना, इति ४ **याचनायाः**। अर्घार्थे वारिणि **अर्घ्यम्**मिति। पादाय वारिणि **पाद्यम्**। अतिथ्यर्थे **आतिथ्य**मिति। अतिथौ यत् साधु तत्र **आतिथेय**मिति।।-आवेशिकः, आगन्तुः, अतिथिः, गृहागतः, इति ४ **गृहागतस्य**। ना पुमान्।।-पूजा, नमस्या, अपचितिः, सपर्या, अर्चा, अर्हण, इति ६ **पूजायाः**-वरिवस्या, शुश्रूषा, परिचर्या, उपासना, इति ४ **उपासनस्य**।।-व्रज्या, अटा, अट्या, पर्यटनम्, इति ४ **पर्यटनस्य**। ईर्यापथे योगमार्गे स्थितिः **चर्या** स्यात्।।-उपस्पर्शः, आचमनम्, इति २ **आचमनस्य**।।-मौनम्, अभाषणम्, इति २ **मौनस्य**।।-आनुपूर्वी, आवृत्, परिपाटी, अनुक्रमः, पर्यायः, इति ५ **अनुक्रमस्य**।।-अतिपातः, पर्ययः, उपात्ययः, इति ३ **अतिक्रमस्य**।।-नियमः, व्रतम्, इति २

औपवस्तं तूपवासो विवेकः पृथगात्मता १४२८
स्याद्ब्रह्मवर्चसं वृत्ताध्ययनर्द्धिरथाञ्जलिः १४२९
पाठेब्रह्माञ्जलिः पाठे विप्रुषो ब्रह्मबिन्दवः १४३०
ध्यानयोगासने ब्रह्मासनं कल्पे विधिक्रमौ १४३१
मुख्यः स्यात्प्रथमः कल्पोऽनुकल्पस्तु ततोऽधमः १४३२
संस्कारपूर्वं ग्रहणं स्यादुपाकरणं श्रुतेः १४३३
समे तु पादग्रहणमभिवादनमित्युभे १४३४
भिक्षुः परिव्राट् कर्मन्दी पाराशर्यपि मस्करी १४३५
तपस्वी तापसः पारिकांक्षी वाचंयमो मुनिः १४३६
तपःक्लेशसहो दान्तो वर्णिनो ब्रह्मचारिणः १४३७
ऋषयः सत्यवचसः स्नातकस्त्वाप्लुते व्रती १४३८
ये निर्जितेन्द्रियग्रामा यतिनो यतयश्च ते १४३९
यः स्थण्डिले व्रतवशाच्छेते स्थण्डिलशाय्यसौ १४४०

व्रतमात्रस्य।।–औपवस्तम्, उपवासः, इति २ **उपवासस्य**। पृथगात्मता **विवेकः** स्यात्। वृत्तमध्ययनं तयोर्ऋद्धिः **ब्रह्मवर्चस**मिति, एकम्। पाठे वेदपठने योऽञ्जलिः स **ब्रह्माञ्जलिः**। अध्ययनस्यादौ हस्तयोर्हि प्रणवोच्चारपूर्वक**मञ्जलिः** क्रियते। वेदपाठे विप्रुषो **ब्रह्मबिन्दवः**स्युः। ध्यानयोगयोरासने **ब्रह्मासन**मिति।।–कल्पः, विधिः, क्रमः, इति ३ **नियोगशास्त्रस्य**। यः प्रथमः कल्पः स मुख्यः स्यात्। ततोऽधमः **अनुकल्पः** स्यात्। संस्कारपूर्वकं श्रुतेग्रर्हणं **उपाकरणं** स्यात्। पादग्रहणम्, अभिवादनम्, इति २ **नामगोत्रोक्तिपूर्वकस्य नमस्कारविशेषस्य**।।–भिक्षुः–परिव्राट्, कर्मन्दी, पाराशरी, मस्करी, इति ५ **संन्यासिनः**।।–तपस्वी, तापसः, पारिकाङ्क्षी, इति ३ **तपोयुक्तस्य**।।–वाचंयमः, मुनिः, इति २ **वाग्यतस्य**।।–तपसः क्लेशेऽनुद्विग्नो **दान्तः** स्यात्।।–वर्णी, ब्रह्मचारी, इति २ **ब्रह्मचारिणः**।।–ऋषिः, सत्यवचाः, इति २ **ऋषिसामान्यस्य**। यो व्रती आप्लुतः स **स्नातक** इत्युच्यते। निर्जितः स्ववशस्थ इन्द्रियसमूहो यैस्ते **यतिनः**, **यतयः** इति २। यो नियमवशात् भूमिविशेषे शेते असौ **स्थण्डिलशायी**, **स्थाण्डिलः**, इति

स्थाण्डिलश्चाथ विरजस्तमसः स्युर्द्वयातिगाः १४४१
पवित्रः प्रयतः पूतः पाखण्डाः सर्वलिङ्गिनः १४४२
पालाशो दण्ड आषाढो व्रते राम्भस्तु वैणवः १४४३
अस्त्री कमण्डलुः कुण्डी व्रतिनामासनं वृषी १४४४
अजिनं चर्म कृत्तिः स्त्री भैक्षं भिक्षाकदम्बकम् १४४५
स्वाध्यायः स्याज्जपः सुत्याऽभिषवः सवनं च सा १४४६
सर्वैनसामपध्वंसि जप्यं त्रिष्वघमर्षणम् १४४७
दर्शश्च पौर्णमासश्च यागौ पक्षान्तयोः पृथक् १४४८
शरीरसाधनापेक्षं नित्यं यत्कर्म तद्यमः १४४९
नियमस्तु स यत्कर्म नित्यमागन्तुसाधनम् १४५०
'क्षौरं' तु भद्राकरणं मुण्डनं वपनं त्रिषु' **
उपवीतं ब्रह्मसूत्रं प्रोद्धृते दक्षिणे करे १४५१
प्राचीनावीतमन्यस्मिन्निवीतं कण्ठलम्बितम् १४५२

२।।-विरजस्तमाः, द्वयातिगः, इति २ **सत्त्वैकनिष्ठेषु व्यासादिषु**।।-पवित्रः, प्रयतः, पूतः, इति ३ **पवित्रस्य**।।-पाषण्डः, सर्वलिङ्गी, इति २ **बौद्धादिदुःशास्त्रवर्तिषु**। व्रते ब्रह्मचारिणः पलाशसंबन्धी दण्ड **आषाढ** इत्युच्यते। वेणुसंबन्धी दण्डो **राम्भ** इति।।-कमण्डलुः, कुण्डी, इति २ **व्रतिनां जलपात्रस्य**। व्रतिनां यदासनं सा **वृषी**।।-अजिनम्, चर्म, कृत्तिः, इति ३ **मृगादेश्चर्मणि**। कृत्तिः स्त्रियाम् भिक्षाणां समूहो **भैक्षम्**।।- स्वाध्यायः, जपः, इति २ **वेदाभ्यासस्य**।।-सुत्या, अभिषवः, सवनम्, इति ३ **सोमाभिषवस्य**। सर्वैनसां नाशकं जप्यम् ऋगादि **अघमर्षणं** स्यातू। त्रिषु। पक्षान्तयोरमावास्या पोर्णमास्यां च विहितौ यागौ क्रमेण **दर्शः**, **पौर्णमासश्च** स्याताम्। शरीरसाधनापेक्षं नित्यं यत्कर्म तत् **यमः**, यत्कर्म आगन्तु बाह्यं साधनं नित्यं स **नियमः**। दक्षिणे करे प्रोद्धृते यद्ब्रह्मसूत्रं **तदुपवीतं** स्यात्। अन्यस्मिन्वामे करे प्रोद्धृते **प्राचीनावीतं** स्यात्। कण्ठे लम्बितं तत् **निवीतमिति**। अङ्गुलीनामग्रे **दैवं तीर्थं** ज्ञेयम्। स्वल्पाङ्गुल्योरनामिकायाः कनिष्ठिकायाश्चकायाश्च मूले **कायम्**। अङ्गुष्ठतर्जन्योर्मध्यभागे **पित्र्यम्**।

अङ्गुल्यग्रे तीर्थं दैवं स्वल्पाङ्गुल्योर्मूले कायम् १४५३
मध्येऽङ्गुष्ठाङ्गुल्योः पित्र्यं मूले त्वङ्गुष्ठस्य ब्राह्मम् १४५४
स्याद्ब्रह्मभूयं ब्रह्मत्वं ब्रह्मसायुज्यमित्यपि १४५५
देवभूयादिकं तद्वत्कृच्छ्रं सांतपनादिकम् १४५६
संन्यासवत्यनशने पुमान्प्रायोऽथ वीरहा १४५७
नष्टाग्निः कुहना लोभान्मिथ्येर्यापथकल्पना १४५८
व्रात्यः संस्कारहीनःस्यादस्वाध्यायो निराकृतिः १४५९
धर्मध्वजी लिङ्गवृत्तिरवकीर्णी क्षतव्रतः १४६०
सुप्ते यस्मिन्नस्तमेति सुप्ते यस्मिन्नुदेति च १४६१
अंशुमानभिनिर्मुक्ताभ्युदितौ च यथाक्रमम् १४६२
परिवेत्ताऽनुजोऽनूढे ज्येष्ठे दारपरिग्रहात् १४६३
परिवित्तिस्तु तज्ज्यायान्विवाहोपयमौ समौ १४६४
तथा परिणयोद्वाहोपयामाः पाणिपीडनम् १४६५
व्यवायो ग्राम्यधर्मो मैथुनं निधुवनं रतम् १४६६

अङ्गुष्ठस्य मूले तु **ब्राह्मं** तीर्थम्। ब्रह्मभूयम् ब्रह्मत्वम्, ब्रह्मसायुज्यम्, इति ३ **ब्रह्मभावस्य**।।-तद्वत् देवभूयम् देवत्वम्, देवसायुज्यम्, इति ३ **देवभावस्य**। सांतपनादिकं **कृच्छ्रं** स्यात्। आदिना प्राजापत्यादिग्रहः। संन्यासपूर्वके भोजनत्यागे **प्राय** इति।।-वीरहा, नष्टाग्निः इति **नष्टाग्नेः**। लोभद्वा मिथ्येर्यापथकल्पना सा **कुहनेति**। संस्कारे णोपनयनेन हीनो **व्रात्य** इति। अस्वाध्यायः **निराकृतिः**।। धर्मध्वजी, लिङ्गवृत्तिः, इति २ **जीविकार्थेजटादिधारणवतः**।।-अवकीर्णी, क्षतव्रतः, इति २ **नष्टब्रह्मचर्यस्य**। अंशुमान् रविः यस्मिन् सुप्तेऽस्तमेति **सोऽभिनिर्मुक्तः**। यस्मिन्सुप्तेंऽशुमानुदेति सोऽ**भ्युदितः**। ज्येष्ठे भ्रातर्यकृतदारपरिग्रहे सति कृतदारपरिग्रहः कनिष्ठः **परिवेत्ता** स्यात्, तस्य परिवेत्तुर्ज्यायान् ज्येष्ठः **परिवित्तिः** स्यात्। विवाहः, उपयमः, परिणयः, उद्वाहः, उपयामः, पाणिपीडनम्, इति ६ **विवाहस्य**।।-व्यवायः, ग्राम्यधर्मः, मैथुनम्, निधुवनम्, रतम्, इति ५ **मैथुनस्य**।।-धर्मः वेदविहितो यागादिः,

त्रिवर्गो धर्मकामार्थैश्चतुर्वर्गः समोक्षकैः १४६७
सबलैस्तैश्चतुर्भद्रं जन्याः स्निग्धा वरस्य ये १४६८

९. क्षत्रियवर्गः।

मूर्धाभिषिक्तो राजन्यो बाहुजः क्षत्रियो विराट् १४६९
राजा राट् पार्थिवक्ष्माभृन्नृपभूपमहीक्षितः १४७०
राजा तु प्रणताशेषसामन्तः स्यादधीश्वरः १४७१
चक्रवर्ती सार्वभौमो नृपोऽन्यो मण्डलेश्वरः १४७२
येनेष्टं राजसूयेन मण्डलस्येश्वरश्च यः १४७३
शास्ति यश्चाज्ञया राज्ञः स सम्राडथ राजकम् १४७४
राजन्यकं च नृपतिक्षत्रियाणां गणे क्रमात् १४७५
मन्त्री धीसचिवोऽमात्योऽन्ये कर्मसचिवास्ततः १४७६
महामात्राः प्रधानानि पुरोधास्तु पुरोहितः १४७७
द्रष्टरि व्यवहाराणां प्राड्विवाकाक्षदर्शकौ १४७८

कामः यथाविधि स्त्रीसेवनम्, अर्थः धनम्, एभिस्त्रिभिः समुदितस्त्रिवर्गः। समोक्षेकैः धर्मार्थकाममोक्षैः सुदितश्चतु**र्वर्ग** इति। तैर्धर्मादिभिः सबलैश्च**तुर्भद्र**मिति। वरस्य स्निग्धा वयस्याः **जन्याः** स्युः।।

१४६९-१७०७ मूर्धाभिषिक्तः, राजन्यः, बाहुजः, क्षत्रियः, विराट्, इति ५ **क्षत्रियस्य**।।-राजा, राट्, पार्थिवः, क्ष्माभृत्ः, नृपः भूपः, महीक्षित्, इति ७ **राज्ञः**। प्रणता अशेषसामन्तां यस्य स राजा **अधीश्वर** इति। चक्रवती, सार्व भौमः, इति २ **आसमुद्रक्षितीशस्य**। तदन्यो नृपो **मण्डलेश्वर** इति राजसूया- ख्यक्रतुविशेषेण येनेष्टं, द्वादशमण्डलस्येश्वरश्च यः, यश्च स्वाज्ञया सर्वभूपान् शास्ति, ईदृशविशेषेणत्रयेण विशिष्टो राजा **सम्राट्** स्यात्। नृपतीनां गणे **राजक**मिति एकम्। क्षत्रियाणां गणे **राजन्यक**मिति।।-मन्त्री, धीसचिवः, अमात्यः, इति ३। **बुद्धिसहायस्य**। ततो धीसचिवादन्ये कर्मोपयुक्ताः सचिवाः **कर्मसचिवाः** स्युरिति।।-महामात्राः, प्रधानानि, इति २ **मुख्यानां**

प्रतीहारो द्वारपालद्वास्थद्वास्थितदर्शकाः १४७९
रक्षिवर्गस्त्वनी कस्थोऽथाध्यक्षाधिकृतौ समौ १४८०
स्थायुकोऽधिकृतो ग्रामे गोपो ग्रामेषु भूरिषु १४८१
भौरिकःकनकाध्यक्षो रूप्याध्यक्षस्तु नैष्किकः १४८२
अन्तःपुरे त्वधिकृतः स्यादन्तर्वेशिको जनः १४८३
सौविदल्लाः कञ्चुकिनः स्थापत्याः सौविदाश्च ते १४८४
षण्ढो वर्षवरस्तुल्यो सेवकार्थ्यनुजीविनः १४८५
विषयानन्तरो राजा शत्रुर्मित्रमतः परम् १४८६
उदासीनः परतरः पार्ष्णिग्राहस्तु पृष्ठतः १४८७
रिपौ वैरिसपत्नारिद्विषद्द्वेषणदुर्हृदः १४८८
द्विड्विपक्षाहितामित्रदस्युशात्रवशत्रवः १४८९
अभिघातिपरारातिप्रत्यर्थिपरिपन्थिनः १४९०
वयस्यःस्निग्धः सवया अथ मित्रं सखा सुहृत् १४९१

राजसहायानाम्॥-पुरोधाः, पुरोहितः, इति २ **व्यवहाराणां द्रष्टरि**॥ -प्राड्विवाकः, अक्षदर्शकः, इति २ **प्राड्विवाकस्य**॥-प्रतीहारः, द्वारपालः, द्वास्थः, द्वास्थितदर्शकः, इति ४ **द्वारपालस्य**॥ रक्षिवर्गः, अनीकस्थः, इति २ **राजरक्षकगणस्य**॥अध्यक्षः, अधिकृतः, इति २ **अध्यक्षस्य**। एकस्मिन् ग्रामे अधिकृतः **स्थायुकः** स्यात्। भूरिषु ग्रामेष्विधिकृतो **गोप** इति॥-भौरिकः, कनकाध्यक्षः, इति २ **स्वर्णाध्यक्षस्य**॥ रूप्याध्यक्षः, नैष्कि कः इति २ **रूप्याधिकृतस्य**॥ अन्तः पुरेऽधिकृतो जनः **अन्तर्वेशिकः** स्यात्॥-सौविदल्लाः, कञ्चुकिनः, स्थापत्याः, सौविदाः, इति ४ **राजसन्निधिवर्तिवेत्रधारस्य**॥-शण्ढः, वर्षवरः, इति २ **अन्तःपुरचारिणःक्लीबमात्रस्य**॥-सेवकः, अर्थी, अनुजीवी, इति ३ **सेवकस्य**। विषयात् स्वदेशात् अनन्तरो राजा **शत्रुः** स्यात्। अतः शत्रोः परं **मित्रम्**। परतरः राजा उदासीनः स्यात्। पृष्ठतः वर्तमानो राजा **पार्ष्णिग्राहः**॥-रिपुः, बैरी, सपत्नः, अरिः, द्विषन्, द्वेषणः, दुर्हृद्, द्विट्, विपक्षः, अहितः, अमित्रः, दस्युः, शात्रवः, शत्रुः, अभिघातीः, परः, अरातिः, प्रत्यर्थी,

सख्यं साप्तपदीनं स्यादनुरोधोऽनुवर्तनम् १४९२
यथार्हवर्णः प्रणिधिरपसर्पश्चरः स्पशः १४९३
चारश्च गूढपुरुषश्चाप्तप्रत्ययितौ समौ १४९४
संवत्सरो ज्यौतिषिको दैवज्ञगणकावपि १४९५
स्युर्मौहूर्तिकमौहूर्तज्ञानिकार्तान्तिका अपि १४९६
तान्त्रिको ज्ञातसिद्धान्तः सत्री गृहपतिः समौ १४९७
लिपिकारोऽक्षरचणोऽक्षरचञ्चुश्च लेखके १४९८
लिखिताक्षरविन्यासे लिपिर्लिबिरुभे स्त्रियौ १४९९
स्यात्संदेशहरो दूतो दूत्यं तद्भावकर्मणी १५००
अध्वनीनोऽध्वगोऽध्वन्यःपान्थःपथिक इत्यपि १५०१
स्वाम्यमात्य सुहृत्कोशराष्ट्रदुर्गबलानि च १५०२
राज्याङ्गानि प्रकृतयः पौराणां श्रेणयोऽपि च १५०३
सन्धिर्ना विग्रहो यानमासनं द्वैधमाश्रयः १५०४

परिपन्थी, इति १९ **शत्रोः**॥-वयस्यः, स्निग्धः, सवयाः, इति ३ **तुल्यवयसः** प्रियस्य॥-मित्रम्, सखा, सुहृत्, इति ३ **मित्रस्य**॥-सख्यम्, साप्तपदीनम्, इति २ **मैत्र्याः**॥-अनुरोधः, अनुवर्तनम्, इति २ **आनुकूल्य**॥-यथार्हवर्णः, प्रणिधिः, अपसर्पः, चरः, स्पशः, चारः, गूढपुरुषः, इति ७ **चापुरुषस्य**॥-आप्तः, प्रत्ययितः, इति २ **विसंवादरहितस्य**॥-सांवत्सरः, ज्यौतिषिकः, दैवज्ञः, गणकः, मौहूर्तिकः, मौहूर्तः, ज्ञानी, कार्तान्तिकः, इति ८ **ज्यौतिषिकस्य**॥-तान्त्रिकः, ज्ञातसिद्धान्तः, इति २ **शास्त्रवेत्तुः**॥-सत्री, गृहपतिः, इति २ **गृहपतिनः**,॥-लिपिकारः, अक्षरचणः, अक्षरचुञ्चुः, लेखकः, इति ४ **लेखककस्य**॥-लिखितम् अक्षरविन्यासः, लिपिः, लिबिः, इति ४ **लिखिताक्षरस्य**॥-संदेशहरः, दूतः, इति २ **संदेशहरस्य**। तद्भावे कर्मणि च **दूत्यमिति**॥- अध्वनीनः, अध्वगः, अध्वन्यः, पान्थः, पथिकः, इति ५ **पान्थस्य**॥-स्वामी, अमात्यः, सुहृत्, कोशः, राष्ट्रम्, दुर्गम्, बलम् इति ७ **राज्याङ्गानि** एतान्येव **प्रकृति**शब्दवाच्यानि **स्युः**,पौराणां श्रेणयोऽपि **प्रकृतयः**

षड्गुणाः शक्तयस्तिस्त्रः प्रभावोत्साहमन्त्रजाः १५०५
क्षयः स्थानं च वृद्धिश्च त्रिवर्गो नीतिवेदिनाम् १५०६
स प्रतापः प्रभावश्च यत्तेजः कोषदण्डजम् १५०७
सामदाने भेददण्डमित्युपायचतुष्टयम् १५०८
साहसं तु दमो दण्डः साम सन्त्वमथो समौ १५०९
भेदोपजापावुपधा धर्माद्यैर्यत्परीक्षणम् १५१०
पञ्च त्रिष्वषडक्षीणो यस्तृतीयाद्यगोचरः १५११
विविक्तविजनच्छन्ननिःशलाकास्तथा रहः १५१२
रहश्चोपांशु चालिङ्गे रहस्यं तद्भवे त्रिषु १५१३
समौ विस्त्रम्भविश्वासौ भ्रेषो भ्रंशो यथोचितात् १५१४
अभ्रेषन्यायकल्पास्तु देशरूपं समञ्जसम् १५१५
युक्तमौपयिकं लभ्यं भजमानाभिनीतवत् १५१६

स्युः। संधिः, विग्रहः, यानम्, आसनम्, द्वैधम्, आश्रयः, इति ६ **गुणाः**॥-प्रभावः, उत्साहः, मन्त्रजः, इति ३ **शक्तयः**। क्षयः, स्थानम्, वृद्धिः, इति ३ **नीतिवेदिनां त्रिवर्गः**। कोशदण्डतेजोभ्यो जातः **प्रतापः**, **प्रभावः**, इति २॥-भेदः, दण्डः, साम, दानम्, इति ४ **उपाय- चतुष्टयम्**॥-साहसम्, दमः, दण्डः, इति ३ **दण्डस्य**॥-साम, सान्त्वम्, इति २ **साम्नः**॥-भेदः, उपजापः, इति २ **संहतयोर्द्वैधीकरणस्य**। धर्मार्थकामैः भयेन च परीक्षणं सा **उपधा** स्यात्। अथाषडक्षीणादिनिःशलाकान्ताःपञ्च शब्दास्त्रिषु वाच्यलिङ्गाः। यस्तृतीयाद्यगोचरो मन्त्रादिः स **अषडक्षीण** इति॥-विविक्तः, विजनः, छन्नः, निः शलाकः, रहः, रहः, उपांशु, इति ७ **विजनस्य**। रहःउपांशु, इति द्वे अलिङ्गे अव्यये। तद्भवे रहोभवे **रहस्यमिति**। त्रिषु॥-विस्त्रम्भः, इति २ **विश्वासस्य**। यथोचितादभ्रंशः पतनं **भ्रेष** इति॥- अभ्रेषः, न्यायः, कल्पः, देशरूपम्, समञ्जसम्, इति ५ **नीतेः**॥-युक्तम्, औपयिकम्, लभ्यम्, भजमानम्, अभिनीतम्, न्याय्यम्, इति ६ **न्यायादनपेतस्य द्रव्यादेः**। एते षडपि त्रिषु॥-संप्रधारणा, समर्थनम् ,इति २ **युक्तायुक्तपरीक्षायाः**॥-अववादः,

न्याय्यं च त्रिषु षट् सम्प्रधारणा तु समर्थनम् १५१७
अववादस्तु निर्देशो निदेशः शासनं च सः १५१८
शिष्टिश्चाज्ञा च संस्था तु मर्यादा धारणा स्थितिः १५१९
आगोऽपराधो मन्तुश्च समे तूद्दानबन्धने १५२०
द्विपाद्यो द्विगुणो दण्डो भागधेयः करो बलिः १५२१
घट्टादिदेयं शुल्कोऽस्त्री प्राभृतं तु प्रदेशनम् १५२२
उपायनमुपग्राह्यमुपहारस्तथोपदा १५२३
यौतुकादि तु यद्देयं सुदायो हरणं च तत् १५२४
तत्कालस्तु तदात्वं स्यादुत्तरः काल आयतिः १५२५
सांदृष्टिकं फलं सद्य उदर्कः फलमुत्तरम् १५२६
अदृष्टं वह्नितोयादि दृष्टं स्वपरचक्रजम् १५२७
महीभुजामहिभयं स्वपक्षप्रभवं भयम् १५२८
प्रक्रिया त्वधिकारः स्याच्चामरं तु प्रकीर्णकम् १५२९

निर्देशः, निदेशः, शासनम्, शिष्टिः, आज्ञा, इति ६ **कर्माज्ञापनस्य**।।-संस्था, मर्यादा, धारणा, स्थितिः, इति ४ **न्याय्यमार्गस्थितेः**।।- आगः, अपराधः, मन्तुः, इति ३ **अपराधस्य**। आगः सान्तम्।। उद्दानम्, बन्धनम्, इति २ **बन्धनस्य**। द्विगुणो दण्डो **द्विपाद्यः स्यात्**।।-भागधेयः, करः, बलिः, इति ३ **कर्षकादिभ्यो राजग्राह्यभागस्य**। घट्टगुल्मप्रतोल्यादिषु यद्देयं स **शुल्कः** स्यात्।।-प्राभृतम्, प्रदेशनम्, उपायनम्, उपग्राह्यम्, उपहारः, उपदा, इति ६ **उपायनस्य**। यौतकादि बन्धुदेयादि च यद्देयं तत्**सुदायः, हरणम्,** इत २।। तत्कालः, तदात्वम्, इति २ **वर्तमानकालस्य**। उत्तर आगामी काल **आयतिः** स्यात्। यत्सद्यः फलं तत्**सांदृष्टिक**मिति। उत्तरं भावि फलं **उदर्क** : स्यात्। वह्नितोयमतिवृष्ठयादिकृतं यद्भयं **अदृष्टमिति।** स्वपराष्ट्रजन्यं यद्भयं तत् **दृष्टम्** राज्ञां स्वपक्षप्रभवं भयं **अहिभयं** स्यात्।।-प्रक्रिया, अधिकारः, इति २ **व्यवस्थास्थापनस्य**।।-चामरम्, प्रकीर्णकम्, इति २ **चामरस्य**।।-नृपासनम्, भद्रासनम्, इति २ **मण्यादिकृतराजासनस्य**।

नृपासनं यत्तद्भद्रासनं सिंहासनं तु तत् १५३०
हैमं छत्रं त्वातपत्रं राज्ञस्तु नृपलक्ष्म तत् १५३१
भद्रकुम्भः पूर्णकुम्भो भृङ्गारः कनकालुका १५३२
निवेशः शिबिरं षण्ढे सज्जनं तूपरक्षणम् १५३३
हस्त्यश्वरथपादातं सेनाङ्गं स्याच्चतुष्टयम् १५३४
दन्ती दन्तावलो हस्ती द्विरदोऽनेकपो द्विपः १५३५
मतङ्गजो गजो नागः कुञ्जरो वारणः करी १५३६
इभः स्तम्बेरमः पद्मी यूथनाथस्तु यूथपः १५३७
मदोत्कटो मदकलः कलभः करिशावकः १५३८
प्रभिन्नो गर्जितो मत्तः समावुद्धान्तनिर्मदौ १५३९
हास्तिकं गजता वृन्दे करिणी धेनुका वशा १५४०
गण्डः कटो मदो दानं वमथुः करशीकरः १५४१
कुम्भौ तु पिण्डौ शिरसस्तयोर्मध्ये विदुःपुमान् १५४२
अवग्रहो ललाटं स्यादीषिका त्वक्षिकूटकम् १५४३

तन्नृपासनं स्वर्णनिर्मितं चेत्सिंहासनं स्यात्।।-छत्रम्, आतपत्रम्, इति २ छत्रस्य। राज्ञश्चेच्छत्रं तर्हि **नृपलक्ष्म** स्यात्।। भद्रकुम्भः, पूर्णकुम्भः, इति २ **पूर्णघटस्य**।।-भृङ्गारः, कनकालुकाः, इति २ **स्वर्णरचितपात्रविशेषस्य**।।-निवेशः, शिबिरम्, इति २ **सैन्यवासस्थानस्य**।।-सज्जनम्, उपरक्षणम्, इति २ **सैन्यरक्षणाय नियुक्तप्रहरिकादिविन्यासस्य**। हस्त्यादिचतुष्टयं:, **सेनाङ्गं** स्यात्।।-दन्ती, दन्तावलः, हस्ती, द्विरदः, अनेकपः, द्विपः, मतङ्गजः गजः, नागः, कुञ्जरः, वारणः, करी इभः, स्तम्बेरमः, पद्मी, इति १५ **हस्तिनः**।।-यूथनाथः, यूथपः, इति २ **यूथमुख्यस्य गजस्य**।।-मदोत्कटः, मदकलः, इति २ **मदोन्मत्तस्य**।।-कलभः, करिशावकः, इति २ **करिपोतस्य**।।-प्रभिन्नः, गर्जितः, मत्तः, इति ३ **क्षरन्मदस्य**।।-उद्घान्तः, निर्मदः, इति २ **गतमदस्य**।।-हास्तिकम्, गजता, इति २ **हस्तिनां वृन्दे**।।-करिणी, धेनुका, वशा, इति ३ **हस्तिन्याः**। हस्तिनो गण्डः कपोलः **कट** : स्यात्।।-मदः, दानम्, इति २ **मदोदकस्य**।। वमथुः, करशीकरः, इति ४ **करिकरान्निर्गतजलकणस्य**। शिरसः पिण्डौ **कुम्भै** स्याताम्। तयोः कुम्भयोर्मध्ये आकाशस्थानं **विदुः**

अपाङ्गदेशो निर्याणं कर्णमूलं तु चूलिका १५४४
अधः कुम्भस्य वाहित्थं प्रतिमानमधोऽस्य यत् १५४५
आसनं स्कन्धदेशः स्यात्पद्मकं बिन्दुजालकम् १५४६
पार्श्वभागः पक्षभागो दन्तभागस्तु योऽग्रतः १५४७
द्वौ पूर्वपश्चाज्जङ्घादिदेशौ गात्रावरे क्रमात् १५४८
तोत्रं वेणुकमालानं बन्धस्तम्भेऽथ शृङ्खले १५४९
अन्दुको निगडोऽस्त्री स्यादङ्कुशोऽस्त्रीसृणिः स्त्रियाम् १५५०
दूष्या कक्ष्या वरत्रा स्यात्कल्पना सज्जना समे १५५१
प्रवेण्यास्तरणं वर्णः परिस्तोमः कुथो द्वयोः १५५२
वीतं त्वसारं हस्त्यश्वं वारी तु गजबन्धनी १५५३
घोटके वीतितुरगतुरंगाश्वतुरंगमाः १५५४
वाजिवाहार्वगन्धर्वहयसैन्धवसप्तयः १५५५
आजानेयाः कुलीनाः स्युर्विनीताः साधुवाहिनः १५५६
वनायुजाः परासीकाः काम्बोजा बाह्लिका हयाः १५५७

स्यात्। गजस्य ललाटं **अवग्रहः**।।-ईषिका अक्षिकूटकम्, इति २ **नेत्रगोलकस्य**। हस्तिनः अपाङ्गदेशे **निर्याणम्**। कर्णस्य मूलं **चूलिका** स्यात्। कुम्भस्याधोभागे **वाहित्थम्**। इदं ललाटस्याप्यधः। अस्य वाहित्थस्याधोभागे दन्तयोर्मध्यं **प्रतिमानं** स्यात्। गजस्य स्कन्धदेश **आसनम्**। बिन्दुजालकं **पद्मकं** स्यात्। गजस्य पार्श्वभागः **पक्षभागः** स्यात्। अग्रतो यो भागः सः **दन्तभागः** स्यात्। हस्तिनः पूर्वजङ्घादिदेशो **गात्र** स्यात्। पश्चाज्जङ्घादिदेशो**ऽवरं** स्यात्। तोत्रम्, वेणुकम्, इति तोत्रयम्, इति २ **तोदनदण्डस्य**। बन्धनाधारस्तम्भे **आलान**मिति ।।-शृङ्खलम्, अन्दुकः, निगडः, इति ३ **शृङ्खलस्य**।।-अङ्कुशः, सृणिः, इति २ **अङ्कुशस्य**। सृणिः स्त्रियाम्।।-दूष्या, कक्ष्या, वरत्रा, इति ३ **मध्यबन्धनोपयोगिन्याश्चर्मरज्जवाः**।।-कल्पना, सज्जना, इति २ **नायकारोहणार्थे गजसज्जीकरणे**।।-प्रवेणी, आस्तरणम्, वर्णः, परिस्तोमः, कुथः, इति ५ **गजपृष्ठवर्तिन आस्तरणस्य**। स्त्रियां तु कुथा। यत् असारं हस्त्यश्वं **तद्वीत**मुच्यते। गजबन्धनी गजालानभू **वारी** इति। **गजबन्धनस्थानस्य**।।-घोटकः, वीतिः, तुरगः, तुरंगः, अश्वः, तुरंगमः, वाजी, वाहः, अर्वा, गन्धर्वः, हयः, सैन्धवः, सप्तिः, इति

ययुरश्वोऽश्वमेधीयो जवनस्तु जवाधिकाः १५५८
पृष्ठ्यः स्थौरी सितःकर्को रथ्यो वोढा रथस्य यः १५५९
बालः किशोरो वाम्यश्वा वडवा वाडवं गणे १५६०
त्रिष्वाश्वीनं यदश्वेन दिनेनैकेन गम्यते १५६१
कश्यं तु मध्यमश्वानां हेषा ह्रेषा च निस्वनः १५६२
निगालस्तु गलोद्देशो वृन्दे त्वश्वीयमाश्ववत् १५६३
आस्कन्दितं धौरितकं रेचितं वल्गितं प्लुतम् १५६४
गतयोऽमूः पञ्च धारा घोणा तु प्रोथमस्त्रियाम् १५६५
कविका तु खलीनोऽस्त्री शफं क्लीबे खुरः पुमान् १५६६
पुच्छोऽस्त्री लूमलाङ्गूले वालहस्तश्च वालधिः १५६७
त्रिषूपावृत्तलुठितौ परावृत्ते मुहुर्भुवि १५६८
याने चक्रिणि युद्धार्थे शताङ्गः स्यन्दनो रथः १५६९
असौ पुष्परथश्चक्रयानं न समराय यत् १५७०
कर्णीरथः प्रवहणं डयनं च समं त्रयम् १५७१
क्लीबेऽनः शकटोऽस्त्री स्याद्गन्त्री कम्बलिवाह्यकम् १५७२

घोटकस्य। ये कुलीना अश्वास्ते **आजानेयाः**। ये साधुवाहिनः ते **विनीताः** स्युः।।–वनायुजाः, पारसीकाः, कम्बोजाः, बाह्लिकाः, इति ४ **तत्तद्देशजाश्ववानम्।** योऽश्वमेधीयोऽश्वः स ययुरिति। यो जवेनाधिकः स **जवनः।।**– पृष्ठ्यः, सथौरी, इति २ **जलादिभार**वाहिनोऽश्वस्य। सितोऽश्वः **कर्क** इति, यो रथस्य वोढा स **रथ्य** इति। अस्य वालः **किशोरः।।**–वामी, अश्वा, बडवा, इति ३ **अश्वायाः**। गणे वडवानां समुहे **वाडवम्**।।–अश्वेन एकेन दिनेन गम्यते यद्वर्त्म **तदाश्वीनम्।** त्रिषु। अश्वानां मध्यं **कश्यम्** स्यात्। अश्वस्य निस्वनः शब्दः **हेषा, ह्रेषा**, इति २ गलोद्देशः **निगालः** स्यात्। अश्वीयम्, आश्वम्, इति २ **अश्वानां वृन्दे**।।– आस्कन्दितम्, धौरितकम्, रेचितम्, बल्गितम्, प्लुतम् अमूः आस्कन्दिताद्याः अश्वानां ५ गतयः **धाराख्याः**।। अश्वस्य घोणा नासिका **प्रोथ**मिति।।–कविका, खलीनः, इति २ **लोहादिनिर्मितस्य अश्वमुखमध्ये निहितस्य**।।–शफम्, खुरः, इति २ **खुरस्य।।**–पुच्छः, लूमम्, लाङ्गूलम् इति ३ **पुच्छस्य**।।–वालहस्तः, वालधिः, इति २ **केशसमूहयुक्तस्य पुच्छाग्रभागस्य**।।–उपावृत्तः, लुठितः,

शिबिका याप्ययानं स्याद्दोला प्रेङ्खादिका स्त्रियाम् १५७३
उभौ तु द्वैपवैयाघ्रौ द्वीपिचर्मावृते रथे १५७४
पाण्डुकम्बलसंवीतः स्यन्दनः पाण्डुकम्बली १५७५
रथे काम्बलवास्त्राद्याः कम्बलादिभिरावृते १५७६
त्रिषु द्वैपादयो रथ्या रथकट्या रथव्रजे १५७७
धूः स्त्री क्लीबे यानमुखं स्याद्रथाङ्गमपस्करः १५७८
चक्रं रथाङ्गं तस्यान्ते नेमिः स्त्री स्यात्प्रधिः पुमान् १५७९
पिण्डिका नाभिरक्षाग्रकीलके तु द्वयोरणिः १५८०
रथगुप्तिर्वरूथो ना कूबरस्तु युगन्धरः १५८१
अनुकर्षो दार्वधःस्थं प्रासङ्गो ना युगाद्युगः १५८२
सर्वं स्याद्वाहनं यानं युग्यं पत्रं च धोरणम् १५८३
परम्परावाहनं यत्तद्वैनीतकमस्त्रियाम् १५८४

इति २ **लुठितस्याश्वस्य।** युद्धमर्थः यस्य तस्मिन् चक्रयुक्ते याने **शताङ्गः**, **स्यन्दनः**, **रथः**, इति ३ यच्चक्रयुतं यानं समराय न भवति असौ **पुष्यरथः** स्यात्।। -कर्णीः, प्रवहणम्, डयनम्, इति ३ **स्त्रीणां वाहनार्थंकृतरथ-विशेषस्य।।**-अनः, शकटः, इति २ **शकटस्य।** अनः सान्तं क्लीबे। शकटः पुंनपुंसकयोः। कम्बलिभिर्वाह्यं यच्छकटं सा **गन्त्री।।**-शिबिका, याप्ययानम्, इति २ **पुरुषवाह्यस्य यानस्य।।**-दोला, प्रेङ्खा, इति २ **दोलायाः** आदि-शब्दाच्छयनखट्वाह्यादि दोला। द्वीपी व्याघ्रस्तच्चर्मणा प्रावृते रथे **द्वैपः**, **वैयाघ्रः** इति २ पाण्डुकम्बलेन प्रावृतो रथः **पाण्डुकम्बलीति** कम्बलादिभिरावृते रथे **काम्बलः**, **वास्त्रः**, इति २।।-श्रथ्या, रथकट्या, इति २ **रथसमूहे।।**-धूः, यानमुखम् इति २ **रथादेरग्रभागस्य।।**-रथाङ्गम्।। अपस्करः, इति २ **रथावयव-मात्रस्य।।**- चक्रम्, रथाङ्गम् , इति २ **चक्रस्य।।-नेमिः**, **प्रधिः**, इति २ **चक्रस्यान्तस्य।।**-पिण्डिका, नाभिः, इति २ **चक्रमध्यस्य। अक्षस्याग्रे** यत्कीलकमारोप्यते तत्र **अणिरिति।** स्त्रीपुसंयोः।।-रथगुप्तिः, वरूथः, इति २ **वरूथस्य।** ना पुमान्।।-कूबरः, युगन्धरः, इति २ **रथस्याश्वबन्धनकाष्ठस्य।** रथाधःस्थं काष्ठं **अनुकर्षः।** युगाद्युगः प्रासङ्ग इति। ना पुमान्। सर्वं

आधोरणा हस्तिपका हस्त्यारोहा निषादिनः १५८५
नियन्ता प्राजिता यन्ता सूतः क्षत्ता च सारथिः १५८६
सव्येष्ठदक्षिणस्थौ च संज्ञा रथकुटुम्बिनः १५८७
रथिनः स्यन्दनारोहा अश्वारोहास्तु सादिनः १५८८
भटायोधाश्च योद्धारः सेनारक्षास्तु सैनिकाः १५८९
सेनायां समवेता ये सैन्यास्ते सैनिकाश्च ते १५९०
बलिनो ये सहस्रेण साहस्रास्ते सहस्रिणः १५९१
परिधिस्थः परिचरः सेनानीर्वाहिनीपतिः १५९२
कञ्चुको वारबाणोऽस्त्री यत्तु मध्ये सकञ्चुकाः १५९३
बध्नन्ति तत्सारसनमधिकाङ्गोऽथ शीर्षकम् १५९४
शीर्षण्यं च शिरस्त्रेऽथ तनुत्रं वर्म दंशनम् १५९५
उरश्छदः कङ्कटको जगरः कवचोऽस्त्रियाम् १५९६
आमुक्तः प्रतिमुक्तश्च पिनद्धश्चापिनद्धवत् १५९७

हस्त्यश्वादिवाहनं **यानादिशब्दवाच्यम्**।।-यानम्, युग्यम्, पत्रम्, घोरणम्, इति ४ यत्परम्परावहनं शिबिकादि तत् **वैनीतकं** स्यात्।।-आधोरणाः, हस्तिपकाः, हस्त्यारोहा, निषादिनः, इति ४ **हस्तिपकेषु**।।-नियन्ता, प्राजिता, यन्ता, सूतः, **क्षत्ता**, सारथिः, सव्येष्ठः, दक्षिणस्थः, इति ८ **रथकुटुम्बिनः**।।-रथिनः, स्यन्दनारोहाः, इति २ **रथानारुह्य युध्यताम्**।।-अश्वारोहाः, सादिनः, इति २ **अश्ववाराणाम्**।।-भटः, योधः, योद्धा, इति ३ **योद्धुः**।।-सेनारक्षाः, सैनिकाः, इति २ **सेनारक्षक्राणाम्**। ये सेनायां समवेतास्ते समवेतास्ते **सैन्याः**, **सैनिकाः**, इति २। ये सहस्त्रोण बलिनस्ते **साहस्राः**, **सहस्रिणः**, इति २।।-परिधिस्थः, परिचरः, इति २ **दण्डनायकस्य**।।-सेनानीः, वाहिनीपतिः, इति २ **सेनापतेः**।।-कञ्चुकः, वारबाणः, इति २ **सन्नाहस्य चोलकादेः**। सकञ्चुकाः पुरुषा मध्ये यद्बहनन्ति **तत्सारसनम्**, **अधिकाङ्गः**, इति।। शीर्षकम् शीर्षकम्, शीर्षण्यम्, शिरस्त्रम्, इति ३ **शिरस्त्रस्य**।।-तनुत्रम्, वर्म, दंशनम्, उरश्छदः, कङ्कटकः, जगरः, कवचः, इति ७ **कवचस्य**।।-आमुक्तः, प्रतिमुक्तः, पिनद्धः, अपिनद्ध इति ४ **परिहितकञ्चुकादेः**।।-संनद्धः,

संनद्धो वर्मितः सज्जो दंशितो व्यूढकङ्कटः १५९८
त्रिष्वामुक्तादयो वर्मभृतां कावचिकं गणे १५९९
पदातिपत्तिपदगपादातिकपदाजयः १६००
पद्गश्च पदिकश्चाथ पादातं पत्तिसंहतिः १६०१
शस्त्राजीवे काण्डपृष्ठायुधीयायुधिकाः समाः १६०२
कृतहस्तः सुप्रयोगविशिखः कृतपुङ्खवत् १६०३
अपराद्धपृषत्कोऽसौ लक्ष्याद्यश्च्युतसायकः १६०४
धन्वी धनुष्मान्धानुष्को निषङ्ग्यस्त्री धनुर्धरः १६०५
स्यातकाण्डवांस्तु काण्डीरः शाक्तीकः शक्तिहेतिकः १६०६
याष्टीकपारश्वधिकौ यष्टिपर्श्वधहेतिकौ १६०७
नैस्त्रिंशिकोऽसिहेतिः स्यात्समौ प्रासिककौन्तिकौ १६०८
चर्मी फलकपाणिः स्यात्पताकी वैजयन्तिकः १६०९
अनुप्लवः सहायश्चानुचरोऽभिचरः समाः १६१०

वर्मितः, सज्जः, दंशितः, व्यूढकङ्कटः, इति ५ **कवचभृतः**। आमुक्तादयस्त्रिषु। वर्मभृतां कवचिनां गणे **कावचिक**मिति। पदातिः, पत्तिः, पद्गः, पादातिकः, पदाजिः, पद्गः, पदिकः, इति ७ **पदाते**ः। पत्तिसंहतिः **पादात**मिति॥–शस्त्राजीवः, काण्डपृष्ठः, आयुधीयः, आयुधिकः, इति ४ **आयुधजीविनः**॥–कृतहस्तः, सुप्रयोगविशिखः, कृतपुङ्खः, इति ३ **शनिक्षेपनिष्णातस्य**। लक्ष्याद्वेध्यात् च्युतः सायको यस्य सोऽ**पराद्धपृषत्कः** स्यात्॥–धन्वी, धनुष्मान्, धानुष्कः, निषङ्गी, अस्त्री, धनुर्धर, इति ६ **धनुधरस्य**॥–काण्डवान्, काण्डीरः, इति २ **शरधारिणः**॥–शाक्तीकः, शक्तिहेतिकः, इति २ **शक्त्यायुधधारिणः**। यष्टिहेतिका **याष्टीकः**। परश्वधः, परशुः हेतिर्यस्य सः **पारश्वधिकः** स्यात्॥–असिः हेतिर्यस्य स **नैस्त्रिंशिकः**॥ प्रासिकः, कौन्तिकः इति २ **तत्तदायुधधारिणः**। चर्मी, फलकपाणिः, इति २ **चर्मधारिणः**॥ पताकी, वैजयन्तिः, इति २ **पताकां बिभ्रतः**॥–अनुप्लवः, सहायः, अनुचरः, अभिसारः, इति ४ **अनुचरस्य**॥–पुरोगः, अर्ग्रसरः, प्रष्ठः, अग्रतः सरः,

पुरोगाग्रेसरप्रष्ठाग्रतःसरपुरःसराः १६११
पुरोगमः पुरोगामी मन्दगामी तु मन्थरः १६१२
जङ्घालोऽतिजवस्तुल्यौ जिङ्घाकरिकजाङ्घिकौ १६१३
तरस्वी त्वरितो वेगी प्रजवी जवनो जवः १६१४
जय्यो यः शक्यते जेतुं जेयो जेतव्यमात्रके १६१५
जैत्रस्तु जेता यो गच्छत्यलं विद्विषतः प्रति १६१६
सोऽभ्यमित्र्योऽभ्यमित्रीयोऽप्यभ्यमित्रीण इत्यपि १६१७
ऊर्जस्वलः स्यादूर्जस्वी य ऊर्जातिशयान्वितः १६१८
स्यदुरस्वानुरसिलो रथिनो रथिरो रथी १६१९
कामंगाम्यनुकामीनो ह्यत्यन्तीनस्तथा भृशम् १६२०
शूरो वीरश्च विक्रान्तो जेता जिष्णुश्च जित्वरः १६२१
सांयुगीनो रणे साधुः शस्त्राजीवादयस्त्रिषु १६२२
ध्वजिनी वाहिनी सेना पृतनाऽनीकिनी चमूः १६२३
वरूथिनी बलं सैन्यं चक्रं चानीकमस्त्रियाम् १६२४

पुरः सरः, पुरोगमः, पुरोगामी, इति ७ **पुरोगामिनः**।।-मन्दगामी, मन्थरः, इति २ **मन्थरस्य**।।-जङ्घाल, अतिजवः, इति २ **अतिवेगवतः**।।-जङ्घाकरिकः, जाङ्घिकः, इति २ **जङ्घबलजीविनः**।।-तरस्वी, त्वरितः, वेगी, प्रजवी, जवनः, जवः, इति ६ **त्वरितमात्रस्य**।। यो जेतु शक्यते स **जय्यः**। **जेय** इति जेतव्यमात्रके।।-जैत्रः, जेता, इति २ **जेतुः**। यो विद्विषतः प्रति अलं योद्धुं गच्छति स **अभ्यमित्र्यः**, **अभ्यमित्रीयः**, **अभ्यमित्रीणः**, इति ३। य ऊर्जस्यातिशयेन युक्त : स **ऊर्जस्वलः**, **ऊर्जस्वी**, इति २।।-उरस्वान् उरसिलः, इति२ **विशालवक्षसः**।।-रथिकः, रथिरः, रथी, इति ३ **रथस्वामिनः**। यः कामंगामी **सोऽनुकामीनः** स्यात्। यो भृशं गमी **सोऽत्यन्तीनः**।।-शूरः, वीरः विक्रान्तः, इति ३ **शूरस्य**।।-जेता, जिष्णुः, जित्वरः, इति ३ **जयनशीलस्य**। रणे साधुः **सांयुगीनः**। शस्त्राजीवादयः सांयुगीनान्तास्त्रिषु।।-ध्वजिनी, वाहिनी, सेना, पृतना, अनीकनी, चमूः, वरूथिनी, बलम्, सैन्यम्, चक्रम्, अनीकम्, इति ११ **सेनायाः**।।-ब्लस्य युद्धार्थे विन्यासो **व्यूह** इतिः युधि दण्डादयो

व्यूहस्तु बलविन्यासो भेदा दण्डादयो युधि　　　　१६२५
प्रत्यासारो व्यूहपार्ष्णिः सैन्यपृष्ठे प्रतिग्रहः　　　　१६२६
एकेभैकरथा त्र्यश्वा पत्तिः पञ्चपदातिका　　　　१६२७
पत्त्यङ्गैस्त्रिगुणैः सर्वैः क्रमादाख्या यथोत्तरम्　　　　१६२८
सेनामुखं गुल्मगणौ वाहिनी पृतना चमूः　　　　१६२९
अनीकिनी दशानीकिन्यक्षौहिण्यथ सम्पदि　　　　१६३०
सम्पत्तिः श्रीश्च लक्ष्मीश्च विपत्त्यां विपदापदौ　　　　१६३१
आयुधं तु प्रहरणं शस्त्रमस्त्रमथास्त्रियौ　　　　१६३२
धनुश्चापौ धन्वशरासनकोदण्डकार्मुकम्　　　　१६३३
इष्वासोऽप्यथ कर्णस्य कालपृष्ठं शरासनम्　　　　१६३४
कपिध्वजस्य गाण्डीवगाण्डिवौ पुंनपुंसकौ　　　　१६३५
कोटिरस्याटनी गोधे तले ज्याघातवारणे　　　　१६३६
लस्तकस्तु धनुर्मध्यं मौर्वीज्या शिञ्जिनी गुणः　　　　१६३७
स्यात्प्रत्यालीढमालीढमित्यादि स्थानपञ्चकम्　　　　१६३८

व्यूहस्य भेदाः। प्रत्यासारः, व्यूहपार्ष्णिः, इति २ **व्यूहपश्चाद्भागस्य**।।-सैन्यपृष्ठः, प्रतिग्रहः, इति २ **सेनायाः पश्चाद्भागस्य**। एकेभा, एकरथा, त्र्यश्वा, पञ्चपदातिका सेना **पत्तिः** स्यात्। पत्त्यङ्गैः **त्रिगुणैर्यथोत्तरं** क्रमात्सेनामुखादय आख्याः स्युः।। तद्यथा-सेनामुखम्, गुल्मः, गणः, वाहिनी, पृतना, चमूः, अनीकिनी, दशानीकिनी, अक्षौहिणी, इति।।-संपत् संपत्तिः, श्रीः, लक्ष्मीः, इति ४ **संपदः**।। विपत्तिः, विपत्ः, आपत्, इति ३ **आपदः**।।-आयुधम्, प्रहरणम्, शस्त्रम्, अस्त्रम् इति ४ **शस्त्रमात्रस्य**।।-धनुः, चापः, धन्वः, शरासनम्, कोदण्डम्, कार्मुकम्, इष्वासः, इति ७ **धनुषः**। तत्र धनुश्चापे क्लीबे पुंसि च। कर्णस्य धनुः **कालपृष्ठं** स्यात्।।-गाण्डीवः, गाण्डिवः, इति २ **अर्जुनस्य धनुषि**। क्लीबेऽपि। कोटिः, अटनी, इति २ **धनुषः प्रान्ते**।।-गोधा, तलम्, इति २ **ज्याघातवारणस्य**। धनुषो मध्यं **लस्तक** इति।।-मौर्वी, ज्या, शिञ्जिनी, गुणः, इति ४ **धनुर्गुणस्य**। प्रत्यालीढं इत्यादयः पञ्च धनुर्धराणां स्थितिभेदाः। आदिना समपदम् वैशाखम्, मण्डलं

लक्षं लक्ष्यं शरव्यं च शराभ्यास उपासनम् १६३९
पृषत्कबाणविशिखा अजिह्मगखगाशुगाः १६४०
कलम्बमार्गणशराः पत्री रोप इषुर्द्वयोः १६४१
प्रक्ष्वेडनास्तु नाराचाः पक्षो वाजस्त्रिषूत्तरे १६४२
निरस्तः प्रहिते बाणे विषाक्ते दिग्धलिप्तकौ १६४३
तूणोपासङ्गतूणीरनिषङ्गा इषुधिर्द्वयोः १६४४
तूण्यां खड्गे तु निस्त्रिंशचन्द्रहासाऽसिरिष्टयः १६४५
कौक्षेयको मण्डलाग्रः करवालः कृपाणवत् १६४६
त्सरुः खड्गादिमुष्टौ स्यान्मेखला तन्निबन्धनम् १६४७
फलकोऽस्त्री फलं चर्म संग्राहो मुष्टिरस्य यः १६४८
द्रुघणो मुद्गरघनौ स्यादीली करवालिका १६४९
भिन्दिपालः सृगस्तुल्यौ परिघः परिघातिनः १६५०
द्वयोः कुठारः स्वधितिः परशुश्च परश्वधः १६५१

च॥-लक्षम्, लक्ष्यम्, शरव्यम् इति ३ **वेध्यस्य**॥-शराभ्यासः, उपासनम्, इति २ **शरक्षेपाभ्यासस्य**॥-पृषत्कः, बाणः, विशिखः, अजिह्मगः, खगः, आशुगः, कलम्बः, मार्गणः, शरः, पत्री, रोपः, इषुः, इति १२ **वाणस्य**। तत्रेषुः स्त्रीपुंसयोः॥-प्रक्ष्वेडनः, नाराचः, इति २ **लोहभयस्य बाणस्य**॥-पक्षः, वाजः, इति २ **कङ्कादिपक्षस्य**। उत्तरे निरस्तादिलिप्तकान्तास्त्रिषु। प्रहिते बाणे **निरस्त** इति २॥ विषाक्तः, दिग्धः, लिप्तकः, इति ३ **विषाक्ते बाणे**॥-तूणः, उपासङ्गः, तूणीरः, निषङ्गः, इषुधिः, तूणीः, इति ६ **इषुधेः**। स्त्रीपुंसयोः॥-खड्गः, निस्त्रिंशः, चन्द्रहा सः, असिः, रिष्टिः, कौक्षेयकः, मण्डलाग्रः, करवालः, कृपाणः, इति ९ **खड्गस्य**। खड्गस्य मुष्टौ **त्सरुरिति**। तस्य खड्गस्य मुष्टेः निबन्धनं **मेखला** स्यात्॥-फलकः, फलम्, चर्म, इति ३ **चर्मणः**॥-अस्य फलकस्य यो मुष्टिः स **संग्राहः**॥-द्रुघणः, मुद्ररः, घनः, इति ३ **मुद्गरस्य**॥-ईली, करवालिका, इति २ **ह्रस्वखड्गाकृतेरेकधारस्य शस्त्रस्य**॥-भिन्दिपालः, सृगः, इति २ **अश्मप्रक्षेपसाधनस्य**॥-परिघः, परिघातिनः, इति २ **लोहबद्धहस्तप्रमाणलगुडस्य**॥-कुठारः, स्वधितिः, परशुः, परश्वधः,

स्याच्छस्त्री चासिपुत्री च छुरिका चासिधेनुका १६५२
वा पुंसि शल्यं शङ्कुर्ना सर्वला तोमरोऽस्त्रियाम् १६५३
प्रासस्तु कुन्तः कोणस्तु स्त्रियःपाल्यश्रिकोटयः १६५४
सर्वाभिसारः सर्वौघः सर्वसन्नहनार्थकः १६५५
लोहाभिसारोऽस्त्रभृतां राज्ञां नीराजनाविधिः १६५६
यत्सेनयाभिगमनमरौ तदभिषेणनम् १६५७
यात्रा व्रज्याऽभिनिर्याणं प्रस्थानं गमनं गमः १६५८
स्यादासारः प्रसरणं प्रचक्रं चलितार्थकम् १६५९
अहितान्प्रत्यभीतस्य रणे यानमभिक्रमः १६६०
वैतालिका बोधकराश्चाक्रिका घाण्टिकार्थकाः १६६१
स्युर्मागधास्तु मगधा बन्दिनः स्तुतिपाठकाः १६६२
संशप्तकास्तु समयात्संग्रामादनिवर्तिनः १६६३

इति ४ **कुठारस्य**।।-तत्र कुठारः स्त्रीपुंसयोः।।-शस्त्री असिपुत्री, छुरिका, असिधेनुका, इति ४ **छुरिकायाः**।।-शल्यम्, शङ्कुः, इति २ **बाणाग्रस्य**। ना पुमान्।।-**सर्वला**, तोमरः, इति २ **मन्थदण्डाकारशस्त्रभेदस्य**।। प्रासः, कुन्तः, इति २ **प्रासस्य**।। कोणः, पालिः, अश्रिः, कोटिः, इति ४ **खड्गादिप्रान्तभागस्य**।।-सर्वाभिसारः, सर्वौघः, सर्वसंनहनम्, इति ३ **चतुरङ्गसैन्यसंनहनस्य**। अस्त्रभृतां राज्ञां नीराजने शस्त्रादिसमर्पणविधिः स **लोहाभिसार** इति। अरौ यत्सेनया सहाभिगमनं तद**भिषेणनं** स्यात्।। यात्रा, व्रज्या अभिनिर्याणम्, प्रस्थानम्, गमनम्, गमः, इति ६ **प्रयाणस्य**।। आसारः, प्रसरणम्, इति २ **सैन्यस्य सर्वतो व्याप्तेः**।। प्रचक्रम्, चलितम् इति २ **प्रस्थितसैन्यस्य**। रणे अहितान्प्रति भयरहितस्य शूरस्य यद्गमनं सो**ऽभिक्रम** इति।।-वैतालिकाः, बोधकराः, इति २ **प्रातः स्तुतिपाठेन बोधकानाम्**।।-चाक्रिकाः, घाण्टिकाः, इति २ **बन्दिविशेषेषु**। मागधाः, मगधाः, इति २ **राजवंशक्रमस्तावकानाम्**।।-बन्दिनः, स्तुतिपाठकाः, इति २ **राजादिस्तुतिपाठकेषु**। समयात्सङ्ग्रामादनिवर्तिन **संशप्तकाः** स्युः।। रेणुः, धूलिः, पांसुः, रजः, इति ४ **धूल्याः**। रेणुःस्त्रीपुंसयोः। धूलिः स्त्रियाम्। पांशुः पुंसि। रजः क्लीबे।।-चूर्णन, क्षोदः,

रेणुर्द्वयोः स्त्रियां धूलिः पांशुर्ना न द्वयो रजः १६६४
चूर्णे क्षोदः समुत्पिञ्जपिञ्जलौ भृशमाकुले १६६५
पताका वैजयन्ती स्यात्केतनं ध्वजमस्त्रियाम् १६६६
सा वीराशंसनं युद्धभूमिर्याऽतिभयप्रदा १६६७
अहंपूर्वमहंपूर्वमित्यहंपूर्विका स्त्रियाम् १६६८
आहोपुरुषिका दर्पाद्या स्यात्संभावनात्मनि १६६९
अहमहमिका तु सा स्यात्परस्परं यो भवत्यहंकारः १६७०
द्रविणं तरः सहोबलशौर्याणि स्थाम शुष्मं च १६७१
शक्तिः पराक्रमः प्राणो विक्रमस्त्वतिशक्तिता १६७२
वीरपानं तु यत्पानं वृत्ते भाविनि वा रणे १६७३
युद्धमायोधनं जन्यं प्रधनं प्रविदारणम् १६७४
मृधमास्कन्दनं संख्यं समीकं सांपरायिकम् १६७५
अस्त्रियां समरानीकरणाः कलहविग्रहौ १६७६

इति २ **पिष्टस्यारजसः**। चूर्ण पुंस्यपि।।-समुत्पिञ्जः, पिञ्जलः, इति २ **अत्यन्तमाकुले सैन्यादौ**।।-पताका, वैजयन्ती, केतनम्, ध्वनम्, इति ४ **पताकायाः**। ध्वजः पुंनपुंसकयोः। या युद्धभूमिः अतिभयदा सा **वीराशंसनं** स्यात्। अहंपूर्वमहंपूर्वमिति युद्धं **अहंपूर्विका** स्यात्। स्त्रियाम्। दर्पादात्मविषये या संभावना **सा आहोपुरुषिके**त्युच्यते। यः परस्परमहं शक्तोऽहं शक्त इत्यहंकारः सा **अहमहमिका** स्यात्।।-द्रविणम्, तरः, सहः, बलम्, शौर्यम्, स्थाम, शुष्मम्, शक्तिः, पराक्रमः, प्राणः, इति १० **पराक्रमस्य**।।-विक्रमः, अतिशक्तिता, इति २ **अतिपराक्रमस्य**। रणे वृत्ते सति भाविनि वा रणे तदुत्साहवृद्ध्यर्थं यद्वीराणां मद्यपानं तत् **वीरपानं** स्यात्।।-**युद्धम्**, आयोधनम्, जन्यम्, प्रधनम्, प्रविदारणम्, मृधम्, आस्कन्दनम्, सङ्ख्यम्, समीकम्, सांपरायिकम्, समरः, अनीकः, रणः, कलहः, विग्रहः, संप्रहारः, अभिसंपातः, कलिः, संस्फोटः, संयुगः, अभ्यामर्दः, समाघातः, संग्रामः, अभ्यागमः, आहवः, समुदायः, संयत्, समितिः, आजिः, समित्, युत्, इति २१ **युद्धस्य**। समरादित्रयं अस्त्रियाम्।।-नियुद्धम्, बाहुयुद्धम्, इति २ **बाहुयुद्धस्य**।

संप्रहाराभिसंपातकलिसंस्फोटसंयुगाः १६७७
अभ्यामर्दसमाघातसंग्रामाभ्यागमाऽऽहवाः १६७८
समुदायः स्त्रियः संयत्समित्याजिसमिद्युधः १६७९
नियुद्धं बाहुयुद्धेऽथ तुमुलं रणसंकुले १६८०
क्ष्वेडा तु सिंहनादः स्यात्करिणां घटना घटा १६८१
क्रन्दनं योधसंरावो बृंहितं करिगर्जितम् १६८२
विस्फारो धनुषः स्वानः पटहाडम्बरौ समौ १६८३
प्रसभं तु बलात्कारो हठोऽथ स्खलितं छलम् १६८४
अजन्यं क्लीबमुत्पात उपसर्गः समं त्रयम् १६८५
मूर्च्छा तु कश्मलं मोहोऽप्यवमर्दस्तु पीडनम् १६८६
अभ्यवस्कन्दनं त्वभ्यासादनं विजयो जयः १६८७
वैरशुद्धिः प्रतीकारो वैरनिर्यातनं च सा १६८८
प्रद्रावोद्द्रावसंद्रावसंदावा विद्रवो द्रवः १६८९
अपक्रमोऽपयानं च रणे भङ्गः पराजयः १६९०
पराजितपराभूतौ त्रिषु नष्टतिरोहितौ १६९१

तुमुलमिति रणस्यं संकुले॥–क्ष्वेडा, सिंहनादः, इति २ **वीराणां सिंहनादतुल्यनादस्य**। करिणां घटना युद्धे संघट्टनं **घटा** स्यात्। योधानां संरावः स्पर्धयाह्वानं **क्रन्दनं** स्यात्। करिणां गर्जितं **बृंहितं** स्यात्। धनुषः शब्दो **विस्फार** इति॥–पटहः, आडम्बरः, इति २ **संग्रामध्वनेः**॥–प्रसभम्, बलात्कारः, हठः, इति ३ **बलात्कारस्य**॥–स्खलित्, छलम्, इति २ **युद्धमर्यादायाश्चलनस्य**॥–अजन्यम्, उत्पातः, उपसर्गः, इति ३ **उत्पातस्य**॥–मूर्च्छा, कश्मलम्, मोहः, इति ३ **मूर्च्छायाः**॥–अवमर्दः, पीडनम्, इति २ **सस्यादिसंपन्नदेशे परचक्रपीडनस्य**॥–अभ्यवस्कन्दनम्, अभ्यासादनम् इति २ **छलादाक्रमणस्य**॥–विजयः, जयः, इति २ **लब्धस्योत्कर्षस्य**॥–वैग्शुद्धिः, प्रतीकारः, वेरनिर्यातनम्, इति ३ **वैरप्रतीकारस्य**॥ प्रदावः, उद्रावः, संद्रावः, संदावः, विद्रवः, द्रवः, अपक्रमः, अपयानम्, ८ इति **पलायनस्य**। यः रणे भङ्गः स **पराजय** इति॥–पराजितः, पराभूतः, इति २ **निर्जितस्य**। नष्टः,

प्रमापणं निबर्हणं निकारणं विशारणम् १६९२
प्रवासनं परासनं निषूदनं निहिंसनम् १६९३
निर्वासनं संज्ञपनं निग्रन्थनमपासनम् १६९४
निस्तर्हणं निहननं क्षणनं परिवर्जनम् १६९५
निर्वापणं विशसनं मारणं प्रतिघातनम् १६९६
उद्वासनप्रमथनक्रथनोज्जासनानि च १६९७
आलम्भपिञ्जविशरघातोन्माथवधा अपि १६९८
स्यातपञ्चता कालधर्मो दिष्टान्तः प्रलयोऽत्ययः १६९९
अन्तो नाशो द्वयोर्मृत्युर्मरणं निधनोऽस्त्रियाम् १७००
परासुप्राप्तपञ्चत्वपरेतप्रेतसंस्थिताः १७०१
मृतप्रमीतौत्रिष्वेते चिता चित्याचितिःस्त्रियाम् १७०२
कबन्धोऽस्त्री क्रियायुक्तमपमूर्धकलेवरम् १७०३
श्मशानं स्यात्पितृवनं कुणपः शवमस्त्रियाम् १७०४
प्रग्रहोपग्रहौ वन्द्यां कारा स्याद्बन्धनालये १७०५

तिरोहितः, इति २ **निलीनस्य**। त्रिष्विति उभयत्र युज्यते।।-प्रमापणम्, निबर्हणम्, निकारणम्, विशारणम्, प्रवासनम्, परासनम्, निषूदनम्, निहिंसनम्, निर्वासनम्, संज्ञापनम्, निर्ग्रन्थिनम्, अपासनम्, निस्तर्हणम्, निहननम्, क्षणनम्, परिवर्जनम्, निर्वापणम्, विशसनम्, मारणम्, प्रतिघातनम्, उद्वासनम्, प्रमथनम्, क्रथनम्, उज्जासनम्, आलम्भः, पिञ्जः, विशरः, घातः, उन्माथः, वधः, इति ३० **वधस्य**।।-पञ्चता, कालधर्मः, दिष्टान्तः, प्रलयः, अत्ययः, अन्तः, नाशः, मृत्युः, मरणम्, निधनः, इति १० **मरणस्य**। तत्र मृत्युर्द्वयोः। निधनमस्त्रियाम्।।-परासुः, प्राप्तपञ्चत्वः, परेतः, प्रेतः, संस्थितः, मृतः, प्रमीतः, इति ७ **मृतस्य**। एते त्रिषु।।-चिता, चित्या, चितिः, इति ३ **प्रेतदाहाधारचुल्लेः**। अपमूर्धं नर्तनक्रियायुक्तं यत्कलेवरं स **कबन्धः** स्यात् पुंनपुंसकयोः।।-श्मशानम्, पितृवनम्, इति २ **प्रेतभूमेः**।।-कुणपः, शवम्, इति २ **निर्जीवशरीरस्य**। शव पुंनपुंसकयोः।।-प्रग्रहः, उपग्रहः, बन्दी, इति ३ बन्दिनः। बन्धनगेहे **कारेति**।।-असवः, प्राणाः, इति २ **प्राणानाम्**। उभे भूम्नि।

पुंसि भूम्न्यसवः प्राणाश्चैवं जीवोऽसुधारणम् १७०६
आयुर्जीवितकालो ना जीवातुर्जीवनौषधम् १७०७

१०. वैश्यवर्गः।

ऊरव्या ऊरजा अर्या वैश्या भूमिस्पृशो विशः १७०८
आजीवो जीविका वार्ता वृत्तिर्वर्तनजीवने १७०९
स्त्रियां कृषिः पाशुपाल्यं वाणिज्यं चेति वृत्तयः १७१०
सेवा श्ववृत्तिरनृतं कृषिरुञ्छशिलं त्वृतम् १७११
द्वे याचितायाचितयोर्यथासंख्यं मृतामृते १७१२
सत्यानृतं वणिग्भावः स्यादृणं पर्युदञ्चनम् १७१३
उद्धारोऽर्थप्रयोगस्तु कुसीदं वृद्धिजीविका १७१४
याञ्चयाप्तं याचितकं निमयादापमित्यकम् १७१५
उत्तमर्णाधमर्णौ द्वौ प्रयोक्तृग्राहकौ क्रमात् १७१६
कुसीदिको वार्धुषिको वृद्ध्याजीवश्च वार्धुषिः १७१७

जीवः, असुधारणम्, इति २ **प्राणधारणस्य** जीवितावच्छिन्नः काल **आयुः** स्यात्। जीवतिस्यौषधं **जीवातुः** स्यात्। ना पुमान्।

१७०८-१९२१ ऊरव्यः, ऊरुजः, अर्यः, वैश्यः, भूमिस्पृक्ः, विट्, इति ६ **वैश्यस्य**।।-आजीवः, जीविका, वार्ता, वृत्तिः, वर्तनम्, जीवनम्, इति ६ **जीविकामात्रस्य**।।-कृषिः, पाशुपाल्यम्, वाणिज्यम्, इति ३ **वैश्यानां वृत्तयः**। सेवा **श्ववृत्तिरि**ति। कृषिरनृतं स्यात्। उञ्छशिलं ऋतमित्युच्यते। प्रत्यहं याचिते **मृत**मिति। अयाचिते **अमृत**मिति। वणिग्भावः **सत्यानृतं** स्यात्।।-ऋणम्, पर्युदञ्चनम्, उद्धारः, इति ३ **ऋणस्य**।।-अर्थप्रयोगः, कुसीदम्ः, वृद्धिजीविका, इति ३ **ऋणसंबधिकालान्तरद्रव्येण जीविकायाम्**। याञ्चया यदाप्तं **तद्याचितक**मिति। निमयात् आप्तं **आप**मिति। प्रयोक्ता ऋणदाता **उत्तमर्ण** इति। ऋणग्राहकोऽ**धमर्ण** इति।।- कुसीदिकः, वार्धुषिकः, वृद्ध्याजीवः, वार्धुषिः, इति **ऋणं दत्वा तद्वृद्ध्याजीविनः**।।-क्षेत्राजीवः, कर्षकः, कृषिकः, कृषीबलः, इति ४ **कृषीवलस्य**। ब्रीह्युद्भवोचितं **क्षेत्रं व्रैहेय**मिति।

क्षेत्राजीवः कर्षकश्च कृषिकश्च कृषीबलः १७१८

क्षेत्रं व्रैहेयशालेयं ब्रीहिशाल्युद्भवोचितम् १७१९

यव्यं यवक्यं षष्टिक्यं यवादिभवनं हि यत् १७२०

तिल्यं तैलीनवन्माषोमाणुभङ्गा द्विरूपता १७२१

मौद्गीनकौद्रवीणादिशेषधान्योद्भवक्षमम् १७२२

'शाकक्षेत्रादिके शाकशाकटं शाकशाकिनम्' **

बीजाकृतं तूप्तकृष्टे सीत्यं कृष्टं च हल्यवत् १७२३

त्रिगुणाकृतं तृतीयाकृतं त्रिहल्यं त्रिसीत्यमपि तस्मिन् १७२४

द्विगुणाकृते तु सर्वं पूर्वं शम्बाकृतमपीह १७२५

द्रोणाढकादिवापादौ द्रौणिकाढकिकादयः १७२६

खारीवापस्तु खारीक उत्तमर्णादयस्त्रिषु १७२७

पुंनपुंसकयोर्वप्रः केदारः क्षेत्रमस्य तु १७२८

कैदारकं स्यात्कैदार्यं क्षेत्रं कैदारिकं गणे १७२९

लोष्टानि लेष्टवः पुंसि कोटिशो लोष्टभेदनः १७३०

शाल्युद्भवोचितं क्षेत्रं **शालेय**मिति। यवादीनां भवनं यव्यम्, यवक्यम्, षष्टिक्यं, इति ३ तिल्यं तैलीनवन्माषोमाणुभङ्गाना **क्षेत्र**विषये द्विरूपता स्यात्। तिल्यम्, तैलीनम्, इति २।।-शेषाणां व्रीह्यादिभ्य उक्तेभ्योऽन्येषां मुद्गादीनां धान्यानामुद्भवोचितं क्षेत्रं **मौद्गीनादि** स्यात्। उप्तकृष्टं **बीजाकृत**मिति।।-सीत्यम्, कृष्टम्, हल्यम्, इति ३ **कृष्टमात्रस्य**।।-त्रिगुणाकृतम्, तृतीयाकृतम्, त्रिहल्यम्, त्रिसीत्यम् इति ४ **वारत्रयकृष्टस्य**। द्विगुणाकृतेऽपि सर्वं पूर्वं योज्यम्। इह द्विःकृष्टे **शम्बाकृत**मित्यपि। द्रोणढकादि वापादौ **द्रौणिकाढकिकादयः** स्युः। खारीवापः **खारीक** इति। उत्तमर्णादयः खारीकान्ताः त्रिलिङ्ग्याम्।।-वप्रः, केदारः, क्षेत्रम्, इति ३ **क्षेत्रस्य**। क्षेत्रस्य **गणे** कैदारकम्, कैदार्यम्, क्षेत्रम्, कैदारिकम्, इति ४ ।।-लोष्टम्, लेष्टुः, इति २ **मृत्तिकाखण्डस्य**। लोष्टं पुंस्यपि।।-कोटिशः, लोष्टमेदनः, इति २ **लोष्टभञ्जनमुद्गरस्य**।।-प्राजनम्, तोदनम् तोत्रम् इति ३ **वृषादेस्ताडनोपयोगिन**-

प्राजनं तोदनं तोत्रं खनित्रमवदारणे १७३१
दात्रं लवित्रमाबन्धो योत्रं योक्त्रमथो फलम् १७३२
निरीशं कुटकं फालः कृषको लाङ्गलं हलम् १७३३
गोदारणं च सीरोऽथ शम्या स्त्री युगकीलकः १७३४
ईषा लाङ्गलदण्डः स्यात्सीता लाङ्गलपद्धतिः १७३५
पुंसि मेधिः खलेदारु न्यस्तं यत्पशुबन्धने १७३६
आशुर्व्रीहिः पाटलः स्याच्छितशूकयवौ समौ १७३७
तोक्मस्तु तत्र हरिते कलायस्तु सतीनकः १७३८
हरेणुखण्डिकौ चास्मिन्कोरदूषस्तु कोद्रवः १७३९
मङ्गल्यको मसूरोऽथ मकुष्टकमयुष्टकौ १७४०
वनमुद्गे सर्षपे तु द्वौ तन्तुभकदम्बकौ १७४१
सिद्धार्थस्त्वेष धवलो गोधूमः सुमनः समौ १७४२
स्याद्यावकस्तु कुल्माषश्चणको हरिमन्थकः १७४३
द्वौ तिले तिलपेजश्च तिलपिञ्जश्च निष्फले १७४४

स्तोत्रस्य-खनित्रम्, अवदारणम्, इति २ **कुद्दालादेः**।।-दात्रम्, लवित्रम्, इति २ **लवित्रस्य**।।-आबन्धः, योत्रम्, योक्त्रम्, इति ३ **युगबन्धनोपयोगिन्यां रज्जौ**।।-फलम्, निरीशम्, कुटकम्, फालः, कृषकः, इति ५ **लाङ्गलस्याधः-स्थिते लोहमयकाष्ठे**।।-लाङ्गलम्, हलम्, गोदारणम्, सीरः, इति ४ **हलस्य**।।-शम्या, युगकीलकः, इति २ **युगस्य कीलके**। लाङ्गलस्य दण्ड **ईषा** स्यात्। लाङ्गलपद्धतिः हलरचिता रेखा **सीता** स्यात्। पशुबन्धने यत्काष्ठं न्यस्तं तत्र **मेधिः, खलेदारु**, इति २।। आशुः, व्रीहिः, पाटलः, इति ३ **व्रीहेः**।।-शितशूकः, यवः, इति २ **यवानाम्**। तत्र यवे हरिते **तोक्म** इति।।-कलायः, सतीनकः, हरेणुः, [रेणुकः], इति ४ **रेणुकस्य**।।-कोरदूषः, कोद्रवः, इति २ **कोद्रवस्य**। मङ्गल्यकः, मसूरः, इति २ **मसूरस्य**।।-मकुष्टकः, मयुष्टकः, वनमुद्गः, इति ३ **वनमुद्गस्य**।।-सर्षपः, तन्तुभः, कदम्बकः, इति ३ **सर्षपस्य**। एष सर्षपो धवलः **सिद्धार्थ** इति।।-गोधूमः, सुमनः, इति २ **गोधूमस्य**। सुमनोऽदन्तः।।-यावकः, कुल्माषः, इति २ **अर्धस्विन्नस्य यवादे**।।-चणकः, हरिमन्थकः, इति २ **चणकस्य**।।-तिलपेजः,

क्षवः क्षुताभिजननो राजिका कृष्णिकासुरी १७४५
स्त्रियौ कङ्गुप्रियङ्गु द्वे अतसी स्यादुमा क्षुमा १७४६
मातुलानी तु भङ्गायां व्रीहिभेदस्त्वणुः पुमान् १७४७
किंशारुः सस्यशूकं स्यात्कणिशं सस्यमञ्जरी १७४८
धान्यं व्रीहिः स्तम्बकरिः स्तम्बो गुच्छस्तृणादिनः १७४९
नाडीनालञ्चकाण्डोऽस्यपलालोऽस्त्रीसनिष्फलः १७५०
कडङ्गरो बुसं क्लीबे धान्यत्वचि तुषः पुमान् १७५१
शूकोऽस्त्री श्लक्ष्णतीक्ष्णाग्रे शमी शिम्बा त्रिषूत्तरे १७५२
ऋद्धमावसितं धान्यं पूतं तु बहुलीकृतम् १७५३
माषादयः शमीधान्ये शूकधान्ये यवादयः १७५४
शालयः कलमाद्याश्च षष्टिकाद्याश्च पुंस्यमी १७५५
तृणधान्यानि नीवाराः स्त्री गवेधुर्गवेधुका १७५६
अयोग्रं मुसलोऽस्त्री स्यादुदूखलमुलूखलम् १७५७

तिलपिञ्जः, इति २ **निष्फले तिले**।।-क्षवः, क्षुताभिजननः, राजिका, कृष्णिका, आसुरी, इति ५ **कृष्णसर्षपस्य**।।-कङ्गः, प्रियङ्गुः, इति २ **प्रियङ्गोः**,।।-अतसी, उमा, क्षुमा, इति ३ **अतस्याः**।।-मातुलानी, भङ्गा, इति २ **भङ्गायाः**। व्रीहिभेदः **अणु** : स्यात्। सत्यस्य शूकं **किंशारुः** स्यात्। सस्यस्य मञ्जरी **कणि**शमिति।।-धान्यम्, व्रीहिः, स्तम्बकरिः, इति **व्रीहियवादेः**। स्तम्बकरि पुंसि। तृणयवादेर्गुच्छस्य **स्तम्बः** स्यात्। अस्य गुच्छस्य यः काण्डः स **नाडी, नालम्,** इति २। सकाण्डो निष्फलः **पलालः** स्यात्।।-कडङ्गरः, बुसम्, इति २ **पलालादिक्षोदस्य**। बुसं क्लीबेऽपि। धान्यत्वचि **तुष** इति। श्लक्ष्णं तीक्ष्णं यदग्रं तत्र **शूक** इति क्लीबपुंसोः।।-शमी, शिब्बा, इति २ शिम्बायाः। उत्तरे ऋद्धादयक्षतवारस्त्रिषु।।-ऋद्धम्, आवसितम्, इति २ **अपनीततृणस्य राशीकृतस्य धान्यस्य**।।-पूतम्, बहुलीकृतम्, इति २ **अपनीतबुसस्य धान्यस्य**। शमीप्रभवे धान्ये **माषमुद्गादयो** भेदाः। शूकसहितं धान्यं **यवगोधूमादयो** ज्ञेयाः। कलमाद्याः षष्टिकाद्याः **शालयः**स्यु। अमी पुंसि। नीवाराः बहुवचनात् श्यामाकादयो **तृणधान्यानि** स्युः।।-गवेधुः, गवे

प्रस्फोटनं शूर्पमस्त्री चालनी तितउः पुमान् १७५८
स्यूतप्रसेवौ कण्डोलपिटौ कटकिलिञ्जिकौ १७५९
समानौ रसवत्यां तु पाकस्थानमहानसे १७६०
पौरोगवस्तदध्यक्षः सूपकारास्तु बल्लवाः १७६१
आरालिका आन्धसिकाः सूदा औदनिका गुणाः १७६२
आपूपिकः कान्दविको भक्ष्यकार इमे त्रिषु १७६३
अश्मन्तमुद्धानमधिश्रयणी चुल्लिरन्तिका १७६४
अङ्गारधानिकाऽङ्गारशकट्यपि हसन्त्यपि १७६५
हसन्यप्यथ न स्त्री स्यादङ्गारोऽलातमुल्मुकम् १७६६
क्लीबेऽम्बरीषं भ्राष्ट्रो ना कन्दुर्वा स्वेदनी स्त्रियाम् १७६७
अलिञ्जरः स्यान्मणिकः कर्कर्यालुर्गलन्तिका १७६८
पिठरः स्थाल्युखा कुण्डं कलशस्तु त्रिषु द्वयोः १७६९
घटः कुटनिपावस्त्री शरावो वर्धमानकः १७७०

धुका, इति २ **मुन्यन्नविशेषस्य**।।-अयोग्रम्, मुसलः, इति २ **मुसलस्य**। क्लीबे मुसलम्।।-उदूखलम्, उलूखलम्, इति २ **उलूखलस्य**।।-प्रस्फोटनम्, शूर्पम्, इति २ **शूर्पस्य**।।-चालनी, तितउः, इति २ **चालन्याः**।।-स्यूतः, प्रसेवः, इति २ **धान्यादिभरणार्थं कृतस्य वस्त्रभाण्डस्य**।।-कण्डोलः, पिटः, इति २ **वेणुदलादिरचितभाण्डस्य**।।-कटः, किलिञ्जकः, इति २ **वंशादिविकारस्य**। समानाविति स्यूतादिभिर्युगलैः संबध्यते।।-रसवती, पाकस्थानम्, महानसम्, इत ३ **पाकस्थानस्य**। तस्याध्यक्षः **पोरोगवः** स्यात्।।-सूपकारः, बल्लवः, आरालिकः, आन्धसिकः, सूदः, औदनिकः, गुणः, इति ७ **पाककर्तुः**।।-आपूपिकः, कान्दविकः, भक्ष्यकारः, इति ३ **भक्ष्यकारस्य**। इमे त्रिषु।।-अश्मन्तम्, उद्धानम्, अधिश्रयणी, चुल्लिः, अन्तिका, इति ५ **चुल्लेः**।।-अङ्गारधानिका अङ्गारशकटी, हसन्ती, हसनी, इति ४ **अङ्गारशकट्याः**।।-अङ्गारः, अलातम्, उल्मुकम्, इति ३ **प्रज्वलत्काष्ठस्य**।।-अम्बरीषम्, भ्राष्ट्रः, इति २ **चणकादिभर्जनपात्रस्य**।।-कन्दुः, स्वेदनी, इति २ **मद्यनिर्माणोपयोगिपात्रस्य**।।-अलिञ्जरः, मणिकः, इति २ **महाकुम्भस्य**।।-कर्करी,

ऋजीषं पिष्टपचनं कांसोऽस्त्री पानभाजनम् १७७१
कुतूः कृत्तेः स्नेहपात्रं सैवाल्पा कुतुपः पुमान् १७७२
सर्वमावपनं भाण्डं पात्रामत्रं च भाजनम् १७७३
दर्विः कम्बिः खजाका च स्यात्तर्दूर्दारुहस्तकः १७७४
अस्त्री शाकं हरितकं शिग्रुरस्य तु नाडिका १७७५
कलम्बश्च कडम्बश्च वेसवार उपस्करः १७७६
तिन्तिडीकं च चुक्रं च वृक्षाम्लमथ वेल्लजम् १७७७
मरीचं कोलकं कृष्णमूषणं धर्मपत्तनम् १७७८
जीरको जरणोऽजाजी कणा कृष्णे तु जीरके १७७९
सुषवी कारवी पृथ्वी पृथुः कालोपकुञ्चिका १७८०
आर्द्रकं शृङ्गवेरं स्यादथ छत्रा वितुन्नकम् १७८१
कस्तुम्बुरु च धान्याकमथ शुण्ठी महौषधम् १७८२

आलुः, गलन्तिकाः, इति ३ **गलन्तिकायाः**।।-पिठरः, स्थाली, उखा, कुण्डम्, इति ४ **स्थाल्याः**।।-कलशः, घटः, कुटः, निपः, इति ४ **कलशस्य**। कलशस्त्रिषु। घटः स्त्रीपुंसयोः।।-शराबः, वर्धमानकः, इति २ **पात्रभेदस्य**। शराबःपुंनपुंसकयोः।।-ऋजीषम् पिष्टपचनम्, इति २ **पिष्टपाकोपयोगिनः पात्रस्य**।।-कंसः, पानभाजनम्, इति २ **पानपात्रस्य**।।-कृत्तेः स्नेहपात्रे **कुतूः** स्यात्। सैव कुतूरल्पा **चेत्कुतुप**। सर्वं पात्रमात्र**मावपना**दिसंज्ञम्।।-आवपनम्, भाण्डम्, पात्रम्, अमत्रम्, इति ५ **भाण्डस्य**।।-दर्विः, कम्बिः, खजाका, इति ३ **दर्व्याः**।।-तर्दूः, दारुहस्तकः, इति २ **दर्विभेदस्य**।।-शाकम्, हरितकम्, शिग्रुः, इति ३ **वास्तुकादेःशाकस्य**। सौभाञ्जनेऽ**पि** शिग्रुरुक्तः। अस्य नाडिका **कलम्बः, कडम्बः**, इति २।।-वेसवारः, उपस्करः, इति २ **हरिद्रासर्षप-मरीचादिचूर्णस्य**।।-तिन्तिडीकम्, चुक्रम्, वृक्षाम्लम्, इति ३ **तिन्तिडीकस्याम्लभेदस्य**।।-वेल्लजम्, मरीचम्, कोलकम्, कृष्णम्, ऊषणम् धर्मपत्तनम्, इति ६ **मरीचस्य**।।-जीरकः, जरणः, अजाजी, कणा, इति ४ **जीरकस्य**।।-सुषवी, कारवी, पृथ्वी, पृथुः, काला, उपकुञ्चिका, इति ६ **कृष्णवर्णे जीरके**। आर्द्रकम्, शृङ्गवेरम्, इति २ **आर्दकस्य**।।-छत्रा,

स्त्रीनपुंसकयोर्विश्वं नागरं विश्वभेषजम् १७८३
आरनालकसौवीरकुल्माषाभिषुतानि च १७८४
अवन्तिसोमधान्याम्लकुञ्जलानि च काञ्जिके १७८५
सहस्त्रवेधि जतुकं वाह्लीकं हिङ्गु रामठम् १७८६
तत्पत्री कारवी पृथ्वी बाष्पिका कबरी पृथुः १७८७
निशाख्या काञ्चनी पीता हरिद्रा वरवर्णिनी १७८८
सामुद्रं यत्तु लवणमक्षीवं वशिरं च तत् १७८९
सैन्धवोऽस्त्री शीतशिवं मणिमन्थं च सिन्धुजे १७९०
रौमकं वसुकं पाक्यं बिडं च कृतके द्वयम् १७९१
सौवर्चलेऽक्षरुचके तिलकं तत्र मेचके १७९२
मत्स्यण्डी फाणितं खण्डविकारः शर्करासिता १७९३
कूर्चिका क्षीरविकृतिः स्याद्रसाला तु मार्जिता १७९४
स्यात्तेमनं तु निष्ठानं त्रिलिङ्गा वासितावधेः १७९५

वितुन्नकम्, कस्तुम्बुरु, धान्याकम्, इति ४ **धान्याकस्य**।।-शुण्ठी, महौषधम्, विश्वम्, नागरम्, विश्वभेषजम्, इति ५ **शुण्ठ्याः** स्त्रीनपुंसकयोः।।-आरनालकम्, सौवीरम्, कुल्माषाभिषुतम् अवन्तिसोमम्, धान्याम्लम्, कुञ्जलम्, काञ्जिकम्, इति ७ **काञ्जिकस्य**।।-सहस्त्रवेधि, जतुकम्, बाह्लीकम्, हिङ्गु, रामठम्, इति ५ **हिङ्गुवृक्षस्य निर्यासे**।।-कारवी, पृथ्वी, बाष्पिका, कवरी, पृथुः, इति ५ **हिङ्गुतरोः पत्र्याम्**।। निशा, काञ्चनी, पीता, हरिद्रा, वरवर्णिनी, इति ५ **हरिद्रायाः**। यत्सामुद्रं लवणं तत् **अक्षीवम्, वशिरम्,** इति २।।-सैन्धवः, शीतशिवम्, मणिमन्थम्, सिन्धुजम्, इति ४ **सिन्धुजे लवणे**।।-रौमकम्, वसुकम्, इति २ **साम्भरलवणस्य**।।-पाक्यम्, बिडम्, इति २ **कृतके लवणे**।।-सौवर्चलः, अक्षम्, रुचकम्, इति ३ **मधुरलवणस्य**।। तत्र सौवर्चले मेचके **तिल**कमिति-मत्स्यण्डी, फाणितम्, इति २ **फाणितस्य**।। खण्डविकारः, शर्करा, सिता, इति ३ **शर्करायाः**।।-क्षीरस्य विकृतिः **कूर्चिका** इति।।-रसाला, मार्जिता, इति २ **दधिमधुशर्करामरीचार्द्रादिभिः कृतस्य लेह्यस्य**।।-तेमनम्, निष्ठानम्, इति २ **व्यञ्जनस्य दध्यादेः**। इतः

शूलाकृतं भटित्रं स्याच्छूल्यमुख्यं तु पैठरम् १७९६
प्रणीतमुपसंपन्नं प्रयस्तं स्यात्सुसंस्कृतम् १७९७
स्यात्पिच्छलं तु विजिलं संमृष्टं शोधितं समे १७९८
चिक्कणं मसृणं स्निग्धं तुल्ये भावितवासिते १७९९
आपक्वं पौलिरभ्यूषो लाजाः पुंभूम्नि चाक्षताः १८००
पृथुकः स्याच्चिपिटको धाना भृष्टयवे स्त्रियः १८०१
पुपोऽपूपः पिष्टकः स्यात्करम्भो दधिसक्तवः १८०२
भिः सा स्त्री भक्तमन्धोऽन्नमोदनोऽस्त्री स दीदिविः १८०३
भिःसटा दग्धिका सर्वरसाग्रे मण्डमस्त्रियाम् १८०४
मासराचामनिस्त्रावा मण्डे भक्तसमुद्भवे १८०५
यवागूरुष्णिका श्राणा विलेपी तरला च सा १८०६

परं वासितान्तास्त्रिलिङ्गाः।।- शूलाकृतम्, भटित्रम्, शूल्यम्, इति ३ **शूलेन संस्कृतस्य मांसादेः**।।-उख्यम्, पैठरम्, इति ३ **स्थानीसंस्कृतस्यान्नादेः**।। प्रणीतम्, उपसंपन्नम्, इति २ **रसादिसंपन्नस्यव्यञ्जनादेः**।।-प्रयस्तम्, सुसंस्कृतम्, इति २ **प्रयत्ननिष्पन्नस्य घृतपाक्वादेः**।।-पिच्छिलम्, विजिलम्, इति २ **मण्डयुक्तदध्यादेः**।।-संमृष्टम्, शोधितम्, इति २ **केशकीटाद्यपनयनेन शोधितस्यान्नादेः**।।-चिक्कणम्, मसृणम्, स्निग्धम्, इति ३ **स्निग्धस्य**।।- भावितम्, वासितम्, इति २ **पुष्पादिद्रव्यान्तरेणाधिवासितस्य**। यथा धूपेन भावितास्तिलाः।।-आपक्वम्, पौलिः, अभ्यूषः, इति ३ **अर्धस्विन्नयवादेः**। **लाजाः** भर्जितव्रीहयः। पुंसि बहुत्वे। एव**मक्षता** अपि पुंभूम्नि।।-पृथुकः, चिपिटकः, इति २ **आर्द्रभृष्टव्रीहितण्डुलस्य**। **धाना** इति भृष्टयवे। **नित्यं** स्त्रियां बहुत्वे च।।-पूपः, अपूपः, पिष्टकः, इति ३ **तण्डुलपिष्टरचितस्य भक्ष्यभेदस्य**। दधियुक्ताः सक्तवः **करम्भः** स्यात्।।-भिःसा, भक्तम्, अन्धः, अन्नम्, ओदनः, दीदिविः, इति ६ **अन्नस्य**। अन्धः सान्तम्। ओदनोऽस्त्री। दीदिविः पुंसि।।-भिःसटा, दग्धिका, इति २ **दग्धान्नस्य**।।-सर्वेषां रसानामग्रं अग्नि द्रवो **मण्डः** स्यात्। स पुंनपुंसकयोः।, मासरः, आचामः, निस्त्रावः, इति ३ **भक्तसमुद्भवे मण्डे**।।-यवागूः, उष्णिका, श्राणा, विलेपी, तरला,

'म्रक्षणाभ्यञ्जने तैलं कृसरस्तु तिलौदनः' **
गव्यं त्रिषु गवां सर्वं गोविट् गोमयमस्त्रियाम् १८०७
तत्तु शुष्कं करीषोऽस्त्री दुग्धं क्षीरं पयः समम् १८०८
पयस्यमाज्यदध्यादि द्रप्सं दधि घनेतरत् १८०९
घृतमाज्यं हविः सर्पिर्नवनीतं नवोद्धृतम् १८१०
तत्तु हैयंगवीनं यद्ध्योगोदोहोद्भवं घृतम् १८११
दण्डाहतं कालशेयमरिष्टमपि गोरसः १८१२
तक्रं ह्युदश्विन्मथितं पादाम्ब्वर्धाम्बु निर्जलम् १८१३
मण्डं दधिभवं मस्तु पीयूषोऽभिनवं पयः १८१४
अशनाया बुभुक्षा क्षुद्ग्रासस्तु कवलः पुमान् १८१५
सपीतिः स्त्री तुल्यपानं सग्धिः स्त्री सहभोजनम् १८१६
उदन्या तु पिपासा तृट् तर्षो जग्धिस्तु भोजनम् १८१७

इति ५ **द्रवदोदनस्य**। गवां सर्वं **गव्यं** स्यात्। त्रिषु।।-गोविट्, गोमयम्, इति २ **गोःपुरीषे**। गोमयं पुंनपुंसकयोः। तद्गोमयं शुष्कं **करीषं** स्यात्।।-दुग्धम्, क्षीरम्, पयः, इति ३ **दुग्धस्य**। यदाज्यदध्यादि तत् **पयस्यम्**। यद्धनादितरत् दधि तत् **द्रप्सं** स्यात्। घृतम्, आज्यम्, हविः, सर्पिः, इति ४ **घृतस्य**।।-नवनीतम्, नवोद्धृतम्, इति २ **नवनीतस्य**। ह्योगोदोहोद्भवं **हैयङ्गवीनं** स्यात्।।-दण्डाहतम्, कालशेयम्, अरिष्टम्, गोरसः, इति ४ **दण्डमथितस्य गोरसमात्रस्य**। तद्विशेषमाह-पादाम्बु यत्र तद्दण्डाहतं तक्रमिति। अर्धाम्बु यत्र गोरसे तदुदश्वित्। निर्जलं दधिमन्थनमात्रेण **मथित**मिति। दधिभवं **मस्तु** स्यात्। अभिनवं पयः **पीयूषः** स्यात्।।-अशनाया, बुभुक्षा, क्षुत् इति ३ **क्षुधः**। क्षुत् स्त्री धकारान्तः। ग्रासः, कवलः, इति २ **कवलस्य**।।-समीतिः, तुल्यपानम्, इति **सहपानस्य**।। सग्धिः, सहभोजनम्, इति २ **सहभोजनस्य**।।-उदन्या, पिपासा, तृट्, तर्षः, इति ४ **तृषः**।।-जग्धिः,भोजनम्, जेमनं, लेहः, आहारः, निघसः, न्यादः, इति ७ **भोजनस्य**।।-सौहित्यम्, तर्पणम्, तृप्तिः, इति ३ **तृप्तेः**। पूर्वं भुक्तं

जेमनं लेह आहारो निघसो न्याद इत्यपि १८१८
सौहित्यं तर्पणं तृप्तिः फेला भुक्तसमुज्झितम् १८१९
कामं प्रकामं पर्याप्तं निकामेष्टं यथेप्सितम् १८२०
गोपे गोपालगोसंख्यगोधुगाभीरबल्लवाः १८२१
गोमहिष्यादिकं पादबन्धनं द्वौ गवीश्वरे १८२२
गोमान्गोमी गोकुलं तु गोधनं स्याद्गवां व्रजे १८२३
त्रिष्वाशितंगवीनं तद्गावो यत्राशिताः पुरा १८२४
उक्षा भद्रो बलीवर्द ऋषभो वृषभो वृषः १८२५
अनड्वान्सौरभेयो गौरुक्ष्णां संहतिरौक्षकम् १८२६
गब्या गोत्रा गवां वत्सधेन्वोर्वात्सकधैनुके १८२७
वृषो महान्महोक्षः स्याद्वृद्धोक्षस्तु जरद्गवः १८२८
उत्पन्न उक्षा जातोक्षः सद्योजातस्तु तर्णकः १८२९
शकृत्करिस्तु वत्सः स्याद्दम्यवत्सतरौ समौ १८३०
आर्षभ्यः षण्डतायोग्यः षण्डो गोपतिरिट्चरः १८३१

पश्चात् समुज्झितं **फेला** स्यात्।।-कामम्, प्रकामम्, पर्याप्तम्, निकामम्, इष्टम्, यथेप्सितम्, इति ६ **यथेप्सितस्य**।।-गोपः, गोपालः, गोसंख्यः, गोधुक्, आभीरः, बल्लवः, इति ६ **गोपालस्य**।।-गोमहिष्यादिकं **पादबन्धन**मिति।।-गोमान्, गोमी, इति २ **गवां स्वामिनि**।।-गोकुलम्, गोधनम्, इति २ **गवां व्रजे**। यत्र पुरा गाव आशिता भोजिताः तत्स्थानं **आशितंगवीन**मिति एकम् लिङ्गत्रये।।-उक्षा, भद्र, बलीवर्द, ऋषभः, वृषभः, वृषः, अनड्वान्, सौरभेयः, गौः, इति ९ **वृषभस्य**। उक्ष्णां संहतिः औक्षकं स्यात्। गवां संहतिः समूहो **गव्या**, **गोत्रा**, इति २। वत्सानां संहतिर्**वात्सकम्**। धेनूनां संहतिर्**धैनुकम्**। महान्वृषो **महोक्षः**।।-वृद्धोक्षः, जरद्गवः, इति २ **वृद्धवृषभस्य**।।-उत्पन्नः उक्षा **जातोक्षः** स्यात्। सद्योजात**स्तर्णकः** स्यात्।।-शकृत्करिः, वत्सः, इति २ **वत्सस्य**।।-दम्युः, वत्सतरः, इति २ **स्पष्टतारुण्यस्य**। षण्डता गोपतित्वं गोपतित्वं तद्योग्य **आर्षभ्यः**।।-षण्डः, गोपतिः, इट्चरः, इति ३ **स्वेच्छाचारिणो वृषभस्य**। अस्य स्कन्धदेशे **वहः** स्यात्।।-

स्कन्धदेशे त्वस्य वहः सास्ना तु गलकम्बलः १८३२
स्यान्नस्तितस्तु नस्योतः प्रष्ठवाड् युगपार्श्वगः १८३३
युगादीनां तु वोढारो युग्यप्रासङ्ग्यशाकटाः १८३४
खनति तेन तद्वोढाऽस्येदं हालिकसैरिकौ १८३५
धूर्वहे धुर्यधौरेयधुरीणाः सधुरंधराः १८३६
उभावेकधुरीणैकधुरावेकधुरावहे १८३७
स तु सर्वधुरीणः स्याद्यो वै सर्वधुरावहः १८३८
माहेयी सौरभेयी गौरुस्रा माता च शृङ्गिणी १८३९
अर्जुन्यघ्न्यारोहिणी स्यादुत्तमा गोषु नैचिकी १८४०
वर्णादिभेदा संज्ञाः स्युः शबलीधवलादयः १८४१
द्विहायनी द्विवर्षा गौरेकाब्दा त्वेकहायनी १८४२
चतुरब्दा चतुर्हायण्येवं त्र्यब्दा त्रिहायणी १८४३
वशा वन्ध्याऽवतोका तु स्रवद्गर्भाऽथ संधिनी १८४४
आक्रान्ता वृषभेणाथ वेहद्गर्भोपघातिनी १८४५

सास्ना, गलकम्बलः, इति २ **गोःकण्ठे लम्बमानस्य चर्मणः**।।–नस्तितः, नस्योतः, इति २ **स्यूतनासिकस्य**।।–प्रष्ठवाट्, युगपार्श्वगः, इति २ **दमनार्थं युग्येन सह स्कन्धे बद्धकाष्ठस्य**। युगस्य वोढा **युग्यः**, **प्रासङ्ग्यः**, **शाकटः**, इति ३। तेन खनतीत्याद्यर्थे **हालिकः**, **सैरिकः**, इति २।।–धूर्वहः, धुर्यः, धौरेयः, धुरीणः, धुरंधरः, इति ५ **धुरंधरवृषभस्य**।।–एकधुरीणः, एकधुरः, इति ३ **य एकामेव धुरं वहति तस्य** यः सर्वामपि वहति स **सर्वधुरीण** इति।।–माहेयी, सौरभेयी, गौः, उस्रा, माता, शृङ्गिणी, अर्जुनी, अघ्न्या, रोहिणी, इति ९ **गवि**। या गोषु उत्तमा सा **गौर्नैचिकी**ति। वर्णावयवप्रमाणादीनां भेदात् गवां संज्ञाः **शबली**, **धवला**, इत्यादयः। द्विवर्षा **गौर्द्विहायनी** इति। एकाब्दा गौः **एकहायनी** इति। चतुरब्दा गौश्चतुर्हायणी इति। त्रिवर्षा **त्रिहायणी** स्यात्।।–वशा, वन्ध्या, इति २ **वन्ध्यायाः**।।–अवतोका, स्रवद्गर्भा, इति २ **अकस्मात्पतितगर्भायाः**। वृषभेण मैथुनार्थे आक्रान्ता **संधिनी**। विहन्ति गर्भं इति वृषोपगमनाद्गर्भोपघातिनी **वेहदि**त्युच्यते।

काल्योपसर्या प्रजने प्रष्ठौही बालगर्भिणी १८४६
स्यादचण्डी तु सुकरा बहुसूतिः परेष्टुका १८४७
चिरप्रसूता बष्कयणी धेनुः स्यान्नवसूतिका १८४८
सुव्रता सुखसंदोह्या पीनोध्नी पीवरस्तनी १८४९
द्रोणक्षीरा द्रोणदुग्धा धेनुष्या बन्धके स्थिता १८५०
समांसमीना सा यैव प्रतिवर्षं प्रसूयते १८५१
ऊधस्तु क्लीबमापीनं समौ शिवककीलकौ १८५२
न पुंसि दाम संदानं पशुरज्जुस्तु दामनी १८५३
वैशाखमन्थमन्थानमन्थानो मन्थदण्डके १८५४
कुठरो दण्डविष्कम्भो मन्थनी गर्गरी समे १८५५
उष्ट्रे क्रमेलकमयमहाङ्गाः करभः शिशुः १८५६
करभाः स्युः शृङ्खलका दारवैः पादबन्धनैः १८५७
अजा छागी शुभच्छागवस्तच्छगलका अजे १८५८

स्त्रियाम्। प्रजने काल्या नौरुपसर्या इति। बालगर्भिणी **प्रष्ठौही** इति।।-अचण्डी, सुकरा, इति २ **अकोपनायाः**।।-बहुसूतिः, परेष्टुका, इति २ **बहुप्रसवायाः**।।-चिरप्रसूता, बष्कयणी, इति २ **दीर्घकालेन प्रसूतायाः**।।-धेनुः, नवसूतिका, इति २ **नूतनप्रसूताः**। सुव्रता, सुखसंदोह्या, इति **सुशीलायाः**।।-पीनोध्नी, पीवर स्तनी, इति २ **स्थूलस्तन्याः**।।-द्रोणक्षीरा, द्रोणदुग्धा, इति २ **द्रोणपरिमितदुग्धदात्र्याम्**। बन्धकं आधिस्तत्र स्थिता सा **धेनुष्या** इति। या वर्षे वर्षे प्रसूयते सा **समांसमीनेति**।।-ऊधः, आपीनम्, इति २ **गोस्तनस्य**। ऊधः क्लीबम्।।-शिवकः, कीलकः, इति २ **गोबन्धनकाष्ठस्य**।।-दाम, संदानम्, इति २ **बन्धनरज्जोः**। दाम स्त्रीपुंसयोः।।-पशुरज्जुः, दामनी, इति२ **यस्यामेकस्यां बहवो वृषा बध्यन्ते तस्या रज्जोः**।।-वैशाखः, मन्थः, मन्थानः, मन्था, मन्थदण्डकः, इति ५ **मन्थनदण्डस्य**।। कुठरः, दण्डविष्कम्भः, इति २ **यत्र मन्थदण्डो वध्यते तस्य स्तम्भस्य**।।-मन्थनी, गगरी, इति २ **मथ्यमानदधिपात्रस्य**।।-उष्ट्रः, क्रमेलकः, मयः, महाङ्गः, इति ४ **उष्ट्रस्य**। उष्ट्रस्य शिशुः करभ इति। दारवैः पादबन्धनैरुपेताः करभाः **शृङ्खलका** : स्युरिति।।-अजा,

मेढ्रोरभ्रोरणोर्णायुमेषवृष्णय एडके १८५९
उष्ट्रोरभ्राजवृन्दे स्यादौष्ट्रकौरभ्रकाजकम् १८६०
चक्रीवन्तस्तु बालेया रासभा गर्दभाः खराः १८६१
वैदेहकः सार्थवाहो नैगमो वाणिजो वणिक् १८६२
पण्याजीवो ह्यापणिकः क्रयविक्रयिकश्च सः १८६३
विक्रेता स्याद्विक्रयिकः क्रायिकक्रयिकौ समौ १८६४
वाणिज्यं तु वणिज्या स्यान्मूल्यं वस्नोऽप्यवक्रयः १८६५
नीवी परिपणो मूलधनं लाभोऽधिकं फलम् १८६६
परिदानं परीवर्तो नैमेयनिमयावपि १८६७
पुमानुपनिधिर्न्यासः प्रतिदानं तदर्पणम् १८६८
क्रये प्रसारितं क्रय्यं क्रेयं क्रेतव्यमात्रके १८६९
विक्रेयं पणितव्यं च पण्यं क्रय्यादयस्त्रिषु १८७०
क्लीबे सत्यापनं सत्यंकारः सत्याकृतिः स्त्रियाम् १८७१

छागी, इति २ **अजायाः**।।-शुभः, छागः, बस्तः, छगलकः, अजः, इति ५ **अजस्य**।। मेढ्रः, उरभ्रः, उरणः, ऊर्णायुः मेषः, वृष्णिः, एडकः, इति ७ **मेषस्य**। उष्ट्राणां वृन्दे **औष्ट्रकम्**। उरभ्राणां वृन्दे **औरभ्रकम्**। अजानां वृन्दे **आजकम्**।।-चक्रीवान्, बालेयः, रासभः, गर्दभः, खरः, इति ५ **गर्दभस्य**।।-वैदेहकः, सार्थवाहः, नैगमः वाणिजः, वणिक्, पण्याजीवः, आपणिकः, क्रयविक्रयिकः, इति ८ **क्रयविक्रयाभ्यां वर्तमानस्य**।।-विक्रेता, विक्रयिकः, इति २ **वस्त्रपात्रादि दत्त्वा तन्मूल्यं गृह्णतः**।।-कायिकः, क्रयिकः, इति २ **मूल्येन वस्त्रादि गृह्णतः**।।-वाणिज्यम्, वणिज्या, इति २ **वणिजां कर्मणि**।।-मूल्यम्, वस्नः, अवक्रयः, इति ३ **विक्रेयवस्तूनां मूल्यस्य**।।-नीवी, परिपणः, मूलधनम्, इति ३ **क्रयविक्रयादिव्यवहारे यन्मूलधनं तस्य**। मूलधनादधिकं फलं **लाभः** स्यात्।।-परिदानम्, परीवर्तः, नेमेयः, नियमः, इति ४ **परिवर्तनस्य**।। उपनिधिः, न्यासः, इति २ **निक्षेपस्य**। उपनिधिः पुंसि। तस्य अर्पणं **प्रतिदान**-मित्युच्यते। क्रये प्रसारितं **क्रय्यमिति**। यत् क्रेतव्यमात्रं तत् **क्रेयम्**।।-विक्रेयम्, पणितव्यम्, पण्यम्, इति ३ **विक्रेयस्य वस्तुनः**। त्रिषु।।-सत्यापनम्, सत्यंकारः,

विपणो विक्रयः संख्याः संख्येये ह्यादश त्रिषु १८७२
विंशत्याद्याः सदैकत्वे सर्वाः संख्येयसंख्ययोः १८७३
संख्यार्थे द्विबहुत्वे स्तस्तासु चानवतेः स्त्रियः १८७४
पङ्क्तेः शतसहस्रादि क्रमाद्दशगुणोत्तरम् १८७५
यौतवं द्रुवयं पाय्यमिति मानार्थकं त्रयम् १८७६
मानं तुलाङ्गुलिप्रस्थैर्गुञ्जाः पञ्चाद्यमाषकः १८७७
ते षोडशाक्षः कर्षोऽस्त्री पलं कर्षचतुष्टयम् १८७८
सुवर्णबिस्तौ हेम्नोऽक्षे कुरुविस्तस्तु तत्पले १८७९
तुला स्त्रियां पलशतं भारः स्याद्विंशतिस्तुलाः १८८०
आचितो दश भाराः स्युः शाकटो भार आचितः १८८१
कार्षापणः कार्षिकः स्यात्कार्षिके ताम्रिके पणः १८८२
अस्त्रियामाढकद्रोणौ खारी वाहो निकुञ्चकः १८८३
कुडवः प्रस्थ इत्याद्याः परिमाणार्थकाः पृथक् १८८४
पादस्तुरीयो भागः स्यादंशभागौ तु वण्टके १८८५

सत्याकृतिः, इति ३ **सत्यंकारस्य**।।-विपणः, विक्रयः, इति २ **विक्रयस्य**। एकाद्या अष्टादशान्ताः संख्याशब्दाः संख्येये वर्तमानास्त्रिषु। विंशत्याद्याः सर्वाः सदैकत्वे नित्यमेकवचनान्ताः संख्येये संख्यायां च वर्तन्ते। संख्यार्थे द्विबहुवचने स्तः। तासु नवतिपर्यन्ताः स्त्रियाम्। पङ्क्तिर्दश**संख्या** तामारभ्य दशगुणं उत्तरं यत्र तादृशं संख्यानं क्रमात् **शतम्**, **सहस्रम्**, इत्यादि स्यात्।।-यौतवम्, द्रुवयम्, पाय्यम्, इति ३ **मानार्थकस्य**। तन्मानं तुलाङ्गुलिप्रस्थैर्भिद्यते। पञ्च गुञ्जाः **आद्यमापकः**। ते षोडश माषा **अक्षः**, **कर्षः**, इति २। कर्षचतुष्टयं **पलं** स्यात्।।-सुवर्णः, विस्तः, इति २ **हेम्नः सुवर्णस्याक्षे**। तस्य पले **कुरुबिस्त** इति। पलानां शतं **तुला** स्यात्। स्त्रियाम्। विंशतिस्तुलाः **भारः** स्यात्। दश भाराः **आचित** इति। यः शाकटः सोऽप्या**चित** इति।।-कार्षापणः कार्षिकः, इति २ **राजतकर्षपरिमितरूप्यकस्य**। ताम्रिके तस्मिन्कार्षिके **पण** इति।-आढकः, द्रोणः, खारी, वाहः, निकुञ्चकः, कुडवः, प्रस्थः, ७ इति ७ **परिमाणार्थकाः प्रत्येकं भिन्नार्थकाः**। तुर्यो भागः **पाद** इति।।-अंशः,

द्रव्यं वित्तं स्वापतेयं रिक्थमृक्थं धनं वसु १८८६
हिरण्यं द्रविणं द्युम्नमर्थरैविभवा अपि १८८७
स्यात्कोशश्च हिरण्यं च हेमरूप्ये कृताकृते १८८८
ताभ्यां यदन्यत्तत्कुप्यं रूप्यं तद्द्वयमाहतम् १८८९
गारुत्मतं मरकतमश्मगर्भो हरिन्मणिः १८९०
शोणरत्नं लोहितकः पद्मरागोऽथ मौक्तिकम् १८९१
मुक्ताऽथ विद्रुमः पुंसि प्रवालं पुंनपुंसकम् १८९२
रत्नं मणिर्द्वयोरश्मजातौ मुक्तादिकेऽपि च १८९३
स्वर्णं सुवर्णं कनकं हिरण्यं हेम हाटकम् १८९४
तपनीयं शातकुम्भं गाङ्गेयं भर्म कर्बुरम् १८९५
चामीकरं जातरूपं महारजतकाञ्चने १८९६
रुक्मं कार्तस्वरं जाम्बूनदमष्टापदोऽस्त्रियाम् १८९७
अलंकारसुवर्णं यच्छृङ्गीकनकमित्यदः १८९८
दुर्वर्णं रजतं रूप्यं खर्जूरं श्वेतमित्यपि १८९९
रीतिःस्त्रियामारकूटो न स्त्रियामथ ताम्रकम् १९००

भागः, वण्टकः, इति ३ **भागमात्रस्य**। द्रव्यम्, वित्तम्, स्वापतेयम्, रिक्थम्, ऋक्थम् धनम्, वसु, हिरण्यम्, द्रविणम्, द्युम्नम्, अर्थः, राः, विभवः, इति १३ **धनस्य**॥-कोशः, हिरण्यम्, इति २ **घटिताघटितयोर्हेमरूप्ययोः**। ताभ्यां यदन्यत्तत्**कुप्यं** स्यात्। तद्द्वयमाहतं **रूप्यम्**॥-गारुत्मतम्, मरकतम्, अश्मगर्भः, हरिन्मषि इति ४ **मरकतस्य**॥-शोणरत्नम्, लोहितकः, पद्मरागः, इति ३ **पद्मरागस्य**॥-मौक्तिकम्, मुक्ता, इति २ **मुक्तायाः**॥-विद्रुमः, प्रवालः, इति २ **प्रवालस्य**॥-रत्नम्, मणिः, इति २ **अश्मजातौ मुक्तादिके अपि वर्तेते**। मणिः स्त्रीपुंसयोः॥-स्वर्णम्, सुवर्णम् ,कनकम्, हिरण्यम्, हेम, हाटकम्, तपनीयम्, शातकुम्भम्, गाङ्गेयम्, भर्म, कर्बुरम्, चामीकरम्, जातरूपम्, महारजतम्, काञ्चनम्, रुक्मम्, कार्तस्वरम्, जाम्बूनदम्, अष्टापदम्, इति १९ **सुवर्णस्य**। अष्टापदं क्लीबपुंसयोः। यदलंकाररूपं सुवर्णं तत् **शृङ्गीकनक**-मिति॥-दुर्वर्णम्, जनतम्, रूप्यम्, खर्जूरम्, श्वेतम्, इति ५ **रजतस्य**॥ रीतिः,

शुल्बं म्लेच्छमुखं द्व्यष्टवरिष्टोदुम्बराणि च १९०१
लोहोऽस्त्री शस्त्रकं तीक्ष्णं पिण्डं कालायसायसी १९०२
अश्मसारोऽथ मण्डूरं सिंहाणमपि तन्मले १९०३
सर्वं च तैजसं लोहं विकारस्त्वयसः कुशी १९०४
क्षारः काचोऽथ चपलो रसः सूतश्च पारदे १९०५
गवलं माहिषं शृङ्गमभ्रकं गिरिजामले १९०६
स्त्रोतोञ्जनं तु सौवीरं कापोताञ्जनयामुने १९०७
तुत्थाञ्जनं शिखिग्रीवं वितुन्नकमयूरके १९०८
कर्परी दार्विकाक्वाथोद्भवं तुत्थं रसाञ्जनम् १९०९
रसगर्भं तार्क्ष्यशैलं गन्धाश्मनि तु गन्धिकः १९१०
सौगन्धिकश्च चक्षुष्याकुलाल्यौ तु कुलत्थिका १९११
रीतिपुष्पं पुष्पकेतु पुष्पकं कुसुमाञ्जनम् १९१२
पिञ्जरं पीतनं तालमालं च हरितालके १९१३
गैरेयमर्थ्यं गिरिजमश्मजं च शिलाजतु १९१४

आरकूटः, इति २ **पित्तलस्य**।।-ताम्रकम्, शुल्बम्, म्लेक्ष्छमुखम्, द्व्यष्टम्, वरिष्टम्, उदुम्बरं इति ६ **ताम्रस्य**।।-लोहः, शस्त्रकम्, तीक्ष्णम्, पिण्डम्, कालायसम्, अयः, अश्मसारः, इति ७ **लोहस्य**।।-मण्डूरम्, सिंहाणम्, इति २ **लोहमलस्य**। सर्वमपि तैजसं **लोहमिति**। अयसो विकारः, **कुशी** स्यात्।।-क्षारः, काचः, इति २ **काचस्य**।।-चपलः, रसः, सूतः, पारदः, इति ४ **पारदस्य**। यन्माहिषं शृङ्गं तत् **गवलमिति**।।-अभ्रकम्, गिरिजामलम्, इति २ **अभ्रकस्य**।।-स्त्रोतोञ्जनम्, सौवीरम्, कापोताञ्जनम्, यामुनम्, इति ४ **सौवीराञ्जनस्य**।।-तुत्थाञ्जनम्, शिखिग्रीवम्, वितुन्नकम्, मयूरकम्, कर्परी, इति ५ **तुत्थाञ्जनस्य**।।-तुत्थम्, रसाञ्जनम्, रसगर्भम्, तार्क्ष्यशैलम्, इति ४ **रसाञ्जनस्य**। तत्र तुत्थं दार्विकाक्वाथोद्भवम्।।-गन्धाश्मा, गन्धिकः, सौगन्धिकः, इति ३ **गन्धकस्य**।।-चक्षुष्या, कुलाली, कुलत्थिका, इति ३ **तुत्थविशेषस्य**।। रीतिपुष्पम्, पुष्पकेतु, पुष्पकम्, कुसुमाञ्जनम्, इति ४ **संतप्तपित्तलादुत्पन्नस्य**।।-पिञ्जरम्, पीतनम्, तालम्, आलम्, हरितालम्, इति ५

बोलगन्धरसप्राणपिण्डगोपरसाः समाः १११५
डिण्डीरोऽब्धिकफः फेनः सिन्दूरं नागसंभवम् १११६
नागसीसकयोगेष्टवप्राणि त्रपु पिच्चटम् १११७
रङ्गवङ्गे अथ पिचुस्तूलोऽथ कमलोत्तरम् १११८
स्यात्कुसुम्भं वह्निशिखं महारजनमित्यपि १११९
मेषकम्बल ऊर्णायुः शशोर्णं शशलोमनि ११२०
मधु क्षौद्रं माक्षिकादि मधूच्छिष्टं तु सिक्थकम् ११२१
मनःशिला मनोगुप्ता मनोह्वा नागजिह्विका ११२२
नैपाली कुनटी गोला यवक्षारो यवाग्रजः ११२३
पाक्योऽथ सर्जिकाक्षारः कापोतः सुखवर्चकः ११२४
सौवर्चलं स्याद्रुचकं त्वक्क्षीरी वंशरोचना ११२५

हरितालस्य॥-गैरेयम्, अर्थ्यम्, गिरिजम्, अश्मजम्, शिलाजतु, इति ५ **शिलाजतुनः**॥-बोलः, गन्धरसः, प्राणः, पिण्डः, गोपरसः, इति ५ **गन्धरसस्य**॥-डिण्डीरः, अब्धिकफः, फेनः, इति ३ **समुद्रफेनस्य**॥-सिन्दूरम्, नागसंभवम्, इति २ **सिन्दूरस्य**॥-नागम्, सीसकम्, योगेष्टम्, वप्रम्, इति ४ **सीसस्य**॥-त्रपु, पिच्चटम्, रङ्गम्, वङ्गम् इति ४ **वङ्गस्य**॥-पिचुः, तूलः, इति २ **कार्पासस्य**॥-कमलोत्तरम्, कुसुम्भम्, वह्निशिखम्, महारजनम्, इति ४ **कुसुम्भस्य**॥-मेषकम्बलः, ऊर्णायुः, इति २ **कम्बलस्य**॥-शशोर्णम्, शशलोम, इति २ **शशलोम्नः**॥-मधु, क्षौद्रम्, माक्षिकम्, इति ३ **मधुनः**॥-मधूच्छिष्टम्, सिक्थकम्, इति २ **मधूच्छिष्टस्य**॥-मनःशिला, मनोगुप्ता, मनोह्वा, नागजिह्विका, इति ४ **मनःशिलायाः**॥ नैपानी, कुनटी, गोला, इति ३ **नेपालदेशोद्भवमनःशिलायाः**॥-यवक्षारः, यवाग्रजः, पाक्यः, इति ३ **यवक्षारस्य**॥-सर्जिकाक्षारः, कापोतः, सुखवर्चकः, इति ३ **क्षारभेदस्य**॥-सौवर्चलम्, रुचकम्, इति २ **क्षारभेदस्य**॥-त्वक्क्षीरी, वंशरोचना, इति २ **वेणुजनयस्यौषधिविशेषस्य**॥-शिग्रुजम्, श्वेतमरिचम्, इति २ **सौभाञ्जनवीजस्य**। इक्षुसंबन्धि मूलकं **मोरटं** स्यात्॥-ग्रन्थिकम्, पिप्पलीमूलम्, चटकाशिरः, इति ३ **पिप्पलीमूलस्य**॥ गोलोमी, भूतकेशः,

शिग्रुजं श्वेतमरिचं मोरटं मूलमैक्षवम् १९२६
ग्रन्थिकं पिप्पलीमूलं चटकाशिर इत्यपि १९२७
गोलोमी भूतकेशो ना पत्राङ्गं रक्तचन्दनम् १९२८
त्रिकटु त्र्यूषणं व्योषं त्रिफला तु फलत्रिकम् १९२९

११. शूद्रवर्गः।

शूद्राश्चावरवर्णाश्च वृषलाश्च जघन्यजाः १९३०
आचण्डालात्तु संकीर्णा अम्बष्ठकरणादयः १९३१
शूद्राविशोस्तु करणोऽम्बष्ठो वैश्याद्विजन्मनोः १९३२
शूद्राक्षत्त्रिययोरुग्रो मागधः क्षत्रियाविशोः १९३३
माहिष्योऽर्याक्षत्त्रिययोः क्षत्ताऽर्याशूद्रयोः सुतः १९३४
ब्राह्मण्यां क्षत्त्रियात्सूतस्तस्यां वैदेहको विशः १९३५
रथकारस्तु माहिष्यात्करण्यां यस्य सम्भवः १९३६
स्याच्चण्डालस्तु जनितो ब्राह्मण्यां वृषलेन यः १९३७
कारुः शिल्पी संहतैस्तैर्द्वयोः श्रेणिः सजातिभिः १९३८

इति **भूतकेशस्य**।।-पत्राङ्गम्, रक्तचन्दनम्, इति २ **रक्तचन्दनसदृशस्य रक्तसारस्य**।। त्रिकटु, त्र्यूषणम्, व्योषम्, इति ३ **शुण्ठीपिप्पलीमरीचानां समाहारस्य**।। त्रिफला, फलत्रिकम्, इति २ **हरीतक्यामलक विभीतक-फलानां समाहारस्य**।।

१९३०-२०२३ शूद्रः, अवरवर्णः, वृषलः, जघन्यजः, इति ४ **शूद्रस्य**। चण्डालो ब्राह्मण्यां शूद्राज्जातस्तमभिव्याप्य वक्ष्यमाणा अम्बष्ठकरणादयः **संकीर्णाः**। शूद्रावैश्ययोः सुतः **करण** इति। वैश्यायां ब्राह्मणाज्जातः सुतो**ऽम्बष्ठः**। शूद्रायां क्षत्रियाज्जातः **उग्रः**। क्षत्रियायां वैश्यायां **मागधः**। यां वैश्या क्षत्रियाज्जातो **माहिष्यः**। क्षत्रियायां शूद्राज्जातः **क्षत्ता**। ब्राह्मण्यां क्षत्रियाज्जातः **सूत** इति। ब्रह्मण्यां वैश्याज्जातो **वैदेहकः**। करण्यां माहिष्याजातो **रथकारः** स्यात्। ब्राह्मण्यां वृषलेन य उत्पादितः स **चण्डालः** स्यात्।।-कारुः, शिल्पी, इति २ **चित्रकारादेः**। तैः सजातिभिः संहतैः **श्रेणिः** स्त्रीपुंसयोः।।-कुलकः,

कुलकः स्यात्कुलश्रेष्ठी मालाकारस्तु मालिकः ११३९
कुम्भकारः कुलालः स्यात्पलगण्डस्तु लेपकः ११४०
तन्तुवायःकुविन्दः स्यात्तुन्नवायस्तु सौचिकः ११४१
रङ्गजीवश्चित्रकरः शस्त्रमार्जोऽसिधावकः ११४२
पादूकृच्चर्मकारः स्याद्व्योकारो लोहकारकः ११४३
नाडिन्धमः स्वर्णकारः कलादो रुक्मकारकः ११४४
स्याच्छाङ्खिकः काम्बविकः शौल्बिकस्ताम्रकुट्ट कः ११४५
तक्षा तु वर्धकिस्त्वष्टा रथकारस्तु काष्ठतट् ११४६
ग्रामाधीनो ग्रामतक्षः कौटतक्षोऽनधीनकः ११४७
क्षुरी मुण्डी दिवाकीर्तिनापितान्तावसायिनः ११४८
निर्णेजकः स्याद्रजकः शौण्डिको मण्डहारकः ११४९
जाबालः स्यादजाजीवो देवाजीवस्तु देवलः ११५०

कुलश्रेष्ठी, इति २ **शिल्पिकुलप्रधानस्य**।।-मालाकारः, मालिकः, इति २ **मालाकारस्य**।।-कुम्भकारः, कुलालः, इति २ **कुलालस्य**।।-पलगण्डः, लेपकः, इति २ **गृहादौ लेपकारस्य**।। -तन्तुवायः, कुविन्दः, इति २ **पटानां निर्मातरि**।।-तुन्नवायः, सौचिकः, इति २ **कञ्चुक्यादेर्निर्मातरि**।।-रङ्गाजीवः, चित्रकरः, इति २ **चित्रकारस्य**।।-शस्त्रमार्जः, असिधावकः इति २ **शस्त्रघर्षणोपजीविनः**।।-पादूकृत्, चर्मकारः, इति २ **चर्मकारस्य**।।-व्योकारः, लोहकारकः, इति २ **लोहकारस्य**।।-नाडिंधमः, स्वर्णकारः, कलादः, रुक्मकारकः, इति ४ **स्वर्णकारस्य**।।-शाङ्खिकः, काम्बविकः, इति २ **शङ्खवलयादेः कर्तरि**।।-शौल्बिकः, ताम्रकुट्टकः, इति २ **ताम्रकुट्टकस्य**।।-तक्षा, वर्धकिः, त्वष्टा, रथकारः, काष्ठतद्, इति ५ **वर्धके**:। ग्रामाधीनो यस्तक्षा, स **ग्रामतक्षः** इति। अनधीनकः **कौटतक्षः** स्यात्।-क्षुरी, मुण्डी, दिवाकीर्तिः, नापितः, अन्तावसायी, इति ५ **नापितस्य**।।-निर्णेजकः, रजकः, इति २ **वस्त्राणां धावकस्य**।।-शौण्डिकः, मण्डहारकः, इति २ **सुराजीविनः**।।-जाबालः, अजाजीवः, इति २ **अजापालस्य**।।-देवाजीवः, देवलः, इति २ **देवसेवोपजीविनः**।।-माया,

स्यान्माया शाम्बरी मायाकारस्तु प्रतिहारकः १९५१
शैलालिनस्तु शैलूषा जायाजीवाः कृशाश्विनः १९५२
भरता इत्यपि नटाश्चारणास्तु कुशीलवाः १९५३
मार्दङ्गिका मौरजिकाः पाणिवादास्तु पाणिघाः १९५४
वेणुध्माः स्युर्वैणविका वीणावादास्तु वैणिकाः १९५५
जीवान्तकः शाकुनिको द्वौ वागुरिकजालिकौ १९५६
वैतंसिकः कौटिकश्च मांसिकश्च समं त्रयम् १९५७
भृतको भृतिभुक्कर्मकरो वैतनिकोऽपि सः १९५८
वार्तावहो वैवधिको भारतवाहस्तु भारिकः १९५९
विवर्णः पामरो नीचः प्राकृतश्च पृथग्जनः १९६०
निहीनोऽपसदो जाल्मः क्षुल्लकश्चेतरश्च सः १९६१
भृत्ये दासेरदासेयदासगोप्यकचेटकाः १९६२
नियोज्यकिंकरप्रैष्यभुजिष्यपरिचारकाः १९६३

शाम्बरी, इति २ **इन्द्रजालस्य**।।-मायाकारः, प्रतिहारकः, इति २ **मायाविनः**।।-शैलाली, शैलूषः, जायाजीवः, कृशाश्वी, भरतः, नटः, इति ६ **नटानाम्**।।-चारणः, कुशीलवः, इति २ **कथकानाम्**।।-मार्दङ्गिकाः, मौरजिकाः, इति २ **मृदङ्गवादनकुशलानाम्**।। पाणिवादाः, पाणिघाः, इति २ **पाणिवादानाम्**।।-वेणुध्माः, वैणविकाः, इति २ **वेणुवादिनाम्**।।- वीणावादाः, वैणिकाः, इति २ **वीणावादनं शिल्पमेषाम्**।। जीवान्तकः, शाकुनिकः, इति २ **पक्षिणां हन्तरि**।।-वागुरिकः, जालिकः, इति २ **जालेन मृगान्बध्नतः**।।-वैतंसिकः, कौटिकः, मांसिकः, इति ३ **मांसविक्रयजीविनः**।।-भृतकः, भृतिभुक्ः, कर्मकरः, वैतनिकः, इति ४ **वेतनोपजीविनः**।।-वार्तावहः, वैवधिकः, इति २ **वार्ताया वाहके**।।-भारवाहः, भारिकः, इति २ **भारिकस्य**।। विवर्णः, पामरः, नीचः, प्राकृतः, पृथग्जनः, निहीनः, अपसदः, जाल्मः, क्षुल्लकः, इतरः, इति १० **नीचस्य**।।-भृत्यः, दासेरः, दासेयः, दासः, गोप्यकः, चेटकः, नियोज्यः, किङ्करः, प्रैष्यः, भुजिष्यः, परिचारकः, इति ११ **दासस्य**।।-पराचितः, परिस्कन्दः, परजातः, परैधितः, इति ४

परचितपरिस्कन्दपरजातपरैधिताः १९६४
मन्दस्तुन्दपरिमृज आलस्यः शीतकोऽलसोऽनुष्णः १९६५
दक्षे तु चतुरपेशलपटवः सूत्थान उष्णश्च १९६६
चण्डालप्लवमातङ्गदिवाकीर्तिजनंगमाः १९६७
निषादश्वपचावन्तेवासिचण्डालपुक्कसाः १९६८
भेदाः किरातशबरपुलिन्दा म्लेच्छजातयः १९६९
व्याधो मृगवधाजीवो मृगयुर्लुब्धकोऽपि सः १९७०
कौलेयकः सारमेयः कुक्कुरो मृगदंशकः १९७१
शुनको भषकः श्वा स्यादलर्कस्तु स योगितः १९७२
श्वा विश्वकद्रुर्मृगयाकुशलः सरमा शुनी १९७३
विट्चरः सूकरो ग्राम्यो वर्करस्तरुणः पशुः १९७४
आच्छोदनं मृगव्यं स्यादाखेटो मृगया स्त्रियाम् १९७५
दक्षिणारुर्लुब्धयोगाद्दक्षिणेर्मा कुरङ्गकः १९७६
चौरैकागारिकस्तेनदस्युतस्करमोषकाः १९७७

परेण संवर्धितस्य।।-मन्दः, तुन्दपरिमृजः, आलस्यः, शीतकः, अलसः, अनुष्णः, इति ६ **अलसस्य**।।-दक्षः, चतुरः, पेशलः, पटुः, सूत्थानः, उष्णः, इति ६ **दक्षस्य**।। चण्डालः, प्लवः, मातङ्गः, दिवाकीर्तिः, जनंगमः, निषादः, श्वपचः, अन्तेवासी, चाण्डालः, पुक्कसः, इति १० **चाण्डालस्य**।।-किरातः, शबरः, पुलिन्दः, इति ३ **चण्डालभेदाः**।। -व्याधः, मृगवधाजीवः, मृगयुः लुब्धकः, इति ४ **व्याधस्य**।।-कौलेयकः, सारमेयः, कुक्कुरः, मृगदंशकः, शुनकः, भषकः, श्वा इति ७ **शुनकस्य**। योगितः श्वा **अलर्कः** स्यात्। यो मृगयाकुशलः श्वा स **विश्वकद्रु**रिति। शुनी **सरमा** स्यात्। ग्राम्यः सूकरः **विट्चरः** स्यात्। यस्तरुणः पशुः स **वर्कर** इति।।-आच्छोदनम्, मृगव्यम्, आखेटः, मृगया, इति ४ **पापर्द्धेः**।। लुब्धयोगा-द्दक्षिणारुः पार्श्वव्रणी कुरङ्गको **दक्षिणेर्मा** स्यात्।। चौरः, ऐकागारिकः, स्तेनः, दस्युः, तस्करः, मोषकः, प्रतिरोधिः, परास्कन्दिः, पाटच्चरः, मलिम्लुचः, इति १० **चोरस्य**। चौरिका, स्तन्यम्, चौर्यम्, इति ४ **स्तेयस्य**। चौर्यं धनं

प्रतिरोधिपरास्कन्दिपाटच्चरमलिम्लुचाः १९७८
चौरिका स्तैन्यचौर्ये च स्तेयं लोप्त्रं तु तद्धने १९७९
वीतंसस्तूपकरणं बन्धने मृगपक्षिणाम् १९८०
उन्माथः कूटयन्त्रं स्याद्वागुरा मृगबन्धनी १९८१
शुल्वं वराटकं स्त्री तु रज्जुस्त्रिषु वटी गुणः १९८२
उद्घाटनं घटीयन्त्रं सलिलोद्वाहनं प्रहेः १९८३
पुंसि वेमा वायदण्डः सूत्राणि नरि तन्तवः १९८४
वाणिर्व्यूतिः स्त्रियौ तुल्ये पुस्तं लेप्यादिकर्मणि १९८५
पाञ्चालिका पुत्रिका स्याद्वस्त्रदन्तादिभिः कृता १९८६
जतुत्रपुविकारे तु जातुषं त्रापुषं त्रिषु १९८७
पिटकः पेटकः पेटा मञ्जूषाऽथ विहङ्गिका १९८८
भाग्यष्टिस्तदालम्बि शिक्यं काचोऽथ पादुका १९८९
पादूरुपानत्स्त्री सैवानुपदीना पदायता १९९०
नध्री वध्री वरत्रा स्यादश्वादेस्ताडनी कशा १९९१

लोप्त्रं स्यात्। मृगपक्षिणां बन्धने यदुपकरणं स **वीतंस** इति।।-उन्माथः, कूटयन्त्रम्, इति २ **मृगपक्षिबन्धनयन्त्रस्य**।।-वागुरा, मृगबन्धनी, इति २ **जालीकृतरज्जुविशेषे**।।-शुल्बम्, वराटकम्, रज्जुः, वटीः, गुणः, इति ५ **रज्जोः**। रज्जुः स्त्रियाम्। वटी त्रिषु। प्रहेः सलिलोद्वाहने **उद्घाटनम्, घटीयन्त्रम्,** इति २।।-वेमा, वायदण्डः, इति २ **वस्त्रव्यूतिदण्डस्य**।।-सूत्राणि, तन्तवः, इति २ **सूत्राणाम्**। तन्तुः पुंसि।।-वाणिः, व्यूतिः, इति २ **तन्तुवानस्य**। लेप्यादिकर्मणि **पुस्तमिति**। वस्त्रदन्तादिभिः कृता पुत्रिका **पाञ्चालिका** स्यात्। दन्तो गजदन्तः, आदिना चर्मकाष्ठमृच्छिलेत्यादिग्रहणम्। जतुविकारो **जातुषम्**। त्रपुविकारस्त्रा**पुषम्**।।-पिटकः, पेटकः, पेटा, मञ्जूषा, इति ४ **वस्त्रालङ्कारादिस्थापनमञ्जूषायाः**।।-विहङ्गिका, भारयष्टिः, इति ४ **शिक्याधारलगुडस्य**। तस्यां भारयष्ट्यामालम्बते **शिक्यम्, काचः**, इति २।।-पादुका, पादुः, उपानत्, इति ३ **पादत्राणस्य**। सैवोपानत् पदायता **अनुपदीना** इति।।-नध्री, वध्री, वरत्रा, इति ३ **चर्ममय्या रज्ज्वाः**।।-अश्वादेस्ताडनी रज्जुः **कशा**

चाण्डालिका तु कण्डोलवीणा चण्डालवल्लकी १९९२
नाराची स्यादेषणिका शाणस्तु निकषः कषः १९९३
व्रश्चनः पत्रपरशुरीषिका तूलिका समे १९९४
तैजसावर्तनी मूषा भस्त्रा चर्मप्रसेविका १९९५
आस्फोटनी बेधनिका कृपाणी कर्तरी समे १९९६
वृक्षादनी वृक्षभेदी टङ्कः पाषाणदारणः १९९७
क्रकचोऽस्त्री करपत्रमारा चर्मप्रभेदिका १९९८
सूर्मी स्थूणाऽयः प्रतिमा शिल्पं कर्म कलादिकम् १९९९
प्रतिमानं प्रतिबिम्बं प्रतिमा प्रतियातना प्रतिच्छाया २०००
प्रतिकृतिरर्चा पुंसि प्रतिनिधिरुपमोपमानं स्यात् २००१
वाच्यलिङ्गाः समस्तुल्यः सदृक्षः सदृशः सदृक् २००२
साधारणः समानश्च स्युरुत्तरपदे त्वमी २००३
निभसंकाशनीकाशप्रतीकाशोपमादयः २००४

स्यात्।। चाण्डालिका, कण्डोलवीणा, चण्डालवल्लकी, इति ३ **किनर्याख्याया अन्त्यजवीणायाः**।।-नाराची, एषणिका, इति ३ **स्वर्णकाराणां नाराचाकृतिलोहशलाकायाः**।।-शाणः, निकषः, कषः, इति ३ **स्वर्णघर्षणशिलायाः**।।-व्रश्चनः, पत्रपरशुः, इति २ **स्वर्णादिच्छेदनार्थस्य परशौः**।।-ईषिका, तूलिका, इति २ **शलाकाभेदस्य।** तैजसावर्तनी **मूषा** स्यात्।।-भस्त्रा, चर्म प्रसेविका, इति २ **अग्निज्जवलनार्थस्य चर्मप्रसेवकस्य**।।-आस्फोटनी, वेधनिका, इति २ **मण्यादेर्वेधोपयुक्तस्य शस्त्रभेदस्य**।।-कृपाणी, कर्तरी, इति २ **कर्तर्याः**।।-वृक्षादनी, वृक्षभेदी, इति २ **वृक्षभेदनार्थस्य शस्त्रभेदस्य**।।-टङ्कः, पाषाणदारणः, इति २ **पाषाणदारणार्थस्य घनभेदस्य**।।-क्रकचः, करपत्रम् इति २ **काष्ठादिविदारणार्थस्य शस्त्रस्य**।।-आरा, चर्मप्रभेदिका, इति २ **चर्मखण्डनार्थस्य शस्त्रभेदस्य**।।-सूर्मी, स्थूणा, अयःप्रतिमा, इति ३ **लोहप्रतिमायाः** कला गीतनृत्यादिकं यत्कर्म **तच्छिल्पम्**।।-प्रतिमानम्, प्रतिबिम्बम्, प्रतिमा, प्रतियातना, प्रतिच्छाया, प्रतिकृतिः, अर्चा, प्रतिनिधिः, इति ८ **प्रतिमायाः।** प्रतिनिधिः पुंसि।।-उपमा, उपमानम्, इति २ **उपमितकरणस्य।** समः, तुल्यः, सदृक्षः, सदृशः सदृक्ः, साधारणः, समानः, इति

कर्मण्या तु विधाभृत्याभृतयो भर्म वेतनम् २००५
भरण्यं भरणं मूल्यं निर्वेशः पण इत्यपि २००६
सुरा हलिप्रिया हाला परिस्रुद्वरुणात्मजा २००७
गन्धोत्तमाप्रसन्नेराकादम्बर्यः परिस्रुता २००८
मदिरा कश्यमद्ये चाप्यवदंशस्तु भक्षणम् २००९
शुण्डापानं मदस्थानं मधुवारा मधुक्रमाः २०१०
मध्वासवो माधवको मधु माध्वीकमद्वयोः २०११
मैरेयमासवः सीधुर्मेदको जगलः समौ २०१२
संधानं स्यादभिषवः किण्वं पुंसि तु नग्नहूः २०१३
कारोत्तरः सुरामण्ड आपानं पानगोष्ठिका २०१४
चषकोऽस्त्री पानपात्रं सरकोऽप्यनुतर्षणम् २०१५
धूर्तोऽक्षदेवी कितवोऽक्षधूर्तो द्यूतकृत्समाः २०१६

---

७ **समान्तरस्य**। अमी उत्तरपदे स्थिताः **सदृश**पर्यायाः-निभः, संकाशः, नीकाशः, प्रतीकाशः, उपमाः, इति ५।।-कर्मण्या, विधा, भृत्या, भृतिः, भर्म, वेतनम्, भरण्यम्, मूल्यम्, निर्वेशः, पण, इति ११ **वेतनस्य**-।। सुरा, हलिप्रिया , हाला, परिस्रुत्, वरुणात्मजा, गन्धोत्तमा, प्रसन्ना, इरा, कादम्बरी, परिस्रुता, मदिरा, कश्यम्, मद्यम्, इति १३ **मद्यस्य**। तत्र यद्भक्षणं सोऽ**वदंश** इति।।-शुण्ढापानम्, मदस्थानम्, इति २ **मद्यगृहस्य**।।- मधुवारः, मधु क्रमः, इति २ **मधुपानपरिपाट्याः**।।-मध्वासवः, माधवकः, मधु, माध्वीकम्, इति ४ **मधुकपुष्पोद्भवस्य मद्यस्य**। तत्र माध्वीकं मधु च द्वयोः, न तु क्लीबे एव।।-मैरेयम्, आसवः, सीधुः, इति ३ **इक्षुशाकादिजन्यस्य मद्यस्य**।।-मेदकः, जगलः, इति २ **सुराकल्कस्य**।।-संधानम्, अभिषवः, इति २ **मद्यसंधानस्य**।।-किण्वम्, नग्नहूः, इति २ **तण्डुलादिद्रव्यकृत-सुराबीजस्य**।। सुराया मण्डः **कारोत्तर** इति।।-आपानम्ः, पानगोष्ठिका, इति २ **पानार्थायाः सभायाः**।।-चषकः, पानपात्रम्, इति २ **मद्यपात्रस्य**। चषकः पुंनपुंसकयोः।।-सरकः, अनुतर्षणम्, इति २ **मद्यपानस्य**।।-धूर्तः, अक्षदेवी, कितवः, अक्षधूर्तः, द्यूतकृत्, इति ५ **द्यूतकृतः**।।-लग्नकः,

स्युर्लग्नकाः प्रतिभुवः सभिका द्यूतकारकाः २०१७
द्यूतोऽस्त्रियामक्षवती कैतवं पण इत्यपि २०१८
पणोऽक्षेषु ग्लहोऽक्षास्तु देवनाः पाशकाश्च ते २०१९
परिणायस्तु शारीणां समन्तान्नयनेऽस्त्रियाम् २०२०
अष्टापदं शारिफलं प्राणिद्यूतं समाह्वयः २०२१
उक्ता भूरिप्रयोगत्वादेकस्मिन्येऽत्र यौगिकाः २०२२
ताद्धर्म्यादन्यतो वृत्तावूह्या लिङ्गान्तरेऽपि ते २०२३

१२. काण्डसमाप्तिः।

इत्यमरसिंहकृतौ नामलिङ्गानुशासने। २०२४
द्वितीयकाण्डो भूम्यादिः साङ्ग एव समर्थितः २०२५

।।द्वितीयकाण्डसमाप्तिः।।

प्रतिभूः, इति २ **ऋणादौ प्रतिनिधिभूतस्य**।।-सभिकाः, द्यूतकारकाः, इति २ **ये द्यूतं कारयन्ति तेषाम्**। द्यूतः, अक्षवती, कैतवम्, पण, इति ४ **द्यूतस्य**।।-पणः, ग्लहः, इति २ **पणस्य**।।-अक्षः, देवनः, पाशकः, इति ३ **पाशकस्य**। शारीणामितस्ततो नयने **परिणाय** इति।।-अष्टापदम् शारिफलम् इति २ **शारीणामाधरस्य**। प्राणिद्यूतं **समाह्वय** इति। अत्र केषांचिल्लिङ्गभेदविधानाभवात्प्राप्तमपूर्णत्वं परिहरति-उक्ता इति। अत्र शूद्रवर्गे योगिकाः भूरिप्रयोगत्वादेकस्मिन्नेव लिङ्गे उक्ता अन्यतस्ताद्धर्म्याल्लिङ्गान्तरेऽप्यूहनीयाः। अपशिब्दात् करणकुलालादयः पुंसि स्त्रियां च वर्तन्त इति ज्ञेयम्।।

२०२४-२०२५ इति मया अमरसिंहकृतौ नामलिङ्गनुशासने भूम्यादिद्वितीयः काण्डः साङ्ग एव समर्थितः।।

तृतीयं काण्डम्।

१. वर्गभेदाः।

विशेष्यनिघ्नैः संकीर्णैर्नानार्थैरव्ययैरपि २०२६
लिङ्गादिसंग्रहैर्वर्गाः सामान्ये वर्गसंश्रयाः २०२७

२. परिभाषा।

स्त्रीदाराद्यैर्यद्विर्यद्विशेष्यं यादृशैः प्रस्तुतं पदैः २०२८
गुणद्रव्यक्रियाशब्दास्तथा स्युस्तस्य भेदकाः २०२९

३. विशेष्यनिघ्नवर्गः।

सुकृती पुण्यवान्धन्यो महेच्छस्तु महाशयः २०३०

२०२६-२०२७ वक्ष्यमाणवर्गानाह-सामान्ये साधारणत्वातसामान्याख्ये-ऽस्मिन्काण्डे विशेष्यनिघ्नैर्विशेष्यं स्त्रीदारादिपूर्वोक्तं तदधीनलिङ्गवचनैः सुकृत्यादिभिः शब्दै तथा संकीर्णैः परस्पर विजातीयार्थैः, तथा नानार्थैरनेकार्थेषु वर्तमानैर्नाकलोकादिभिः अव्ययैराङादिभिर्लिङ्गसंग्रहैरुपलक्षितास्तत्तन्नामका वर्गाः। पक्ष्यन्त इति शेषः।।

२०२८-२०२९ यादृशैः स्त्रीलिङ्गत्वादियुक्तैः स्त्रीदाराद्यैः पदैर्यद्विशेष्यं स्त्रीदारादिरूपं यथा प्रस्तुतं प्रक्रान्तं तस्य विशेष्यस्य भेदका व्यावर्तका गुणद्रव्यक्रियाविशिष्टाः शब्दास्तथा स्युः तत्र गुणः सुकृतादिः। तद्विशिष्टो यथाः 'सुकृतिनी स्त्री', 'सुकृतिनो दाराः', 'सुकृति कुलम्' 'द्रव्यं दण्डादि'। तद्विशिष्टो यथा-'दण्डिनी स्त्री', 'दण्डिनो दाराः', 'दण्डि कुलम्'। क्रिया-वचनादिव्यापारः। तद्विशिष्टो यथा-'पाचिका स्त्री', 'पाचका दाराः', 'पाचकं कुलम्'।।

२०३०-२२५० सुकृती, पुण्यवान्, धन्यः, इति ३ **भाग्यसंपन्नस्य**।।-

हृदयालुः सुहृदयो महोत्साहो महोद्यमः २०३१
प्रवीणे निपुणाभिज्ञविज्ञनिष्णातशिक्षिताः २०३२
वैज्ञानिकः कृतमुखः कृती कुशल इत्यपि २०३३
पूज्यः प्रतीक्ष्यः सांशयिकः संशयापन्नमानसः २०३४
दक्षिणीयो दक्षिणार्हस्तत्र दक्षिण्य इत्यपि २०३५
स्युर्वदान्यस्थूललक्ष्यदानशौण्डा बहुप्रदे २०३६
जैवातृकः स्यादायुष्मानन्तर्वाणिस्तु शास्त्रवित् २०३७
परीक्षकः कारणिको वादस्तु समर्धकः २०३८
हर्षमाणो विकुर्वाणः प्रमना हृष्टमानसः २०३९
दुर्मना विमना अन्तर्मनाः स्यादुत्क उन्मनाः २०४०
दक्षिणे सरलोदारौ सुकलो दातृभोक्तरि २०४१
तत्परि प्रसितासक्ताविष्टार्थोद्युक्त उत्सुकः २०४२
प्रतीते प्रथितख्यातवित्तविज्ञातविश्रुताः २०४३

महेच्छः, महाशयः, इति २ **उदारचित्तस्य दयालोः**॥-हृदयालुः, सुहृदयः, इति २ **प्रशस्तचित्तस्य**॥-महोत्साहः, महोद्यमः, इति २ **महोद्यमस्य**॥-प्रवीणः, निपुणः, अभिज्ञः, विज्ञः, निष्णातः, शिक्षितः, वैज्ञानिकः, कृतमुखः, कृती, कुशलः, इति १० **प्रवीणस्य**॥-पूज्यः, प्रतीक्ष्यः, इति २ **पूज्यस्य**॥-सांशयिकः, संशयापन्नमानसः, इति २ **संशयापन्नमानसस्य**॥-दक्षिणीयः, दक्षिणार्हः, दक्षिण्यः, इति ३ **दक्षिणार्हस्य**॥-वदान्यः, स्थूललक्ष्यः, दानशौण्डः, बहुप्रदः, इति ४ **दानशूरस्य**॥-जैवातृकः, आयुष्मान्, इति २ **आयुष्मतः**॥-अन्तर्वाणिः, शास्त्रवित्, इति २ **शास्त्रज्ञस्य**॥-परीक्षकः, कारणिकः, इति २ **प्रमाणैरर्थनिश्चायकस्य**॥ वरदः, समर्धकः इति २ **वराणां दातरि**॥ हर्षमाणः, विकुर्वाणः, प्रमनाः, हृष्टमानसः, इति ४ **हृष्टचेतसः**॥-दुर्मनाः, विमनाः, अन्तर्मनाः, इति ३ **व्याकुलचेतसः**॥-उत्कः, उन्मनाः, इति २ **उत्कण्ठितस्य**॥-दक्षिणः, सरलः, उदारः, इति ३ **सरलस्य**। दातृभोक्तरि **सुकल** इति॥ तत्परः, प्रसितः, आसक्तः, इति ३ **तत्परस्य**॥-इष्टार्थोद्युक्तः, उत्सुकः, इति २ **अभिमतार्थे सोद्योगस्य**॥-प्रतीतः, प्रथितः, ख्यातः, वित्तः, विज्ञातः, विश्रुतः, इति ६ **ख्यातस्य**॥-कृतलक्षणः,

गुणैः प्रतीते तु कृतलक्षणाहतलक्षणौ २०४४
इभ्य आढ्यो धनी स्वामी त्वीश्वरः पतिरीशिता २०४५
अधिभूर्नायको नेता प्रभुः परिवृढोऽधिपः २०४६
अधिकर्द्धिः समृद्धः स्यात्कुटुम्बव्यापृतस्तु यः २०४७
स्यादभ्यागारिकस्तस्मिन्नुपाधिश्च पुमानयम् २०४८
वराङ्गरूपोपेतो यः सिंहसंहननो हि सः २०४९
निर्वार्यः कार्यकर्ता यः संपन्नः सत्त्वसंपदा २०५०
अवाचि मूकोऽथ मनोजवसः पितृसंनिभः २०५१
सत्कृत्यालंकृतां कन्यां यो ददाति स कूकुदः २०५२
लक्ष्मीवाँल्लक्ष्मणः श्रीलः श्रीमान्स्निग्धस्तु वत्सलः २०५३
स्याद्दयालुः कारुणिकः कृपालुः सूरतः समाः २०५४
स्वतन्त्रोऽपावृतः स्वैरी स्वच्छन्दो निरवग्रहः २०५५
परतन्त्रः पराधीनः परवान्नाथवानपि २०५६
अधीनो निघ्न आयत्तोऽस्वच्छन्दो गृह्यकोऽप्यसौ २०५७
खलपूः स्याद्बहुकरो दीर्घसूत्रश्चिरक्रियः २०५८

आहतलक्षणः, इति २ **शौर्यादिभिः ख्याते**॥–इभ्यः, आढ्यः, धनी, इति ३ **धनिनः**॥–स्वामी, ईश्वरः, पतिः, ईशिता, अधिभूः, नायकः, नेताः, प्रभुः, परिवृढः, अधिपः, इति १० **प्रभोः**॥–अधिकर्द्धिः समृद्धः, इति २ **सुसंपन्नस्य**॥–कुटुम्बव्यापृतः, अभ्यागारिकः, उपाधिः, इति ३ **कुटुम्बपोषणादिव्यापार-युक्तस्य**। वरैरङ्गरूपैरुपेतो यः स **सिंहसंहनन** इति। यः सत्त्वसंपदा संपन्नः सन् कार्यं करोति स **निर्वार्य** इति॥–अवाक्, मूकः, इति २ **मूकस्य**॥–मनोजवसः, पितृसन्निभः, इति २ **पितृतुल्यस्य**। आदपूर्वकमलंकृतां कन्यां यो ददाति **स कुकुद इति**॥–लक्ष्मीवान, लक्ष्मणः, श्रीलः, श्रीमान्, इति ४ **लक्ष्मीवतः**॥–स्निग्धः, वत्सलः, इति २ **स्नेहयुक्तस्य**॥–दयालुः, कारुणिकः, कृपालुः, सूरतः, इति ४ **दयाशीलस्य**॥स्वतन्त्रः, अपावृतः, स्वैरी, स्वच्छन्दः, निरवग्रहः, इति ५ **स्वच्छन्दस्य**॥–परतन्त्रः, पराधीनः, परवान्ः, नाथवान्, इति ४ **पराधीनस्य**॥–अधीनः, निघ्नः, आयत्तः अस्वच्छन्दः, गृह्यकः,

जाल्मोऽसमीक्ष्यकारी स्यात्कुण्ठो मन्दः क्रियासु यः २०५९
कर्मक्षमोऽलंकर्मीणः क्रियावान्कर्मसूद्यतः २०६०
स कार्मः कर्मशीलो यः कर्मशूरस्तु कर्मठः २०६१
भरण्यभुक्कर्मकरः कर्मकारस्तु तत्क्रियः २०६२
अपस्नातो मृतस्नात आमिषाशी तु शौष्कलः २०६३
बुभुक्षितः स्यात्क्षुधितो जिघत्सुरशनायितः २०६४
परान्नः परपिण्डादो भक्षको घस्मरोऽद्मरः २०६५
आद्यूनः स्यादौदरिको विजिगीषाविवर्जिते २०६६
उभौ त्वात्मंभरिः कुक्षिंभरिः स्वोदरपूरके २०६७
सर्वान्नीनस्तु सर्वान्नभोजी गृध्नुस्तु गर्धनः २०६८
लुब्धोऽभिलाषुकस्तृष्णक्समौ लोलुपलोलुभौ २०६९
सोन्मादस्तून्मदिष्णुः स्यादविनीतः समुद्धतः २०७०
मत्ते शौण्डोत्कटक्षीबाः कामुके कमितानुकः २०७१

इति ५ **अधीनस्य**।।-खलपूः बहुकरः, इति २ **संमार्जनादिकारिणः**।।-दीर्घसूत्रः, चिरक्रियः, इति २ **आलस्ययुक्तस्य**।।-जाल्मः, असमीक्ष्यकारीः, इति २ **गुणदोषानविमृश्यकारिणः**। यः क्रियासु मन्दः स **कुण्ठ** इति।।-कर्मक्षमः, अलंकर्मीणः, इति २ **कर्मणि शक्तस्य**।। कर्मसु य उद्युक्तः स **क्रियावानिति**।।-कार्मः, कर्मशीलः, इति २ कर्मशीलः, इति २ **नित्यं कर्मण्येव प्रवृत्तस्य**।। कर्मशूरः, कर्मठः, इति २ **कर्मशूरस्य**।।-भरण्यभुक्, कर्मकरः, इति २ **वेतनं गृहीत्वा कर्म करोति तस्य**। वेतनं विनापि क्रियावान् स **कर्मकारः** इति।।-अपस्नातः, मृतस्नातः, इति २ **मृतमुद्दिश्य स्नातस्य**।।-आमिषाशी शौष्कलः, इति २ **मत्स्य-मांसभक्षकस्य**।।-बुभुक्षितः, क्षुधितः, जिघत्सुः, अशनायितः, इति ४ **बुभुक्षितस्य**।।-परान्नः, परपिण्डादः, इति २ **परान्नोपजीविनः**।।-भक्षकः, घस्मरः, अद्मरः, इति ३ **भक्षणशीलस्य**।।-आद्यूनः, औदरिकः, इति २ **विजिगीषाविवर्जिते**।।-आत्मंभरिः, कुक्षिंभरिः, इति २ **यः स्वोदरं बिभर्ति तस्य**।।-सर्वान्नीन, सर्वान्नभोजी, इति २ **सर्वान्नभोजिनः**।। गृध्नुः गर्धनः, इति २ **आकाङ्क्षा-शीलस्य**।।-लुब्धः, अभिलाषुकः, तृष्णक्, इति ३ **अभिलाषशीलस्य**।।-

कस्त्रः कामयिताभीकः कमनः कामनोऽभिकः २०७२
विधेयो विनयग्राही वचनेस्थित आश्रवः २०७३
वश्यः प्रणेयो निभृतविनीतप्रश्रिताः समाः २०७४
धृष्टे धृष्णग्वियातश्च प्रगल्भः प्रतिभान्विते २०७५
स्यादधृष्टे तु शालीनो विलक्षो विस्मयान्विते २०७६
अधीरे कातरस्त्रस्ते भीरुभीरुकभीलुकाः २०७७
आशंसुराशंसितरि गृहयालुर्ग्रहीतरि २०७८
श्रद्धालुः श्रद्धया युक्ते पतयालुस्तु पातुके २०७९
लज्जाशीलेऽपत्रपिष्णुर्वन्दारुरभिवादके २०८०
शरारुर्घातुको हिंस्रः स्याद्वर्धिष्णुस्तु वर्धनः २०८१
उत्पतिष्णुस्तूत्पतितालंकरिष्णुस्तु मण्डनः २०८२

लोलुपः, लोलुभः, इति २ **अतितृष्णाशीलस्य**।। सोन्मादः, उन्मदिष्णुः, इति २ **उन्मादशीलस्य**।।-अविनीतः, समुद्धतः, दति २ **दुर्विनीतस्य**।।-मत्तः, शौण्डः, उत्कटः, क्षीबः, इति ४ **मत्तस्य**।।-कामुकः, कमिताः, अनुकः, कम्रः, कामयिताः, अभीकः, कमनः, कामनः, अभिकः, इति ९ **कामुकस्य**।।-विधेयः, विनयग्राही, वचनेस्थितः, आश्रवः, इति ४ **वचनग्राहिणि**।।-वश्यः, प्रणेयः, इति २ **वशंगतस्य**।।-निभृतः, विनीतः, प्रश्रितः, इति ३ **विनीतस्य**।।-धृष्टः, धृष्णक्, वियातः, इति ३ **अविनीतस्य**।।-प्रगल्भः, प्रतिभान्वितः, इति २ **सप्रतिभस्य**।।-अधृष्टः, शालीनः, इति २ **सलज्जस्य**।।-विलक्षः, विस्मयान्वितः, इति **प्राप्ताश्चर्यस्य**।।-अधीरः, कातरः, इति २ **भयक्षुत्पिपसादिव्याकुलस्य**।।-त्रस्तः, भीरुः, भीरुकः, भीलुकः, इति ४ **भयशीलस्य**।।-आशंसु, आशंसिता, इति २ **वाञ्छाशीलस्य**।।-गृहयालुः, ग्रहीताः, इति २ **ग्रहणशीलस्य**। श्रद्धया युक्ते **श्रद्धालुरिति**।।-पतयालुः, पातुकः, इति २ **पतनशीलस्य**।।-लज्जाशीलः, अपत्रपिष्णुः, इति २ **लोकलज्जायुक्तस्य**।।-वन्दारुः, अभिवादकः, इति २ **वन्दनशीलस्य**।।-शरारुः, घातुकः, हिंस्रः, इति ३ **हिंसाशीले**।।-वर्धिष्णुः, वर्धनः, इति २ **वर्धनशीलस्य**।।-उत्पतिष्णुः, उत्पतिता, इति २ **उत्पतनशीलस्य**।।-

भूष्णुर्भविष्णुर्भविता वर्तिष्णुर्वर्तनः समौः २०८३
निराकरिष्णुः क्षिप्रुः स्यात्सान्द्रस्निग्धस्तु मेदुरः २०८४
ज्ञाता तु विदुरो विन्दुर्विकासी तु विकस्वरः २०८५
विसृत्वरो विसृमरः प्रसारी च विसारिणि २०८६
सहिष्णुः सहनः क्षन्ता तितिक्षुः क्षमिता क्षमी २०८७
क्रोधनोऽमर्षणः कोपी चण्डस्त्वत्यन्तकोपनः २०८८
जागरूको जागरिता घूर्णितः प्रचलायितः २०८९
स्वप्नक्शयालुर्निद्रालुर्निद्राणशयितौ समौ २०९०
पराङ्मुखः पराचीनः स्यादवाङ्प्यधोमुखः २०९१
देवानञ्चति देवाद्र्यङ् विष्वद्र्यङ् विष्वगञ्चति २०९२
यः सहाञ्चति सध्र्यङ् स स तिर्यङ् यस्तिरोऽञ्चति २०९३
वदो वदावदो वक्त वागीशो वाक्पतिः समौ २०९४
वाचोयुक्तिपटुर्वाग्मी वावदूकोऽतिवक्तरि २०९५
स्याज्जल्पाकस्तु वाचालो वाचाटो बहुगर्ह्यवाक् २०९६

अलंकरिष्णुः, मण्डनः, इति २ **अलंकरणशीले**।।-भूष्णुः, भविष्णुः, भविता, इति ३ **भवनशीले**।।-वर्तिष्णुः, वर्तनः, इति २ **वर्तनशीले**।।-निराकरिष्णुः, क्षिप्नुः, इति २ **निराकर्तरि**। सान्द्रस्निग्धः **मेदुरः** स्यात्।।-ज्ञाता, विदुरः, विन्दुः, इति **ज्ञातरि**।।-विकासी, विकस्वरः, इति २ **विकासशीले**।।-विसृत्वरः, विसृमरः, प्रसारी, विसारी, इति ४ **प्रसारणशीले**।।-सहिष्णुः, सहनः, क्षन्ता, तितिक्षुः, क्षमिता, क्षमी, इति ६ **क्षमाशीले**।।-क्रोधनः, अमर्षणः, कोपी, इति ३ **कोपशीलस्य**।।-चण्डः, अत्यन्तकोपनः, इति २ **अतिक्रोधशीले**।।-जागरूकः, जागरिता, इति २ **जागरणशीले**।।-घूर्णितः, प्रचलायितः, इति २ **निद्राघूर्णितस्य**।।-स्वप्नक्, शयालुः, निद्रालुः, इति ३ **निद्राशीलस्य**।।-निद्राणः, शयतिः, इति **सुप्तस्य**।।-पराङ्मुखः, पराचीनः, इति २ **विमुखस्य**।।-अवाङ्, अधोमुखः, इति २ **अवाङ्मुखस्य**। यो देवानञ्चति स **देवद्र्यङ्**। यो विष्वगञ्चति स **विष्वद्र्यङ्**। यः सहाञ्चति स **सध्र्यङ्**। यस्तिरोऽञ्चरित स **तिर्यङ्**।।-वदः, वदावदः, वक्ता, इति ३ **वक्तरि**।।-वागीशनः, वाक्पतिः, इति २ **अनवद्योछाम-**

दुर्मुखे मुखराबद्धमुखौ शुक्लः प्रियंवदे २०९७
लोहलः स्यादस्फुटवाग्गर्ह्यवादी तु कद्वदः २०९८
समौ कुवादकुचरौ स्यादसौम्यस्वरोऽस्वरः २०९९
रवणः शब्दनो नान्दीवादी नान्दीकरः समौ २१**
जडोऽज्ञ एडमूकस्तु वक्तुं श्रोतुमशिक्षिते २१०१
तूष्णींशीलस्तु तूष्णीको नग्नोऽवासा दिगम्बरे २१०२
निष्कासितोऽवकृष्टः स्यादपध्वस्तस्तु धिक्कृतः २१०३
आत्तगर्वोऽभिभूतः स्याद्दापितः साधितः समौ २१०४
प्रत्यादिष्टो निरस्तः स्यात्प्रत्याख्यातो निराकृतः २१०५
निकृतः स्याद्विप्रकृतो विप्रलब्धस्तु वञ्चितः २१०६
मनोहतः प्रतिहतः प्रतिबद्धो हतश्च सः २१०७
अधिक्षिप्तः प्रतिक्षिप्तो बद्धे कीलितसंयतौ २१०८

वादिनि।।-वाचोयुक्तिपटुः, वाग्मी, इति २ **नैयायिकस्य**।।-वावदूकः, अतिवक्ता, इति २ **बहुभाषिणि**।।-जल्पाकः, वाचालः, वाचाटः, बहुगर्ह्यवाक्, इति ४ **अवाच्यवाचालस्य**।।-दुर्मुखः, मुखरः, अबद्धमुखः, इति ३ **अनर्गलमुखस्य**।।-शक्लः, प्रियंवदः, इति २ **प्रियवादिनि**।।-लोहलः अस्फुटवाक्, इति २ **अस्फुटवादिनि**।।-गर्ह्यवादी, कद्वदः, इति २ **कुत्सितभाषिणि**।।-कुवादः, कुचरः, इति २ **दोषकथनशीले**।।-असौम्यस्वरः, अस्वर इति २ **काकादिस्वरवदपस्वरयुक्तस्य**।। रवणः, शब्दनः, इति २ **शब्दशीलस्य**।।-नान्दीवादीः, नान्दीकरः, इति २ **स्तुतिविशेषवादिनः**।।-जडः, अज्ञः, इति २ **अत्यन्तमूढस्य**।।-यो वक्तुं श्रोतुं च शिक्षितो न भवति स **एडमूकः**।।-तूष्णीशीलः, तूष्णीकः, इति २ **तूष्णींभावयुक्त**।।-नग्नः, अवासाः, दिगम्बरः, इति २ **नग्नस्य**।।-निष्कासितः, अवकृष्टः, इति २ **निर्गमितस्य**।।-अपध्वस्तः, धिक्कृतः, इति २ **निर्भर्त्सितस्य**।।-आत्तगर्वः, अभिभूतः, इति २ **भग्नदर्पस्य**।।-दापितः, साधितः, इति २ **दापितस्य**।।-प्रत्यादिष्टः, निरस्तः, प्रत्याख्यातः, निराकृतः, इति ४ **निराकृतस्य**।।-निकृतः, विप्रकृतः, इति २ **विवर्णीकृतस्य**।।-विप्रलब्धः, वञ्चितः, इति २ **वञ्चनं प्राप्तस्य**।।-मनोहतः, प्रतिहतः, प्रतिबद्धः,

आपन्न आपत्प्राप्तः स्यात्कांदिशीको भयद्रुतः २१०९
आक्षारितः क्षारितोऽभिशस्ते संकसुकोऽस्थिरे २११०
व्यसनार्तोपरक्तौ द्वौ विहस्तव्याकुलौ समौ २१११
विक्लवो विह्वलः स्तयात्तु विवशोऽरिष्टदुष्टधीः २११२
कश्यः कशार्हे संनद्धे त्वाततायी वधोद्यते २११३
द्वेष्ये त्वक्षिगतो वध्यः शीर्षच्छेद्य इमौ समौ २११४
विष्यो विषेण यो वध्यो मुसल्यो मुसलेन यः २११५
शिश्विदानोऽकृष्णकर्मा चपलश्चिकुरः समौ २११६
दोषैकदृक्पुरोभागी निकृतस्त्वनृजुः शठः २११७
कर्णेजपः सूचकः स्यात्पिशुनो दुर्जनः खलः २११८
नृशंसो घातुकः क्रूरः पापो धूर्तस्तु वञ्चकः २११९
असे मूढयथाजातमूर्खवैधेयबालिशाः २१२०

हलः, इति ४ **मनसि हतस्य**।।-अधिक्षिप्तः, प्रतिक्षिप्तः, इति २ **कृताक्षेपस्य**।।-बद्धः, कीलितः, संयतः, इति ३ **रज्ज्वादिना निबद्धस्य**।।-आपन्नः, आपत्प्राप्तः इति २ **आपदं गतस्य**।।-कांदिशीकः, भयद्रुतः, इति २ **भयात्पलायितस्य**।।-आक्षारितः, क्षारितः, अभिशस्तः, इति ३ **लोकापवादेन दूषितस्य**।।-संकसुकः, अस्थिरः, इति २ **चलप्रकृतेः**। **व्यसनार्तः**, उपरक्तः, इति २ **व्यसनपीडितस्य**।।-विहस्तः, व्याकुलः, इति २ **शोकादिभिरितिकर्तव्यतामूढस्य**।।-विक्लवः, विह्वलः, इति २ **शोकादिना गात्रभङ्गं प्राप्तस्य**।।-विवशः, अरिष्टदुष्टधीः, इति २ **आसन्नमरणदूषितवुद्धेः**।।-कश्यः, कशार्हः, इति २ **कशाघातमर्हतः**। वधोद्यते संनद्धे **आततायीति**।।-द्वेष्यः,अक्षिगतः, इति २ **द्वेषार्हस्य**। वध्यः, शीर्षच्छेद्यः, इति २ **वधार्हस्य**। यो विषेण वध्यः **स विष्य** इति १। यो मुसलेन वध्यः स **मुसल्य** इति १ शिश्विदानः, अकृष्ण-कर्मा, इति २ **पुण्यकर्मणः**।।-चपलः, चिकुरः, इति २ **चपलस्य**।।-दोषैकदृक्, पुरोभागी, इति २ **दोषमात्रं पश्यत**।।-निकृतः, अनृजुः, शठः, इति ३ **यस्यान्तःकरणं वक्रं तस्य**। कर्णेजपः, सूचकः, इति २ **कर्णे परापवादं वदतः**।।-पिशुनः, दर्जतः, खलः, इति ३ **परस्परभेदनशीलस्य**।।-नृशंसः,

कदर्ये कृपणक्षुद्रकिंपचानमितंपचाः २१२१
निःस्वस्तु दुर्विधो दीनो दरिद्रो दुर्गतोऽपि सः २१२२
वनीयको याचनको मार्गणो याचकार्थिनौ २१२३
अहंकारवानहंयुः शुभंयुस्तु शुभान्वितः २१२४
दिव्योपपादुका देवा नृगवाद्या जरायुजाः २१२५
स्वेदजाः कृमिदंशाद्याः पक्षिसर्पादयोऽण्डजाः २१२६
उद्भिदस्तरुगुल्माद्या उद्भिदुद्भिज्जमुद्भिदम् २१२७
सुन्दरं रुचिरं चारु सुषमं साधु शोभनम् २१२८
कान्तं मनोरमं रुच्यं मनोज्ञं मञ्जुलम् २१२९
तदासेचनकं तृप्तेर्नास्त्यन्तो यस्य दर्शनात् २१३०
अभीष्टेऽभीप्सितं हृद्यं दयितं वल्लभं प्रियम् २१३१
निकृष्टप्रतिकृष्टार्वरेफयाप्यावमाधमाः २१३२
कुपूयकुत्सितावद्यखेटगर्ह्याणकाः समाः २१३३

घातुकः, क्रूरः, पापः, इति ४ **परद्रोहशीले**।।-धूर्तः, वञ्चकः, इति २ **प्रतारणशीलस्य**।। -अज्ञः, मूढः, यथाजातः, मूर्खः, वैधेयः, वालिशः, इति ६ **मूर्खस्य**।।-कदर्यः, कृपणः, क्षुद्रः, किंपचानः, मितंपचः, इति ५ **कृपणस्य**।।-निःस्वः, दुर्विधः, दीनः, दरिद्रः, दुर्गतः, इति ५ **दरिद्रस्य**।।-वनीयकः, याचनकः, मार्गणः, याचकः, अर्थी, इति ५ **याचकस्य**।।-अहंकारवान् अहंयुः, इति २ **अहंकारिणः**।।-शुभंयुः, शुभान्वितः, इति २ **शुभयुक्तस्य**। देवा **दिव्योपपादुका** उच्यन्ते। नृगवाद्या **जरायुजाः** स्युः। कृमिदंशाद्याः **स्वेदजाः** स्युः। स्वेदहेतुत्दूष्मा स्वेदः, ततो जाताः स्वेदजाः। पक्ष्यादयो**ऽण्डजा** इति। तरुगुल्माद्या **उद्भिदः**।।-उद्भित्, उद्भिज्जम्, उद्भिदम्, इति ३ **उद्भिदि**।।-सुन्दरम्, रुचिरम्, चारु, सुषमम्, साधु, शोभनम्, कान्तम्, मनोरमम्, रुच्यम्, मनोज्ञम्, मञ्जु, मञ्जुलम्, इति १२ **सुन्दरस्य**।।-यस्य दर्शनात् दृङ्ध्नसोस्तृप्तेरन्तो नास्ति **तदासेचनकं** स्यात्।।-अभीष्टम्, अभीप्सित्, हृद्यम्, दयितम्, वल्लभम्, प्रियम्, इति ६ **अभीष्टस्य**।।-निकृष्टः, प्रतिकृष्टः, अर्वा, रेफः, याप्यः, अवमः, अधमः, कुपूयः, कुत्सितः, अवद्यः, खेटः,

कलीमसं तु मलिनं कच्चरं मलदूषितम् २१३४
पूतं पवित्रं मेध्यं च वीध्रं तु विमलार्थकम् २१३५
निर्णिक्तं शोधितं मृष्टं निःशोध्यमनवस्करम् २१३६
असारं फल्गु शून्यं तु वशिकं तुच्छरिक्तके २१३७
क्लीबे प्रधानं प्रमुखप्रवेकानुत्तमोत्तमाः २१३८
मुख्यवर्यवरेण्याश्च प्रवर्होऽनवराध्र्यवत् २१३९
पराध्र्याग्रप्राग्रहरप्राग्र्याग्र्याग्रीयमग्रियम् २१४०
श्रेयान् श्रेष्ठः पुष्कलः स्यात्सत्तमश्चातिशोभने २१४१
स्युरुत्तरपदे व्याघ्रपुंगवर्षभकुञ्जराः २१४२
सिंहशार्दूलनागाद्याः पुंसि श्रेष्ठार्थगोचराः २१४३
अप्राग्र्यं द्वयहीने द्वे अप्रधानोपसर्जने २१४४
विशङ्कटं पृथु बृहद्विशालं पृथुलं महत् २१४५
वड्रोरुविपुलं पीनपीवी तु स्थूलपीवरे २१४६

गर्ह्यः, अणकः, इति १३ **अधमस्य**।।-मलिमसम्, मलीनम्, कच्चरम्, मलदूषितम्, इति ४ **अनुज्ज्वलनस्य**। पूतम्, पवित्रम्, इति ३ **पवित्रस्य। वीध्र**मिति विमलार्थकम्।। निर्णिक्तम् शोधितम्, मृष्टम्, निःशोध्यम्, अनवस्करम्, इति ५ **अपनीतमलस्य**।।-असारम्, फल्गु, इति २ **निर्बलस्य**। शून्यम्, वशिकम्, तुच्छम्, रिक्तकम्, इति ४ **रिक्तस्य**।। प्रधानम्, प्रमुखः, प्रवेकः, अनुत्तमः, उत्तमः, मुख्यः, वर्यः, वरेण्यः, प्रवर्हः, अनवराध्र्यः, पराध्र्यः, अग्रः, प्राग्रहरः, प्राग्र्यः, अग्र्यः, अग्रीयः, अग्रियः, इति १७ **प्रधानस्य**। प्रधानं नित्यं क्लीबे।।-श्रेयान्, श्रेष्ठः, पुष्कलः, सत्तमः, अतिशोभनः, इति ५ **अत्यन्तशोभनस्य**। व्याघ्रादय एते शब्दा उत्तरपदे पुंसि श्रेष्ठार्थगोचराः। आद्यशब्दात्सोमादयः।। अप्राग्र्यम्, अप्रधानम्, उपसर्जनम्, इति ३ **अप्रधानस्य**। तत्राप्रधानोपसर्जने द्वे द्वयहीने स्त्रीपुंसाभ्यां हीने।।-विशङ्कटम्, पृथु, बृहत्, विशालम्, पृथुलम्, महत्, वड्रम्, उरु, विपुलम्, इति ९ **विस्तीर्णस्य**।।-पीनम्, पीव, स्थूलम्, पीवरम्, इति ४ **स्थूलस्य**।।-स्तोकः, अल्पः, क्षुल्लकः, इति

स्तोकाल्पक्षुल्लकाः सूक्ष्मं श्लक्ष्णं दभ्रं कृशं तनु २१४७
स्त्रियां मात्रा त्रुटिः पुंसि लवलेशकणाणवः २१४८
अत्यल्पेऽल्पिष्ठमल्पीयः कनीयोऽणीय इत्यपि २१४९
प्रभूतं प्रचुरं प्राज्यमदभ्रं बहुलं बहु २१५०
पुरुहूः पुरु भूयिष्ठं स्फारं भूयश्च भूरि च २१५१
परःशताद्यास्ते येषां परा संख्या शतादिकात् २१५२
गणनीये तु गणेयं संख्याते गणितमथ समं सर्वम् २१५३
विश्वमशेषं कृत्स्नं समस्तनिखिलाखिलानि निःशेषम् २१५४
समग्रं सकलं पूर्णमखण्डं स्यादनूनके २१५५
घनं निरन्तरं सान्द्रं पेलवं विरलं तनु २१५६
समीपे निकटासन्नसंनिकृष्टसनीडवत् २१५७
सदेशाभ्याशसविधसमर्यादसवेशवत् २१५८
उपकण्ठान्तिकाभ्यर्णाभ्यग्रा अप्यभितोऽव्ययम् २१५९

---

३ **अल्पस्य**।।-सूक्ष्मम्, श्लक्ष्णम्, दभ्रम्, कृशम्, तनु, मात्रा, त्रुटिः, लवः, लेशः, कणः, अणुः, इति ११ **सूक्ष्मस्य**। मात्रात्रुटी स्त्रियौ। लवादिः पुंसि।।-अल्पिष्ठम्, अल्पीयः, कनीयः, अणीयः, इति ४ **अत्यल्पे**।।-प्रभूतम्, प्रचुरम्, प्राज्यम्, अदभ्रम्, बहुलम्, बहु, पुरुहूः, पुरु, भूयिष्ठम्, स्फारम्, भूयः भूरि, इति १२ **बहुलस्य**। येषां संख्या शतात्सहस्राच्चा परा ते क्रमेण **परःशताः, परःसहस्राःस्यु**।।-गणनीयम्, गणेयम्, इति २ **गणयितुं शक्यस्य**।।-संख्यातम्, गणितम्, इति २ **संख्यातस्य**।।-समम्, सर्वम्, विश्वम्, अशेषम्, कृत्स्नम्, समस्तम्, निखिलम्, अखिलम्, निःशेषम्, समग्रम्, सकलम्, पूर्णम्, अखण्डम्, अनूनकम्, इति १४ **समग्रस्य**।।-घनम्, निरन्तरम्, सान्द्रम्, इति ३ **निबिडस्य**।।-पेलवम्, विरलम्, तनु, इति ३ **विरलस्य**।।-समीपः, निकटः, आसन्नः, सन्निकृष्टः, सनीडः, सदेशः, अभ्याशः, सविधः, समर्यादः, सवेशः, उपकण्ठः, अन्तिकः, अभ्यर्णः, अभ्यग्रः, अभितः, इति १५ **समीपस्य**। तत्राभित इत्यव्ययम्।।-संसुक्तम्, अव्यवहितम्, अपदान्तरम्, इति ३ **संलग्नस्य**।। नेदिष्ठम्, अन्तिकतमम्, इति २

संसक्ते त्वव्यवहितमपदान्तरमित्यपि २१६०
नेदिष्ठमन्तिकतमं स्याद्दूरं विप्रकृष्टकम् २१६१
दवीयश्च दविष्ठं च सुदूरं दीर्घमायतम् २१६२
वर्तुलं निस्तलं वृत्तं बन्धुरं तून्नतानतम् २१६३
उच्चप्रांशून्नतोदग्रोच्छ्रितास्तुङ्गेऽथ वामेन २१६४
न्यङ्नीचखर्वह्रस्वाः स्युरवाग्रेऽवनतानतम् २१६५
अरालं वृजिनं जिह्ममूर्मिमत्कुञ्चितं नतम् २१६६
आविद्धं कुटिलं भुग्नं वेल्लितं वक्रमित्यपि २१६७
ऋजावजिह्मप्रगुणो व्यस्ते त्वप्रगुणाकुलौ २१६८
शाश्वतस्तु ध्रुवो नित्यसदातनसनातनाः २१६९
स्थास्नुः स्थिरतरः स्थेयानेकरूपतया तु यः २१७०
कालव्यापी स कूटस्थः स्थावरो जङ्गमेतरः २१७१
चरिष्णु जङ्गमचरं त्रसमिङ्गं चराचरम् २१७२
चलनं कम्पनं कम्प्रं चलं लोलं चलाचलम् २१७३

अतिनिकटस्य।।-दूरम्, विप्रकृष्टकम्, इति २ **दूरस्य**।।-दवीयः, दविष्ठम्, सुदूरम्, इति ३ **अत्यन्तदूरस्य**। दीर्घम्, आयतम्, इति २ **दीर्घस्य**।।-वर्तुलम्, निस्तलम्, वृत्तम्, इति ३ **वर्तुलस्य**। उन्नतानतं स्वभावत उन्नतमुपाधिवशान्नतं **बन्धुरमिति**।।-उच्चः, प्रांशुः, उन्नतः, उदग्रः, उच्छ्रितः, तुङ्गः, इति ६ **उन्नतस्य**।।-वामनः, न्यक्, नीचः, खर्वः, ह्रस्वः, इति ५ **ह्रस्वस्य**।।-अवाग्रम्, अवनतम्, आनतम्, इति ३ **अधोमुखस्य**।।-अरालम्, वृजिनम्, जिह्मम्, ऊर्मिमत्, कुञ्चितम्, नतम्, आविद्धम्, कुटिलम्, भुग्नम्, वेल्लितम्, वक्रम्, इति ११ **वक्रस्य**।।-ऋतुः, अजिह्मः, प्रगुणः, इति ३ **अवक्रस्य**।।-व्यस्तः, अप्रगुणः, आकुलः, इति ३ **आकुलस्य**।।-शाश्वतः, ध्रुवः, नित्यः, सदातनः, सनातनः, इति ५ **नित्यस्य**।।-स्थास्नुः, स्थिरतरः, स्थेयान् इति ३ **अतिस्थिरस्य**। य एकरूपतया कालव्यापी स **कूटस्थ** इति।।-स्थावरः, जङ्गमेतरः, इति २ **अचरस्य**।।-चरिष्णु, जङ्गमम्, चरम्, त्रसम्, इङ्गम्,। चराचरम्, इति ६ **चरस्य**।।-चलनम्, कम्पनम्, कम्प्रम्, इति ३ **कम्पशीलस्य**।।-चलम्,

चञ्चलं तरलं चैव पारिप्लवपरिप्लवे २१७४
अतिरिक्तः समधिको दृढसंधिस्तु संहतः २१७५
कर्कशं कठिनं क्रूरं कठोरं निष्ठुरं दृढम् २१७६
जरठं मूर्तिमन्मूर्तं प्रवृद्धं प्रौढमेधितम् २१७७
पुराणे प्रतनप्रत्नपुरातनचिरंतनाः २१७८
प्रत्यग्रोऽभिनवो नव्यो नवीनो नूतनो नवः २१७९
नूत्नश्चसुकुमारं तु कोमलं मृदुलं मृदु २१८०
अन्वगन्वक्षमनुगेऽनुपदं क्लीबमव्ययम् २१८१
प्रत्यक्षं स्यादैन्द्रियकमप्रत्यक्षमतीन्द्रियम् २१८२
एकतानोऽनन्यवृत्तिरेकाग्रैकायनावपि २१८३
अप्येकसर्ग एकाग्र्ययोऽप्येकायनगतोऽपिसः २१८४
पुंस्यादिः पूर्वपौरस्त्यप्रथमाद्या अथास्त्रियाम् २१८५
अन्तो जघन्यं चरममन्त्यपाश्चात्यपश्चिमाः २१८६
मोघं निरर्थकं स्पष्टं स्फुटं प्रव्यक्तमुल्बणम् २१८७

लोलम्, चलाचलम्, चञ्चलम्, तरलम्, पारिप्लवम्, परिप्लवम् इति ७ **चलस्य**।।-अतिरिक्तः, समधिकः, इति २ **अधिकभूतस्य**।।-दृढसंधिः, संहतः, इति २ **दृढसंधानयुक्तस्य**।।-कर्कशम्, कठिनम्, क्रूरम्, कठोरम्, निष्ठुरम्, दृढम्, जरठम्, मूर्तिमत्, मूर्तम्, इति ९ **कठिनस्य**।।-प्रवृद्धम्, प्रौढम्, एधितम्, इति ३ **प्रवृद्धस्य**।।-पुराणम्, प्रतनम्, प्रत्नम्, पुरातनम्, चिरन्तनम्, इति ५ **पुरातनस्य**।।-प्रत्यग्रः, अभिनवः, नव्यः, नवीनः, नूतनः, नवः, नूत्नः, इति ७ **नूतनस्य**।।-सुकुमारम्, कोमलम्, मृदुलम्, मृदु, इति ४ **कोमलस्य**।।-अन्वक्, अन्वक्षम्, अनुगम्, अनुपदम्, इत ४ **पश्चादित्यर्थे**। अनुपदं क्लीबमव्ययं च।।-प्रत्यक्षम्, ऐन्द्रियकम्, इति २ **इन्द्रियग्राह्यस्य**।। अप्रत्यक्षम् अतीन्द्रियम्, इति २ **इन्द्रियैरग्राह्यस्य धर्मादेः**।।-एकतानः, अनन्यवृत्तिः, एकाग्रः, एकायनः, एकसर्गः, एकाग्र्यः, एकायनगतः, इति ७ **एकाग्रस्य**।।-आदिः, पूर्वः, पौरस्त्यः, प्रथमः, आद्यः, इति ५ **आद्यस्य**।। तत्रादिः पुंस्येव।।-अन्तः, जघन्यम्, चरमम्, अन्त्यम्, पाश्चात्यम्, पश्चिमम्,

साधारणं तु सामान्यमेकाकी त्वेक एककः २१८८
भिन्नार्थका अन्यतर एकस्त्वोऽन्येतरावपि २१८९
उच्चावचं नैकभेदमुच्चण्डमविलम्बितम् २१९०
अरुंतुदं तु मर्मस्पृगबाधं तु निरर्गलम् २१९१
प्रसव्यं प्रतिकूलं स्यादपसव्यमपष्ठु च २१९२
वामं शरीरं सव्यं स्यादपसव्यं तु दक्षिणम् २१९३
संकटं ना तु संबाधः कलिलं गहनं समे २१९४
संकीर्णे संकुलाकीर्णे मुण्डितं परिवापितम् २१९५
ग्रन्थितं संदितं दृब्धं विसृतं विस्तृतं ततम् २१९६
अन्तर्गतं विस्मृतं स्यात्प्राप्तप्रणिहिते समे २१९७
वेल्लितप्रेङ्खिताधूतचलिताकम्पिता धुते २१९८
नुत्तनुन्नास्तनिष्ठ्यूताविद्धक्षिप्तेरिताः समाः २१९९
परिक्षिप्तं तु निवृतं मूषितं मुषितार्थकम् २२००

इति ६ **अन्त्यस्य** तत्रान्तः पुंनपुंसकयोरेव॥-मोघम्, निरर्थकम्, इति २ **व्यर्थस्य**॥-स्पष्टम्, स्फुटम्, प्रव्यक्तम्, उल्बणम्, इति ४ **स्पष्टस्य**॥ साधारणम्, सामान्यम्, इति २ **साधारणस्य**॥-एकाकी, एकः, एककः, इति ३ **असहायस्य**॥-भिन्नः, अन्यतरः, एकः, त्वः, अन्यः, इतरः, इति ६ **भिन्नार्थकाः**॥-उच्चावचम्, नैकभेदम्, इति २ **बहुविधस्य**॥-उच्चण्डम्, अविलम्बितम्, इति २ **तूर्णस्य**॥-अरुंतुदम्, मर्मस्पृक्, इति २ **मर्मभेदिनः**॥-अबाधम्, निरर्गलम्, इति २ **निर्बाधस्य**॥-प्रसव्यम्, प्रतिकूलम्, अपसव्यम्, अपष्ठु, इति ४ **विपरीतस्य**। यद्वामं शरीरं तत् **सव्यमिति**। यद्दक्षिणं शरीरं **तदपसव्यमिति**॥-संकटम्, संबाधः, इति २ **अल्पावकाशे वर्त्मादौ**। ना पुमान्॥-कलिलम्, गहनम्, इति २ **दुरधिगम्यस्य**॥-संकीर्णम्, संकुलम्, आकीर्णम्, इति ३ **जनादिभिरत्यन्तमिश्रस्य**॥-मुण्डितम्, परिवापितम्, इति २ **कृतमुण्डनस्य**॥-ग्रन्थितम्, संदितम्, दृब्धम्, इति ३ **गुम्फितस्य**॥-विसृतम्, विस्तृतम्, ततम्, इति ३ **लब्धप्रसरस्य**॥-अन्तर्गतम्, विस्मृतम्, इति २ **विस्मृतस्य**॥-प्राप्तम्, प्रणिहितम्, इति २ **लब्धस्य**॥-वेल्लितः,

प्रवृद्धप्रसृते न्यस्तनिसृष्टे गुणिताहते २२०१
निदिग्धोपचिते गूढगुप्ते गुण्ठितरूषिते २२०२
द्रुतावदीर्णे उद्गूर्णोद्यते काचितशिक्यिते २२०३
घ्राणघ्राते दिग्धलिप्ते समुदक्तोद्धृते समे २२०४
वेष्टितं स्याद्वलयितं संवीतं रुद्धमावृतम् २२०५
रुग्णं भुग्नेऽथ निशितक्ष्णुतशातानि तेजिते २२०६
स्याद्विनाशोन्मुखं पक्वं ह्रीणह्रीतौ तु लज्जिते २२०७
वृत्ते तु वृतव्यावृत्तौ संयोजित उपाहितः २२०८
प्राप्यं गम्यं समासाद्यं स्यन्नं रीणं स्नुतं स्रुतम् २२०९

प्रेङ्खितः, आधूतः, चलितः, आकम्पितः, धुतः, इति ६ **ईषत्कम्पितस्य**॥-नुत्तः, नुन्नः, अस्तः, निष्ठ्यूतः, आविद्धः, क्षिप्तः, ईरितः, इति ७ **प्रेरितस्य**॥-परिक्षिप्तम्, निवृतम्, इति २ **प्राकारादिना सर्वतोवेष्टितस्य**॥-मूषितम्, मुषितम्, इति २ **चोरितस्य**॥-प्रवृद्धम्, प्रसृतम्, इति २ **प्रसरणयुक्तस्य**॥-न्यस्तम्, निसृष्टम्, इति २ **निक्षिप्तस्य**॥-गुणितम्, आहतम्, इति २ **अभ्यावर्तितस्य**॥-निदिग्धम्, उपचितम्, इति २ **समृद्धस्य**॥-गूढम्, गुप्तम्, इति २ **गोपनयुक्तस्य**॥-गुण्ठितम्, रूषितम्, इति २ **धूलिलिप्तस्य**॥-द्रुतम्, अवदीर्णम्, इति २ **द्रवीभूतस्य**॥-उद्गूर्णम्, उद्यतम्, इति २ **उत्तोलितस्य शस्त्रादेः**॥-काचितम्, शिक्यितम्, इति २ **शिक्ये स्थापितस्य**॥-घ्राणम्, घ्रातम्, इति २ **नासिकया गृहीतगन्धस्य**॥-दिग्धम्, लिप्तम्, इति २ **विलिप्तस्य**॥-समुदक्तम्, उद्धृतम्, इति २ **उन्नीतस्य**। वेष्टितम्, वलयितम्, संवीतम्, रुद्धम्, आवृतम्, इति ५ **वेष्टितस्य**॥-रुग्णम्, भुग्नम्, इति **व्यथितस्य**॥-निशितम्, क्ष्णुतम्, शातम्, तेजितम्, इति ४ **तीक्ष्णीकृतस्य शास्त्रादेः**। विनाशोन्मुखं **पक्वं** स्यात्॥-ह्रीणः, ह्रीतः, लज्जितः, इति ३ **संजातलज्जस्य**॥ वृत्तः, वृतः, व्यावृत्तः, इति ३ **कृतवरणस्य**॥-संयोजितः, उपाहितः, इति २ **संयोगं प्रापितस्य**॥-प्राप्यम्, गम्यम्, समासाद्यम्, इति ३ **प्राप्तुं शक्यस्य**॥ स्यन्नम्, रीणम्, स्नुतम्, स्रुतम् इति ४ **प्रस्रुतस्य**॥-संगूढः, संकलितः, इति २ **योतिजस्याङ्कादेः**॥-अवगीतः, ख्यातगर्हणः, इति २

संगूढः स्यात्संकलितोऽवगीतः ख्यातगर्हणः २२१०
विविधः स्याद्बहुविधो नानारूपः पृथग्विधः २२११
अवरीणो धिक्कृतश्चाप्यवध्वस्तोऽवचूर्णितः २२१२
अनायासकृतं फाण्टं स्वनितं ध्वनितं समे २२१३
बद्धे संदानितं मूतमुद्दितं संदितं सितम् २२१४
निष्पक्वे क्वथितं पाके क्षीराज्यहविषां श्रृतम् २२१५
निर्वाणो मुनिवह्न्यादौ निर्वातस्तु गतेऽनिले २२१६
पक्वं परिणते गूनं हन्ने मीढं तु मूत्रिते २२१७
पुष्टे तु पुषितं सोढे क्षान्तमुद्वान्तमुद्गते २२१८
दान्तस्तु दमिते शान्तः शमिते प्रार्थितेऽर्दितः २२१९
ज्ञप्तस्तु ज्ञपिते छन्नश्छादिते पूजितेऽञ्चितः २२२०
पूर्णस्तु पूरिते क्लिष्टः क्लिशितेऽवसिते सितः २२२१

निन्दितस्य॥-विविधः, बहुविधः, नानारूपः, पृथग्विधः, इति ४ **नानारूपस्य**॥-अवरीणः, धिक्कृतः, इति २ **निन्दितमात्रस्य**॥-अवध्वस्तः, अवचूर्णितः, इति २ **चूर्णीकृतस्य**। अनायासकृतं **फाण्टं** स्यात्॥-स्वनितम्, ध्वनितम्, इति २ **शब्दितस्य**॥-बद्धम्, संदानितम्, मूतम्, उछितम्, संदितम्, सितम्, इति ६ **बद्धस्य**॥-निष्पक्वम्, क्वथितम्, इति २ **साकल्येन पक्वस्य**। क्षीरादीनां पाके **शृत**मिति। **निर्वाण** इति मुनिवह्न्यादौ प्रयुज्यते, न तु वाते। गते अनिले **निर्वात** इति॥-पक्वम्, परिणतम्, इति २ **पाकं प्राप्तस्य**॥-गूनम्, हन्नम्, इति २ **कृतपुरीषोत्सर्गस्य**॥-मीढम्, मूत्रितम्, इति २ **कृतमूत्रोत्सर्गस्य**॥-पुष्टम्, पुषितम्, इति २ **कृतपोषणस्य**॥-सोढम्, क्षान्तम्, इति २ **क्षमां प्रापितस्य**॥ उद्वान्तः, उद्गतः, इति २ **वमनेन त्यक्तस्यान्नादेः**॥ दान्तः, दमितः, इति २ **दमं प्रापितस्य**॥ शान्तः, शमितः, इति २ **शमनं प्रापितस्य**॥ प्रार्थितः, अर्दितः, इति २ **याचितस्य**॥-ज्ञप्तः, ज्ञपितः इति २ **बोधं प्रापितस्य**॥ छन्नः, छादितः, इति २ **आच्छादितस्य**॥-पूजितः, अञ्चितः, इति २ **पूजितस्य**॥-पूर्णः, पूरितः, इति २ **पूर्णस्य**॥ क्लिष्टः, क्लिशितः, इति २ **क्लेशं प्राप्तस्य**॥-अवसितः, सितः, इति २

प्रुष्टप्लुष्टोषिता दग्धे तष्टत्वष्टौ तनूकृते २२२२
वेधितच्छिद्रितौ विद्धे विन्नवित्तौ विचारिते २२२३
निष्प्रभे विगतारोकौ विलीने विद्रुतद्रुतौ २२२४
सिद्धे निर्वृत्तनिष्पन्नौ दारिते भिन्नभेदितौ २२२५
ऊतं स्यूतमुतं चेति त्रितयं तन्तुसंतते २२२६
स्यादर्हिते नमस्यितनमसितमपचायितार्चितापचितम् २२२७
वरिवसिते वरिवस्यितमुपासितं चोपचरितं च २२२८
संतापितसंतप्तौ धूपितधूपायितौ च दूनश्च २२२९
हृष्टे मत्तस्तृप्तः प्रह्लन्नः प्रमुदितः प्रीतः २२३०
छिन्नं छातं लूनं कृत्तं दातं दितं छितं वृक्णम् २२३१
स्नस्तं ध्वस्तं भ्रष्टं स्कन्नं पन्नं च्युतं गलितम् २२३२
लब्धं प्राप्तं विन्नं भावितमासादितं च भूतं च २२३३
अन्वेषितं गवेषितमन्विष्टं मार्गितं मृगितम् २२३४

समाप्तस्य॥-प्रुष्टः, प्लुष्टः, उषितः, दग्धः, इति ४ **दग्धस्य**॥-तष्टः, त्वष्टः, तनूकृतः, इति ३ **शस्त्रेणाल्पीकृतस्य**। वेधितः, छिद्रितः, विद्धः, इति ३ **विद्धस्य**॥-विन्नः, वित्तः, विचारितः, इति ३ **प्राप्तविचारस्य**॥-निष्प्रभः, विगतः, अरोकः, इति ३ **दीप्तिहीनस्य**॥ विलीनः, विद्रुतः, द्रुतः, इति ३ **द्रवीभूतस्य**॥-सिद्धः, निर्वृत्तः, निष्पन्नः, इति ३ **सिद्धस्य**॥-दारितः, भिन्नः, भेदितः, इति ३ **भेदं प्रापितस्य**॥-ऊतम्, स्यूतम्, इति ३ **तन्तुसंतते**॥-अर्हितम्, नमस्यितम्, नमसितम्, अपचायितम्, अर्चितम्, अपचितम्, इति ६ **अर्चितस्य**॥-वरिवसितम्, वरिवस्यितम्, उपासितम्, उपचरितम्, इति ४ **शुश्रूषितस्य**॥-संतापितम्, संतप्तम्, धूपितम्, धूपायितम्, दूनम्, इति ५ **संतापितस्य** हृष्टः, मत्तः, तृप्तः, प्रह्लन्नः, प्रमुदितः, प्रीतः, इति ६ **प्रमुदितस्य**॥-छिन्नम्, छातम्, लूनम्, कृत्तम्, दातम्, दितम्, छितम्, वृक्णम्, इति ८ **खण्डितस्य**॥-स्नस्तम्, ध्वस्तम्, भ्रष्टम्, स्कन्नम्, पन्नम्, च्युतम्, गलितम्, इति ७ **च्युतस्य**॥-लब्धम्, प्राप्तम्, विन्नम्, भावितम्, आसादितम्, भूतम्, इति ६ **प्राप्तस्य**॥-अन्वेषितम्, गवेषितम्, अन्विष्टम्, मार्गितम्, मृगितम्,

आर्द्रं सार्द्रं क्लिन्नं तिमितं स्तिमितं समुन्नमुत्तं च २२३५
त्रातं त्राणं रक्षितमवितं गोपायितं च गुप्तं च २२३६
अवगणितमवमताज्ञाऽवमानितं च परिभूते २२३७
त्यक्तं हीनं विधुतं समुज्झितं धूतमुत्सृष्टे २२३८
उक्तं भाषितमुदितं जल्पितमाख्यातमभिहितं लपितम् २२३९
बुद्धं बुधितं मनितं विदितं प्रतिपन्नमवसितावगते २२४०
ऊरीकृतमुररीकृतमङ्गकृतमाश्रुतं प्रतिज्ञातम् २२४१
संगीर्णविदितसं श्रुतसमाहितोपश्रुतोपगतम् २२४२
ईलितशस्तपणायितनायितप्रणुतपणितपनितानि २२४३
अपि गीर्णवर्णिताभिष्टुतेडितानि स्तुतार्थानि २२४४
भक्षितचर्वितलीढप्रत्यवसितगिलितखादितप्सातम् २२४५
अभ्यवहृतान्नजग्धग्रस्तग्लस्ताशितं भुक्ते २२४६
क्षेपिष्ठक्षोदिष्ठप्रेष्ठवरिष्ठस्थविष्ठबंहिष्ठाः २२४७

इति ५ **गवेषितस्य**॥-आर्द्रम्, सार्द्रम्, क्लिन्नम्, तिमितम्, स्तिमितम्, समुन्नम्, उत्तम्, इति ७ **क्लिन्नस्य**॥-त्रातम्, त्राणम्, रक्षितम्, अवितम्, गोपायितम्, गुप्तम्, इति ६ **रक्षितस्य**॥-अवगणितम्, अवमतम्, अवज्ञातम्, अवमानितम्, परिभूतम्, इति ५ **अवमानितस्य**॥-त्यक्तम्, हीनम्, विधुतम्, समुज्झितम्, धूतम्, उत्सृष्टम्, इति ६ **उत्सृष्टस्य**॥-उक्तम्, भाषितम्, उदितम्, जल्पितम्, आख्यातम्, अभिहितम्, लपितम्, इति ७ **उदितस्य**॥-बुद्धम्, बुधितम्, मनितम्, विदितम्, प्रतिपन्नम्, अवसितम्, अवगतम्, इति ७ **अबगतस्य**॥-ऊरीकृतम्, उररीकृतम् अङ्गीकृतम्, आश्रुतम्, प्रतिज्ञातम्, संगीर्णम्, विदितम्, संश्रुतम्, समाहितम्, उपश्रुतम्, उपगतम्, इति ११ **अङ्गीकृतस्य**॥-ईलितम्, शस्तम्, पणायितम्, पनायितम्, प्रणुतम्, पणितम्, पनितम्, गीर्णम्, वर्णितम्, अभिष्टुतम्, ईडितम्, स्तुतम्, इति १२ **स्तुतार्थानि**॥-भक्षितम्, चर्वितम्, लीढम्, प्रत्यवसितम्, गिलितम्, खादितम्, प्सातम्, अभ्यबहृतम्, अन्नम्, जग्धम्, ग्रस्तम्, ग्लस्तम्, अशितम्, भुक्तम्, इति १४ **खादितस्य**॥-यथा अतिशयेन क्षिप्रः **क्षेपिष्ठ**

क्षिप्रक्षुद्राभीप्सितपृथुपीवरबहुलप्रकर्षार्थाः २२४८
साधिष्ठद्राघिष्ठस्फेष्ठगरिह्रसिष्ठवृन्दिष्ठाः २२४९
बाढव्यायतबहुगुरुवामनवृन्दारकातिशये २२५०

४. संकीर्णवर्गः।

प्रकृतिप्रत्ययार्थाद्यैः संकीर्णे लिङ्गमुन्नयेत् २२५१
कर्म क्रिया तत्सातत्ये गम्ये स्युरपरस्पराः २२५२
साकल्यासङ्गवचने पारायणतुरायणे २२५३
यदृच्छा स्वैरिता हेतुशून्या त्वास्या विलक्षणम् २२५४
शमथस्तु शमः शान्तिर्दान्तिस्तु दमथो दमः २२५५
अवदानं कर्म वृत्तं काम्यदानं प्रवारणम् २२५६
वशक्रिया संवननं मूलकर्म तु कार्मणम् २२५७
विधूननं विधुवनं तर्पणं प्रीणनावनम् २२५८

एवं क्षोदिष्ठ-प्रेष्ठ- वरिष्ठ-स्थविष्ठ-बंहिष्ठाः। बाढादीनामतिशये साधिष्ठादयस्युः। अतिशयेन बाढः **साधिष्ठः**। एवं द्राघिष्ठ-स्फेष्ठ-गरिष्ठ-ह्रसिष्ठ= वृन्दिष्ठाः।।

२२५१-२३३५ प्रकृतीति। संकीर्णनाम्नि अत्र वर्गे वक्ष्यमाणलिङ्गसंग्रहोक्तरीत्यां प्रकृत्यर्थेन प्रत्ययार्थेन च आद्यशब्दात्क्वचिद्रूपभेदादिना लिङ्गमुन्नयेदूहेत्। कर्म क्रिया द्वे क्रियायाः। तच्छब्देन क्रिया परामृश्यते। क्रियासातत्ये गम्ये सति-अपरस्परा इत्येकं नाम। साकल्यवचनं **पारायण**मिति। आसङ्गवचनं **तुरायण**मिति।।-यदृच्छा, स्वैरिता, इति २ **स्वच्छन्दतायाः**। हेतुशून्या आस्या स्थिति**र्विलक्षणं** स्यात्।।-शमथः, शमः, शान्तिः, इति ३ **चित्तोपशमस्य**। दान्तिः, दमथः, दमः, इति ३ **इन्द्रियनिग्रहस्य**। वृत्तं कर्म तदवदानमिति। काम्यदानं तत्**प्रवारण**मिति।।-वशक्रिया, संवननम्, इति २ **वशीकरणस्य**। ओषधीनां मूलैरुच्चाटनादि यत्कर्म **तत्कार्मण**मिति।।-विधूननम्, विधुवनम्, इति २ **कम्पनस्य**। तर्पणम्, प्रीणम्, अवनम्, इति ३ **तृप्तेः**।।-पर्याप्तिः, परित्राणम्, हस्तवारणम्, इति ३ **वधोद्यतनिवारणस्य**।।-सेवनम्, सीवनम्,

पर्याप्तिः स्यात्परित्राणं हस्तवारणमित्यपि २२५९
सेवनं सीवनं स्यूतिर्विदरः स्फुटनं भिदा २२६०
आक्रोशनमभीषङ्गः संवेदो वेदना न ना २२६१
संमूर्च्छनमभिव्याप्तिर्याच्ञा भिक्षार्थनार्दना २२६२
वर्धनं छेदनेऽथ द्वे आनन्दनसभाजने २२६३
आप्रच्छन्नमथाम्नायः संप्रदायः क्षये क्षिया २२६४
ग्रहे ग्राहो वशः कान्तौ रक्ष्णस्त्राणे रणः क्वणे २२६५
व्यधो वेधे पचा पाके हवो हूतौ वरो वृतौ २२६६
ओषः प्लोषे नयो नाये ज्यानिर्जीर्णौ भ्रमो भ्रमौ २२६७
स्फातिर्वृद्धौ प्रथा ख्यातौ स्पृष्टिः पृक्तौ स्नवः स्नवे २२६८
एधा समृद्धौ स्फुरणे स्फुरणा प्रमितौ प्रमा २२६९

स्यूतिः, इति ३ **सूचीक्रियायाः**।।-विदरः, स्फुटनम्, भिदा, इति ३ **द्विधाभावस्य**।।-आक्रोशनम्, अभीषङ्गः, इति २ **गालिप्रदानस्य**।।-संवेदः, वेदना, इति २ **सर्वतोव्याप्तेः**।।-तत्र वेदना न पुमान्।।-संमूर्च्छनम्, अभिव्याप्तिः, इति २ **सर्वतोव्याप्तेः**।।-याच्ञा, भिक्षा, अर्थना, अर्दना, इति ४ **याचनस्य**।।-वर्धनम्, छेदनम्, इति २ **कर्तनस्य**।।-आनन्दनम्, सभाजनम्, आप्रच्छन्नम्, इति ३ **स्वागतसंप्रश्नादिना विहितस्यानन्दनस्य**।।-आम्नायः, संप्रदायः, इति २ **गुरुपरम्परागतस्य सुसमुपदेशस्य**।। क्षयः, क्षिया, इति २ **अपचयस्य**।।-ग्रहः, ग्राहः, इति २ **ग्रहणस्य**।।-वशः, कान्तिः, इति २ **इच्छायाः**।।-रक्ष्णः, त्राणः, इति २ **रक्षणस्य**।।-रणः, क्वणः, इति २ **शब्दकरणस्य**।।-व्यधः, वेधः, इति २ **वेधनस्य**।।-पचा, पाकः, इति २ **पचनस्य**।।-हवः, हूतिः, इति २ **आह्वानस्य**।।-वरः, वृतिः, इति २ **वेष्टने संभक्तौ** च।।-ओषः, प्लोषः, इति २ **दाहस्य**।।-नयः, नायः, इति २ **नीतेः**।।-ज्यानिः, जीर्णिः, इति २ **जीर्णतायाः**।।-भ्रमः, भ्रमिः, इति २ **भ्रान्तेः**।।स्फातिः, वृद्धिः, इति २ **वृद्धेः**।।-प्रथा, ख्यातिः, इति २ **प्रख्यातेः**।।-स्पृष्टिः, पृक्तिः, इति२ **स्पर्शस्य**।।-स्नवः, स्रवः, इति २ **प्रस्रवणस्य**।।-एधा, समृधिः, इति २ **उपचयस्य**।।-स्फुरणम्, स्फुरणा, इति २ **स्फुरणस्य**।।-प्रमितिः, प्रमा, इति २ **यथार्थज्ञानस्य**।।-प्रसूतिः, प्रसवः, इति २ **गर्भविमोचनस्य**।।-श्च्योतः, प्राघारः, इति २ **घृतादेः क्षरणे**।।-क्लमथः, क्लमः, इति २ **ग्लानेः**।।-

प्रसूतिः प्रसवे श्च्योते प्राघारः क्लमथः क्लमे २२७०
उत्कर्षोऽतिशये संधिः श्लेषे विषय आश्रये २२७१
क्षिपायां क्षेपणं गीर्णिर्गिरौ गुरणमुद्यमे २२७२
उन्नाय उन्नये श्रायः श्रयणे जयने जयः २२७३
निगादो निगदे मादो मद उद्वेग उद्भ्रमे २२७४
विमर्दनं परिमलोऽभ्युपपत्तिरनुग्रहः २२७५
निग्रहस्तद्विरुद्धः स्यादभियोगस्त्वभिग्रहः २२७६
मुष्टिबन्धस्तु संग्राहो डिम्बे डमरविप्लवौ २२७७
बनधनं प्रसितिश्चारः स्पर्शः स्प्रष्टोपतप्तरि २२७८
निकारो विप्रकारः स्यादाकारस्त्विङ्ग इङ्गितम् २२७९
परिणामो विकारो द्वे समे विकृतिविक्रिये २२८०
अपहारस्त्वपचयः समाहारः समुच्चयः २२८१
प्रत्याहार उपादानं विहारस्तु परिक्रमः २२८२

उत्कर्षः, अतिशयः, इति २ **प्रकर्षस्य**।।-संधिः, श्लेषः, इति २ **संधानस्य**।।-विषयः, आश्रयः, इति २ **आश्रयस्य**।।-क्षिपा, क्षेपणम्, इति २ **प्रेरणस्य**।।-गीर्णिः, गिरिः, इति २ **निगरणस्य**।।-गुरणम्, उद्यमः, इति २ **भाराद्युद्यमनस्य**-उन्नायः, उन्नयः, इति २ **ऊर्ध्वे नयनस्य ऊहस्य** च।। श्रायः, श्रयणम्, इति २ **सेवायाः**।।-जयनम्, जयः, इति २ **जयस्य**।।-निगादः, निगदः, इति २ **कथनस्य**।।-मादः, मदः, इति २ **हर्षस्य**।।-उद्वेगः, उद्भमः, इति २ **उद्वेजनस्य**।।-विमर्दनम्, परिमलः, इति २ **कुङ्कुमादिमर्दन- स्य**।।अभ्युपपत्तिः, अनुग्रहः, इति २ **अङ्गीकारस्य**। ततोऽनुग्रहाद्विरुद्धो **निग्रहः**स्यात्।।-अभियोगः, अभिग्रहः, इति २ **कलहाह्वानस्य**।। मुष्टिबन्धः, संग्राहः, इति २ **मुष्टिना दृढग्रहणस्य**।।-डिम्बः, डमरः, विप्लुवः, इति ३ **नरलुण्ठनादेरुपसर्गविशेषस्य**।।-बन्धनम्, प्रसितिः, चारः, इति ३ **बन्धनस्य**।।-स्पर्शः, स्प्रष्टा, उपतप्ता, इति ३ **उपतापाख्यरोगविशेषस्य**।।-निकारः, विप्रकारः, इति २ **अपकारस्य**।।-आकारः, इङ्गः, इङ्गितम्, इति ३ **अभिप्रायानुरूपचेष्टितस्य**।।-परिणामः, विकारः, इति २ **प्रकृतेरन्यथाभावे**।।-विकृतिः, विक्रिया, इति २

अभिहारोऽभिग्रहणं निर्हारोऽभ्यवकर्षणम् २२८३
अनुहारोऽनुकारः स्यादर्थस्यापगमे व्ययः २२८४
प्रवाहस्तु प्रवृत्तिः स्यात्प्रवाहो गमनं बहिः २२८५
वियामो वियमो यामो यमः संयामसंयमौ २२८६
हिंसाकर्माऽभिचारः स्याज्जागर्या जागरा द्वयोः २२८७
विघ्नोऽन्तरायः प्रत्यूहः स्यादुपघ्नोऽन्तिकाश्रये २२८८
निर्वेश उपभोगः स्यात्परिसर्पः परिक्रिया २२८९
विधुरं तु प्रविश्लेषेऽभिप्रायश्छन्द आशयः २२९०
संक्षेपणं समसनं पर्यवस्था विरोधनम् २२९१
परिसर्या परीसारः स्यादास्या त्वासना स्थितिः २२९२
विस्तारो विग्रहो व्यासः स च शब्दस्य विस्तरः २२९३

विरुद्धक्रियायाः॥-अपहारः, अपचयः, इति २ **अपहरणस्य**-समाहारः, समुच्चय इति २ **राशीकरणस्य**॥-प्रत्याहारः, उपादानम्, इति २ **इन्द्रियाकर्षणस्य**॥-विहारः, परिक्रमः, इति २ **पद्भ्यां गतेः**॥-अभिहारः, अभिग्रहणम्, इति २ **चौर्यकरणस्य**॥-निर्हारः, अभ्यवकर्षणम्, इति २ **शल्यादेर्निष्कासनस्य**॥-अनुहारः, अनुकारः, इति २ **विडम्बनस्य**॥-अर्थस्य धनादेरपगमे **व्यय** इति॥-प्रवाहः, प्रवृतिः, इति २ **जलादीनां निरन्तरगतेः**। यद्बहिर्गमनं स **प्रवह** इति॥-वियामः, वियमः, यामः, यमः, संयमः, संयामः, इति ६ **संयमस्य योगाङ्गस्य**। हिंसाकर्म जारणमारणादि **अभिचारः** स्यात्॥-जागर्या, जागरा, इति २ **जागरणस्य**। तत्र जागरा स्त्रीपुंसयोः॥-विघ्नः, अन्तरायः, प्रत्यूहः, इति ३ **विघ्नस्य**। समीपभूत आश्रये **उपघ्न** इति २॥-निर्वेशः, उपभोगः, इति २ **उपभोगस्य**॥-परिसर्पः, परिक्रिया, इति २ **परिजनादिवेष्टनस्य**॥-विधुरम्, प्रविश्लेषः, इति २ **अत्यन्तवियोगस्य**॥- अभिप्रायः, छन्दः, आशयः, इति ३ **अभिप्रायस्य**॥-संक्षेपणम्, समसनम्, इति २ **अविस्तारस्य**॥-पर्यवस्थाः, विरोधनम्, इति २ **विरोधस्य**॥-परिसर्या, परीसारः, इति २ **परितःसरणस्य**॥-आस्या, आसना स्थितिः, इति ३ **आसनस्य**॥-विस्तारः, विग्रहः, व्यासः, इति ३ **विस्तृतेः**। विस्तारः, शब्दसंबन्धी चेद्विस्तर

संवाहनं मर्दनं स्याद्विनाशः स्याददर्शनम् २२९४
संस्तवः स्यात्परिचयः प्रसरस्तु विसर्पणम् २२९५
नीवाकस्तु प्रयामः स्यात्संनिधिः संनिकर्षणम् २२९६
लवोऽभिलावो लवने निष्पावः पवने पवः २२९७
प्रस्तावः स्यादवसरस्त्रसरः सूत्रवेष्टनम् २२९८
प्रजनः स्यादुपसरःप्रश्रयप्रणयौ समौ २२९९
धीशक्तिर्निष्क्रमोऽस्त्री तु संक्रमो दुर्गसंचरः २३**
प्रत्युत्क्रमः प्रयोगार्थः प्रक्रमः स्यादुपक्रमः २३०१
स्यादभ्यादानमुद्धात आरम्भः संभ्रमस्त्वरा २३०२
प्रतिबन्धः प्रतिष्टम्भोऽवनायस्तु निपातनम् २३०३
उपलम्भस्त्वनुभवः समालम्भो विलेपनम् २३०४
विप्रलम्भो विप्रयोगो विलम्भस्त्वतिसर्जनम् २३०५

इति॥-संवाहनम्, मर्दनम्, इति २ **अङ्गमर्दनस्य**॥-विनाशः, अदर्शनम्, इति २ **तिरोधानस्य**॥-संस्तवः, परिचयः, इति २ **परिचितौ**॥-प्रसरः, विसर्पणम्ः, इति २ **व्रणादिप्रसरणस्य**॥-नीवाकः, प्रयामः, इति २ **धनधान्यादिषु जनानामादरातिशयस्य**॥-संनिधिः, संनिर्षणम्, इति २ **नैकट्यस्य**॥-लवः, अभिलावः, लवनम्, इति ३ **धन्यादिच्छेदनस्य**॥-निष्पावः, पवनम्, पवः, इति ३ **धान्यादीनां पूतीकरणस्य**॥-प्रस्तावः, अवसरः, इति २ **प्रसंगस्य**॥-त्रसरः, सूत्रवेष्टनम् इति २ **तन्तुवायकृत-सूत्रवेष्टनभेदस्य**॥-प्रजनः, उपसरः, इति २ **गर्भग्रहणस्य**॥-प्रश्रयः, प्रणयः, इति २ **प्रेम्णः**॥-धीशक्तिः, निष्क्रमः, इति २ **बुद्धिसामर्थ्ये**॥-संक्रमः, दुर्गसंचरः, इति २ **दुर्गमार्गस्य**। स न स्त्रियाम्॥-प्रत्युत्क्रमः, प्रयोगार्थः, इति २ **युद्धार्थमतिशयितोद्योगस्य** पक्रमः, उपक्रमः, इति २ **प्रथमारम्भस्य**॥-अभ्यादानम्, उद्धातः, आरम्भः, इति ३ **आरम्भमात्रस्य**॥-संभ्रमः, त्वराः, इति २ **संवेगस्य**॥-प्रतिबन्धः, प्रतिष्टम्भः, इति २ **कार्यप्रतिघातस्य**॥-अवनायः, निपातनम्, इति २ **अधोनयनस्य**॥-उपलम्भः, अनुभवः, इति २ **साक्षात्कारस्य**॥-समालम्भः, विलेपनम्, इति २ **कुङ्कुमादिना विलेपने**॥-

विश्रावस्तु प्रतिख्यातिरवेक्षा प्रतिजागरः २३०६
निपाठनिपठौ पाठे तेमस्तेमौ समुन्दने २३०७
आदीनवास्रवौ क्लेशे मेलके सङ्गसंगमौ २३०८
संवीक्षणं विचयनं मार्गणं मृगणा मृगः २३०९
परिरम्भः परिष्वङ्गः संश्लेष उपगूहनम् २३१०
निर्वर्णनं तु निध्यानं दर्शनालोकनेक्षणम् २३११
प्रत्याख्यानं निरसनं प्रत्यादेशो निराकृतिः २३१२
उपशायो विशायश्च पर्यायशयनार्थकौ २३१३
अर्तनं च ऋतीया च हृणीया च घृणार्थकाः २३१४
स्यादव्यत्यासो विपर्यासो व्यत्ययश्च विपर्यये २३१५
पर्ययोऽतिक्रमस्तस्मिन्नतिपात उपात्ययः २३१६
प्रेषणं यत्समाहूय तत्र स्यात्प्रतिशासनम् २३१७

विप्रलम्भः, विप्रयोगः, इति २ **रागिणोर्विच्छेदस्य**॥-विलम्भः, अतिसर्जनम्, इति २ **अतिदानस्य**॥-विश्रावः, प्रतिख्यातिः, इति २ **अतिप्रसिद्धेः**॥-अवेक्षा, प्रतिजागरः, इति २ **वस्तूनां अवेक्षणस्य**॥-निपाठः, निपठः, पाठः, इति ३ **पठनस्य**॥-तेमः, स्तेमः, समुन्दनम्, इति ३ **आर्द्रीभावस्य**॥-आदीनवः, आस्रवः, क्लेशः, इति ३ **क्लेशस्य**॥-मेलकः, सङ्गः, सङ्गमः, इति ३ **सङ्गमस्य**॥-संवीक्षणम्, विचयनम्, मार्गणम्, मृगणा, मृगः, इति ५ **तात्पर्येण वस्तूनां गवेषणस्य**॥-परिरम्भः, परिष्वङ्गः, संश्लेषः, उपगूहनम्, इति ४ **आलिङ्गनस्य**॥-निर्वर्णनम्, निध्यानम्, दर्शनम्, आलोकनम्, ईक्षणम्, इति ५ **निरीक्षणस्य**॥-प्रत्याख्यानम्, निरसनम्, प्रत्यादेशः, निराकृतिः, इति ४ **निराकरणस्य**॥ उपशायः, विशायः, इति २ **पर्यायेण प्रहरकादौ शयनार्थस्य**॥-अर्तनम्, ऋतीयाः, हृणीया, घृणा, इति ४ **जुगुप्सायाः**॥-व्यत्यासः, विपर्यासः, व्यत्यपः, विपर्ययः, इति ४ **व्यतिक्रमस्य**॥-पर्ययः, अतिक्रमः, अतिपातः, उपात्ययः, इति ४ **अतिक्रमस्य**॥ समाहूय यद्भृत्यादीनां प्रेषणं तत्र **प्रतिशासनं** स्यात्। क्रतुषु द्विजन्मनां स्तुतिभूमिः **संस्ताव** इति। यस्मिन्काष्ठे काष्ठं निधाय तक्ष्यते स काष्ठरूप आधारः **उद्धन**

स संस्तावः क्रतुषु या स्तुतिभूमिर्द्विजन्मनाम् २३१८
निधाय लक्ष्यते यत्र काष्ठं स उद्घनः २३१९
स्तम्बघ्नस्तु स्तम्बघनः स्तम्बो येन निहन्यते २३२०
आविधो विध्यते येन तत्र विष्वक्समे निघः २३२१
उत्कारश्च निकारश्च द्वौ धान्योत्क्षेपणार्थकौ २३२२
निगारोद्गारविक्षावोद्गाहास्तु गरणादिषु २३२३
आरत्यवरतिविरतय उपरामेऽथास्त्रियां तु निष्ठेवः २३२४
निष्ठ्यूतिर्निष्ठेवनं निष्ठीवनमित्यभिन्नानि २३२५
जवने जूतिः सातिस्त्ववसाने स्यादथ ज्वरे जूर्तिः २३२६
उदजस्तु पशुप्रेरणमकरणिरित्यादयः शापे २३२७
गौत्रान्तेभ्यस्तस्य वृन्दमित्यौपगवकादिकम् २३२८
आपूपिकं शाष्कुलिकमेवमाद्यमचेतसाम् २३२९
माणवानां तु माणव्यं सहायानां सहायता २३३०
हल्या हलानां ब्राह्मण्यवाडव्ये तु द्विजन्मनाम् २३३१

इति।।-स्तम्बघ्नः, स्तम्बघनः, इति २ **स्तम्बघ्नस्य**। येन विध्यते तत्र शस्त्रादौ **आविध** इति। विष्वक्समे सर्वतः समाने वृक्षे **निघ** इति।। उत्कारः, निकारः, इति २ **निकारस्य**।।-निगारादयो गरणादिषु। यथा गरणे अभ्यवहारे निगारः। एवं वमने उद्गारः, शब्दे विक्षावः, उद्ग्रहणे उद्ग्राहः, इति।।-आरतिः, अवरतिः, विरतिः, उपरामः, इति ४ **उपरतेः**।।**-निष्ठेव**, निष्ठ्यूतिः, निष्ठेवनम्, निष्ठीवनम्, इति ४ **मुखेन श्लेष्मात्सर्गस्य**।।-जवनम्, जूतिः, इति २ **वेगस्य**। सातिः, अवसानम्, इति २ **अन्तस्य**।। ज्वरः, जूर्तिः, इति २ **ज्वरस्य**। पशूनां प्रेरणं **उदजः** स्यात्। शापे आक्रोशे द्योत्ये **अकरणिरित्यादयः**। आदिशब्दादजीवनिः। गोत्रान्तेभ्य औपगवादिशब्देभ्यस्तस्य वृन्दमित्यर्थे **औपगवकाददिकं स्यात्**। आदिशब्दाद्गार्गकं, दाक्षकमित्यादि। इतः परमावर्गसमाप्तेर्वृन्दमित्यधिकारः।।७ **आपूपिकम्**, शाष्कुलिकम्, साक्तुकम्, इत्यादि। माणवानां समूहो **माणव्यम्**। सहायानां समूहः **सहायता**। हलानां समूहो **हल्या** इति।।-ब्राह्मण्यम्, वाडव्यमू, इति २ **ब्राह्मणानां समूहस्य**।

द्वे पर्शुकानां पृष्ठानां पार्श्वं पृष्ठ्यमनुक्रमात् २३३२
खलानां खलिनी खल्याप्यथ मानुष्यकं नृणाम् २३३३
ग्रामता जनता धूम्या पाश्या गल्या पृथक्पृथक् २३३४
अपि साहस्रकारीषवार्मणाथर्वणादिकम् २३३५

५. नानार्थवर्गः।

नानार्थाः केऽपि कान्तादिवर्गेष्वेवात्र कीर्तिताः २३३६
भूरिप्रयोग ये येषु पर्यायेष्वपि तेषु ते २३३७
आकाशे त्रिदिवे नाको लोकस्तु भुवने जने २३३८
पद्ये यशसि च श्लोकः शरे खड्गे च सायकः २३३९
जम्बुकौ क्रोष्टुवरुणौ पृथुकौ चिपिटार्भकौ २३४०
आलोकौ दर्शनद्योतौ भेरीपटहमानकौ २३४१
उत्सङ्गचिह्नयोरङ्कः कलङ्कोऽङ्कापवादयोः २३४२

पर्शुका अस्थिविशेषस्तासां समूहः, **पार्श्वम्।** पृष्ठानां समूहः **पृष्ठ्यम्**॥- खलिनी, खल्या, इति २ **खलानां समूहस्य।** मनुष्याणां समूहो **मानुष्यकम्।** ग्रामता, जनता, धूम्या, पाश्या, गल्या, साहस्रम्, कारीषम्, वार्मणम्, आथर्वणम्, इत्यादयः॥

२३३६-२८४९ अत्र वक्ष्यमाणेषु। कान्तादिवर्गेष्वेव केऽपि नानार्था उक्ता नतु प्रागुक्तपर्यायेषु। यथा 'मारुते वेधसि ब्रध्ने पुंसि कः कं शिरोऽम्बुनोः' इति भूरिप्रयोगा यत्र कुत्रापि काव्यादिषु कविभिः प्राचुर्येण प्रयुक्ता ये नाकलोकादयः शब्दास्ते पूर्वोक्तेषु येषु पर्यायेषु दृश्यन्ते तेषु पर्यायेषु अपिशब्दादत्रापि कान्तादिषु कीर्तिताः यथा नाकशब्दः प्रचुरप्रयोग-त्वात्प्राक् स्वर्गाकाशयोरुक्तोऽपि पुनरिहोक्तः। जम्बुकशब्दस्तु शृगाल-पर्यायेष्वेवोक्तो नतु वरुणपर्यायेषु। भूरिप्रयोगत्वाभावात्। इह तु जम्बुकौ क्रोष्टुवरुणावित्युभयत्रोच्यते। **नाक** इति आकाशे स्वर्गे च वर्तते। भुवने जने च लोक इति। पद्ये यशसि च **श्लोक** इति। शरे खड्गे च **सायकः**। क्रोष्टा सृगालः, वरुणः प्रसिद्धः, उभौ **जम्बुक**शब्दवाच्यौ चिपिटः अर्भकः, एतावुभौ **पृथुकौ**। दर्शनं प्रकाशश्च**आलोकौ**। मेरी पटहं उभा**वानकौ**। उत्सङ्गे चिह्ने

तक्षको नागवर्धक्योरर्कः स्फटिकसूर्ययोः २३४३
मारुते वेधसि ब्रध्ने पुंसि कः कं शिरोऽम्बुनोः २३४४
स्यात्पुलाकस्तुच्छधान्ये संक्षेपे भक्तसिक्थके २३४५
उलूके करिणः पुच्छमूलोपान्ते च पेचकः २३४६
कमण्डलौ च करकः सुगते च विनायकः २३४७
किष्कुर्हस्ते वितस्तौ च शूककीटे च वृश्चिकः २३४८
प्रतिकूले प्रतीकस्त्रिष्वेकदेशे तु पुंस्ययम् २३४९
स्याद्भूतिकं तु भूनिम्बे कत्तृणे भूस्तृणेऽपि च २३५०
ज्योत्स्निकायां च घोषे च कोशातक्यथ कट्फले २३५१
सिते च खदिरे सोमवल्कः स्यादथ सिह्लके २३५२
तिलकल्के च पिण्याको बाह्लीकं रामठेऽपि च २३५३
महेन्द्रगुग्गुलूलूकव्यालग्राहिषु कौशिकः २३५४
रुक्तापशङ्कास्वातङ्कः स्वल्पेऽपि क्षुल्लकस्त्रिषु २३५५
जैवातृकः शशाङ्केऽपि खुरेऽप्यश्वस्य वर्तकः २३५६

चाङ्कः। चिह्ने दोषारोपे च **कलङ्कः**। नागविशेष त्वष्टरि च **तक्षकः**। स्फटिकसूर्ययोरर्क इति। मारुते वेधसि ब्रध्ने **क** इति पुंसि। शिरसि जले च कं इति क्लीबम्। तुच्छधान्ये संक्षेपे भक्तसिक्थके **पुलाक** इति। करिणः पुच्छमूलोपान्ते गुदाच्छादकमांसपिण्डे उलूके च**पेचकः**। कमण्डलौ चकाराद्वर्षोपले दाडिमादौ च **करकः** सुगते चकाराद्विघ्नराजे गरुडे च **विनायकः**। हस्ते वितस्तौ च **किष्कुः**। शूककीटे चकारादलौ कर्कटे वृक्षविशेषेऽष्टमराशौ च **वृश्चिकः**। प्रतिकूले च **प्रतीकः**। तत्र प्रतिकूले त्रिषु। अवयवे पुंसि। भूनिम्बे कत्तृणे भूस्तृणे च **भूतिकं** स्यात्। ज्योत्स्निकायां घोषे च **कोशातकी**। कट्फले शुक्लखदिरे च **सोमवल्कः**। सिह्लके तिलकल्के निः स्नेहतिलचूर्णे च **पिण्याकः**। रामठे चकराद्वद्बाह्लीके देशेऽश्वे धीरे च **बाह्लीक**मिति। महेन्दे गुग्गुलौ उलूके व्यालग्राहिणि च **कौशिक**। रुक् तापः शङ्का अत्र **आतङ्क** इति। स्वल्पे अपिशब्दान्नीचक-निष्टदरिद्रेप्वपि **क्षुल्लुकः**। क्षुल्लुकस्त्रिषु। शशाङ्कः कुशश्च **जैवातृकः**।

व्याघ्रेऽपि पुण्डरीको ना यवान्यामपि दीपकः २३५७
शालावृकाः कपिक्रोष्टुश्वानः स्वर्णेऽपि गैरिकम् २३५८
पीडार्थेऽपि व्यलीकं स्यादलीकं त्वप्रियेऽनृते २३५९
शीलान्वयावनूके द्वे शल्के शकलवल्कले २३६०
साष्टे शते सुवर्णानां हेम्न्युरोभूषणे पले २३६१
दीनारेऽपि च निष्कोऽस्त्री कल्कोऽस्त्री शमलैनसोः २३६२
दम्भेऽप्यथ पिनाकोऽस्त्र शूलशंकरधन्वनोः २३६३
धेनुका तु करेण्वां च मेघजाले च कालिका २३६४
कारिका यातनावृत्त्योः कर्णिका कर्णभूषणे २३६५
करिहस्तेऽङ्गुलौ पद्मबीजकोश्यां त्रिषूत्तरे २३६६
वृन्दारकौ रूपिमुख्यावेके मुख्यान्यकेवलाः २३६७
स्याद्दाम्भिकः कौक्कुटिको यश्चादूरेरितेक्षणः २३६८
लालाटिकः प्रभोर्भालदर्शी कार्याक्षमश्च यः २३६९

अश्वखुरेऽपिशब्दात्पक्षिभेदे च **वर्तकः** व्याघ्रेऽपिशब्दादग्नौ दिग्गजादौ च **पुण्डरीकः** पुंसि। यवान्यां अपिशब्दाद्बर्हिचूडे प्रकाशेऽपि **दीपकः** कपिक्रोष्टुश्वानः **शालावृकाः** स्युः स्वर्णे अपिशब्दाद्गैरिकधातौ च **गैरिकम्।** पीडार्थेऽपिशब्दाद्वैलक्ष्येऽपि **व्यलीकम्।** अप्रियेऽनृते च **अलीकम्।** शीलं स्वभावोऽन्वयो वंशः **तत्र अनूकमि**ति। शकलं वल्कलं द्वे **शल्के** इति। सुवर्णानां साष्टे शते हेम्नि उरसो भूषणे हेमपले दीनारे च **निष्कः**। शमलं एनः दम्भः त्रिषु **कल्कः**। पुंनपुंसकयोः। शूले शंकरधन्वनि च **पिनाकः** अस्त्रियाम्। करेण्वां हस्तिन्यां चकारन्नवप्रसूतायां गवि **धेनुका**। मेघजाले चकाराद्देवताविशेषऽपि **कालिका। यातनायां** वृत्तौ च **कारिका।** कर्णभूषणे करिहस्तेऽङ्गुलौ कमलान्तर्गतकोषे च **कर्णिका**। उत्तरे खान्तेभ्यः प्राक् शब्दास्त्रिषुं रूपिमुख्ययोः **वृन्दारक** इति। मुख्ये अन्ये केवलं **एकः**। दाम्भिकः योऽदूरेरितेक्षणः स **कौक्कुटिक** इति। यो भृत्यः प्रभोर्भालं पश्यति यश्च कार्याक्षमः तावुभौ **लालाटिकौ**। त्विट्करज्वालासु **मयूखः**। भ्रमरशरौ **शिलीमुखौ**। निधौ ललाटास्थि्न कम्वौ च **शङ्खः**। इन्द्रिये

'भूभृन्नितम्बवलयचक्रेषु कटकोऽस्त्रियाम् **
सूच्यग्रे क्षुद्रशत्रौ च रोमहर्षे च कण्टकः **
पाकौ पक्तिशिशू मध्यरत्ने नेतरि नायकः **
पर्यङ्कः स्यात्परिकरे स्याद्व्याघ्रेऽपि च लुब्धकः **
पेटकस्त्रिषु वृन्देऽपि गुरौ देश्ये च देशिकः **
खेटकौ ग्रामफलकौ धीवरेऽपि च जालिकः **
पुष्परेणौ च किञ्जल्कः शुल्कोऽस्त्री स्त्रीधनेऽपि च **
स्यात्कल्लोलऽप्युत्कलिका वार्धकं भाववृन्दयोः **
करिण्यां चापि गणिका दारकौ बालभेदकौ **
अन्धेऽप्यनेडमूकः स्याट्टङ्कौ दर्पाशमदारणौ' **
मयूखस्त्विट्करज्वालास्वलिबाणौ शिलीमुखौ २३७०
शङ्खो निधौ ललाटास्थ्नि कम्बौ न स्त्रीन्द्रियेऽपि खम् २३७१
घृणिज्वाले अपि शिखे शैलवृक्षौ नगावगौ २३७२
आशुगौ वायुविशिखौ शरार्कविहगाः खगाः २३७३
पतङ्गौ पक्षिसूर्यौ च पूगः क्रमुकवृन्दयोः २३७४
पशवोऽपि मृगा वेगः प्रवाहजवयोरपि २३७५
परागः कौसुमे रेणौ स्नानीयादौ रजस्यपि २३७६
गजेऽपि नागमातङ्गावपाङ्गस्तिलकेऽपि च २३७७
सर्गः स्वभावनिर्मोक्षनिश्चयाध्यायसृष्टिषु २३७८

अपिशब्दादाकाशे शून्येऽपि **खम्**। घृणिः ज्वाला अपिशब्दाच्चूडायां प्रपदे वर्हिचूडायां च **शिखा**। शैलवृक्षौ नगसंज्ञकावगसंज्ञकौ च। वायुविशिखौ **आशुगौ**। बाणार्कपक्षिणः **खगशब्द** वाच्याः। पक्षिसूर्ययोः। चकाराच्छालिप्रभेदे **पतङ्गः**। क्रमुके वृन्दे च पूग पशुषु अपिशब्दात् मृगशीर्षे मार्गणायां च **मृगः**। प्रवाहजवयोः अपिशब्दाष्ठादेर्बहिर्निर्गमेऽपि **वेगशब्दः** स्यात्। कुसुमसंबन्धिनि रेणौ, स्नोनीये गन्धचूर्णविशेषे, आदिना सुरतादिश्रमशान्ते कामशास्त्रद्युक्ते यत्कर्पूरादि चूर्णे, अपिशब्दादुपरागे, रजसि **परागः**। **नागमातङ्गौ** गजे वर्तेते।

योगः संनहनोपायध्यानसंगतियुक्तिषु २३७९
भौगः सुखे स्त्र्यादिभृतावहेश्च फणकाययोः २३८०
चातके हरिणे पुंसि सारङ्गः शबले त्रिषु २३८१
कपौ च प्लवगः शापे त्वभिषङ्गः पराभवे २३८२
यानाद्यङ्गे युगः पुंसि युगं युग्मे कृतादिषु २३८३
स्वर्गेषुपशुवाग्वज्रदिङ्गेत्रघृणिभूजले २३८४
लक्षदृष्ट्या स्त्रियां पुंसि गौर्लिङ्गं चिह्नशेफसोः २३८५
शृङ्गं प्राधान्यसान्वोश्च वराङ्गं मूर्धगुह्ययोः २३८६
भगं श्रीकाममाहात्म्यवीर्ययत्नार्ककीर्तिषु २३८७
परिघः परिघातेऽस्त्रेऽप्योघो वृन्देऽम्भसां रये २३८८
मूल्ये पूजाविधावर्घोऽहोदुःखव्यसनेष्वघम् २३८९

अपिशब्दात्काद्रवेयनागकेशरनागवल्लीहास्तिनपुरमेघमुस्तकादौ। अपिशब्दाच्चण्डालेऽपि मातङ्गः। नेत्रस्यान्तेऽङ्गहीने **चापाङ्गः**। स्वभावः प्रकृतिः, निर्मोक्षस्त्यागः, निश्चयः, अध्यायः काव्यादिविरामस्थानम्, सृष्टिर्निर्माणम्, एतेषु **सर्गः**। संनहनं कवचः, उपायः सामादिः, ध्यानं चित्तवृत्तनिरोधः, संगतिः संगम इत्यादिषु **योग**शब्दः। सुखे, स्त्र्यादिभृतौ पण्यस्त्रीणां भोगे, आदिशब्दाद्धस्त्यश्वादिकर्मकराणां भृतौ मूल्ये पालने भरणे वा **भोगः**। अहेः सर्पस्य फणकाययोरपि। **सारङ्गः** पुंसि हरिणे चातके, त्रिषु शबले। कपौ वानरे चकारद्भेके सारथ्यादौ च **प्लवगः**। शापे आक्रोशे पराभवे तिरस्कारे**ऽभिषङ्गः**। यानाद्यङ्गे रथशकटादीनामवयवे **युगः**। युग्मेद्वये कृतत्रेतादिषु हस्तचतुष्टये औषधभेदे च **युगम्**। स्वर्गः, इषुः, पशू सुरभिवृषौ, वाक्, वज्रम्, दिक्, नेत्रम्, घृणिः, भूः, जलम्, एतेषां लक्षदृष्ट्या प्रयोगानुसारेण **गोशब्दः स्त्रियां** पुंसि चोन्नेयः चिह्नशेफसोः **लिङ्गम्**। प्राधान्यं प्रभुत्वम्, सानु शिखरम् चकारात्पशोरवयवे **शृङ्गम्**। मूर्धा मस्तकः, गुह्यं योनिरेतयोर्**वराङ्गम्**। श्रीः संपच्छोभा, काम इच्छा च, महात्म्यं ऐश्वर्यम्। वीर्य, यत्नः प्रयत्नः, अर्ककीर्तिः सूर्ययश एतेषु **भागम्**। परिघातेऽस्त्रे लोहमयलगुडे अपिशब्दाद्योगभेदे

त्रिष्विष्टेऽल्पे लघुः काचाः शिक्यमृद्भेददृग्रुजः २३९०
विपर्यासे विस्तरे च प्रपञ्चः पावके शुचिः २३९१
मास्यमात्ये चात्युपधे पुंसि मेध्ये सिते त्रिषु २३९२
अभिष्वङ्गे स्पृहायां च गभस्तौ च रुचिः स्त्रियाम् २३९३
'प्रसन्ने भल्लुकेऽप्यच्छो गुच्छः स्तवकहारयोः **
परिधानाञ्चले कच्छो जलप्रान्ते त्रिलिङ्गकः' **
केकिताक्ष्यावहिभुजौ दन्तविप्राण्डजा द्विजाः २३९४
अजा विष्णुहरच्छागा गोष्ठाध्वनिवहा व्रजाः २३९५
धर्मराजौ जिनयमौ कुञ्जो दन्तेऽपि न स्त्रियाम् २३९६
वलजे क्षेत्रपूर्द्वारि वलजा वल्गुदर्शना २३९७
समे क्ष्मांशे रणेऽप्याजिः प्रजा स्यात्संततौ जने २३९८
अब्जौ शङ्खशशाङ्कौ च स्वके नित्ये निजं त्रिषु २३९९
पुंस्यात्मनि प्रवीणे च क्षेत्रज्ञो वाच्यलिङ्गकः २४००
संज्ञा स्याच्चेतना नाम हस्ताद्यैश्चार्थसूचना २४०१

च **परिघः**। वृन्दे समूहे, अम्भसां रये जलप्रवाहे **ओघः** मूल्ये पण्ये ,पूजोपहारे **चार्घः**। अंहः पापम्, दुःखं जरामरणादिकम्, व्यसनं मृगयाद्यूतादि, विपद्रागद्वेषादि वा **तत्राघम्**। इष्टे अल्पे च **लघुः**। त्रिषु। शिक्यं, मृद्भेदो मृद्विशेषः, दृग्रुक् त्ररोगः पटलप्रायः, एते त्रयः **काचाः**। विपर्यासे वैपरीत्ये, विस्तरे चात्प्रतारणे **प्रपञ्चः**। पावकेऽग्नौ **शुचिः**। पुंसि। मास्याषाढे, अमात्ये सचिवे, अत्युपधे, मेध्ये पवित्रे, सिते शुक्ले, च **शुचिः** त्रिषु। स्पृहायामत्यासक्तौ गभस्तौ किरणे चकाराद्दीप्तौ शोभायां **च रुचिः**। केकिताक्ष्यौं मयूरगरुडौ **अहिभुजौ**। दन्तः। विप्रेत्युपलक्षणं क्षत्रवैश्ययोः, अण्डजाः पक्षिणः, **एते द्विजाः**। विष्णुहरौ, छागो वस्तः, एते **अजाः**। गोष्ठं गोस्थानकम्, अध्वा मार्गः, निवहः संघः, ऐते **व्रजाः**। जिनो बुद्धः, यमः, एतयोः **धर्मराज**शब्दः। दन्तिदन्ते **कुञ्जः**। अपिशब्दात्रिकुञ्जडेपिं पुंनपुंसकलिङ्गः। क्षेत्रे नगरद्वारे च **वलजम्**। वल्गुदर्शना **वलजा**। समे क्ष्मांशे भू भागे, रणे संग्रामे **आजिरिति**। संततिरपत्यम्, जनेऽपि **प्रजा**। शङ्खशशाङ्क्योः चकाराद्धन्वन्तरावब्जः। स्वके

काकेभगण्डौ करटौ गजगण्डकटी कटौ २४०२
शिपिविष्टस्तु खलतौ दुश्चर्मणि महेश्वरे २४०३
देवशिल्पिन्यपि त्वष्टा दिष्टं दैवेऽपि न द्वयोः २४०४
रसे कटुः कट्वकार्ये त्रिषु मत्सरतीक्ष्णयोः २४०५
रिष्टं क्षेमाशुभाभावेष्वरिष्टे तु शुभाशुभे २४०६
मायानिश्चलयन्त्रेषु कैतवानृतराशिषु २४०७
अयोघने शैलशृङ्गे सीराङ्गे कूटमस्त्रियाम् २४०८
सूक्ष्मैलायां त्रुटिः स्त्री स्यात्कालेऽल्पे संशयेऽपि सा २४०९
आर्त्युत्कर्षाश्रयः कोटयो मूले लग्नकचे जटा २४१०
व्युष्टिः फले समृद्धौ च दृष्टिर्ज्ञानेऽक्ष्णि दर्शने २४११
दृष्टिर्यागेच्छयोः सृष्टं निश्चिते बहुनि त्रिषु २४१२
कष्टे तु कृच्छ्रगहने दक्षामन्दागदेषु च २४१३

आत्मीये नित्ये चिरस्थिते **निजः**। त्रिषु। आत्मनि पुरुषे **क्षेत्रज्ञः**। पुंसि प्रवीणे तु वाच्यलिङ्गकः। चेतना धीः नामाभिधानम्। हस्ताद्यैर्हस्तभ्रूलोचनादिभिर्या अर्थसूचना प्रयोजनविज्ञापनं सापि **संज्ञा**। काकेभगण्डौ **करटौ**। गजगण्डः कटिश्च **कटौ** स्याताम्। रुजा निष्केशशिराः खलतिः तस्मिन्दुश्चर्मणि महेश्वरे **शिपिविष्टः**। देवशिल्पिनि विश्वकर्मण्यपिशब्दाद्रविभेदे काष्ठतक्षे **त्वष्टा**। दैवे प्राक्तनकर्मणि **दिष्टम्** नपुंसकम्। अपिशब्दात्काले तु ना। रसे पिप्पलायादिरसभेदे **कटुः**। पुंसि। अकार्ये करणानर्हे **कटु**। क्लीबम्। मत्सरतीक्ष्णयोस्त्रिषु। क्षेमे कल्याणे, अशुभेऽमङ्गले, अभावेऽशुभस्यैवाभावे **रिष्टमिति**। शुभाशुभे **अरिष्टे**। सूतिकागृहं चा**रिष्टम्**। मायादिषु नवसु **कूटम्**। तदस्त्रियासम्। सूक्ष्मैला प्रसिद्धा। काले ह्रस्वाक्षरचतुर्थभाग्रहणात्मके कालभेदेः, अल्पे लेशे, संशये संदेहेऽपि **त्रुटिः**। आर्तिश्चापाग्रम्, उत्कर्षप्रकर्षः, अश्रिः कोणः, संख्याभेदेऽपि **कोटिः**। मूले संश्लिष्टकेशे जटामांस्यां वेदविकृतौ च **जटा**। फलै साध्ये, समृद्धौ संपदि **व्युष्टिः** **ज्ञानेऽक्ष्णि** चक्षुषि दर्शने च **दृष्टिः**। यागा यज्ञः, इच्छा स्पृहा, **एतयोरिष्टिः**। सृष्टे बहुनि प्रचुरे, मुक्तनिर्मितयोश्च कष्टे **सृष्टम्**। कृच्छ्ं दुःखम्, गहनंदुरधिगमान्तप्रान्तम्, उभे **कष्टे**। दक्षोंऽनलसः, अमन्दस्तीक्ष्णः, अगदो रोगहीनः, एते **पटवः**॥ द्वौ कष्टपटू वाच्यलिङ्गौ। शिवे अपिशब्दान्म-

पट्‌द्रौं वार्चलिङ्गौ च नीलकण्ठः शिवेऽपि च २४१४
पुंसि कोष्ठोऽन्तर्जठरं कुसूलोऽन्तर्गृहं तथा २४१५
निष्ठा निष्पत्तिनाशान्ताः काष्ठोत्कर्षे स्थितौ दिशि २४१६
त्रिषु ज्येष्ठोऽतिशस्तेऽपि कनिष्ठोऽतियुवाल्पयोः २४१७
दण्डोऽस्त्री लगुडेऽपि स्याद्‌गुडो गोलेक्षुपाकयोः २४१८
सर्पमांसात्पशू ब्याडौ गोभूवाचस्त्विडा इलाः २४१९
क्ष्वेडा वंशशलाकापि नाडी नालेऽपि षट्‌क्षणे २४२०
काण्डोऽस्त्री दण्डबाणार्ववर्गावसरवारिषु २४२१
स्याद्भाण्डमश्वाभरणेऽमत्रे मूलवणिग्धने २४२२
भृशप्रतिज्ञयोर्बाढं प्रगाढं भृशकृच्छ्रयोः २४२३
शक्तस्थूलौ त्रिषु दृढौ व्यूढौ विन्यस्तसंहतौ २४२४
भ्रूणोऽर्भके स्त्रैणगर्भे बाणो बलिसुते शरे २४२५
कणोऽतिसूक्ष्मे धान्यांशे संघाते प्रमथे गणः २४२६

यूरेऽपि **नीलकण्ठः**। अन्तर्जठरं जठरस्यान्तरम्। कुसूलो धान्यागारम्। अन्तर्गृहं गृहाभ्यन्तरं च एतेषु **कोष्ठः**। पुंसि। निष्पत्तिर्निष्पादनम्। नाशः अदर्शनम्। अन्तः, प्रध्वंसः **निष्ठा**। उत्कर्षे स्थितौ मर्यादायां दिशि च **काष्ठा**। अतिशस्ते सुप्रशस्ते, अपिशब्दादतिवृद्धे , अग्रजे मासि च **ज्येष्ठः**। अतियूनि बाले। अनुजेऽपि **कनिष्ठः**। लगुडेऽपिशब्दादश्वेऽपि **दण्डः**। गोलो मृदादिगुडकः, इक्षुपाकः इक्षुविकारेऽपि **गुडः**। सर्पः मांसात्पवशुर्व्याघ्रः। उभे **व्याडौ**॥ गौधनुः। भूः। वाक्। एते डलयोरैक्या **दिडा इलाश्च**। इला बुधपत्नी च। वंशशलाका पञ्जराद्यर्था वा शूर्पाद्यार्थ वेणुशलाका **क्ष्वेडा। अपिशब्दाद्विषे** पुंसि। षट्‌क्षणमिते काले नाले अपिशब्दाच्छिरादिषु च **नाडी**। दण्डादिषु षट्सु **काण्डः**। स च पुंनपुंसकयोः। अश्वाभरणे। अमत्रे पात्रे। मूलं यद्वणिगधनं तत्र च **भाण्डम्**। भृशमत्यर्थ प्रतिज्ञास्वीकारयोर्**बाढम्**। भृशकृच्छ्रयोदृढेऽपि **प्रगाढम्**। शक्तः समर्थः तत्र स्थूले च **दृढः**। विन्यस्ते संहते च **व्यूढः**। अर्भके स्त्रैणगर्भे च **भ्रूणः**। बलिपुत्रे शरे **च बाणः**। अति सूक्ष्मवस्तुनि धान्यांशे च **कणः**। संघाते समूहे। प्रमथे रुद्रानुचरे च **गणः**। द्यूतमक्षादिभिः क्रीडां

पणो द्यूतादिषूत्सृष्टे भृतौ मूल्ये धनेऽपि च २४२७
मौर्व्यां द्रव्याश्रिते सत्त्वशौर्यसंध्यादिके गुणः २४२८
निर्व्यापारस्थितौ कालविशेषोत्सवयोः क्षणः २४२९
वर्णो द्विजादौ शुक्लादौ स्तुतौ वर्णं तु वाक्षरे २४३०
अरुणो भास्करेऽपि स्याद्वर्णभेदेऽपि च त्रिषु २४३१
स्थाणुः शर्वेऽप्यथ द्रोणः काकेऽप्याजौ रवे रणः २४३२
ग्रामणीर्नापिते पुंसि श्रेष्ठे ग्रामाधिपे त्रिषु २४३३
ऊर्णा मेषादिलोम्नि स्यादावर्ते चान्तराभ्रुवोः २४३४
हरिणी स्यान्मृगी हेमप्रतिमा हरिता च या २४३५
त्रिषु पाण्डौ च हरिणः स्थूणा स्तम्भेऽपि वेश्मनः २४३६
तृष्णे स्पृहापिपासे द्वे जुगुप्साकरुणे घृणे २४३७
वणिक्पथे च विपणिः सुरा प्रत्यक्च वारुणी २४३८

आदिना मेषकुक्कुटादियुद्धादि कं तत्र उत्सृष्टे न्यस्तार्थे। भृतौ वेतने मूल्ये विक्रेयवस्तुद्रव्ये धने काकिणीचतुष्टये च **पणः**। मौर्व्यां ज्यायां द्रव्याश्रिते रसगन्धादौ। आदिशब्दस्य प्रत्येकं संबन्धात्सत्त्वाजआदौ शौर्यचातुर्यादौ संधिविग्रहादौ इन्द्रिये च **गुणः**। निर्व्यापारस्थितौ तूष्णीमधःस्थाने कालविशेषे मुहूर्तस्य द्वादशे भागे उत्सवे पुत्रजन्मादौ **क्षणः**। विप्रक्षत्रियादौ शुक्लपीतादौ स्तुतौ स्तवे च **वर्णः**। अक्षरे वर्णे क्लीबे वा पुंसि। भास्करे सूर्ये। अपिशब्दात्सूर्यसारथौ च। सोऽरुणशब्दः वणभेदे, त्रिक्षु स्तम्भादौ स्थेयुषि सर्वे च **स्थाणुः**। काके अपिशब्दादश्वत्थाम्नः पितरि परिमाणविशेषे च **द्रोणः**। आजौ युद्धे रवे शब्दे च **रणः**। श्रेष्ठे नापिते ग्रामाधिपे च **ग्रामणीः**। मेषादीनां शशोष्ट्रादीनां च लोम सा **ऊर्णा**। मृगी हेम्नः सुवर्णस्य प्रतिमा या व हरिता हरिद्वर्णा सा **हरिणी**। पाण्डौ पाण्डूरवर्णे चकारात् मृगभेदे वेश्मनो गृहस्य स्तम्भे **स्थूणा**। अपिशब्दाल्लोहस्य प्रतिमायाम्। स्पृहा वाञ्छा। पिपासा पानेच्छा। उभे **तृष्णे**। जुगुप्सा निन्दा करुणा च **घृणा**। वणिक्पथे पण्य वीथ्यां आपणे पण्ये च **विपणिः**॥ सुरा मद्यम्। प्रत्यक् प्रतीची दिक्। उभे **वारुण्यौ**। इभ्यां हस्तिन्यां **करेणुः**। स्त्रीलिङ्गा। इभी हस्तिनी। करेणुर्ना पुंल्लिङ्गः बल पराक्रमः

करेणुरिभ्यां स्त्री नेभे द्रविणं तु बलं धनम् २४३९
शरणं गृहरक्षित्रोः श्रीपर्णं कमलेऽपि च २४४०
विषाभिमरलोहेषु तीक्ष्णं क्लीवे खरे त्रिषु २४४१
प्रमाणं हेतुमर्यादाशास्त्रेयत्ताप्रमातृषु २४४२
करणं साधकतमं क्षेत्रगात्रेन्द्रियेष्वपि २४४३
ग्राण्युत्पादे संसरणमसंबाधचमूगतौ २४४४
घण्टापथेऽथ वान्तान्ने समुद्गिरणमुन्नये २४४५
अतस्त्रिषु विषाणं स्यात्पशुशृङ्गेभदन्तयोः २४४६
प्रवणं क्रमनिम्नोर्व्यां प्रह्वे ना तु चतुष्पथे २४४७
संकीर्णौ निचिताशुद्धाविरिणं शून्यमूषरम् २४४८
'सेतौ च वरणो वेणी नदीभेदे कचोच्चये' **
देवसूर्यौ विवस्वन्तौ सरस्वन्तौ नदार्णवौ २४४९
पक्षितार्क्ष्यौ गरुत्मन्तौ शकुन्तौ भासपक्षिणौ २४५०
अग्न्युत्पातौ धूमकेतू जीमूतौ मेघपर्वतौ २४५१

धनं च **द्रविणम्**। गृहे रक्षितरि **शरणम्**। कमले चकारादग्निमन्थे च **श्रीपर्णम्**। विषं अभिमरो युद्धम्। लोहं च **तीक्ष्णम्**। क्लीबम्। खरे तिग्मे त्रिषु। हेतुर्धूमादिः। मर्यादा सीमा। इयत्ता परिच्छेदः। प्रमाता ज्ञाता एष्वर्थेषु **प्रमाण**शब्दो वर्तते। साधने क्रियासिद्धौ प्रकृष्टो हेतुः साधकतमं **करण**मिति। गात्रेन्द्रियेष्वपिशब्दात्कर्मादि। प्राणिनामुत्पादे जन्मनि। असंबाधचमूगतौ निर्बाधसैन्यगमने घण्टापथे च **संसरणम्**। वान्तान्ने भुक्तोज्झितान्ने उन्नये जलपात्रादेरूर्ध्वनयने उन्मूलिते च **उद्गिरणम्**। अतःपरं वक्ष्यमाणा णान्तशब्दास्ते त्रिषु। पशुशृङ्गं चेभदन्तश्च तयोः **विषाणम्**। क्रमेण निम्ना सा चासौ उर्वी च पृथ्वी तत्र प्रह्वे नम्रे चतुष्पथे **प्रवणः**। पुंस्येव। निचितो व्याप्तः। अशुद्धः अमित्रः। उभे **संकीर्णौ**। शून्यं निराश्रयो देशः। ऊषरं स्थलभेदः **तदिरिण**मिति स्यात्। देवसूर्यौ **विवस्वन्तौ**। नदार्णवौ **सरस्वन्तौ**। पक्षितार्क्ष्यौ **गरुत्मन्तौ**। भासपक्षिणौ **शकुन्तौ**। अभ्युत्पातौ **धूमकेतू**। मेघपर्वतौ **जीमूतौ**। पाणिः करः नक्षत्रं त्रयोदशम्। उभे **हस्तौ**। पवनो वायुरमश्च

हस्तौ तु पाणिनक्षत्रे मरुतौ पवनामरौ २४५२
यन्ता हस्तिपके सूते भर्ता धातरि पोष्टरि २४५३
यानपात्रे शिशौ पोतः प्रेतः प्राण्यन्तरे मृते २४५४
ग्रहभेदे ध्वजे केतुः पार्थिवे तनये सुतः २४५५
स्थपतिः कारुभेदेऽपि भूभृद्भूमिधरे नृपे २४५६
मूर्धाभिषिक्तौ भूपेऽपि ऋतुः स्त्रीकुसुमेऽपि च २४५७
विष्णावप्यजिताव्यक्तौ सूतस्त्वष्टरि सारथौ २४५८
व्यक्तः प्राज्ञेऽपि दृष्टान्तावुभौ शास्त्रनिदर्शने २४५९
क्षत्ता स्यात्सारथौ द्वाःस्थे क्षत्रियायां च शूद्रजे २४६०
वृत्तान्तः स्यात्प्रकरणे प्रकारे कार्त्स्न्यवार्तयोः २४६१
आनर्तः समरे नृत्यस्थाननीवृद्विशेषयोः २४६२
कृतान्तो यमसिद्धान्तदैवाकुशलकर्मसु २४६३
श्लेष्मादि रसरक्तादि महाभूतानि तद्गुणाः २४६४

मरुत्संज्ञौ। महामात्रसारथी **यन्तारौ**। धाता धारकः। पोष्टा च **भर्ता**। यानपात्रे वहित्रे शिशौ **पोतः**। प्राण्यन्तरे भूतान्तरे मृते च **प्रेतः**। ग्रहभेदे ध्वजे च **केतुः**। पार्थिवे राज्ञि तनये पुत्रे च **सुतः**। कारुः शिल्पी तद्भेदे अपि-शब्दात्कञ्चुकिनि जीवेष्टियाजके च **स्थपतिः**। भूमिधरे शैले नृपे च भूभृत्। भूपे अपि शब्दात् प्रधाने क्षत्रियमात्रे **च मूर्धाभिषिक्तः**। स्त्रीकुसुमे रजसि हेमन्तादौ च **ऋतुः अजित**श्चाव्यक्तश्चेति विष्णावपि वर्तेति। अपिशब्दादपरिभूते शंकरे **चाजितः**। त्वष्टरि शिल्पिभेदे। सारथौ च **सूत** :। प्राज्ञे स्फुटेऽपि **व्यक्तः**। शास्त्रं तर्कादि। निदर्शनमुदाहरणम्। उभौ **दृष्टान्तौ**। सारथौ द्वाःस्थे द्वारपाले शूद्रात्क्षत्रियायां जाते च **क्षत्ता**। चात् भुजिष्यातनये। प्रकरणं प्रस्तावः। प्रकारो भावः। कार्त्स्न्यं साकल्यम्। वार्ता जनश्रुतिः। एतेषु **वृत्तान्तः। समरे** युद्धे नृत्यस्थाने नृत्यमण्डपे। नीवृद्विशेषो जनपदविशेषः, एतेष्वा**नर्तः**। यमो धर्मराजः। सिद्धान्तः दैवं प्राक्तनं कर्म। अकुशलकर्म पापम्। एतेषु **कृतान्तः**। श्लेष्मादयो **धातु**शब्दवाच्याः। आदिशब्दात्पित्तादिग्रहः

इन्द्रियाण्यश्मविकृतिः शब्दयोनिश्च धातवः २४६५
कक्षान्तरेऽपि शुद्धान्तो नृपस्यासर्वगोचरे २४६६
कासूसामर्थ्ययोः शक्तिर्मूर्तिः काठिन्यकाययोः २४६७
विस्तारवल्ल्योर्व्रततिर्वसती रात्रिवेश्मनोः २४६८
क्षयार्चयोरपचितिः सादिर्दानावसानयोः २४६९
अर्तिः पीडाधनुष्कोट्ययोर्जातिः सामान्यजन्मनोः २४७०
प्रचारस्यन्दयो रीतिरीतिर्डिम्बप्रवासयोः २४७१
उदयेऽधिगमे प्राप्तिस्त्रेता त्वग्नित्रये युगे २४७२
वीणाभेदेऽपि महती भूतिर्भस्मनि संपदि २४७३
नदीनगर्योर्नागानां भोगवत्यथ संगरे २४७४
सङ्गे सभायां समितिः क्षयवासावपि क्षिती २४७५
रवेरर्चिश्च शस्त्रं च वह्निज्वाला च हेतयः २४७६
जगती जगति च्छन्दोविशषेऽपि क्षितावपि २४७७
पङ्क्तिश्छन्दोऽपि दशमं स्यात्प्रभावेऽपि चायतिः २४७८

नृपस्य कक्षान्तरे राजधानीस्थानविशेषे। असर्वगोचरे इति कक्षान्तरस्य विशेषणम्। अपिशब्दादन्तः पुरे आशौचान्ते च **शुद्धान्तः**। आयुधभेदः सामर्थ्यं च **शक्तिः**। काठिन्यकाययोर्**मूर्तिः**। विस्तारे वल्ल्यां च **व्रततिः** रात्रौ गृहे च **वसतिः**। क्षयो हानिः। अर्चा पूजा। **तत्रापचितिः**। निष्कृतौ व्यये च। दाने अवसाने च **सातिः**। पीडायां धनुष्कोट्यां च **अर्तिः** सामान्यं गोत्वादि जन्मनि च **जातिः**। प्रचारः लोकाचारः। स्यन्दः प्रस्रवणम्। तत्र **रीतिः**। डिम्बे प्रवासे च **ईतिः**। उदये उत्पत्तौ। अधिगमे लाभे च **प्राप्तिः**। अग्नित्रये दक्षिणगार्हपत्याहवनीयाख्ये। द्वितीये युगे **त्रेता**शब्द आबन्तः। वीणाभेदो नारदी वीणा महत्त्वयुक्तायां भार्यादौ च **महती**। भस्मनि संपदि अणिमादौ च **भूतिः**। नद्यां नागानां नगर्यां च **भोगवती**। संगरादित्रये **समितिः**। क्षयो नाशः। वासो निवासः। अपिशब्दान्मेदिन्यां कालभेदे च **क्षितिः**। सूर्य-प्रभादिषु **हेतिः**। जगति लोके क्षितौ भुवि छन्दोविशेषे द्वादशाक्षरपाक-वृत्ते **जगती**। अपिशब्दाज्जनेऽपि। दशमं छन्दः दशाक्षरपादकं आवलिरपि

पत्तिर्गतौ च मूले तु पक्षतिः पक्षभेदयोः २४७९
प्रकृतिर्योनिलिङ्गे च कैशिक्याद्याश्च वृत्तयः २४८०
सिकताः स्युर्वालुकापि वेदे श्रवसि च श्रुतिः २४८१
वनिता जनितात्यर्थानुरागायां च योषिति २४८२
गुप्तिः क्षितिव्युदासेऽपि धृतिर्धारणधैर्ययोः २४८३
बृहती क्षुद्रवार्ताकी छन्दोभेदे महत्यपि २४८४
वासिता स्त्रीकरिण्योश्च वार्ता वृत्तौ जनश्रुतौ २४८५
वार्तं फल्गुन्यरोगे च त्रिष्वप्सु च घृतामृते २४८६
कलधौतं रूप्यहेम्नोर्निमित्तं हेतुलक्ष्मणोः २४८७
श्रुतं शास्त्रावधृतयोर्युगपर्याप्तयोः कृतम् २४८८
अत्याहितं महाभीतिः कर्म जीवानपेक्षि च २४८९
युक्ते क्ष्मादावृते भूतं प्राण्यतीते समे त्रिषु २४९०

पङ्क्तिः। अभावे उत्तरकालेऽप्यायतिः। गतौ वीरभेदे **सैन्यभेदे च पत्तिः**। पक्षभेदयोर्मासार्धस्य च मूले प्रतिपदि पक्षिपक्षस्य मूलेऽधोदेशे च पक्षति। यौनौलिङ्गे च **प्रकृतिः**। चकारात्प्रधानत्वे अमात्यादौ स्वभावे च। आद्यशब्दात् आरभटीसात्त्वती भारत्यो **वृत्तयः**। चकाराज्जीविकायां सूत्रविवरणे च **वृत्तिः**। **सिकता**शब्दो वालुकायाम्,। अपिशब्दात्सिकतान्वितदेशे च शर्करायां च कीर्तितः। वेदे श्रवसि कर्णे च श्रुतिः। जनितोऽत्यन्तानुरागो यस्यां तस्यां योषिन्मात्रे च **वनिता**। क्षितिव्युदासे भूविवरे। अपिशब्दाद्रक्षणे च **गुप्तिः**। धारणायां धैर्ये [तुष्टौर्ये योगभेदे] च **धृतिः**। क्षुद्रवार्ताकी ओषधिविशेषो **बृहती**। छन्दोभेदो नवमं छन्दो बृहती। महती विपुला सापि बृहती स्यात्। स्त्रीकरिण्योर्योषिद्धस्तिनयोर्वासिताशब्दः। वृत्तौ जीविकायाम्। जनश्रुतौ वृत्तान्ते **वार्ता**। फल्गुन्यसारे **वार्तम्**। रोगरहिते त्रिषु। **घृतामृते** द्वे अप्सु वर्तेते। चकारात् घृतमाज्ये जले क्लीबम्। अमृतं तु घृते पीयूषे यज्ञशेषे च। रूप्यं रजतम्। हेम सुवर्णम्। लक्ष्म चिह्नम्। एतेषु **कलधौतम्**। शास्त्रे अवधृते च **श्रुतम्**। युगे प्रथमयुगे, पर्याप्ते अलमर्थे। **कृतम्**। जीवानपेक्षि साहसपं कर्म महाभीतिर्महद्भयं च **अत्याहितं** स्यात्। युक्ते न्याय्ये। क्ष्मादौ क्षित्यादिपञ्चके।

वृत्तं पद्ये चरित्रे त्रिष्वतीते दृढनिस्तले २४९१
महद्राज्यं चावगीतं जन्ये स्याद्गर्हिते त्रिषु २४९२
श्वेतं रूप्येऽपि रजतं हेम्नि रूप्ये सिते त्रिषु २४९३
त्रिष्वतो जगदिङ्गेऽपि रक्तं नील्यादिरागि च २४९४
अवदातः सिते पीते शुद्धे बद्धार्जुनौ सितौ २४९५
युक्तेऽतिसंस्कृते मर्षिण्यभिनीतोऽथ संस्कृतम् २४९६
कृत्रिमे लक्षणोपेतेऽप्यनन्तोऽनवधावपि २४९७
ख्याते हृष्टे प्रतीतोऽभिजातस्तु कुलजे बुधे २४९८
विविक्तौ पूतविजनौ मूर्च्छितौ मूढसोच्छ्रयौ २४९९
द्वौ चाम्लपरुषौ शुक्तौ शिती धवलमेचकौ २५००
सत्ये साधौ विद्यमाने प्रशस्तेऽभ्यर्हिते च सत् २५०१
पुरस्कृतः पूजितेऽरात्यभियुक्तेऽग्रतः कृते २५०२

ऋते सत्ये। प्राणिनि जन्तौ अतीते वृत्ते। समे सदृशे **भूतम्**। पद्ये श्लोके अतीते भूते दृढे गाढे निस्तले वर्तुलेऽतीतादौ त्रिलिङ्ग्यां **वृत्तम्**। राज्यं चकारात् बृहच्च **महत्**। जन्ये जनापवादे गर्हिते निनिन्दतेऽ**वगीतम्**। रूप्ये अपशिब्दाच्छुभ्रेऽपि **श्वेतम्**। हेम्नि रूप्ये सिते च **रजतम्**। अतो रजतात् परे तान्ताः शब्दास्त्रिषु। इङ्गे जंगमे भुवने च **जगत्**। नील्यादिरायुक्तं **रक्तम्**। सितादित्रयेऽ**वदातः**। अर्जुनः शुक्लः बद्धश्च **सितः**।। युक्ते न्याय्ये अतिप्रशस्ते भूषिते मर्षिणि क्षन्तरि च **अभिनीतः**।। कृत्रिमे घटादौ लक्षणोपेते शास्त्रोपलक्षणयुक्ते च **संस्कृतम्**। अनवधौ निःसीमे अपशिब्दाच्छेषादौ **अनन्तः**। ख्याते प्रसिद्धे हृष्टे च **प्रतीतः**। कुलजे कुलीने बुधे पण्डितेऽ**भिजातः**। पूतं पवित्रम्। विजनो विगतजनः। एतौ **विविक्तौ**। मूढो मोहं गतः सोच्छ्रयो वृद्धियुक्तोः द्वौ मूर्च्छितौ अम्लं चुक्रम्। परुषो निष्ठुरः। द्वौ **शुक्ताख्यौ**। धवलः शुभ्रः। मेचकः कृष्णवर्णः। उभयोः **शितिः**। सत्ये साधौ विद्यमाने प्रशस्ते अभ्यर्हिते च **सत्**। अरात्यभियुक्ते शत्रुणाक्रान्ते अग्रतः कृते पुरःस्थिते पूजिते च **पुरस्कृतः**। आश्रयो निवासः। अवातो वातवर्जितः। उभौ **निवातौ**। यच्छस्त्राभेद्यं वर्म कवचं तदपि **निवाताख्यम्**। जात उत्पन्नः। उन्नद्धो दृप्तः। प्रवृद्धश्चैते

निवातावाश्रयावातौ शस्त्रभेद्यं च वर्म यत् २५०३
जातोन्नद्धप्रवृद्धाः स्युरुच्छ्रिता उत्थितास्त्वमी २५०४
वृद्धिमत्प्रोद्यतोत्पन्ना आदृतौ सादरार्चितौ २५०५
अर्थोऽभिधेयरैवस्तुप्रयोजननिवृत्तिषु २५०६
निपानागमयोस्तीर्थमृषिजुष्टे जले गुरौ २५०७
समर्थस्त्रिषु शक्तिस्थे संबद्धार्थे हितेऽपि च २५०८
दशमीस्थौ क्षीणरागवृद्धौ वीथी पदव्यपि २५०९
आस्थानीयत्नयोरास्था प्रस्थोऽस्त्री सानुमानयोः २५१०
'शास्त्रद्रविणयोर्न्ग्रन्थः संस्थाधारे स्थितौ मृतौ' **
अभिप्रायवशौ छन्दावब्दौ जीमूतवत्सरौ २५११
अपवादौ तु निन्दाज्ञे दायादौ सुतबान्धवौ २५१२
पादा रश्म्यङ्घ्रितुर्यांशाश्चन्द्राग्न्यर्कास्तमोनुदः २५१३
निर्वादो जनवादेऽपि शादो जम्बालशष्पयोः २५१४
आरावे रुदिते त्रातर्याक्रन्दो दारुणे रणे २५१५

उच्छ्रिताः। वृद्धिमत्, प्रोद्यतः, उत्पन्नं, एते **उत्थिताः**। सादरार्चितौ **आदृतौ**। अभिधेयो वाच्यः। **राः** धनम्। वस्तुतत्त्वम्। निवृत्तिर्निवर्तनम्। अत्र विषयेऽ**प्यर्थः**। निपानमुपकूपजलाशयः। आगमो बौद्धशास्त्रादन्यच्छास्त्रम्। ऋषिजुष्टे जले ऋषिभिः सेवितोदके गुरावुपाध्याये च **तीर्थम्**। शक्तिस्थे शक्तिमति। संबद्धार्थे हितेऽनुकूले च **समर्थः**। क्षीणो रागो रसोऽस्य क्षीणरागः। वृद्धोऽतिवृद्धः। उभौ **दशमीस्थौ**। पदवी मार्गः। अपिशब्दात् पङ्क्तिरपि **वीथी**। आस्थानी सभा। यत्नः प्रयत्नः। उभौ **आस्था**। **सानु** पर्वताग्रम्। मानं परिमाणभेदः **प्रस्थः**। अभिप्राय आशयः। वशोऽधीन**श्छन्दः**। जीमूतो मेघः। वत्सरो वर्षम्। तत्र अब्दः। निन्दा गर्हा। आज्ञा शासनं तत्रा**पवादः**। पुत्रो ज्ञातिश्च**दायादौ**। रश्मिः किरणः, अङ्घ्रिश्चरणः, तुर्यांशश्चतुर्थो भागः **पादः**। चन्द्रे अग्नौ अर्के च **तमोनुद्**। जनवादे लोकापवादे अपिशब्दान्निर्णीतवादे **निर्वादः**। जम्बाले कर्दमे। शष्पे बालतृणे च **शादः**। आरावे आर्तध्वनौ। त्रातरि रक्षके दारुणे रणे भीषणे युद्धे रुदिते च **आक्रन्दः**। अनुरागेऽनुग्रहे, प्रसन्नतायां काव्यगुणे

स्यात्प्रसादोऽनुरागेऽपि सूदः स्याद्व्यञ्जनेऽपि च २५१६
गोष्ठाध्यक्षेऽपि गोविन्दो हर्षेऽप्यामोदवन्मदः २५१७
प्राधान्ये राजलिङ्गे च वृषाङ्गे ककुदोऽस्त्रियाम् २५१८
स्त्री संविज्ज्ञानसंभाषाक्रियाकाराजिनामसु २५१९
धर्मे रहस्युपनिषत्स्यादृतौ वत्सरे शरत् २५२०
पद्र व्यवसितत्राणस्थानलक्ष्माङ्घ्रिवस्तुषु २५२१
गोष्पदं सेविते माने प्रतिष्ठाकृत्यमास्पदम् २५२२
त्रिष्विष्टमधुरौ स्वादू मृदू चातीक्ष्णकोमलौ २५२३
मूढाल्पापटुनिर्भाग्या मन्दाः स्युर्द्वौ तु शारदौ २५२४
प्रत्यग्राप्रतिभौ विद्वत्सुप्रगल्भौ विशारदौ २५२५
व्यामो वटश्च न्यग्रोधावुत्सेधः काय उन्नतिः २५२६
पर्याहारश्च मार्गश्च विवधौ वीवधौ च तौ २५२७

च **प्रसादः**। व्यञ्जने तेमने सूपकारे च **सूदः**। गोष्ठं गोस्थानं तस्याध्यक्षे गोपालादौ बृहस्पतौ कृष्णेऽपि **गोविन्दः**। **आमोद**शब्दो यथा हर्षे वर्तते अपिशब्दादतिनिर्हारिगन्धे च तथा **मदोऽपि** हर्षे। अपशिब्दाद्गर्वगजदानरेतस्सु च। प्रधानमेव प्राधान्यम्। राजलिङ्गे छत्रादौ, वृषावयवे **ककुदः**। संभाषा संभाषणम्। क्रियाकारः कर्मनियमः। आजिर्युद्धम्। नाम संज्ञा। एतेषु संकेते च स्त्रीलिङ्गं **संविदिति** नाम। धर्मे रहसि वेदान्ते च **उपनिषद्**। ऋतौ वत्सरे च **शरद्**। व्यवसितिर्व्यवसायस्ततो वस्तवन्तेषु **पदम्**। सेविते गोभिरेव सेविते देशे माने खुरप्रमाणे **गोष्पदम्**। **प्रतिष्ठा** स्थानम्। कृत्यं कार्यम्। प्रतिष्ठाकृत्ये **आस्पद**शब्दो वर्तते। अतः परं आवर्गसमाप्तेर्दान्तास्त्रिषु। इष्टः। मधुरः। उभौ **स्वादू**। अतीक्ष्णोऽतिग्मः। कोमलोऽकठिनः। उभौ **मृदू**। मूढो मूर्खः। अल्पः। अपटुरतीक्ष्णः। निर्भाग्यो हीनभाग्यः। एते **मन्दाः**। प्रत्यग्रोऽभिनवः। अप्रतिभोऽप्रगल्भः। द्वाविमौ **शारदौ**। विद्वत्सुप्रगल्भौ **विशारदौ**। प्रसारितभुजद्वयकुण्डलं व्यामः। वटो वृक्षभेदः। द्वयं **न्यग्राधा**ख्याम्। कायो देहः। उन्नतिरुच्छ्राय **उत्सेधः**। पर्याहारो ध्यानादिः। मार्गः पन्थाः। एतौ **विवध**संज्ञौ **वीवधा**वपि च। यज्ञियतारोः पलाशादेः शाखायां समिधि। तत्र

परिधिर्यज्ञियतरोः शाखायामुपसूर्यके २५२८
बन्धकं व्यसनं चेतःपीडाधिष्ठानमाधयः २५२९
स्युःसमर्थननीवाकनियमाश्च समाधयः २५३०
दोषोत्पादेऽनुबन्धः स्यात्प्रकृत्यादि विनश्वरे २५३१
मुख्यानुयायिनि शिशौ प्रकृतस्यानुवर्तने २५३२
विधुर्विष्णौ चन्द्रमसि परिच्छेदे बिलेऽवधिः २५३३
विधिर्विधाने दैवेऽपि प्रणिधिः प्रार्थने चरे २५३४
बुधवृद्धौ पण्डितेऽपि स्कन्धः समुदयेऽपि च २५३५
देशे नदविशेषेऽब्धौ सिन्धुर्ना सरिति स्त्रियाम् २५३६
विधा विधौ प्रकारे च साधू रम्येऽपि च त्रिषु २५३७
वधूर्जाया स्नुषा स्त्री च सुधा लेपोऽमृतं स्नुही २५३८
संधा प्रतिज्ञा मर्यादा श्रद्धा संप्रत्ययः स्पृहा २५३९
मधु मद्ये पुष्परसे क्षौद्रेऽप्यन्धं तमस्यपि २५४०

उपसूर्यके सूर्यसमीपमण्डले परिवेषाख्ये च **परिधिः**। उत्तमर्णगृहे ऋणमोचन-पर्यन्तं विश्वासार्थं यद्वस्तु स्थाप्यते तद्बन्धकं प्रसिद्धम्। व्यसनमापंत्तिः। चेतःपीडा मानसी व्यथा। अधिष्ठानमध्यासनं एते **आधयः**। समर्थनं चोद्यपरिहारः। नीवाको वचनाभावः। नियमोऽङ्गीकारः एते **समाधयः**। दोषोत्पादनं दोषोत्पाद्वस्तत्र प्रकृत्यादिषु प्रकृतिप्रत्ययागमादेशेषु इक्-यण्-सुडादिषु यन्नश्वरमरदर्शनशीलमक्षरं तत्र। यो मुख्यं पित्रादिकमनुयाति तस्मिन् शिशौ। प्रकृतस्य प्रक्रान्तस्य पदनिवृत्त्यभावः तत्रैतेषु **अनुबन्धः**। **विधुः** शशाङ्के हृषीकेशे च। परिच्छेदे सीम्नि। बिले गर्ते। कालेऽपि **अवधिः**। विधाने कर्तव्ये दैवे प्राक्तनशुभाशुभकर्मणि ब्रह्मण्यपि **विधिः**। प्रार्थने चरे च **प्रणिधिः**। बुधवृद्धौ पण्डितेऽपि वर्तेते। अपिशब्दात् **बुधः** सौम्ये। **वृद्धः** स्थविरे। समुदये समूहे। अपिशब्दात्काण्डे नृप्रेंऽसे च **स्कन्धः**। देशमेदेऽब्धौ समुद्रे **सिन्धु**शब्दः पुंसि। नदीसामान्ये तु स्त्रीलिङ्गे। **सिन्धुः**। विधौ विधाने, प्रकारे **विधा**शब्दः स्यात्। रम्येऽपिशब्दाद्वार्धुषिके सज्जने **साधुः**। जाया भार्या। स्नुषा पुत्रस्य पत्नी। तत्र स्त्रीमात्रे च **वधूः**। देवालयादि येन लिप्यते स लेपश्चूर्णविशेषः। अमृते स्नुह्यामपि **सुधा**। प्रतिज्ञा

अतस्त्रिषु समुन्नद्धौ पण्डितंमन्यगर्वितौ २५४१
ब्रह्मबन्धुरधिक्षेपे निर्देशेऽथावलम्बितः २५४२
अविदूरोऽप्यवष्टब्धः प्रसिद्धौ ख्यातभूषितौ २५४३
सूर्यवह्नी चित्रभानू भानू रश्मिदिवाकरौ २५४४
भूतात्मानौ धातृदेहौ मूर्खनीचौ पृथग्जनौ २५४५
ग्रावाणौ शैलपाषाणौ पत्रिणौ शरपक्षिणौ २५४६
तरुशैलौ शिखरिणौ शिखिनौ वह्निबर्हिणौ २५४७
प्रतियत्नावुभौ लिप्सोपग्रहावथ सादिनौ २५४८
द्वौ सारथिहयारोहौ वाजिनोऽश्वेषुपक्षिणः २५४९
कुलेऽप्यभिजनो जन्मभूम्यामप्यथ हायनाः २५५०
वर्षार्चिर्व्रीहिभेदाश्च चन्द्राग्न्यर्का विरोचनाः २५५१
क्लेशेऽपि वृजिनो विश्वकर्मार्कसुरशिल्पिनोः २५५२
आत्मा यत्नो धृतिर्बुद्धिः स्वभावो ब्रह्म वर्ष्म च २५५३

स्वीकारः। मर्यादा च **संधा**। संप्रत्यय आदरः। स्पृहा काङ्क्षा तंत्र **श्रद्धेति**। मद्ये पुष्परसे, क्षौद्रे माक्षिके च **मधु**। तमसि अक्षिहीनेऽप्यन्धशब्दः।अतः परे धान्तवर्गपर्यन्तास्त्रिषु। पण्डितमात्मानं मन्यते पण्डितंमन्यः। गर्वितश्च **समुन्नद्धः**।। अधिक्षेपे निन्दाप्रयोगे निर्देशे च **ब्रह्मबन्धुरिति**। अवलम्बितः आश्रितः। अविदूरः सन्निहितः। **उभाववष्टब्धौ**। अपिशब्दाद्बद्धोऽपि। ख्यातभूषितौ **प्रसिद्धौ**। सूर्ये वह्नौ **च चित्रभानुः**। रश्मिर्दिवाकरश्च **भानुः**। भूतं चात्मा च। धाता च देहश्च। मूर्खो नीचो हीनजातिः एतेषु **पृथग्जन** इति चतुरक्षरम्। शैले पाषाणे च **ग्रावन्**। शरे पक्षिणि च **पत्रिन्**। तरौ शैले च **शिखरिन्**। बह्नौ बर्हिणी मयूरे च **शिखिन्**। लिप्सा वाञ्छा। उपग्रह अनुकूलनम्। उभौ **प्रतियत्नौ**। सारथिरश्वारोहश्च **सादिनौ**। अश्वो हयः इषुः शरः पक्षी चैते **वाजिनः**। कुले कुलमुख्ये च जन्मभूम्यां जननस्थाने **अभिजनः**। वर्षोऽब्दः। अर्ची रश्मिः व्रीहिभेदश्चैते **हायनाः**। चन्द्रेऽग्नावर्के प्रह्लादपुत्रेऽपि **विरोचनः**। क्लेशे कल्मषेऽपि क्लीबं **वृजिनम्**। अर्के सुरशिल्पिनि च **विश्वकर्मा**। अततीत्यात्मा, धृतिः बुद्धिः स्वभावः ब्रह्म

शक्रो धातुकमत्तेभो बर्षुकाब्दो घनाघनः २५५४
घनो मेघे मूर्तिगुणे त्रिषु मूर्ते निरन्तरे २५५५
अभिमानोऽर्थादिदर्पे ज्ञाने प्रणयहिंसयोः २५५६
इनः सूर्ये प्रभौ राजा मृगाङ्के क्षत्रिये नृपे २५५७
वाणिन्यौ नर्तकीदूत्यौ स्रवन्त्यामपि वाहिनी २५५८
ह्लादिन्यौ वज्रतडितौ वन्दायामपि कामिनी २५५९
त्वग्देहयोरपि तनुः सूनाऽधोजिह्विकापि च २५६०
क्रतुविस्तारयोरस्त्री वितानं त्रिषु तुच्छके २५६१
मन्देऽथ केतनं कृत्ये केतावुपनिमन्त्रणे २५६२
वेदस्तत्त्वं तपो ब्रह्म ब्रह्मा विप्रः प्रजापतिः २५६३
उत्साहने च हिंसायां सूचने चापि गन्धनम् २५६४
आतञ्चनं प्रतीवापजवनाप्यायनार्थकम् २५६५
व्यञ्जनं लाञ्छनं श्मश्रुनिष्ठानावयवेष्वपि २५६६

वर्ष्म च यत्नः। शक्र इन्द्रः। घातुकश्चसौ मत्तेभश्चेति कर्मधारयः, तथा वर्षुकश्चासावब्दश्चेति **घनाघनः** इति चतुरक्षरं नाम। मूर्तिगुणे काठिन्ये मेघे च **घनः** पुंसि, मूर्ते कठिने निरन्तरे सान्द्रे च त्रिषु। अर्थपशुकुलगुणादिभिर्यो दर्पस्तस्मिन् ज्ञाने प्रणये हिंसायां चा**भिमानः**। प्रभौ नृपे च पत्यौ वा **इनः**। मृगाङ्के क्षत्रिये नृपे च **राज**शब्दः नर्तकीदूत्यौ **वाणिन्यौ**। स्नवन्त्यां नद्यां सेनायाम**पि वाहिनी**। वज्रं कुलिशम्। तडिद्विद्युत् **ह्लादिनी**। वृन्दावृक्षे विजातीयप्ररोहे। योषिन्मात्रे विलासिन्यामपि **कामिनी**शब्दो वर्तते। **तनुः** काये त्वचि च। अधोजिह्विका गलकण्ठिका सा **सूना**। अपिशब्दात्पुत्र्यां वधस्थानेऽपि। क्रतुर्यज्ञः, विस्तारश्च **वितानम्**। तुच्छके शून्ये मन्दे च वितानं त्रिषु। केतौ ध्वजे उपनिमन्त्रणे निवासेऽपि **केतनम्**। तत्त्वं चैतन्यम्, तपो ब्रह्मा वेदादित्रये **ब्रह्म**शब्दः क्लीबे। विप्रवेधसोः पुंसि। उत्साहने हिंसायां सूचने अपिशब्दादाशयप्रकाशने च **गन्धनम्**। प्रतीवापः क्षीरादौ तक्रादेर्निक्षेपः। जंवनं वेगः। आप्यायनं प्रीणनम्। एतदर्थक**मातञ्चनम्**। लाञ्छनं चिह्नम्। निष्ठानं तेमनम्। अवयवोऽवयवभेदः। एतेषु **व्यञ्जनं** नाम। लोकवादे लोकापवादे पश्चादीनां

स्यात्कौलीनं लोकवादे युद्धे पश्वहिपक्षिणाम् २५६७
तयादुद्यानं निःसरणे वनभेदे प्रयोजने २५६८
अवकायो स्थितौ स्थानं क्रीडादावपि देवनम् २५६९
उत्थानं पौरुषे तन्त्रे संनिविष्टोद्गमेऽपि च २५७०
व्युत्थानं प्रतिरोधे च विरोधाचरणेऽपि च २५७१
मारणे मृतसंस्कारे गतौ द्रव्येऽर्थदापने २५७२
निर्वर्तनोपकरणानुव्रज्यासु च साधनम् २५७३
निर्यातनं वैरशुद्धौ दाने न्यासार्पणेऽपि च २५७४
व्यसनं विपदि भ्रंशे दोषे कामजकोपजे २५७५
पक्ष्माक्षिलोम्नि किंजल्के तन्त्वाद्यंशेऽप्यणीयसि २५७६
तिथिभेदे क्षणे पर्व वर्त्म नेत्रच्छदेऽध्वनि २५७७
अकार्यगुह्ये कौपीनं मैथुनं संगतौ रते २५७८
प्रधानं परमात्मा धीः प्रज्ञानं बुद्धिचिह्नयोः २५७९

युद्धे च **कौलीनम्**। निःसरणे ग्रहादेर्निर्गमे वनभेदे उपवने प्रयोजने च **उद्यानं** नाम। **स्थान**मिति स्थित्यवकाशयोः। क्रीडायां व्यवहारे जिगीषादौ **देवनम्**। पौरुषे उद्योगे। तन्त्रे कुटुम्बकृत्ये सिद्धान्ते चौषधोत्तमे। सन्निविष्टस्योद्गमे ऊर्ध्वीभवनेऽपि **उत्थानम्**। प्रतिरोधे तिरस्कारे। स्वातन्त्र्यकृत्येऽपि **व्युत्थानम्**। मारणाद्यष्टके सैन्ये मेढ्रे च **साधन**मिति नाम। वैरशुद्धौ दाने त्यागे न्यासार्पणे निक्षिप्तद्रव्यस्य अर्पणे **निर्यातनम्**। भ्रंशे अपाये पतने वा। दोष इत्यस्य प्रत्येकं संबन्धः। कामजदोषस्तु मृगयाद्यूतस्त्रीमद्यपानेषु प्रसक्तिः। कोपजदोषस्तु वाक्पारुष्यादिः, तत्र **व्यसनम्**। अक्षिलोम्नि चक्षुर्लोम्नि, किञ्जलके केसरे, अणीयसि तन्त्वाद्यंशे अल्पवरे सूत्राद्यंशे अल्पतरे सूत्राद्यंशे **पक्ष्मेति**। तिथिभेदेऽष्टमीदर्शादौ क्षणे उत्सवे **पर्व**। नेत्रपिधायकचर्मपुटे अध्वनि मार्गे **वर्त्म**। अकार्ये अकरणार्हे गुह्य उपस्थे **कौपीनम्**। संगतौ भार्यादिसंबन्धे। रते सुरते **मैथुनं** स्यात्। धीः बुद्धिः। महामात्रे परमात्मनि च **प्रधानम्**। बुद्धिचिह्नयोः **प्रज्ञानम्**। पुष्पे फले च **प्रसूनम्**। कुलनाशयोर्**निधनम्**। रोदनमाह्वानमारावः।

प्रसूनं पुष्पफलयोर्निधनं कुलनाशयोः २५८०
क्रन्दते रोदनाह्वाने वर्ष्म देहप्रमाणयोः २५८१
गृहदेहत्विट्प्रभावा धामान्यथ चतुष्पथे २५७२
संनिवेशे च संस्थानं लक्ष्म चिह्नप्रधानयोः २५८३
आच्छादने संपिधानमपवारणमित्युभे २५८४
आराधनं साधने स्यादवाप्तौ तोषणेऽपि च २५८५
अधिष्ठानं चक्रपुरप्रभावाध्यासनेष्वपि २५८६
रत्नं स्वजातिश्रेष्ठेऽपि वने सलिलकानने २५८७
तलिनं विरले स्तोके वाच्यलिङ्गं तथोत्तरे २५८८
समानाः सत्समैके स्युः पिशुनौ खलसूचकौ २५८९
हीनन्यूनावूनगर्ह्यौ वेगिशूरौ तरस्विनौ २५९०
अभिपन्नोपराद्धोऽभिग्रस्तव्यापद्गतावपि २५९१
कलापो भूषणे बर्हे तूणीरे संहतावपि २५९२

उभे **क्रन्दनसंज्ञे**। देहः प्रमाणमियत्ता। उभयोर्**वर्ष्म**। गृहादीनि चत्वारि **धाम**शब्द-वाच्यानि। चतुष्पथे शृङ्गाटके। संनिवेशे अवयवविभागे **संस्थानम्**। चिह्ने प्रधाने **लक्ष्म**। संपिधानं तिरोधानम्। अपवारणं वस्त्रादिना परिवृतिः। वस्त्रेऽपि **आच्छादनम्**। साधने निष्पादने। अवाप्तौ लाभे। तोषणे तुष्टौ **आराधनं** स्यात्। चक्रं रथाङ्गम्। पुरं नगरम्। अध्यासनमाक्रमणं **अधिष्ठानं** स्यात्। स्वजातिश्रेष्ठे **रत्नम्**। सलिलं जलम्। काननमरण्यम्। उभे **वने**। विरले सान्तरे। स्तोकेऽल्पे **तलिनम्**। यथा तलिनं वाच्यलिङ्गं तथा उत्तरेऽपि नान्तसमाप्तिपर्यन्तं वाच्यलिङ्गाः। सन् पण्डितः समः सदृशः एकश्चैते **समानाः** स्युः। खलो दुर्जनः। सूचकः कर्णेजपः। उभौ **पिशुनौ**। ऊनोऽल्पः, गर्ह्यो निन्द्यः द्वावेतौ **हीन-न्यून**शब्दवाच्यौ। वेगी वेगयुक्तः। शूरो बली। उभौ **तरस्विनौ**। अपराद्धोऽपराधवान्। अभिग्रस्तः शत्रुणाक्रान्तः। व्यापद्गतः, प्राप्तविपत्कः, एते **अभिपन्न**वाच्याः। भूषणे बर्हे मयूरपिच्छे। तूणीरे इषुधौ। संहतौ समुदाये काञ्च्यां च **कलाप**शब्दः। परिच्छदः पटमण्डपाद्युपकरणम्। पर्युप्तिः सर्वतोवपनम्। सलिलस्थितौ जलाधारे **परीवापः**। गां दोग्धीति

परिच्छदे परीवापः पर्युप्तौ सलिलस्थितौ २५१३
गोधुग्गोष्ठपती गोपौ हरविष्णू वृषाकपी २५१४
बाष्पमूष्माश्रु कशिपु त्वन्नमाच्छादनं द्वयम् २५१५
तल्पं शय्याट्टदारेषु स्तम्बेऽपि विटपोऽस्त्रियाम् २५१६
प्राप्तरूपस्वरूपाभिरूपा बुधमनोज्ञयोः २५१७
भेद्यलिङ्गा अमी कूर्मी वीणाभेदश्च कच्छपी २५१८
'कुतपो मृगरोमोत्थपटे चाह्नोऽष्टमेंऽशके' **
रवर्णे पुंसि रेफः स्यात्कुत्सिते वाच्यलिङ्गकः २५१९
अन्तराभवसत्त्वेऽश्वे गन्धर्वो दिव्यगायने २६००
कम्बुर्ना वलये शङ्खे द्विजिह्वौ सर्पसूचकौ २६०१
पूर्वोऽन्यलिङ्गः प्रागाह पुंबहुत्वेऽपि पूर्वजान् २६०२
कुम्भौ घटेभमूर्धांशौ डिम्भौ तु शिशुबालिशौ २६०३
स्तम्भौ स्थूणाजडीभावौ शंभू ब्रह्मत्रिलोचनौ २६०४
कुक्षिभ्रूणार्भका गर्भा विस्रम्भः प्रणयेऽपि च २६०५
स्याद्भेर्यां दुन्दुभिः पुंसि स्यादक्षे दुन्दुभिः स्त्रियाम् २६०६

गोधुग्गोपालः गोष्ठाध्यक्षश्च **गोपौ**। **वृषाकपि**संज्ञो हरो विष्णुश्च। ऊष्मोष्णम् अश्रु नेत्रोदकं च **बाष्प**संज्ञम्। अन्नं भोजनम्। आच्छादनं वस्त्रम्। एतत् द्वयं **कशिपु**संज्ञम्। अट्टोऽट्टालिका। दाराः स्त्री शय्या च **तल्पम्**। स्तम्बे तृणादिगुच्छे। अपिशब्दाद्विस्तारशाखयोश्च **विटपः**। अमी **प्राप्तरूपः**, स्वरूपः, **अभिरूपः**, पान्ता मेद्यलिङ्गा बुधे पण्डिते मनोज्ञे मनोहरे च वर्तन्ते। कूर्मी कमठी। वीणाभेदः सारस्वती वीणा। द्वे **कच्छपी**संज्ञे। रवर्णे राक्षरे **रेफः** पुंसि कुत्सिते **रेफो** वाच्यलिङ्गकः। अथ बवयोः सावर्ण्यात् वान्तान्वान्तां श्चाह। यो मरणजन्मनोरन्तकाले स्थितः प्राणी सोऽन्तराभवसत्त्वः तस्मिन्। अश्वे घोटके। दिव्यगायने विश्वावसुप्रभृतौ गायनमात्रे च **गन्धर्वः**। पुंसीत्यर्थः। गजशम्बूकयोरपि **कम्बुः**। सूचकः पिशुनः। सर्पश्च **द्विजिह्वः**। पूर्वशब्दः प्राग्वाची वाच्यलिङ्गकः। यदा तु पूर्वजान् पितामहादीनाह तदा पुंसि बहुत्वे वर्तते। घटः कलशः। इभस्य गजस्य मूर्धांशः शिरोभागः **कुम्भः**। बालिशो

स्यान्महारजने क्लीबं कुसुम्भं करके पुमान् २६०७
क्षेत्रियेऽपि च नाभिर्ना सुरभिर्गव च स्त्रियाम् २६०८
सभा संसदि सभ्ये च त्रिष्वध्यक्षेऽपि वल्लभः २६०९
किरणप्रग्रहौ रश्मी कपिभेकौ प्लवंगमौ २६१०
इच्छामनोभवौ कामौ शौर्योद्योगौ पराक्रमौ २६११
धर्माः पुण्ययमन्यायस्वभावाचारसोमपाः २६१२
उपायपूर्व आरम्भ उपधा चाप्युपक्रमः २६१३
वणिक्पथः पुरं वेदो निगमो नागरो वणिक् २६१४
नैगमौ द्वौ बले रामो नीलचारुसिते त्रिषु २६१५
शब्दादिपूर्वो वृन्देऽपि ग्रामः क्रान्तौ च विक्रमः २६१६
स्तोमः स्तोत्रेऽध्वरे वृन्दे जिह्मस्तु कुटिलेऽलसे २६१७

मूर्खः। शिशुश्च **डिम्भः**। स्थूणा गृहस्तम्भः। जडीभावो जडत्वम्। उभौ **स्तम्भौ**। ब्रह्मा त्रिलोचनश्च **शम्भुः**। भ्रूणो गर्भस्थो जन्तुः। अर्भकः शिशुः। एते **गर्भाः**। प्रणये शृङ्गारप्रार्थनायां अपिशब्दाद्विश्वासादौ **विस्रम्भः**। दुन्दुभिर्भेर्यां पुंसिः। अक्षे बालक्रीडोपकरणे स्त्रियाम्। महारजने पुष्पभेदे **कुसुम्भं** क्लीबम्। करके कमण्डलौ पुंसि। क्षत्रिये नाभिः पुंसि। अपिशब्दान्मुख्यनृपे चक्रमध्ये च। प्राण्यङ्गे तु द्वयोः। मृगभेदे तु स्त्रियाम्। गवि सौरमेय्यां **सुरभिः** स्त्री। चकराद्वसन्तजातीफलचम्पकेषु ना। सुगन्धिमनोज्ञयोस्त्रिषु। सुवर्णे पङ्कजे च क्लीबम्। संसदि सदसि सभ्यः सदस्यः **सभा**। अध्यक्ष्ने अपशिब्दाद्दयिते च **वल्लभः**। अश्वादेर्बन्धनरज्जुः प्रग्रहः किरणश्च **रश्मिः**। कपौ भेके च **प्लवंगमः**। मनोभवो मदनः इच्छा च **कामः**। शौर्यं सामर्थ्यम्। उद्योगश्च **पराक्रमः**। पुण्यादिषट्के **धर्म**शब्दः। उपायं ज्ञात्वा य आरम्भः स उपायपूर्वः। अमात्यशीलपरीक्षोपाय **उपधा**। चिकित्सायां चो**पक्रमः**। वणिक्पथो वाणिज्यम्। पुरं नगरम्। वेद आम्नायः। ऐते **निगमाः**। नगरे भवो नागरः वणिक् चैतौ **नैगमो**। बले बलदेवे पुंसि। नीलादिषु त्रिलिङ्ग्यां **राम**शब्दः। शब्दादिपूर्वो **ग्राम**शब्दो वृन्दे वर्तते। अपिशब्दात्संवसथे **ग्रामः**। क्रान्तो विक्रमे पराक्रमे च **विक्रमः**। स्तोत्रेऽध्वरे वृन्दे च **स्तोमः**। कुटिले खले अलसे जडे च

उष्णोऽपि धर्मश्चेष्टालंकारे भ्रान्तौ च विभ्रमः २६१८
गुल्मा रुक्स्तम्बसेनाश्च जामिः स्वसृकुलस्त्रियोः २५१९
क्षितिक्षान्त्योः क्षमा युक्ते क्षमं शक्ते हिते त्रिषु २६२०
त्रिषु श्यामौ हरित्कृष्णौ श्यामा स्याच्छारिवा निशा २६२१
ललामं पुच्छपुण्ड्राश्वभूषाप्राधान्यकेतुषु २६२२
सूक्ष्ममध्यात्ममप्याद्ये प्रधाने प्रथमस्त्रिषु २६२३
वामौ वल्गुप्रतीपौ द्वावधमौ द्वावधमौ न्यूनकुत्सितौ २६२४
जीर्णं च परिभुक्तं च यातयाममिदं द्वयम् २६२५
तुरंगगरुडौ ताक्ष्यौं निलयापचयौ क्षयौ २६२६
श्वशुर्यौ देवरश्यालौ भ्रातृव्यौ भ्रातृजद्विषौ २६२७
पर्जन्यौ रसदब्देन्द्रौ स्यादर्यः स्वामिवैश्ययोः २६२८
तिष्यः पुष्ये कलियुगे पर्यायोऽवसरे क्रमे २६२९
प्रत्ययोऽधीनशपथज्ञानविश्वासहेतुषु २६३०

जिह्मः। उष्णे **घर्मः**। चेष्टायां अलंकारे भ्रान्तौ च **विभ्रमः**। रुक् रोगभेदः प्लीहाख्यः। स्तम्बः कुशादिगुच्छः। सैन्यरक्षणे च **गुल्म**शब्दः। स्वसा भगिनी, कुलस्त्री कुलवधूः तयो**र्जामि**शब्दः। क्षितिर्भूमिः। क्षान्तिस्तितिक्षा तयोः **क्षमा**। युक्ते योग्ये **क्षमं** क्लीबम्। शक्ते हिते **क्षम**स्त्रिलिङ्गः। हरित्पालाशः कृष्णः कालः उभौ **श्यामौ**। शारिवा शतावरी निशा च **श्यामा**। पुच्छम्। पुण्ड्रमश्वादीनां ललाट**चित्रम्**। अश्वो घोटकः। प्रधानमेव प्राधान्यम्। केतुर्ध्वजः षट्सु **ललामम्**। अध्यात्मं आत्मन्यधिकृतं लिङ्गदेहम्। अपिशब्दात्कैतवे **सूक्ष्मम्**। आद्ये आदौ प्रधाने मुख्ये **प्रथमः**। त्रिष्विति यावन्मान्तमधिकारः। प्रतीपो विपरीतः। वल्गुश्च **वामौ**। न्यूनश्च कुत्सित**श्चाधमौ**। जीर्णं प्राप्तपरिणामम्। परिभुक्तं भुक्तोज्झितम्। द्वयं **यातयाम**संज्ञम्। अश्वगरुडौ **ताक्ष्र्य**संज्ञौ। निलयो गृहम्। अपचयो ह्रासः। उभौ **क्षयौ**। देवरो भर्तृभ्राता। श्यालो भार्याभ्राता। एतयोः **श्वशुर्यः**। भ्रातृपुत्रः शत्रुपुत्रश्च **भ्रातृव्यौ**। रसदब्दो ध्वनदम्बुदः। इन्द्रः शक्रः। उभौ **पर्जन्यौ**। प्रभुवैश्ययोरर्यः। पुष्यर्क्षे तुर्ययुगे च **तिम्यः**। अवसरे प्रस्तावे क्रमे च **पर्यायः**। **प्रत्यय**शब्दः। अधीनादिषु सप्तसु। चिरद्वेषे

रन्ध्रे शब्देऽथानुशयो दीर्घद्वेषानुतापयोः २६३१
स्थूलोच्चयस्त्वसाकल्ये नागानां मध्यमे गते २६३२
समयाः शपथाचारकालसिद्धान्तसंविदः २६३३
व्यसनान्यशुभं दैवं विपदित्यनयास्त्रयः २६३४
अत्ययोऽतिक्रमे कृच्छ्रे दोषे दण्डेऽप्यथापदि २६३५
युद्धायत्योः संपरायः पूज्यस्तु श्वशुरेऽपि च २६३६
पश्चादवस्थायिबलं समवायश्च संनयौ २६३७
संघाते संनिवेशे च संस्त्यायः प्रणयास्त्वमी २६३८
विस्रम्भयाञ्चाप्रेमाणो विरोधेऽपि समुच्छ्रयः २६३९
विषयो यस्य यो ज्ञातस्तत्र शब्दादिकेष्वपि २६४०
निर्यासेऽपि कषायोऽस्त्री सभायां च प्रतिश्रयः २६४१
प्रायो भूम्न्यन्तगमने मन्युर्दैन्ये क्रतौ क्रुधि २६४२
रहस्योपस्थयोर्गुह्यं सत्यं शपथतथ्ययोः २६४३
वीर्यं बले प्रभावे च द्रव्यं भव्ये गुणाश्रये २६४४

पश्चात्तापे च **अनुशयः**। असाकल्येऽकात्स्न्र्ये। नागानां हस्तिनां यत्र शीघ्रं नापि मन्दं गमनं तत्र च **स्थूलोच्चयः**। शपथाचारकालसिद्धान्तसंवित्सु **समयः**। व्यसनानि द्यूतादीनि। अशुभमिति दैवविशेषणम्। विपद्विपत्तिरेतत्त्रयं **अनय**संज्ञम्। अतिक्रमे उल्लङ्घने कृच्छ्रे दोषे दण्डे, अपिशब्दान्नाशेऽपि **अत्ययः** आपदादित्रये **संपरायः**। श्वशुरे, अपिशब्दात्पूजार्हेऽपि **पूज्यः**। सेनायाः पृष्ठभागे तिष्ठति यत्सैन्यं तत्पश्चादवस्थायिबलम्। समवायः समूहः। उभौ **संनयौ**। संघाते संनिवेशे स्थानविशेषे च **संस्त्यायः**। अमी विस्रम्भादयस्त्रयः **प्रणयाः**। विरोधेऽपिशब्दा-दुन्नत्यामपि **समुच्छ्रयः**। यस्य मत्स्यादेर्यो जलादिर्ज्ञातो नित्यसेवितस्तस्य तत्र **विषयः**। शब्दादिकाः शब्दस्पर्शरूपरसगन्धाश्च **विषयाः**। निर्यासः क्वाथरसः, अपिशब्दाद्विलेपनादौ **कषायः**। सभायां आश्रये च **प्रतिश्रयः**। भूम्नि बाहुल्ये। अन्तो-नाशो गम्यतेऽनेन तत्र **प्रायः**। क्रतौ यज्ञे कोपे च **मन्युः**। रहस्यं गोप्यं उपस्थं च **गुह्यम्**। शपथः। पथ्यमृतं च **सत्यम्**। बलं सामर्थ्यम्। प्रभावस्तेजो-विशेषः। तत्र **वीर्यम्**। भव्ये सत्त्वे गुणाश्रये पृथिव्यादौ द्रविणे च **द्रव्यम्**।

धिष्ण्यं स्थाने गृहे भेऽग्नौ भाग्यं कर्म शुभाशुभम् २६४५
कशेरुहेम्नोर्गाङ्गेयं विशल्या दन्तिकापि च २६४६
वृषाकपायी श्रीगौर्योरभिख्या नामशोभयोः २६४७
आरम्भो निष्कृतिः शिक्षा पूजनं संप्रधारणम् २६४८
उपायः कर्म चेष्टा च चिकित्सा च नव क्रियाः २६४९
छाया सूर्यप्रिया कान्तिः प्रतिबिम्बमनातपः २६५०
कक्ष्या प्रकोष्ठे हर्म्यादेः काञ्च्यां मध्येभबन्धने २६५१
कृत्या क्रियादेवतयोस्त्रिषु भेद्ये धनादिभिः २६५२
जन्यं स्याज्जनवादेऽपि जघन्योऽन्त्येऽधमेऽपि च २६५३
गर्ह्याहीनौ च वक्तव्यौ कल्यौ सज्जनिरामयौ २६५४
आत्मवाननपेतोऽर्थादर्थ्यौ पुण्यं तु चार्वपि २६५५
रूप्यं प्रशस्तरूपेऽपि वदान्यो वल्गुवागपि २६५६
न्याय्येऽपि मध्यं सौम्यं तु सुन्दरे सोमदैवते २६५७

स्थाने गृहे मे नक्षत्रे अग्नौ वह्नौ च **धिष्ण्यम्**। शुभाशुभमिति शुभमशुभं वा जन्मान्तरीयं यत्कर्म तद्भाग्यमित्युच्यते, ऐश्वर्येऽपि। कशेरुहेम्नोः **गाङ्गेयम्**। दन्तिका निकुम्भः। अपिशब्दादग्निशिखा गुडूच्यपि **विशल्या**। श्रीर्लक्ष्मीः गौरी च **वृषाकपायी**। नामाभिधा। शोभा कान्तिः। तत्र **अभिख्येति**। आरम्भादयो नव शब्दाः **क्रियाशब्दवाच्याः**। सूर्यप्रियादिचतुष्के **छायाशब्दः**। हर्म्यादेः राजगृहादेः प्रकोष्ठेऽन्तर्गृहे। काञ्ची मेखला। मध्येभबन्धने वरत्रायां च **कक्ष्या**। क्रिया कर्म। देवातानामासन्नदेवतविशेषः धनादिभिर्भेद्ये **कृत्या**। जनवादे निन्दितवादे। अपिशब्दाद्युद्धादौ **जन्यम्**। अन्त्येऽधमे च **जघन्यः**। अपशिब्दाच्छिश्ने गर्ह्याहीनयोः, चकाराद्वचनार्हेऽपि **वक्तव्यशब्दः**। सज्जः सोपकरणः, निरामयो नीरोगः, उभौ **कल्यौ**। आत्मवान् धीमान्। अर्थाद्योऽनपेतः अपगतो न भवति स **चार्थ्यः**। चारु सुन्दरम्, अपिशब्दात्सुकृतधर्मयोः **पुण्यम्**। प्रशस्तं रूपं यस्य तस्मिन्। अपिशब्दाद्रजते **रूप्यम्**। वल्गुवाचि अपिशबदाद्दातर्यपि **वदान्यः**। न्याय्ये उचिते अपिशब्दादवलग्ने च **मध्यम्**। सुन्दरे सोमदैवते च **सौम्यम्**। निवहो वृन्दः, अवसर प्रस्तावः, उभौ **वारौ**। प्रस्तरो दर्भमुष्टिर्दर्भशय्या वा।

निवहावसरौ वारौ संस्तरौ प्रस्तराध्वरौ　२६५८
गुरू गीर्पतिपित्राद्यौ द्वापरौ युगसंशयौ　२६५९
प्रकारौ भेदसादृश्ये आकाराविङ्गिताकृती　२६६०
किंशारू सस्यशूकेषु मरू धन्वधराधरौ　२६६१
अद्रयो द्रुमशैलार्काः स्त्रीस्तनाब्दौ पयोधरौ　२६६२
ध्वान्तारिदानवा वृत्रा बलिहस्तांशवः कराः　२६६३
प्रदरा भङ्गनारीरुग्बाणा अस्त्राः कचा अपि　२६६४
अजातशृङ्गो गौः कालेऽप्यश्मश्रुर्ना च तूबरौ　२६६५
स्वर्णेऽपि राः परिकरः पर्यङ्कपरिवारयोः　२६६६
मुक्ताशुद्धौ च तारः स्याच्छारो वायौ स तु त्रिषु　२६६७
कर्बुरेऽथ प्रतिज्ञाजिसंविदाप्सु संगरः　२६६८
वेदभेदे गुप्तवादे मन्त्रो रवावपि　२६६९
मखेषुयूपखण्डेऽपि स्वरुर्गह्येऽप्यवस्करः　२६७०

अध्वरःक्रतुरुभौ **संस्तरौ**। गीर्पतिः पिता, आद्यशब्दाद्वेदशास्त्राध्यापकश्च **गुरुः**। युगसंशययोर्द्वापरः। भेदे सादृश्ये **प्रकारः**। इङ्गितं चेष्टितम्। कृतिरप्याकारः। सस्ये शूके च **किंशारुः**। धन्वा निर्जलदेशः। धराधरः पर्वतः। सोऽपि मरुस्थलीसंबन्धान्मरुः। द्रुमशैलार्केषु **अद्रि**शब्दो वर्तते। स्त्रियाः स्तनः कुचः, अब्दो मेघः। उभौ **पयोधरौ**। ध्वान्तमन्धकारः अरिः शत्रुः। दानवो दनुजभेदः। एते **वृत्राः**। राज्ञा ग्राह्यभागो बलिः। अंशू रश्मिः। हस्तश्च **करः**। नारीरुक् स्त्रीणां रोगभेदस्तत्र, भङ्गबाणयोश्च **प्रदरः**। कचाः केशाः, **अपि**शब्दात्कोणेऽप्यस्त्रः। ना जाते शृङ्गे यस्य स एवंभूतो गौः। कालने श्मश्रूत्थानसमयेऽपि यो ना पुरुषोऽश्मश्रुः श्मश्रुरहितस्तावुभावपि **तूबरौ**। स्वर्णे, अपिशब्दाद्वित्तमात्रे **रा** इत्येकाक्षरम्। पर्यङ्कपरिवारयोः **परिकरः**। मुक्तादिसंशुद्धौ **तारः**। वायौ **शारः**। स तु शारशब्दः कर्बुरे शबलवर्णे त्रिषु। आजिर्युद्धम्। संवित् क्रियाकारः। आपदि प्रतिज्ञायां च **संगरः**। वेदभेदे गुप्तवादे रहसि कर्तव्यावधारणे **मन्त्रः**। रवौ **मित्रः**। अपिशब्दात्सख्यौ मित्रं क्लीबम्। वज्वध्वनौ, बाणे, यूपखण्डे, अपिशब्दाद्दम्भोलौ च **स्वरुः**। गुह्ये उपस्थे, अपिशब्दाद्गूथेऽप्यवस्करः। तूर्यरवे

आडम्बरस्तूर्यरवे गजेन्द्राणां च गर्जिते २६७१
अभिहारोऽभियोगे च चौर्ये संनहनेऽपि च २६७२
स्याज्जङ्गमे परीवारः खड्गकोषे परिच्छदे २६७३
विष्टरो विटपी दर्भमुष्टिः पीठाद्यमासनम् २६७४
द्वारि द्वाःस्थे प्रतीहारः प्रतीहार्यप्यनन्तरे २६७५
विपुले नकुले विष्णौ बभ्रुर्ना पिङ्गले त्रिषु २६७६
सारो बले स्थिरांशे च न्याय्ये क्लीबं वरे त्रिषु २६७७
दुरोदारो द्यूतकारे पणे द्यूते दुरोदरम् २६७८
महारण्ये दुर्गपथे कान्तारं पुंनपुंसकम् २६७९
मत्सरोऽन्यशुभद्वेषे तद्वत्कृपणयोस्त्रिषु २६८०
देवाद्वृते वरः श्रेष्ठे त्रिषु क्लीबं मनाक्प्रिये २६८१
वंशाङ्कुरे करीरोऽस्त्री तरुभेदे घटे च ना २६८२
ना चमूजघने हस्तसूत्रे प्रतिसरोऽस्त्रियाम् २६८३
यमानिलेन्द्रार्कविष्णुसिंहांशुवाजिषु २६९४

वाद्यध्वनौ, गजगर्जिते तूर्ये च **आडम्बरः**। अभियोगोऽभिग्रहणम्, चोरस्य कर्म चौर्यम्, सन्नहनं कवचादिग्रहणम्, **एतेष्वभिहारः**। जङ्गमे जङ्गमविशेषे खड्गकोषे असिपिधायके चमादौ परिच्छदे उपकरणे **परीवारः**। विटपी वृक्षः। दर्भमुष्टिः। पीठमाद्यं यस्य तदासनं च **विष्टरः**। आद्यशब्दात् कृष्णाजिनादि। द्वारि, द्वाःस्थे द्वारपाले च **प्रतीहारः**। अनन्तरोक्ते प्रतीहारे प्रतीहारीत्यपिशब्दः। विपुल इति नकुलविशेषणम्। तेन विशाले नकुले विष्णौ च **बभ्रुः**। पुंसि। **पिङ्गले** त्रिषु। स्थिरांशो वृक्षादेः कठोरभागः। तत्र यथा। शिंशपासारः। न्याय्ये न्यायादनपेते वरे श्रेष्ठे बले च **सारः**। द्यूतकारे **दुरोदरश्चतुरक्षरः**। द्यूते **दुरोदरं** क्लीबम्। महारण्ये दुर्गपथे दुर्गमवर्त्मनि च **कान्तारम्**। पुंनपुंसकम्। अन्यशुभद्वेषे परसंपत्त्यसहने **मत्सरः**। पुंसि। तद्वति मात्सर्ययुक्ते कृपणे च मत्सरोऽभिधेयलिङ्गकः। देवाद्देवसकाशाद्वृतेऽभीप्सिते **वरः**। पुंसि। श्रेष्ठे त्रिषुं मनाक्प्रिये ईषदिष्टे क्लीबम्। वंशस्य वेणोरङ्कुरे **करीरः**। पुंनपुंसकयोः। तरुभेदे घटे च ना पुमान्। चमूजघने सेनापश्चाद्भागे **प्रतिसरो** ना पुंल्लिङ्गः।

शुकाहिकपिभेकेषु हरिर्ना कपिले त्रिषु २६८५
शर्करा कर्परांशेऽपि यात्रा स्याद्यापने गतौ २६८६
इरा भूवाक्सुराप्सु स्यात्तन्द्री निद्राप्रमीलयोः २६८७
धात्री स्यादुपमातापि क्षितिरप्यामलक्यपि २६८८
क्षुद्रा व्यङ्गा नटी वेश्या सरघा कण्टकारिका २६८९
त्रिषु क्रूरेऽधमेऽल्पेऽपि क्षुद्रं मात्रा परिच्छदे २६९०
अल्पे च परिमाणे सा मात्रं कात्स्न्र्येऽवधारणे २६९१
आलेख्याश्चर्ययोश्चित्रं कलत्रं श्रोणिभार्ययोः २६९२
योग्यभाजनयोः पात्रं पत्रं वाहनपक्षयोः २६९३
निदेशग्रन्थयोः शास्त्रं शस्त्रमायुधलोहयोः २६९४
स्याज्जटांशुकयोर्नेत्रं क्षेत्रं पत्नीशरीरयोः २६९५
मुखाग्रे क्रोडहलयोः पोत्रं गोत्रं तु नाम्नि च २६९६
सत्रमाच्छादने यज्ञे सदादाने वनेऽपि च २६९७

हस्तसूत्रे पुंनपुंसकयोः। यमाहिषु चतुर्दशसु **हरि**शब्दो वर्तते। तत्र त्रयोदशसु ना पुमान्। कपिलवर्णे त्रिलिङ्गः। कर्परांशे सिकतासु। अपिशब्दात्खण्डविकृत्यादौ **शर्करा**शब्दः। याप्यतेऽनेन यापनं तस्मिन्। गतौ **च यात्रा**। भ्वादिषु चतुर्षु **इरा**शब्दः। श्रमादिना सर्वेन्द्रियापटुत्वं **प्रमीला**। निद्रा च **तन्द्री**। उपमाता क्षीरप्रदा। क्षितिः पृथ्वी। आमलकी वृक्षभेदः। अपिना जनन्यपि **धात्री**। व्यङ्गा हीनाङ्गी। **नटी** नर्तनशीला। सरघा मधुमक्षिका। कण्टकारिका बृहती। वेश्या च **क्षुद्रा**। क्रूरादित्रये **क्षुद्रम्** त्रिषु। परिच्छदादित्रये **मात्रा**। स्त्रियाम्। कात्स्न्र्यावधारणयोः **मात्रम्**। क्लीबम्। आलेख्ये भित्त्यादौ नानावर्णलेखने आश्चर्ये च **चित्रम्**। श्रोणिः कटिः, भार्या स्त्री, द्वयोः **कलत्रम्**। योग्ये भाजने च **पात्रम्**। वाहनपक्षयो **पत्रम्**। निदेश आज्ञा, ग्रन्थो व्याकरणादिः, तत्र **शास्त्रम्**। आयुधे लोहे च **शस्त्रम्**। जटा वृक्षमूलम्, अंशुकं वस्त्रभेदः, द्वयोः **नेत्रम्**। पत्न्यां देहे च **क्षेत्रम्**। क्रोडः सूकरः, तस्य हलस्य च मुखाग्रे **पोत्रम्**। नाम्नि चकाराच्छैले कुलेऽपि च **गोत्रम्**। आच्छादनं वस्त्रम् सदादानं नित्यत्यागः। यज्ञः वनमपिशब्दात्कैतवश्च **सत्र**शब्दवाच्यः। विषये रूपादौ

अजिरं विषये कायेऽप्यम्बरं व्योम्नि वाससि २६९८
चक्रं राष्ट्रेऽप्यक्षरं तु मोक्षेऽपि क्षीरेमप्सु च २६९९
स्वर्णेऽपि भूरिचन्द्रौ द्वौ द्वारमात्रेऽपि गोपुरम् २७००
गुहादम्भौ गह्वरे द्वे रहोऽन्तिकमुपह्वरे २७०१
पुरोऽधिकमुपर्यग्राण्यगारे नगरे पुरम् २७०२
मन्दिरं चाथ राष्ट्रोऽस्त्री विषये स्यादुपद्रवे २७०३
दरोऽस्त्रियां भये श्वभ्रे वज्रोऽस्त्री हीरके पवौ २७०४
तन्त्रं प्रधाने सिद्धान्ते सूत्रवाये परिच्छदे २७०५
औशीरश्चामरे दण्डेऽप्यौशीरं शयनासने २७०६
पुष्करं करिहस्ताग्रे वाद्यभाण्डमुखे जले २७०७
व्योम्नि खड्गफले पद्मे तीर्थौषधिविशेषयोः २७०८
अन्तरमवकाशावधिपरिधानान्तर्धिभेदतादर्थ्ये २७०९
छिद्रात्मीयविनाबहिरवसरमध्येऽन्तरात्मनि च २७१०
मुस्तेऽपि पिठरं राजकशेरुण्यपि नागरम् २७११

काये देहे अपिना चत्वरे **अजिरम्**। व्योम्न्याकाशे। वाससि वस्त्रे **चाम्बरम्**। राष्ट्रे, अपिशब्दात्सैन्यरथाङ्गयोश्च**क्रम्**। मोक्षे, अपिशब्दाद्वर्णब्रह्मणोरप्य**क्षरम्**। अप्सु, चकाराद्दुग्धे **क्षीरम्**। **भूरि**शब्दश्च**न्द्र** श्चैतौ द्वौ रान्तौ स्वर्णेऽपि वर्तेते। न केवलं पूर्द्वारे किंतु द्वारमात्रेऽपि **गोपुरम्**। गुहादम्भयोर्**गह्वरम्**। रहो विजनम्। अन्तिकं समीपम्। द्वे **उपह्वर**संज्ञे। पुर इत्यादीनि त्रीणि अग्रशब्दवाच्यानि। **पुरं मन्दिरं** चेति द्वयमगारे गृहे नगरे च वर्तेते। विषये जनपदे उपद्रवे मरणादौ च **राष्ट्रः**। श्वभ्रे गर्ते। भय च **दरः**। हीरके मणिभेदे। पवौ भिदुरे च **वज्रः**। प्रधाने सिद्धान्ते सूत्रवायपरिच्छदयोश्च **तन्त्र**शब्दः। चमरस्यायं चामरस्तत्र **दण्डे** च **औशीरः**। शयनासन **औशीरम्**। गजशुण्डादिष्वष्टसु पुष्करम्, वाद्यभाण्डं वादनीयपात्रं तन्मुखे, खड्गफले खड्गमध्ये, पद्मे, नलिने, तीर्थविशेषे, कुष्ठाख्योषधिविशेषे, जले, व्योम्नि, गजशुण्डाग्रे च **पुष्करम्**। अवकाशादिषु त्रयोदशसु **अन्तर**शब्दः। **पिठर**शब्दः।

शार्वरं त्वन्धतमसे घातुके भेद्यलिङ्गकम् २७१२
गौरोऽरुणे सिते पीते व्रणकार्यप्यरुष्करः २७१३
जठरः कठिनेऽपि स्यादधस्तादपि चाधरः २७१४
अनाकुलेऽपि चैकाग्रो व्यग्रो व्यासक्त आकुले २७१५
उपर्युदीच्यश्रेष्ठेष्वप्युत्तरः स्यादनुत्तरः २७१६
एषां विपर्यये श्रेष्ठे दूरानात्मोत्तमाः पराः २७१७
स्वादुप्रियौ तु मधुरौ क्रूरौ कठिननिर्दयौ २७१८
उदारो दातृमहतोरितरस्त्वन्यनीचयोः २७१९
मन्दस्वच्छन्दयोः स्वैरः शुभ्रमुद्दीप्तशुक्लयोः २७२०
चूडा किरीटं केशाश्च संयता मौलयस्त्रयः २७२१
द्रुमप्रभेदमातङ्गकाण्डपुष्पाणि पीलवः २७२२
कृतान्तानेहसोः कालश्चतुर्थेऽपि युगे कलिः २७२३
स्यात्कुरङ्गेऽपि कमलः प्रावारेऽपि च कम्बलः २७२४

मुस्ते मुस्तके, अपिशब्दान्मन्थाने, राजकशेरु जलजतृणमूलं तत्र, अपिशब्दाच्छुण्ठ्यामपि **नागरम्**। अन्धतमसे गाढान्धकारे घातुके हिंसे **शार्वर**शब्दः। अरुणे सिते पीते च **गौरः**। व्रणकारिणि भल्लातकफलेऽ**प्यरुष्करः**। कठिने उदरेऽपि **जठरः**। अधस्तादनूर्ध्वे ओष्ठेऽपि **अधरः**। अनाकुले स्वस्थे, अपिशब्दादेकतानेऽपि **एकाग्रः**। व्यासक्ते द्विधाव्यापृते। आकुलेऽनेकार्थन्यस्तचित्ते **व्यग्रः**। उपर्यादित्रये **उत्तरः**। एषामुपर्यादीना विपर्यये वैपरीत्ये श्रेष्ठे च **अनुत्तरः**। दूरादयस्त्रयः **पराः**। दातरि महति च **उदारः**। स्वादुनि, प्रिये रसे च **मधुरः**। कठिने निर्दये च **क्रूरः**। **नीचः** पामरः, अन्य**श्चेतरः**। **स्वच्छन्दः** स्वाधीनः, मन्दश्च स्वैरः। उद्दीप्ते शुक्ले च **शुभ्रम्**। **चूडा** शिखा, **किरीटं** मुकुटम्। संयता-बद्धा ये च केशास्ते त्रयो **मौलयः**। द्रुमप्रभेदे मातङ्गे गजे, काण्डे बाणे, पुष्पे च **पीलु**शब्दः। अनेहाः समयः, कृतान्तश्च **कालः**। चतुर्थे युगे कलहेऽपि **कलिः**। कुरङ्गे, अपिशब्दात्कमलेऽपि **कमलः**। प्राव्रियत इति प्रावारः, अपिशब्दान्नागराजेऽपि **कम्बलः**। करो राजदेयभागः। उपहार

करोपहारयोः पुंसि बलिः प्राण्यङ्गजे स्त्रियाम् २७२५
स्थौल्यसामर्थ्यसैन्येषु बलं ना काकसीरिणोः २७२६
वातूलः पुंसि वात्यायामपि वातासहे त्रिषु २७२७
भेद्यलिङ्गः शठे व्यालः पुंसि श्वापदसर्पयोः २७२८
मलोऽस्त्री पापविट्किट्टान्यस्त्री शूलं रुगायुधम् २७२९
शङ्कावपि द्वयोः कीलः पालिः स्त्र्यश्र्यङ्कपङ्क्तिषु २७३०
कला शिल्पे कालभेदेऽप्याली सख्यावली अपि २७३१
अब्ध्यम्बुविकृतौ वेला कालमर्यादयोरपि २७३२
बहुलाः कृत्तिका गावो बहुलोऽग्नौ शितौ त्रिषु २७३३
लीला विलासक्रिययोरुपला शर्करापि च २७३४
शोणितेऽम्भसि कीलालं मूलमाद्ये शिफाभयोः २७३५
जालं समूह आनायगवाक्षक्षारकेष्वपि २७३६

उपचारः। तत्र **बलिः** पुंसि। प्राण्यङ्गजे त्वक्सङ्कोचे **बलिः** स्त्रियाम् स्थौल्यादित्रये **बलम्**। काके, सीरिणि हलायुधे च **बलो** ना पुमान्। वात्यायां वातसमूहे, **वातूलः** पुंसि। वातविकारासहे प्राणिनि च त्रिषु। शठे व्यालो वाच्यलिङ्गः, श्वापदे सर्पे च **व्यालः**। विट् विष्ठा। किट्टं स्वेदादिजन्यं पापं च **मलम्**। रुगायुधयोः **शूलम्**। शङ्कौ लोहादिमयकीलके, अपिशब्दाज्ज्वालायामपि **कीलः**। पुंनपुंसकयोः। पालिः स्त्रीलिङ्गा। अतः पाली च। अश्रिर्धारा कोणो वा, अङ्क उत्सङ्गः चिह्नं वा, पङ्क्तिः श्रेणिः, एतेषु **पालिः**। स्त्रीलिङ्गा शिल्पे गीतवाद्यादिनैपुण्ये। कालभेदे त्रिंशतकाष्ठात्मके काले **कला**। संख्यां पङ्क्तौ च **आलिः**। अब्ध्यम्बुविकृतौ चन्द्रोदयादिना जलधिजलवृद्धौ काले मर्यादायां च **वेला**। कृत्तिमाः ताराः बहुत्वात् बहुत्वम्। गावो धेनवो **बहुलाख्याः**। अग्नौ च **बहुलः** पुंसि। शितौ कृष्णवर्णे च त्रिषु। विलासे क्रियायां च **लीला**। शर्करा सिकताः खण्डविकृतिर्वा **उपला**। अश्मनि पुंसि। शोणिते रक्ते अम्भसि जले च **कीलालं** नाम। आद्ये शिफायां, वृक्षजटायां, भे नक्षत्रविशेषे **मूलम्**। समूहः, आनायः शणसूत्रादिकृतो रज्जुसङ्घः, गवाक्षो वातायनम्, क्षारकोऽस्फुटकलिका, एतेषु **जालम्**। स्वभावे प्रकृतौ सद्वृत्ते

शीलं स्वभावे सद्वृत्ते सस्ये हेतुकृते फलम् २७३७
छदिर्नेत्ररुजोः क्लीबं समूहे पटलं न ना २७३८
अधःस्वरूपयोरस्त्री तलं स्याच्चामिषे पलम् २७३९
और्वानलेऽपि पातालं चैलं वस्त्रेऽधमे त्रिषु २७४०
कुकूलं शङ्कुभिः कीर्णे श्वभ्रे ना तु तुषानले २७४१
निर्णीते केवलमिति त्रिलिङ्गं त्वेककृत्स्नयोः २७४२
पर्याप्तिक्षेमपुण्येषु कुशलं शिक्षिते त्रिषु २७४३
प्रवालमङ्कुरेऽव्यस्त्री त्रिषु स्थूलं जडेऽपि च २७४४
करालो दन्तुरे तुङ्गे चारो दक्षे च पेशलः २७४५
मूर्खेऽर्भकेऽपि बालः स्याल्लोलश्चलसतृष्णयोः २७४६
दवदावौ वनारण्यवह्नी जन्महरौ भवौ २७४७
मन्त्री सहायः सचिवौ पतिशाखिनरा धवाः २७४८
अवयः शैलमेषार्का आज्ञाह्वानाध्वरा हवाः २७४९
भावः सत्तास्वभावाभिप्रायचेष्टात्मजन्मसु २७५०

सच्चरिते **शीलम्**। सस्ये वृक्षादीनां फले सस्यमित्युक्ते हेतुकृते हेतुना साधिते **फलम्**। छदिश्च नेत्ररुक् च छदिर्नेत्ररुजौ तयोः। छदिषि गृहाच्छादने। समूहे न नेत्युक्ते **पटलं** पटलेति। अधःस्वरूपयोः **तलम्**। आमिषे **पलम्**। और्वानले वाडवाग्नौ। अपिशब्दाद्विवरेऽपि **पातालम्**। वस्त्रे चैलं क्लीबम्। अधमे त्रिषु। शङ्कुभिः। कीर्णे कीलैर्व्याप्ते श्वभ्रे गर्ते च **कुकूलम्**। तुषाग्नौ **कुकूलः**। निर्णीते निश्चिते **केवलम्**। एकस्मिन् कृत्स्ने च **केवलं त्रिषु**। पर्याप्तिः सामर्थ्यम्, क्षेमं, पुण्यं च **कुशलम्**। शिक्षिते कुशलं त्रिषु। अङ्कुरे, अपिशब्दात्प्रवालेऽपि **प्रवालम्**। जडे, अपिशब्दात् पीवरेऽपि **स्थूलं** त्रिषु। दन्तुर उन्नतदन्तयुक्तः, तुङ्ग उन्नतः, द्वयोः **करालः**। चारुदक्षयोः **पेशलः**। मूर्खेऽर्भके च **बालः**। सतृष्णः साकाङ्क्षः। चलश्च **लोलः**। वनं काननम्, अरण्यवह्निः वनाग्निः, तत्र **दवदावौ**। जनमहरयोर्**भवः**। मन्त्री प्रधानः, सहायः सखा, एतयोरर्थे **सचिव**शब्दः। **पति**र्भर्ता, शाखी वृक्षभेदः, नरो मनुष्यः, एते **धवाः**। शैलमेषार्केषु **अविः**। आज्ञाह्वानाध्वरेषु **हवः**। सत्तदिषट्के

स्यादुत्पादे फले पुष्पे प्रसवो गर्भमोचने २७५१
अविश्वासेऽपह्नवेऽपि निकृतावपि निह्नवः २७५२
उत्सेकामर्षयोरिच्छाप्रसरे मह उत्सवः २७५३
अनुभावः प्रभावे च सतां च मतिनिश्चये २७५४
स्याज्जन्महेतुः प्रभवः स्थानं चाद्योपलब्धये २७५५
शूद्रायां विप्रतनये शस्त्रे पारशवो मतः २७५६
ध्रुवो भभेदे क्लीबं तु निश्चिते शाश्वते त्रिषु २७५७
स्वो ज्ञातावात्मनि स्वं त्रिष्वात्मीये स्वोऽस्त्रियां धने २७५८
स्त्रीकटीवस्त्रबन्धेऽपि नीवी परिपणेऽपि च २७५९
शिवा गौरीफेरवयोर्द्वन्द्वं कलहयुग्मयोः २७६०
द्रव्यासुव्यवसायेषु सत्त्वमस्त्री तु जन्तुषु २७६१
क्लीबं नपुंसकं षण्ढे वाच्यलिङ्गमविक्रमे २७६२
द्वौ विशौ वैश्यमनुजौ द्वौ चराभिमरौ स्पशौ २७६३

भावः। उत्पादे उत्पत्तौ, गर्भमोचने, प्रसूतौ, फले, पुष्पे च **प्रसवः**। अपह्नवे अपलापे, निकृतौ **शाठ्ये**, अविश्वासेऽपि **निह्नवः**। उत्सेक उद्गतिः, अमर्षः कोषः, इच्छायाः प्रसरो वेगः, महः क्षणः, आनन्दावसर इति यावत्। एतेषु **उत्सवः**। सतां मतेर्ज्ञानस्य निश्चये, प्रभावे च **अनुभावः**। आद्योपलब्धये प्रथमज्ञानाय यत्स्थानम् जन्महेतुश्च **प्रभवः**। शूद्रायां विप्राज्जाते तनये शस्त्रे परश्वधाख्ये **पारशवः**। भभेदे नक्षत्रविशेषे ध्रुवः। पुंसि। निश्चिते अवधारिते **ध्रुवं** क्लीबम्। शाश्वते नित्ये ध्रुवस्त्रिषु। ज्ञातौ सगोत्रे आत्मनि क्षेत्रज्ञे **स्वः** पुंसि। आत्मीये स्वसं बन्धिनि स्वं त्रिलिङ्गम्। धने स्वः पुंनपुंसके। स्त्रीकट्यां यो वस्त्रस्य बन्धस्तत्र, परिपणे राजपुत्रादेर्बन्धके, अपिना वणिजां मूलधने **नीवी**। फेरवः सृगालः। गौरी च **शिवा**। कलहयुग्मयोः **द्वन्द्वम्**। द्रव्ये वस्तुनि, असुषु प्राणेषु, व्यवसाये वीर्यातिशये च **सत्त्वम्**। जन्तुषु सत्त्वमस्त्रियाम्। षण्ढे तृतीयप्रकृतौ **क्लीब**मिति बकारान्तं नाम नपुंसकम्। अविक्रमेऽलसे **क्लीबो** वाच्यलिङ्गः। बवयोः सावर्ण्यादस्यात्र पाठः। मनुजो मनुष्यः, वैश्यश्च **विशः**। चरो गूढपुरुषः। अभिमरो युद्धं तत्र **स्पशः**। पुञ्जमेषौ, आद्याशब्दाद्वृषभादिरपि

द्वौ राशी पुञ्जमेषाद्यौ द्वौ वंशौ कुलमस्करौ २७६४
रहःप्रकाशौ वीकाशौ निर्वेशो भृतिभोगयोः २७६५
कृतान्ते पुंसि कीनाशः क्षुद्रकर्षकयोस्त्रिषु २७६६
पदे लक्ष्ये निमित्तेऽपदेशः स्यात्कुशमप्सु च २७६७
दशावस्थानेकविधाप्याशा तृष्णापि चायता २७६८
वशा स्त्री करिणी च स्याद्दृग्ज्ञाने ज्ञातरि त्रिषु २७६९
स्यात्कर्कशः साहसिकः कठोरामसृणावपि २७७०
प्रकाशोऽतिप्रसिद्धेऽपि शिशावज्ञे च बालिशः २७७१
कोशोऽस्त्री कुड्मले खड्गपिधानेऽर्थौघदिव्ययोः २७७२
सुरमत्स्यावनिमिषौ पुरुषावात्ममानवौ २७७३
काकमत्स्यात्खगौ ध्वाङ्क्षौ कक्षौ तु तृणवीरुधौ २७७४
अभीषुः प्रग्रहे रश्मौ प्रैषः प्रेषणमर्दने २७७५
पक्षः सहायेऽप्युष्णीषः शिरोवेष्टकिरीटयोः २७७६

राशिः। मस्करो वेणुः, कुलं व **वंशः**। रहो विजनः, प्रकाशश्च **वीकाशः**। मृतिर्वेतनम्, भोगश्च **निर्वेशः**। कृतान्ते यमे **कीनाशः**। क्षुद्रः कृपणः, कर्षकः कृषीवलः, एतयोः कीनाशस्त्रिषु। पदे ब्याजे, लक्ष्ये निमित्ते च **अपदेशः**। अप्सु **कुशम्**। चकाराद्रामसुते, दर्भे च **कुशः**। जले क्लीबम्। अनेकविधबाल्यादिरूपा **दशा**। अपिशब्दाद्वस्त्रान्तेऽपि दशाः स्त्रियां बहुत्वे आयता दीर्घा या तृष्णा स्पृहा सा, चकाराद्दिगपि **आशा**। योषाहस्तिन्यो**र्वशा**। ज्ञाने बुद्धौ **दृक्** स्त्रियाम्। ज्ञातरि त्रिषु। साहसिको विवेकरहितः, अमसृणो दुःस्पर्शः, कठोरश्च **कर्कशः**। अतिप्रसिद्धे, अपिशब्दादातपेऽपि **प्रकाशः**। अज्ञे, शिशौ च **बालिशः**। कुड्मले मुकुले, खड्गस्य पिधाने आच्छादने। अथौघे धनसमूहे। दिव्ये शपथभेदे **कोशः**। सुरमत्स्यावुभौ **अनिमिषौ** स्तः। आत्मा क्षेत्रज्ञः, मानवश्च **पुरुषः**, काकः, मत्स्यमत्ति खादति मत्स्यात् यो बकादिः खगः, स च **ध्वाङ्क्षः**। वीरुल्लता। तृणं च **कक्षः** प्रग्रहेऽश्वादिरज्जौ। रश्मौ किरणे च **अभीषुः**। मर्दनं पीडा। प्रेषणं च प्रैषः। सहाये, अपिशब्दान्मासार्धादौ **पक्षः**। वस्त्रकृतं शिरसो वेष्टनं शिरोवेष्टः, किरीटं मुकुटम्, उभयोः **उष्णीषः**।

शुक्रले मूषिके श्रेष्ठे सुकृते वृषभे वृषः २७७७
द्यूतेऽक्षे शारिफलकेऽप्याकर्षोऽथाक्षमिन्द्रिये २७७८
ना द्यूताङ्गे कर्षचक्रे व्यवहारे कलिद्रुमे २७७९
कर्षूर्वार्ता करीषाग्निः कर्षूः कुल्याभिधायिनी २७८०
पुंभावे तत्क्रियायां च पौरुषं विषमप्सु च २७८१
उपादानेऽप्यामिषं स्यादपराधेऽपि किल्मिषम् २७८२
स्याद्वृष्टौ लोकधात्वंशे वत्सरे वर्षमस्त्रियाम् २७८३
प्रेक्षा नृत्येक्षणं प्रज्ञा भिक्षा सेवार्थना भृतिः २७८४
त्विट् शोभापि त्रिषु परे न्यक्षं कार्त्स्न्यनिकृष्टयोः २७८५
प्रत्यक्षेऽधिकृतेऽध्यक्षो रूक्षस्त्वप्रेम्ण्यचिक्कणे २७८६
रविश्वेतच्छदौ हंसौ सूर्यवह्नी विभावसू २७८७
वत्सौ तर्णकवर्षौ द्वौ सारङ्गश्च दिवौकसः २७८८

शुक्रं लातीति शुक्रलो वृषणः तत्र, मूषिके उन्दुरे, सुकृते धर्मे, वृषभे, श्रेष्ठे च **वृषः** द्यूतादित्रये **आकर्षः**। इन्द्रियेऽक्षं क्लीबम्। द्यूताङ्गे पाशके, कर्षे मानभेदे, चक्रे रथावयवे, कलिद्रुमे विभीतके व्यवहारे **चाक्षः**। पुंसि। वार्ता जीविका। करीषाग्निः शुष्कगोमयानलः। तत्र **कर्षूः** पुंसि। कुल्या नदीभेदः। तत्र **कर्षूः** स्त्रियाम्। पुंभावे पुरुषस्य भावे तत्क्रियायां पुरुषस्य कर्मणि **पौरुषम्**। जले, चकाराद्गरलेऽपि **विषम्**। उपादाने उत्कोचे**ऽप्यामिषम्**। अपराधे पापेऽपि **किल्मिषम्**। वृष्टौ मेघवर्षणे। लोकं धत्ते लोकधातु-र्जम्बुद्वीपस्तस्यांशे भारतादिखण्डे। वत्सरेऽब्दे **वर्ष**शब्दः स्यात्। नृत्येक्षणं प्रज्ञा चेति द्वयं **प्रक्षा**संज्ञम्। अर्थना याञ्चा, भृतिर्वेतनम्, तत्र **भिक्षा**। शोभायाम्, अपिशब्दात्कान्तौ वाचि रुचौ च **त्विट्**। परे वक्ष्यमाणास्त्रयः शब्दास्त्रिषु। कार्त्स्न्ये साकल्ये। निकृष्टेऽधमे। द्वयोर्**न्यक्षम्**। प्रत्यक्षे साक्षात्प्रमिते अधिकृते नियुक्ते**ऽध्यक्षः** अप्रेम्णि स्नेहाभावे। अचिक्कणे अमसृणे **रूक्षः** श्वेतच्छदो विहगभेदः। रविश्च **हंसः**। सूर्ये वह्नौ **विभावसुः**। तर्णको गोवत्सः। वर्षश्च **वत्सः**। सारङ्गाश्चातकाः। देवा अपि **दिवौकसः**। शृङ्गारादौ शृङ्गारवीर-करुणादौ नवविधे। विषे गरले। वीर्ये तेजसि। गुणे स्वाद्वम्लादौ। रागे द्रवे

श‍ृङ्गारादौ विषे वीर्ये गुणे रागे द्रवे रसः २७८९
पुंस्युत्तंसावतंसौ द्वौ कर्णपूरे च शेखरे २७९०
देवभेदेऽनले रश्मौ वसू रत्ने धने वसु २७९१
विष्णौ च वेधाः स्त्री त्वाशीर्हिताशंसाहिदंष्ट्रयोः २७९२
लालसे प्रार्थनौत्सुक्ये हिंसा चौर्यादिकर्म च २७९३
प्रसूरश्वापि भूद्यावौ रोदस्यौ रोदसी च ते २७९४
ज्वालाभासौ न पुंस्यर्चिर्ज्योतिर्भद्योतदृष्टिषु २७९५
पापापराधयोरागः खगबाल्यादिनोर्वयः २७९६
तेजःपुरीषयोर्वर्चो महस्तूत्सवतेजसोः २७९७
रजो गुणे च स्त्रीपुष्पे राहौ ध्वान्ते गुणे तमः २७९८
छन्दः पद्येऽभिलाषे च तपः कृच्छ्रादिकर्म च २७९९
सहो बलं सहा मार्गो नभः खं श्रावणो नभाः २८**
ओकः सद्माश्रयश्चौकाः पयः क्षीरं पयोऽम्बु च २८०१

रसशब्दः। स्यात्। **उत्तंस**श्च **वतंस**श्चेति द्वयं कर्णपूरे कर्णाभरणविशेषे। शेखरे शिरोभूषणे च वर्तते। देवभेदेऽनले वह्नौ रश्मौ **वसुः**। रत्ने धने **वसु**। विष्णौ चकाराद्विरिञ्चोऽपि **वेधाः**। हितस्याशंसा हिताशंसा। अहेः सर्पस्य दंष्ट्रा च तयोराशीरिति। स्त्रियाम्। प्रार्थना याञ्चा, औत्सुक्यमुद्युक्तता, उभे **लालसे**। चौर्ये चशब्दाद्वधेऽपि **हिंसा**। आदिना वृत्तिनाशादिकर्म, अश्वा वडवा। जनन्यामपि **प्रसूः**। **रोदस्यौ** इति सान्तद्विवचनान्ते स्यातामेकयोक्त्या भूमिद्यावौ द्वे अप्युच्येते। ज्वालायां भासि दीप्तौ च **अर्चिः**। भं नक्षत्रम्, द्योतः प्रकाशः, दृष्टिः कनीनिकामध्यभागः, एतेषु **ज्योतिः**। **आगः**। पापेऽपराधे च **खगः**। वाल्यमादिना यौवनादि **वयः**। पुरीषं गूथम्। तेजश्च **वर्चः**। उत्सवे तेजसि च **महः**। स्त्रीणां पुष्पे आर्तवे गुणे च **रजः**। राह्वादित्रये च **तमः**। पद्ये गायत्र्यादिवृत्ते। अभिलाषे इच्छायां **छन्दः**। कृच्छ्रं सांतपनादिव्रतम्। आदिना चान्द्रायणादि **तपः**। बले **सहः**। क्लीबम्। मार्गे मार्गशीर्षः। तत्र सहः पुंसि। खमाकाशः। तत्र **नभः** क्लीबे। श्रावणे पुंसि। सद्मनि गृहे **ओकः**। आश्रय

आजो दीप्तौ वले स्त्रोत इन्द्रिये निम्नगारये २८०२
तेजः प्रभावे दीप्तौ च बले शुक्रेऽप्यतस्त्रिषु २८०३
विद्वान्विदंश्च बीभत्सो हिंस्रोऽप्यतिशये त्वमी २८०४
वृद्धप्रशस्ययोर्ज्यायान्कनीयांस्तु युवाल्पयोः २८०५
वरीयांस्तूरुवरयोः साधीयान्साधुबाढयोः २८०६
दलेऽपि बर्हं निर्बन्धोपरागार्कादयो ग्रहाः २८०७
द्वार्यापीडे क्वाथरसे निर्व्यूहो नागदन्तके २८०८
तुलासूत्रेऽश्वादिरश्मौ प्रग्राहः प्रग्रहोऽपि च २८०९
पत्नीपरिजनादानमूलशापाः परिग्रहाः २८१०
दारेषु च गृहाः श्रोण्यामप्यारोहो वरस्त्रियाः २८११
व्यूहो वृन्देऽप्यहिर्वृत्रेऽप्यग्नीन्द्वर्कास्तमोपहाः २८१२
परिच्छदे नृपार्हेऽर्थे परिबर्होऽव्ययाः परे २८१३

आश्रयमात्रं **ओकाः**। क्षीर पयसि अम्बुनि च **पयः**। दीप्तौ बले ओजः। इन्द्रियन-दीवेगयोः **स्त्रोतः**। प्रभवादिचतुष्टके **तेजः**। अतः परं सान्तसमाप्तिपर्यन्ता वाच्यलिङ्गाः। विदन् ज्ञाता। चकारादात्मज्ञोऽपि **विद्वान्**। हिंस्रे क्रूरे। अपिशब्दाद्रसभेदेऽपि **बीभत्सः**। अमी वक्ष्यमाणा ज्यायआदयः साधीयःपर्यन्ताः सान्ता वृद्धादीनां बाढपर्यन्तानां अतिशये ज्ञेयाः। अतिशयेन वृद्धे प्रशस्ये स्तुत्ये च **ज्यायान्**। अतिशयितयोर्युवाल्पयोः **कनीयान्**। उरुर्महान् वरः श्रेष्ठस्तयोरतिशयित-योर्**वरीयान्**। अतिशयेन साधुः **साधीयान्**। अतिशयितं बाढं **साधीयः**। दले पत्रे, अपिशब्दात्पिच्छेऽपि **बर्हम्**। निर्बन्ध आग्रहविशेषः, उपरागश्चन्द्रार्कग्रहणम्। तत्र **ग्रहः**। द्वारि द्वारे। आपीडे शेखरे। क्वाथरसे क्वथितद्रव्यरसे। नागदन्तके गृहादिभित्तिस्थकीलद्वये **निर्व्यूहः**। हस्ते यद्गृहीत्वा तुलया द्रव्यमुन्मीयते तत्तुलासूत्रं तत्र। अश्ववृषादिरश्मौ च **प्रग्राहप्रग्रहौ**। परिजनः परिवारः। आदानं स्वीकारः। तत्र पत्नीमूलशापेषु च **परिग्रहः**। दारेषु पत्न्यां। चकारात्सद्मनि **गृहाः** पुंभूम्नि। या वरस्त्री उत्तमा स्त्री तस्याः श्रोण्यां कठ्यां**मारोहः**।अपिशब्दाद-वरोहे गजारोहे च। वृन्दे, अपिशब्दाद्वल विन्यासेऽपि **व्यूहः**। वृत्रासुरे सर्पेऽप्यहिः। वह्निचन्द्रसूर्यास्त**मोपहाः**। नृपार्हेऽर्थे राजयोग्यद्रव्ये सितच्छत्रादौ

आङीषदर्थेऽभिव्याप्तौ सीमार्थे धातुयोगजे २८१४
आ प्रगृह्यः स्मृतौ वाक्येऽप्यास्तु स्यात्कोपपीडयोः २८१५
पापकुत्सेषदर्थे कु धिङ् निर्भर्त्सननिन्दयोः २८१६
चान्वाचयसमाहारेतरेतरसमुच्चये २८१७
स्वस्त्याशीःक्षेमपुण्यादौ प्रकर्षे लङ्घनेऽप्यति २८१८
स्वित्प्रश्ने च वितर्के च तु स्याद्भेदेऽवधारणे २८१९
सकृत्सहैकवारे चाप्याराद्दूरसमीपयोः २८२०
प्रतीच्यां चरमे पश्चादुताप्यर्थविकल्पयोः २८२१
पुनःसहार्थयोः शश्वत्साक्षात्प्रत्यक्षतुल्ययोः २८२२
खेदानुकम्पासंतोषविस्मयामन्त्रणे बत २८२३
हन्त हर्षेऽनुकम्पायां वाक्यारम्भविषादयोः २८२४
प्रति प्रतिनिधौ वीप्सालक्षणादौ प्रयोगतः २८२५
इति हेतुप्रकरणप्रकाशादिसमाप्तिषु २८२६

परिबर्हः। परेऽत ऊर्ध्वं वक्ष्यमाणा आङादिशब्दा अव्यया उच्यन्ते। तेषामत्र वर्गे उपन्यासस्तु पूर्ववन्नानार्थत्वात्। **आङि**त्यव्ययं ईषदर्थे अभिव्याप्तौ सीमार्थे धातुयोगजे क्रियायोगजेऽर्थे यः प्रगृह्यसंज्ञकः **आ** इति निपातः स स्मृतौ स्मरणे वाक्ये साक्यपूरणे च वर्तते। सविसर्गस्तु **आ** इति निपातः, स पीडायां कोपे च वर्तते। पापे कुत्सायां ईषदर्थे **कु**शब्दः। अपकारशब्दैर्भयोत्पादनं निर्भर्त्सनम्। तत्र निन्दायां च **धिक्**। अन्यतरस्यानुषङ्गिकत्वेऽन्वाचयः, समाहारः समूहःमिलितानामन्वय इतरेतरयोगः, परस्परनिरपेक्षस्यानेकस्यैकस्मिन्नन्वयः समुच्चयः, एतेषु **च**शब्दः। आशीराशीर्वादः, तत्र क्षेमे निरुपद्रवे, पुण्ये, आदिना मङ्गलेऽपि **स्वस्ति**। प्रकर्षे, लङ्घने, अपिना भृशे**ऽप्यति**। प्रश्नवितर्कयोः **स्वित्**। भेदावधारणयोः **तु**शब्दः। सहार्थे एकवारे च **सकृत्**। दूरे समीपे तु **आरात्**। प्रतीच्यां पश्चिमदिशि। चरमेऽन्त्ये च **पश्चात्**। अपिशब्दस्यार्थः समुच्चयस्तत्र विकल्पे च **उत**शब्दः। पुनरर्थे पौनःपुन्ये सहार्थे च **शश्वत्**। प्रत्यक्षे तुल्ये च **साक्षात्**। खेदाद्यर्थपञ्चके **बत**। हर्षादिचतुष्के **हन्त**शब्दः। यो मुख्येन सदृशः प्रतिनिधिस्तत्र वीप्सायां लक्षणायां च, आदिना इत्थंभूताख्यानादौ,

प्राच्यां पुरस्तात्प्रथमे पुरार्थेऽग्रत इत्यपि २८२७
यावत्तावच्च साकल्येऽवधौ मानेऽवधारणे २८२८
मङ्गलानन्तरारम्भप्रश्नकार्त्स्न्येष्वथो अथ २८२९
वृथा निरर्थकाविध्योर्नानाऽनेकोभयार्थयोः २८३०
नु पृच्छायां विकल्पे च पश्चात्सादृश्ययोरनु २८३१
प्रश्नावधारणानुज्ञानुनयामन्त्रणे ननु २८३२
गर्हासमुच्चयप्रश्नशङ्कासंभावनास्वपि २८३३
उपमायां विकल्पे वा सामि त्वर्धे जुगुप्सिते २८३४
अमा सह समीपे च कं वारिणि च मूर्धनि २८३५
इवेत्थमर्थयोरेवं नूनं तर्केऽर्थनिश्चये २८३६
तूष्णीमर्थे सुखे जोषं किं पृच्छायां जुगुप्सने २८३७
नाम प्राकाश्यसंभाव्यक्रोधोपगमकुत्सने २८३८
अलं भूषणपर्याप्तिशक्तिवारणवाचकम् २८३९
हुं वितर्के परिप्रश्ने समयान्तिकमध्ययोः २८४०

प्रयोगत इति शिष्टप्रयोगानुसारेण **प्रति**शब्दस्य प्रक्षेपः। हेत्वर्थे प्रकरणे प्रकाशे आदिशब्दादेवमर्थे समाप्ताववसाने **इति**शब्दः। प्राच्याद्यर्थचतुष्टके **पुरस्तात्**। **अपि**शब्दः प्राच्याद्यर्थे स्यात्। साकल्ये अवधौ माने परिमाणे अवधारणे निश्चये **यावत्ताव**च्छब्दः। **अथो अथ** इमौ शब्दौ मङ्गलामङ्गले। अनन्तरे आरम्भे प्रश्ने कार्त्स्न्ये **अथोअथ** इति शब्दौ। निरर्थके अविधौ विधिहीने **वृथा**शब्दः। अनकार्थे उभयार्थे च **नाना**शब्दः। पृच्छायां विकल्पे **नु**शब्दः। पश्चादर्थे सादृश्ये **अनु**शब्दः। प्रश्ने अवधारणे अनुज्ञायां अनुनये सान्त्वने आमन्त्रणे **ननु**शब्दः। गर्हायां समुच्चये प्रश्ने शङ्कायां संभावनायां **अपि**शब्दः। उपमायां विकल्पे **वा**शब्दः। अर्धे जुगुप्सिते च **सामि**। सहार्थे समीपे **अमा**। वारिणि मूर्धनि च **कम्**। इवार्थे इत्थमर्थे च **एवं**शब्दः। तर्के अर्थनिश्चये च **नूनम्**। तूष्णीमर्थे मौने सुखे च **जोषम्**। पृच्छायां जुगुप्सने **किम्**। प्राकाश्यादिपञ्चके **नाम**शब्दः। भूषणमलंकारः पर्याप्तिः परिपूर्णता, शक्तिः सामर्थ्यं, वारणं च, एतदर्थेऽलंशब्दः क्रमेण। वितर्कपरिप्रश्नयोर्हुंकारः। समीपमध्ययोः **समया**। प्रथमाभावे भेदे

पुनरप्रथमे भेदे निर्निश्चयनिषेधयोः २८४१
स्यात्प्रबन्धे चिरातीते निकटागामिके पुरा २८४२
ऊररीयूरी चोररी च विस्तारेऽङ्गीकृतौ त्रयम् २८४३
स्वर्गे परे च लोके स्वर्वार्तासंभाव्ययोः किल २८४४
निषेधवाक्यालंकारजिज्ञासानुनये खलु २८४५
समीपोभयतः शीघ्रसाकल्याभिमुखेऽभितः २८४६
नामप्राकाश्ययोः प्रादुर्मिथोऽन्योन्यं रहस्यपि २८४७
तिरोऽन्तर्धौ तिर्यगर्थे हा विषादशुगर्तिषु २८४८
अहहेत्यद्भुते खेदे हि हेतावववधारणे २८४९

६. अव्ययवर्गः

चिरायचिररात्रायचिरस्याद्याश्चिरार्थकाः २८५०
मुहुः पुनःपुनः शश्वदभीक्ष्णमसकृत्समाः २८५१
स्त्राग्झटित्यञ्जसाह्नाय द्राङ् मङ्क्षु सपदि द्रुते २८५२
बलवत्सुष्ठु किमुत स्वत्यतीव च निर्भरे २८५३

च **पुनः**। निश्चये निषेधे च **निः**। प्रबन्धे चिरातीते निकटे आगामिके **पुराशब्दः**। विस्तारेऽङ्गीकृतौ च **ऊररी, ऊरी, उररी,** इति ३। स्वर्गे परलोके च **स्वः**। वर्तायां संभाव्ये संभावनीये **किल**। निषेधे वाक्यालंकारे जिज्ञासायां अनुनयं **खुलशब्दः**। समीपादिपञ्चकेऽ**भित** **:**। नाम्नि प्राकाश्ये च **प्रादुः**। अन्योन्यार्थे रहसि च **मिथः**। अन्तर्धाने तिर्यगर्थे **च तिरः**। विषादाद्यर्थत्रये हाकारः। अद्भुते खेदे च **अहहशब्दः**। हेताववधारणे च **हिशब्दः**।।

२८५०–२८९५. चिराय, चिररात्राय, चिरस्य, आद्यशब्दात् चिरेण, चिरात्, चिरम्, इति ६ **चिरार्थकाः**।–मुहुः, पुनःपुनः शश्वत्, अभीक्ष्णम्, असकृत्, इति ५ **समाः**। स्त्राक्, झटिति, अञ्जसा, अह्नाय, द्राम्, मङ्क्षु, संपदि, इति ७ **द्रुते**।–बलवत्, सुष्ठु, किमुत, सु, अति, अतीव, इति ६ **निर्भरे**।–पृथक्, बिना, अन्तरेण, ऋते, हिरुक्, नाना, इति ६ **वर्जने**।–यत्, तत्, यतः, ततः, इति ४ **हेतौ**–चित्, चन, इति २ **असाकल्ये**।–कदाचित्, जातु, इति २ **कस्मिंश्चित्काले**।–

पृथग्विनान्तरेणर्ते हिरुङ् नाना च वर्जने २८५४
यत्तद्यतस्ततो हेतावसाकल्ये तु चिच्चन २८५५
कदाचिज्जातु सार्धं तु साकं सत्रा समं सह २८५६
आनुकूल्यार्थकं प्राध्वं व्यर्थके तु वृथा मुधा २८५७
आहो उताहो किमुत विकल्पे किं किमूत च २८५८
तु हि च स्म ह वै पादूरणे पूजने स्वति २८५९
दिवाह्नीत्यथ दोषा च नक्तं च रजनावपि २८६०
तिर्यगर्थे साचि तिरोऽप्यथ संबोधनार्थकाः २८६१
स्युः प्याट् पाडङ्ग हे है भोः समया निकषा हिरुक् २८६२
अतर्किते तु सहसा स्यात्पुरः पुरतोऽग्रतः २८६३
स्वाहा देवहविर्दाने श्रौषट् वौषट् वषट् स्वधा २८६४
किंविदीषन्मनागल्पे प्रेत्यामुत्र भवान्तरे २८६५
व वा यथा तथेवैवं साम्येऽहो ही च विस्मये २८६६
मौने तु तूष्णीं तूष्णीकां सद्यः सपदि तत्क्षणे २८६७
दिष्ट्या समुपजोषं चेत्यानन्देऽथान्तरेऽन्तरा २८६८

सार्धम्, साकम्, सत्रा, समम् सह इति ५ **सहेत्यर्थे**। **प्राध्व**मित्येकमानुकूल्ये।–वृथा, मुधा, इति २ **व्यर्थके**।–आहो, उताहो, किमुत, किं, किमु, उत, इति ६ **विकल्पे**।–तु, हि, च, स्म, ह, वै, इति ६ **श्लोकचरणपूर्णतायाम्**।–सु, अति, इति २ **पूजने**। अह्नीत्यर्थे **दिवाशब्दः**।–दोषा, नक्तम्, इति २ **रात्रावित्यर्थे**।।–साचि, तिरः, इति २ **तिर्यगर्थे**। प्याट्, पाट्, अङ्ग, हे, है, भोः, इति ६ **संबोधनार्थकाः**।–समया, निकषा, हिरुक्, इति ३ **सामीप्ये**। अतर्कितार्थे **सहसेति**।–पुरः, पुरतः, अग्रः, इति ३ **अग्र इत्यर्थे**। स्वाहा, श्रौषट्, वौषट, वषट्, स्वधा, इति ५ **देवेभ्योहविर्दानविशेषे**।।–किंचित्, ईषत्, मनाक्, इति ३ **अल्पे**।।–प्रेत्य, अमुत्र, इति २ **जन्मान्तरे**।–व, वा, यथा, तथा, इव, एवं, इति ६ **साम्ये**।–अहो ही, इति २ **विस्मये**।–तूष्णीम्, तूष्णीकाम्, इति २ **मौने**।–सद्यः, सपदि, इति २ **तत्काले**।–दिष्ट्या, समुपजोषम्, इति २ **आनन्दे**।–अन्तरे, अन्तरा, अन्तरेण, इति ३ **मध्ये**। प्रसह्येत्येकं

अन्तरेण च मध्ये स्युः प्रसह्य तु हठार्थकम् २८६९
युक्ते द्वे सांप्रतं स्थानेऽभीक्ष्णं शश्वदनारते २८७०
अभावे नह्य नो नापि मास्म मालं च वारणे २८७१
पक्षान्तरे चेद्यदि च तत्त्वे त्वद्धाञ्जसा द्वयम् २८७२
प्राकाश्ये प्रादुराविः स्यादोमेवं परमं मते २८७३
समन्ततस्तु परितः सर्वतो विष्वगित्यपि २८७४
अकामानुमतौ काममसूयोपगमेऽस्तु च २८७५
ननु च स्याद्विरोधोक्तौ कच्चित्कामप्रवेदने २८७६
निःषमं दुःषमं गर्ह्ये यथास्वं तु यथातथम् २८७७
मृषा मिथ्या च वितथे यथार्थं तु यथायथम् २८७८
स्युरेवं तु पुनर्वै वेत्यवधारणवाचकाः २८७९
प्रागतीतार्थकं नूनमवश्यं निश्चये द्वयम् २८८०
संवद्वर्षेऽवरे त्वर्वागामेवं स्वयमात्मना २८८१
अल्पे नीचैर्महत्युच्चैः प्रायो भूम्नयद्रुते शनैः २८८२

हठार्थकम्।।–सांप्रतम्, स्थाने, इति २ **युक्ते**।। अभीक्ष्णम्, शश्वत्, इति २ **अनारतै**।।–नहि, अ, नो, न, इति ४ **अभावे**।।–मास्म, मा, अलम्, इति ३ **वारणे**।।–चेत्, यदि, इति २ **पक्षान्तरे**।।–अद्धा, अञ्जसा, इति २ **तत्त्वार्थे**।।–प्रादुः, आविः, इति २ **प्राकाश्ये**।।– ओम्, एवम्, परमम्, इति ३ **मते**।।–समन्ततः, परितः, सर्वतः, विष्वक्, इति ४ **सर्वत इत्यर्थे**। अकामानुमतौ अनिच्छयानुमतौ **काम**मिति। असूयापूर्वकस्वीकारे **अस्त्विति**। चकारात्**काम**मित्यपि। **नन्विति** विरोधौक्तौ। **कच्चिदित** कामप्रवेदने इष्टपरिप्रश्ने।।–निःषमम्, दुःषमम्, इति २ **गर्ह्ये**।।–यथास्वम्, यथायथम्, इति २ **यथायोग्ये**।।–मृषा, मिथ्या, इति २ **वितथे**।।–यथार्थम्, यथातथम्, इति २ **सत्ये**।।–एवम्, तु, पुनः, वै, वा, इति ५ **निश्चयार्थकाः**। **प्रागिति** अतीतार्थकम्। नूनम्, अवश्यम्, इति २ **निश्चिते**। **संवदिति** वर्षे। **अर्वागिति** अवरे।।–आम्, एवम्, इति २ **अङ्गीकारे**। स्वयमिति आत्मनेत्यर्थे। **नीचै**रित्यल्पे। उच्चैरिति महति। **प्राय** इति भूम्नि। **शनेरिति** अद्रुते। **सनेति** नित्ये। बहिरिति बाह्ये। **स्मेत्यतीते**। **अस्त**मिति

सना नित्ये बहिर्बाह्ये स्मातीतेऽस्तमदर्शने २८८३
अस्ति सत्त्वे रुषोक्तावु ऊं प्रश्नेऽनुनये त्वयि २८८४
हुं तर्के स्यादुषा रात्रेरवसाने नमो नतौ २८८५
पुनरर्थेऽङ्ग निन्दायां दुष्ठु सुष्ठु प्रशंसने २८८६
सायं साये प्रगे प्रातः प्रभाते निकषान्तिके २८८७
परुत्परार्यैषमौऽब्दे पूर्वे पूर्वतरे यति २८८८
अद्यात्राह्न्यथ पूर्वेऽह्नीत्यादौ पूर्वोत्तरापरात् २८८९
तथाधरान्यान्यतरेतरात्पूर्वेद्युरादयः २८९०
उभयद्युश्चोभयेद्युः परे त्वह्नि परेद्यवि २८९१
ह्यो गतेऽनागतेऽह्नि श्वः परश्वस्तु परेऽहनि २८९२
तदा तदानीं युगपदेकदा सर्वदा सदा २८९३
एतर्हि संप्रतीदानीमधुना सांप्रतं तथा २८९४
दिग्देशकाले पूर्वादौ प्रागुदक्प्रत्यगादयः २८९५

दर्शनाभावे। **अस्तीति** सत्त्वे। कोपेनोक्तौ **उ**। **ऊमिति** प्रश्ने। **अयीत्यनुनये**। हुमिति तर्के। **उषेति** रात्रेरवसाने। **नमः** प्रणामे। **अङ्गेति** पुनरर्थे। **दुष्ठु** निन्दायाम्। **सुष्ठु** प्रशंसने। **सायमिति** साये।—प्रगे, प्रातः, इति २ **प्रभाते**। **निकषेति** समीपार्थे। पूर्वेऽशब्दे गते वर्षे **परुदिति**। पूर्वतरे गतवर्षात्पूर्ववर्षे **परारीति**। यति वर्तमानेऽब्दे **ऐषम** इति। अत्राह्नि अस्मिन्नहनीत्यर्थे **अद्यशब्दः**। अथ पूर्वेऽह्नीत्यादिशब्देन उत्तरेऽह्नीत्यादिषट्कस्य ग्रहणम्। पूर्वस्मिन्नहनीत्यर्थे **पूर्वेद्युः**। उत्तरस्मिन्नहनि **उत्तरेद्युः**। अपरस्मिन्नहनि **अपरेद्युः**। अधरस्मिन्नहनि **अधरेद्युः**। अन्यस्मिन्नहनि **अन्येद्युः**। अन्यतरस्मिन्नहनि **अन्यतरेद्युः**। इतरस्मिहनीतरेद्युः॥—उभयद्युः, उभयेद्युः, इति २ **उभयस्मिन्नहनीत्यर्थे**। **परेद्यवीत्येकं** परेऽहनि। **ह्य** इत्येकं गतेऽहनि। **श्व** इत्येकमनागते आगामिन्यहनि। ततः परेऽहनि **परश्व** इति॥—तदा, तदानीम् इति २ **तस्मिन्काल इत्यर्थे**। **युगपदि**-त्येकदैकस्मिन्काले॥—सर्वदा, सदा, इति २ **सर्वस्मिन्काले**॥—एतर्हि, संप्रति, इदानीम्, अधुना, सांप्रतम्, इति ५ **अस्मिन् काले**। **तथेति**। समुच्चये। **पूर्वादौ** दिग्देशकाले। **प्रत्यगादय** इत्यादिशब्देन त्ववागित्यादिग्रहः॥

७. लिङ्गादिसंग्रहवर्गः

(अथ स्त्रीलिङ्गसङ्ग्रहः)

सलिङ्गशास्त्रैः सन्नादिकृत्तद्धितसमासजैः २८९६
अनुक्तैः संग्रहे लिङ्गं संकीर्णवदिहोन्नयेत् २८९७
लिङ्गशेषविधिर्व्यापी विशेषैर्यद्यबाधितः २८९८
स्त्रियामीदूद्विरामैकाच्सयोनिप्राणिनाम च २८९९
नाम विद्युन्निशावल्लीवीणादिग्भूनदीह्रियाम् २९००
अदन्तैर्द्विगुरेकार्थो न स पात्रयुगादिभिः २९०१
तल्वृन्दे येनिकट्यत्रा वैरमैथुनिकादिवुन् २९०२
स्त्रीभावादावनिक्तिण्ण्वुल्ण्चण्वुच्क्यब्जुजिञङिशाः २९०३

२८९६-२९८७ सलिङ्गशास्त्रैः पाणिन्याद्युक्तलिङ्गनुशासनसहितैः सन्नादि-प्रत्ययजैश्चिकीर्षादिशब्दैः, कृज्जैः श्वपाकादिभिः, तद्धतप्रत्ययजैः, अणाद्यन्तैः, समासजैरदन्तोत्तरपदो द्विगुरित्यादिनौक्तौः, बाहुल्येन पूर्वमनुक्तैः शब्दैरयं सङ्ग्रहः क्रियते। इहास्मिन्ङ्ग्रहवर्गे लिङ्गमुन्नयेदूहेत्। कथं संकीर्णवत्यथा संकीर्णवर्गे प्रकृत्यादिभिरुन्नेयं तथात्राप्युन्नयेत्। सन्नादिकृत्तद्धितसमासजविषयं पूर्वोक्तशब्दलिङ्गादन्यलिङ्ग लिङ्गशेषः तस्य विधिः व्यापी स्वविषयस्य व्यापको भवति। यदि प्रागुक्तैरिहोक्तैश्च विशेषविधिभिः न बाधितः स्यात् तर्ह्येव व्यापी भवेदित्यर्थः। स्त्रियामित्यधिकारोऽयं मसीशब्दपर्यन्तं ज्ञेयः। ईदूतौ ईकारोकारौ विरामौ अवसानस्थौ यस्य तदीदूद्विरामं तच्च तदेकाच्च ईदूद्विरामैकाच्, ईदन्तमूदन्तं वा यदेकस्वरं शब्दरूपं तत्स्त्रियाम्। योनिर्भगं तत्सहितानां प्राणिनां नाम स्त्रियाम्। विद्युत, निशा, वल्ली, वीणा, दिक्, भू, नदी, ह्री, इस्त्यष्टानां यन्नाम तत्स्त्रायम्। अदन्तैर्मूलादिशब्दैर्य एकार्थः समाहारार्थो द्विगुसमासः स स्त्रियां स्यात्। पात्रयुगाद्युत्तरपदैः अदन्तैरेकार्थो द्विगुः स्त्रियां न स्यात्। तल्प्रत्ययः स्त्रियाम्, स तु भावाद्यर्थे विहितः। वृन्दे समूहे य इनि कटी अत्र एते चत्वारः प्रत्ययाः स्त्रियाम्। मिथुनस्य कर्म मैथुनिका। वैरमैथुनादौ च यो वुन्प्रत्ययः स स्त्रियाम्। आदिना वीप्सादौ वुनो ग्रहणम्।

उणादिषु निरूरीश्च ङ्याबूङन्तं चलं स्थिरम् २९०४
तत्क्रीडायां प्रहरणं चेन्मौष्टा पाल्लवा ण दिक् २९०५
घञो ञः सा क्रियाऽस्यां चेद्दाण्डपाता हि फाल्गुनी २९०६
श्यैनंपाता च मृगया तैलंपाता स्वधेति दिक् २९०७
स्त्री स्यात्काचिन्मृणाल्यादिर्विवक्षापचये यदि २९०८
लङ्का शेफालिका टीका धातकी पञ्जिकाढकी २९०९
सिध्रका सारिका हिक्का प्राचिकोल्का पिपीलिका २९१०
तिन्दुकी कणिका भङ्गिः सुरङ्गासूचिमाढयः २९११
पिच्छावितण्डाकाकिण्यश्चूर्णिः शाणी द्रुणी दरत् २९१२
सातिः कन्था तथासन्दी नाभी राजसभापि च २९१३

स्त्रियां भावादिः स्त्रीभावादिस्तस्मिन्। स्त्रियामित्यधिकृत्य भावादौ ये विहिताः प्रत्यया अनि, क्तिन्, ण्वुल्, णच्, ण्वुच्, क्यप्, युच्, इञ्, अङ्, निशा, इति स्त्रियां स्युः। उणादिषु निः, ऊः, ईः, एते त्रयः स्त्रियां स्युः। ङ्यन्तम्, आबन्तम्, ऊङन्तं च यच्चलं जंगमं स्थिरं स्थावरं वा तत्स्त्रियां स्यात्। तच्छब्देनात्र मुष्ट्यादिके निर्दिश्यते। तन्मुष्ट्यादिकं प्रहरणं यदि क्रीडायां वर्तते तर्हि तस्मिन्नर्थे विहितो णप्रत्ययः स्त्रियाम्। दिगित्यनेनोक्तोदाहरणोद्देशः। सा घञन्तवाच्य। दण्डपातादिक्रियाऽस्यां फाल्गुन्यादिकायामित्यर्थे घञन्ताद्विहितो यो ञप्रत्ययः स स्त्रियां स्यात्। दण्डपातोऽस्यां फाल्गुन्यां सा दाण्डपाता फल्गुनी। एवम्—श्येनपातोऽस्यां श्यैनंपाता मृगया। तिलपातोऽस्यां स्वधाक्रियायां तैलंपाता। इतिशब्देन मुसलपातोऽस्यां मौसलपाता भूमिरित्यादिसिद्धिः। दिगित्यनेन दाण्डपातादिकं उदाहारणमिति सूचितम्। यदि अपयचेऽल्पत्वे विवक्षा वक्तुमिच्छा स्यात्तर्हि मृणाल्यादयः स्त्रीलिङ्गाः स्युः। अथ ङपाबूङन्तमित्यादिनोक्तलिङ्गानामपि केषांचिन्नाम्नां सुखेन लिङ्गज्ञानाय पृथक् पाठं कान्तादिक्रमेणाह—लङ्केति। लङ्का, शेफालिका, टीका, धातकी, पञ्जिका, आढकी, सिध्रका, सारिका, हिक्का, प्राचिका, उल्का, पिपीलिका, तिन्दुकी, कणिका, भङ्गिः, सुरङ्गा, सूचिः, माढिः, पिच्छा, वितण्डा, काकिणी, चूर्णिः, शाणी, द्रुणी, दरत्, सातिः, कन्था, आसन्दी, नाभिः, राजसभा, झल्लरी, चर्चरी, परी, होरा, लट्वा, सिध्मला, लाक्षा,

झल्लरी चर्चरी पारी होरा लट्वा च सिध्मला २११४
लाक्षा लिक्षा च गण्डूषा गृध्रसी चमसी मसी २११५

(अथ पुल्लिङ्ग्रशेषसङ्ग्रहः)

पुंस्त्वे सभेदानुचराः सपर्यायाः सुरासुराः २११६
स्वर्गयागाद्रिमेघाब्धिद्रुकालासिशरारयः २११७
करगण्डोष्ठदोर्दन्तकण्ठकेशनखस्तनाः २११८
अह्नाहान्ताः क्ष्वेडभेदा रात्रान्ताः प्रागसंख्यकाः २११९
श्रीवेष्टाद्याश्च निर्यासा असन्नन्ता अबाधिताः २१२०
कशेरुजतुवस्तूनि हित्वा तुरुविरामकाः २१२१
कषणभमरोपान्ता यद्यदन्ता अमी अथ २१२२

लिक्षा, गण्डूषा, गृध्रसी, चमसी, मसी, इति। पुंस्त्वे इति पतद्ग्रहशब्दपर्यन्तमधिकारः। भेदास्तुषितसाध्यादयः, अनुचराः सुनन्दादयः, तैः सहिताः सुरासुरा देवदैत्याः पर्यायैः सह पुंसि। स्वर्गः, यागः, अद्रिः, मेघः, अब्धिः, द्रुनः, कालः, असिः, शरः, अरिः, करः, गण्डः, ओष्ठः, दोः, दन्तः, कण्ठः, केशः, नखः, स्तनः, एते ऊनविंशतिः सभेदाः सपर्यायाश्च पुंसि स्युः। अह्नः अहश्च एतदन्ताः पुंसि स्युः। क्ष्वेडभेदा विषविशेषाः पुंस्त्वे स्युः। रात्रान्ता इति समासान्तस्यैकदेशानुकरणम्। एवमुत्तरत्रापि। रात्रशब्दोऽन्ते येषां ते यदि प्राक् असंख्यावाचकशब्दरहितास्तर्हि पुंसि। श्रीवेष्टादयो ये निर्यासाः द्रवसारवाचकास्ते पुंसि स्युः। आद्येन श्रीवासवृकधूपादयः। चकाराद्गुग्गुलुसिह्लकादयः। अस् च अन् च तादन्तौ येषां ते असन्नन्ता द्व्यच्कमसिसुसन्नन्तमित्यादिना वक्ष्यमाणेन अप्सरआदीनां पूर्वोक्तेन च बाधकेना बाधिताश्चेत्पुंसि स्युः। अबाधिता इति किम्। इदं वयः। इदं लोम। तुश्च रुश्च तुरू तौ विरामे येषां ते तुरुविरामकाः। कशेरुजतुवस्तूनि हित्वा तुशब्दान्ताश्च रुशब्दान्ताश्च पुंसि स्युः। कषभमराः षड्वर्णा उपान्ते अन्त्यसमीपे येषां ते तथा। यदीति। यदि एते कादिवर्णषट्कोपान्ता अदन्ताः स्युस्तर्हि पुंसि भवन्ति। पथनयसटवर्णषट्कोपान्ताः अबाधिताश्चेत्पुंसि स्युः। अत्र यद्यदन्ता इति पूर्वोक्तं न

पथनयसटोपान्ता गोत्राख्याश्चरणाह्वयाः २१२३
नाम्न्यकर्तरि भावे च घञजबनङ्णघाथुचः २१२४
ल्युः कर्तरीमनिज्भावे को घोः किः प्रादितोऽन्यतः २१२५
द्वन्द्वेऽश्ववडवावश्ववडवा न समाहृते २१२६
कान्तः सूर्येन्दुपर्यायपूर्वोऽयःपूर्वकोऽपि च २१२७
वटकश्चानुवाकश्च रल्लकश्च कुडङ्गकः २१२८
पुङ्खो न्यूङ्खः समुद्गश्च विटपट्टधटाः खटाः २१२९
कौट्ठारहट्टाश्च पिण्डगोण्डपिचण्डवत् २१३०
गडुः करण्डो लगुडो वरण्डश्च किणो घुणः २१३१

संबध्यते। अथादित्वात्। गोत्रेति। गोत्रं वंशः तस्मिन्नाख्या संज्ञा येषां ते गोत्राख्या ऋषिसंज्ञकाः गोत्रस्यादिपुरुषाः ये प्रवराध्यायपठिताः येऽप्यन्ये अपत्यन्ये अपत्यप्रत्ययं बिना गोत्रवाचि त्वेन लोके प्रसिद्धास्ते पुंसि स्युः। चरणस्य वेदशाखाया आह्वायाः संज्ञाः पुंसि स्युः। नाम्नि संज्ञायां अकर्तरि च कारके भावमात्रे च विहितास्ते घञ्, अच्, अप्, नङ्, ण, घ, अथुच्, एते सप्त प्रत्ययाः पुंसि स्युः। भावे चेति चकाराद, संज्ञायां च घञ्, गृहीतः। ल्युरिति। कर्तरि नन्द्यादिल्युः पुंसि स्यात्। भावे पृथ्वादिभ्यो य इमनिच् स पुंसि स्यात्। भाव इति किम्। वृणोतीति वरिमा पृथ्वी। अत्र भावे इति शब्दो देहलीदीपन्यायेन पूर्वत्र परत्र च संबध्यते। प्रादितः अन्यतश्च परो यो घुसंज्ञो धातुस्तस्माद्विहितः किप्रत्ययः पुंसि स्यात्। द्वन्द्वे समाहारादन्यत्र द्वन्द्वसमासेऽश्ववडवौ पुंसि। स्वयमेवोदाहरति। अश्वाश्च वडवाश्चाश्ववडवाः। एवमश्ववडवान्। अश्ववडवैरित्यादिप्रयोगः। समाहारे त्वश्ववडवमिति क्लीबम्। सूर्यचन्द्रपर्यायपूर्वकः कान्तशब्दः पुंसि। अयोवाचकपूर्वकोऽपि कान्तः पुंसि इदानीं पुल्लिङ्गविशेषपर्यन्तमनुक्तानां कान्तादिक्रममननिक्रम्याह–वटकः, अनुवाकः, रल्लकः, कुडङ्गकः, पुङ्खः, न्यूङ्खः, समुद्रः, विटः, पट्टः, धटः, खटः, कोट्टः, अरघट्टः, अट्टः, पिण्डः, गोण्डः, विचण्डः, पिचण्डवत् गण्ड्वादयोऽपि पुंसि स्युरिति वता निर्दिश्यते। गडुः, करण्डः, लगुडः,

द्रुतिसीमन्तहरितो रोमन्थोद्गीथबुद्बुदाः २१३२
कासमर्दोऽर्बुदः कुन्दः फेनस्तूपौ सयूपकौ २१३३
आतपः क्षत्रिये नाभिः कुणपक्षुरकेदराः २१३४
पूरक्षुरप्रचुक्राश्च गोलहिङ्गुलपुदगलाः २१३५
वेतालभल्लमल्लाश्च पुरोडाशोऽपि पट्टिशः २१३६
कुल्माषो रभसश्चैव सकटाहः पतद्ग्रहः २१३७

(अथ पुंनपुंसकसङ्ग्रहः।)

द्विहीनेऽन्यच्च खारण्यपर्णश्वभ्रहिमोदकम् २१३८
शीतोष्णमांसरुधिरमुखाक्षिद्रविणं बलम् २१३९
फलहेमशुल्बलोहसुखदुःखशुभाशुभम् २१४०
जलपुष्पाणि लवणं व्यञ्जनान्यनुलेपनम् २१४१

वरण्डः, किणः, घुणः, इतिः, सीमन्तः, हरित्, रोमन्थः, उद्गीथः, बुद्बुदः, कासमर्दः, अर्बुदः, कुन्दः, फेनः, स्तूपः, यूपः, आतपः, क्षत्रिये नाभिः, कुणपः, क्षुरः, केदरः, पूरः, क्षुरप्रः, चुक्रः, गोलः, हिङ्गुलः, पुद्गलः, वेतालः, भल्लः, मल्लः, पुरोडाशः, पुट्टिशः, कुल्माषः, रभसः, सकटाहः, पतद्ग्रहः, इति।। द्विहीने द्वाभ्यां स्त्रीपुंसाभ्यां हीने नपुंसके। अधिकारोऽयमा-वाह्लिकात्। श्लोकद्वये प्राधान्येन निर्दिष्टाः खादिशब्दाः षड्विंशतिः पर्यायैः सह क्लीबे। अत्रान्यदिति बाधितात् यदन्यत्तदेव क्लीबमिति सावधानार्थमुक्तम्। चकाराद्वस्त्राभरणादिसंग्रहः। खम्, अरण्यम्, पर्णम्, श्वभ्रम्, हिमम्, उदकम्, शीतम्, उष्णम्, मांसम्, रुधिरम्, मुखम्, अक्षि, द्रविणम्, बलम्, फलम्, हेम, शुल्बम्, लोहम्, सुखम्, दुःखम्, शुभम्, अशुभम्, जलपुष्पाणि, लवणम्, व्यञ्जनं अनुलेपनम्, इति। अत्र बाधितादन्यत् इति किम्। आकाशे विहायाः द्यौः। अटवी अरण्यानीत्यादिकम्। एवमन्यदप्यूह्यम्। कोट्या अन्या कोटिशब्दं विना या शतादिसंख्या सा क्लीबे स्यात्। अलक्षाशब्दो वा क्लीबे पक्षे स्त्रियाम्। तदिति लक्षस्य पर्यायो नियुतम्। असन्तमिसन्तमुसन्तमन्नन्तं

कोट्याः शतादिसंख्यान्या वा लक्षा नियुतं च तत् २१४२
दद्व्यच्कमसिसुसन्नन्तं यदनान्तमकर्तरि २१४३
त्रान्तं सलोपधं शिष्टं रात्रं प्राक्संख्ययान्वितम् २१४४
पात्राद्यदन्तैरेकार्थो द्विगुर्लक्ष्यानुसारतः २१४५
द्वन्द्वैकत्वाव्ययी भावौ पथः संख्याव्ययात्परः २१४६
षष्ठ्याश्छाया बहूनां चेद्विच्छायं संहतौ सभा २१४७
शालार्थापि पराराजामनुष्यार्थादराजकात् २१४८
दासीसभं नृपसभं रक्षःसभमिमा दिशः २१४९
उपज्ञोपक्रमान्तश्च तदादित्वप्रकाशने २१५०
कोपज्ञकोपक्रमादि कन्थोशीनरनामसु २१५१
भावे नणकचिभ्द्भ्योऽन्ये समूहे भावकर्मणोः २१५२
अदन्तप्रत्ययाः पुण्यसुदिनाभ्यां त्वहः परः २१५३

च यत् द्व्यच्कं द्विस्वरं तत्क्लीबे। अकर्तरि कर्तुरन्यत्र यदनान्तं अनेत्यन्ते यस्य तत्क्लीबे। त्रान्तं क्लीबे। सकारो लकारो वा उपधा अन्त्यात्पूर्वो यस्य तत् सलोपधम्। शिष्टमिति यदवशिष्टं प्रागुक्तादन्यत् तच्च प्रागुक्तम्। संख्यापूर्वो रात्रशब्दः क्लीबे। पात्रादिभिरदन्तैरेकार्थो यो द्विगुः स क्लीबे। आदिना चतुर्युगम्। लक्ष्यानुसारतः शिष्टप्रयोगानुगमेनेत्यर्थः। द्वन्द्वसमासस्यैकत्वं अव्ययीभावश्च क्लीबे। संख्याया अव्ययाच्च परः पथः क्लीबे। समासे षष्ठीविभ-क्त्यन्तात्परा, छाया क्लीबे। सा चेद्बहूनां संबन्धिनी तर्ह्येव तदुदाहरति-वीनां पक्षिणां छाया विच्छायमिति। बहूनामिति किम्। कुड्यच्छाया कुड्यच्छायमिति वा। संहतौ समूहविषये सभाशब्दः क्लीबे। अत्रापि षाष्ठ्या इत्यनुवर्तते। शालार्था गृहार्था, अपिशब्दात् संहत्यर्था च या सभा सा अराजकात् राजशब्दवि-वर्जितात् राजामुनष्यार्थात् राजार्थद्राज पर्यायात् अमनुष्यार्थद्राक्षआदिशब्दात्षष्ठ्यन्तात्परा चेत् क्लीबे। षष्ठ्या इति किम्। नृपतिविषये सभा नृपतिसभा। नृणां पतिर्यस्यां सा चासौ सभा चेति वा नृपतिसभा। अमनुष्यार्थादिति किम्। दासीसभा। इमा दिशा इति दासीसभमित्या दीनि क्रमेण त्रीण्युदाहीरणानि, तत्र दासीसभमित्यादि तु संहतावित्यस्यैव। इतरे तु शालासंहतिसाधारणे। तयोरुपज्ञोपक्रमयोरादित्वं प्राथम्यं तस्य प्रकाशने द्योतने उपज्ञान्त उपक्रमान्तश्च समासः क्लीबे स्यात्।

क्रियाव्ययानां भेदकान्येकत्वेऽप्युक्थतोटके २९५४
चोचं पिच्छं गृहस्थूणं तिरीटं मर्म योजनम् २९५५
राजसूयं वाजपेयं गद्यपद्ये कृतौ कवेः २९५६
माणिक्यभाष्यसिन्दूरचीरचीवरपिञ्जरम् २९५७
लोकायतं हरितालं विदलस्थालबाह्लिकम् २९५८
पुंनपुंसकयोः शेषोऽर्धर्चपिण्याककण्टकाः २९५९
मोदकस्तण्डकष्टङ्कः शाटकः कर्पटोऽर्बुदः २९६०
पातकोद्योगचरकतमालामलका नडः २९६१
कुष्ठं मुण्डं शीधु बुस्तं क्ष्वेडितं क्षेमकुट्टिमम् २९६२
संगमं शतमानार्मशम्बलाव्ययताण्डवम् २९६३
कवियं कन्दकार्पासं पारावारं युगंधरम् २९६४

उदाहरणमाह–को ब्रह्मा तस्योपज्ञा कोयज्ञं प्रजा। कस्योपक्रमः कोपक्रमं लोकाः। अत्रापि षष्ठ्या इत्यनुवर्तते, उशीनराणां नामसु मध्ये षष्ठ्यन्तात्परा कन्था क्लीबे। चकार इत् अनुब्धो यस्य स चित्। नश्च णश्च कश्च चिच्च नणकचितः। तेभ्योऽन्ये ये तव्यदादयोऽदन्ता धातुप्रत्यया भावे विहितास्ते क्लीबे। पुण्यसुदिनाभ्यां परो विहितसमासान्तोऽहन्शब्दः क्लीबे। क्रियाणामव्ययानां च भेदकानि विशेषणानि क्लीबे एकवचने च स्युः। अथ कानिचित्कण्ठर-वेणाह–उक्थम्, तोटकम्, चोचम्, पिच्छम्, पिच्छम्, गृहस्थूणम्, तिरीटम्, मर्म, योजनम्, राजसूयम्, वाजपेयम्, कवेः कृतौ वर्तमानं गद्यम्, पद्यम्, माणिक्यम्, भाष्यम्, सिंदूरम्, चीरम्, चीवरम्, पिञ्जरम्, लोकायतम्, हरितालम्, विदलम्, स्थालम्, बाह्लिकम्, इति। अथ चिक्कसपर्यन्ताः पुंसि क्लीबे च स्युः। उक्तादन्यः शेषः। ऋचोऽर्धमर्धर्चः, पिण्याकम्, कण्टकम्, मोदकम्, तण्डकः, टङ्कः, शाटकः, कर्पटः, अर्बुदः, पातकम्, उद्योगः, चरकम्, तमालः, आमलकः, नडः, कुष्ठम्, मुण्डम्, शीधु, बुस्तम्, क्ष्वेडितम्, क्षेमम्, कुट्टिमम्, संगमम्, शतमानम्, अर्मम्, शम्बलम्, अव्ययम्, ताण्डवम्, कवियम्, कन्दम्, कार्पासम्, पारावारम्, युगंधरम्, यूपम्, प्रग्रीवम्, पात्रीवम्, यूषम्, चमसः, चिक्कसः, इति। अर्धर्चादौ अस्मिन्वर्गे पुंनपुंसकाधिकारेऽघृतादीनां

यूपं प्रग्रीवपात्रीवे यूषं चमसचिक्कसौ २९६५
अर्धर्चादौ घृतादीनां पुंस्त्वाद्यं वैदिकं ध्रुवम् २९६६
तन्नोक्तमिह लोकेऽपि तच्चेदस्त्यस्तु शेषवत् २९६७
स्त्रीपुंसयोरपत्यान्ता द्विचतुःषट्पदोरगाः २९६८
जातिभेदाः पुमाख्याश्च स्त्रीयोगैः सह मल्लकः २९६९
ऊर्मिर्वराटकः स्वातिर्वर्णको झाटलिर्मनुः २९७०
मूषा सृपाटी कर्कन्धूर्यष्टिः शाटी कटी कुटी २९७१
स्त्रीनपुंसकयोर्भावक्रिययोः ष्यञ्क्वचिच्च वुञ् २९७२
औचित्यमौचिती मैत्री मैत्र्यं वुञ्प्रागुदाहृतः २९७३
षष्ठ्यन्तप्राक्पदाः सेनाछायाशालासुरानिशाः २९७४
स्याद्वा नृसेनं श्वनिशं गोशालमितरे च दिक् २९७५

पुंस्त्वाद्यं पाणिन्यादिभिरुक्तं तत्तु वैदिकमतस्तदिह नोक्तम्। तल्लोकेऽप्यस्ति चेत् शेषवत्, उक्तादन्यः शेषस्तद्वदस्तु शिष्ठप्रयोगतो ग्राह्यम्, अपत्यान्ता अपत्यप्रत्ययान्ताः स्त्रीपुंसयोः स्युः। द्विचतुःषट्पदोरगाः। द्विपदचतुष्पदषट्पद-वाचिनो भुजगवाचिनश्च जातिभेदाः स्त्रीपुंसयोः। स्त्रीयोगैः सह पुमाख्याः पुंनामानि स्त्रीपुंसयोः। मल्लकादयश्च स्त्रीपुंसयोः। ऊर्मिः, वराटकः, स्वातिः, वर्णकः, झाटलिः, मनुः, मूषा, सृपाटी, कर्कन्धूः, यष्टिः, शाटी, कटी, कुटी, इति। भावक्रिययोः ष्यञ् कर्मणि च वर्तमानः, ष्यञ्प्रत्ययो वुञ्प्रत्ययश्च क्वचित्स्त्रीनपुंसकयोर्वर्तते। तत्र ष्वञ्प्रत्ययमुदाहरति-उचितस्य भाव औचित्यम्, औचिती च। मित्रस्य कर्म मैत्र्यं मैत्री वा। वुञ्प्रत्ययस्तु वैरमैथुनिकादिवुन् इत्थं प्रागुदाहृतः। तथा मिथुनस्य भावः कर्म वा मैथुनिका मैथुनिकं च। तत्पुरुषे षष्ठ्यन्तं षष्ठीविभक्त्यन्तं प्राक्पदं यासां ताः षष्ठ्यन्तप्राक्पदाः सेना, छाया, शला, सुरा, निशा, एते शब्दाः स्त्रियां क्लीबे च स्युः। उदाहरति-नृसेनं नृसेना वा इतर इति। एवमन्यत्राप्युदाहर्तव्यम्। आबन्तोत्तर-पदोऽन्नन्तोत्तरपदश्च द्विगुसमासः पुंसि न स्यात्। किंतु स्त्रीनपुंसकयोः। अन्नन्तोत्तरपदस्य योऽन्त्यनकारस्तस्य लुप् लोपश्च स्यात्। आबन्तान्त्यपद-मुदाहरति-त्रिखट्वं त्रिखट्वी च। त्रितक्षं त्रितक्षी च। तक्षन्शब्दस्यान्त्यनकारे

आबन्नन्तोत्तरपदो द्विगुश्चापुंसि नश्च लुप् २९७६
त्रिखट्वं च त्रिखट्वी च त्रितक्षं च त्रितक्ष्यपि २९७७
त्रिषु पात्री पुटी वाटी पेटी कुवलदाडिमौ २९७८
परं लिङ्गं स्वप्रधाने द्वन्द्वे तत्पुरुषेऽपि तत् २९७९
अर्थान्ताः प्राद्यलंप्राप्तापन्नपूर्वाः परोपगाः २९८०
तद्धितार्थो द्विगुः संख्यासर्वनामतदन्तकाः २९८१
बहुव्रीहिरदिङ्नाम्नामुन्नेयं तदुदाहृतम् २९८२
गुणद्रव्यक्रियायोगोपाधिभिः परगामिनः २९८३
कृतः कर्तर्यसंज्ञायां कृत्याः कर्तरि कर्मणि २९८४
अणाद्यन्तास्तेन रक्ताद्यर्थे नानार्थभेदकाः २९८५
षट्संज्ञकास्त्रिषु समा युष्मदस्मत्तिङव्ययम् २९८६
परं विरोधे शेषं तु ज्ञेयं शिष्टप्रयोगतः २९८७

लुप्तः।। पात्री, पुटी, वाटी, पेटी, कुवलः, दाडिमः, इति शब्दाः त्रिषु त्रिलिङ्गा। द्वन्द्वैकत्वस्याव्ययीभावस्य च लिङ्गं प्रागुक्तम्। स्वप्रधाने उभयपदप्रधाने इतरेतराख्ये द्वन्द्वसमासे च तत्पुरुषे च यत्परमग्रिमदस्थं लिङ्गं तदेव लिङ्गं स्यात्। उक्तस्य तत्पुरुषलिङ्गस्यापवादमाह—अर्थेति। अर्थान्तशब्दाः परोपगाः परगामिनः वाच्यलिङ्गाः। प्राद्यलंप्राप्तापन्नपूर्वाः परोपगाः। तद्धितार्थो द्विगुर्वाच्यलिङ्गः। संख्याशब्दाः सर्वनामसंज्ञकास्तदन्तकाश्च परलिङ्गभाजः। अदिङ्नाम्नां बहुव्रहिरन्यलिङ्गभाक्। तदुदाहरणं स्वयमुन्नेयम्। गुणयोगेन द्रव्ययोगेन क्रियायोगेन च य उपाधिर्विशेषणं तेन धर्मिणि प्रवृत्तास्ते धर्मिलिङ्गभाजः। असंज्ञायां कर्तरि कृत्प्रत्ययाः। कर्मणि कर्तरि च वर्तमानाः कृत्प्रत्ययाः परगामिनः। तेन रक्तमित्याद्यर्थे अणादितद्धितप्रत्ययान्ता नानार्थभेदका अनेकार्थविशेषणभूताः विशिष्टत्वाद्वाच्यलिङ्गा इत्यर्थः। रक्ताद्यर्थं इत्यादिशब्दान्मथुराया आगता माथुरोऽयम्। षट्संज्ञकाः षान्तनान्तसंख्या कतिशब्दश्च त्रिलिङ्ग्यां समाः सरूपा नित्यं बहुषु वर्तमानाः अतो बहुवचनान्ताश्च। युष्मदस्मच्छब्दौ तिङन्तपदान्यव्ययानि च त्रिषु समानि। परिमिति। विरोधे विप्रतिषेधे सति परं लिङ्गानुशासनं प्रवर्तते। अभिधानादिकं शिष्टानां महाकवीनां भाष्यकारादीनां प्रयोगतो ज्ञेयम्। यद्वा अनुक्तं शब्दलिङ्गं शिष्टप्रयोगतो बोद्धव्यम्।।

८. काण्डसमाप्तिः।

इत्यमरसिंहकृतौ नामलिङ्गानुशासने २९८८
सामान्यकाण्डस्तृतीयः साङ्ग एव समर्थितः २९८९
इत्यऽमरसिंहो कृतोऽभर कोषः समाप्तः

२९८८-२९८९ उक्तमुपसंहरति–इतीति। इत्येवंप्रकारेणामरहिंस्य कृतौ नामलिङ्गशास्त्रे सामान्यनामा तृतीयः काण्डः प्रस्तावो वर्गसमूहो वा अङ्गैः सहितः समर्थितो निरूपितः।।

समाप्तोऽयं ग्रन्थः।

॥श्रीः॥

अथ मूलस्थशब्दानामकारादिक्रमेण शब्दानुक्रमणिका

समाप्तोऽयममरकोशस्थशब्दानां
वर्णक्रमकोशः।